Ulrich von Alemann

Das Parteiensystem der Bundesrepublik Deutschland

Grundwissen Politik
Band 26

Begründet von Ulrich von Alemann

Herausgegeben von

Arthur Benz
Marian Döhler
Hans-Joachim Lauth
Susanne Lütz
Georg Simonis

Ulrich von Alemann
unter Mitarbeit von Philipp
Erbentraut und Jens Walther

Das Parteiensystem der Bundesrepublik Deutschland

4., vollständig überarbeitete
und aktualisierte Auflage

VS VERLAG

Bibliografische Information der Deutschen Nationalbibliothek
Die Deutsche Nationalbibliothek verzeichnet diese Publikation in der
Deutschen Nationalbibliografie; detaillierte bibliografische Daten sind im Internet über
<http://dnb.d-nb.de> abrufbar.

1. Auflage 2000
2. Auflage 2001
3. Auflage 2003
4., vollständig überarbeitete und aktualisierte Auflage 2010

Lektorat: Frank Schindler

VS Verlag für Sozialwissenschaften ist eine Marke von Springer Fachmedien.
Springer Fachmedien ist Teil der Fachverlagsgruppe Springer Science+Business Media.
www.vs-verlag.de

Umschlaggestaltung: KünkelLopka Medienentwicklung, Heidelberg
Druck und buchbinderische Verarbeitung: Ten Brink, Meppel
Gedruckt auf säurefreiem und chlorfrei gebleichtem Papier
Printed in the Netherlands

ISBN 978-3-531-17665-9

Inhaltsverzeichnis

Vorwort

Zehn Jahre ist es jetzt her, seit Ulrich von Alemanns Lehrbuch zu politischen Parteien und zum Parteiensystem in der Bundesrepublik Deutschland zum ersten Mal erschien. Seitdem ist diese kompakte, fachlich fundierte und dennoch stets verständlich geschriebene Einführung zu einem viel gelesenen politikwissenschaftlichen Standardwerk avanciert, auf das Studierende, Fachkollegen und interessierte Laien immer wieder gern und häufig zurückgreifen. Es ist der beste Qualitätsbeweis, dass die drei vorherigen Auflagen immer rasch vergriffen waren. Nun legt Ulrich von Alemann – erstmals unterstützt von zwei jungen Kollegen – die vierte, komplett überarbeitete und aktualisierte Version seines Lehrbuchs vor.

Parteien sind in der Politik allgegenwärtig. Sie prägen und kanalisieren die politische Willensbildung und Interessenvermittlung jedes Einzelnen und großer Gruppen. Der Parteienwettbewerb stellt den zentralen und wichtigsten Mechanismus demokratischer Politik dar, ohne den die Demokratie nicht funktionieren würde. Es gibt allerdings in der Konkurrenzdemokratie unterschiedliche Ausprägungen der Parteien, die sich nach ihren Inhalten und Richtungen unterscheiden. Diese bilden unterschiedliche Parteiensysteme, die unabhängig von den Institutionen des Regierungssystems auf demokratische Politik wirken. Schließlich gibt es auch unterschiedliche Parteitypen in verschiedenen Staaten, z.B. den Typus der basisdemokratischen Partei oder die Kaderorganisation, die große Massenmitglieder- oder enge Milieupartei, die Honoratiorenpartei oder den Typus des postmodernen politischen Dienstleistungsbetriebs.

Parteien sind ein klassischer Untersuchungsgegenstand der Politikwissenschaft und der politischen Soziologie. Die Parteienforschung gehört deshalb auch in Deutschland zu den ausdifferenziertesten Feldern der Disziplin. Sie ist immer viele Wege gegangen: historisch oder institutionenkundlich orientiert, staatstheoretisch oder systemtheoretisch konzipiert, ideologiekritisch oder politiksoziologisch engagiert. Dieses Buch will versuchen, keinen dieser wichtigen Zugänge zu versperren und auch der interdisziplinären Öffnung zu dienen. Die aktuellen Probleme der Parteienverdrossenheit und der Parteienfinanzierung werden dabei nicht ausgelassen.

Wir danken den Autoren für die Bereitschaft, den Band zu überarbeiten, den sie damit auf den neuesten Stand der Forschung und realen Entwicklung bringen, und für die stets gute Zusammenarbeit.

Hagen, im Mai 2010

Arthur Benz
Helmut Breitmeier
Lars Holtkamp
Georg Simonis
Annette Elisabeth Töller

1 Einleitung

Um über die Entstehung von politischen Parteien zu reden, muss man sich zunächst darüber verständigen, was man überhaupt darunter verstehen will. Da hilft ein Nachschlagen im Lexikon. Aber damit beginnt bereits das Problem: Zu welchem der Sprach-, Konversations-, Fach- oder Speziallexika soll man greifen? Nimmt man noch Lehr- und Handbücher der Politik und der Parteien hinzu, dann erhält man auf die eine Frage nach einer Definition oder Begriffsbestimmung der Partei mehrere Dutzend Antworten. Wir lernen daraus zweierlei: Erstens ist die politische Partei in Zeit und Raum (bzw. in wissenschaftlicher Perspektive) ein ziemlich amorphes Ding, und zweitens hat kein Lexikon oder Lehrbuch die Autorität, eine endgültige und verbindliche Definition an die Hand zu geben, die man schwarz auf weiß getrost nach Hause tragen kann.

1.1 Was ist eine Partei?

Um dieses Problem zu umgehen, werfen wir zunächst einen Blick in ein Lexikon zur historischen Wortbedeutung:

Historische Wortbedeutung

> „**Partei** f. (< 13. Jh.) (...) Das Wort bezeichnet im frühen Deutschen den (selbständigen) Teil eines größeren Ganzen, z. B. eine Prozeßpartei, eine Seite in einer Auseinandersetzung (während die einfache Bedeutung ‚Teil‘ mehr und mehr von *Part* und *Partie* übernommen wird). Bei den politischen Auseinandersetzungen, vor allem um die Einheit Deutschlands im 19. Jh., hat *Partei* normalerweise einen schlechten Klang. Zwar gibt es bei der politischen Gruppenbildung im 19. Jh. *Partei* auch als Selbstbezeichnung, doch wird im Parlament *Fraktion* vorgezogen, außerhalb *Verein*; eine *Partei* ist dagegen nur eine Interessengruppe (Lasalle gründet 1863 den *Allgemeinen deutschen Arbeiterverein*, spricht aber von *Arbeiterpartei* und *Fortschrittspartei*). Zwar fordern programmatische Überlegungen schon seit der Mitte des Jahrhunderts für eine Partei auch eine klare Organisation, doch bildet sich der heutige Parteienbegriff erst im Lauf des 20. Jhs. aus (speziell nach dem Ende des 1. Weltkriegs, z. T. wohl unter englischem und französischem Einfluß). Adjektive: **parteiisch, parteilich** (...)" (KLUGE 1995, S. 614).

Es ist nachdrücklich zu unterstreichen, dass „Partei" bei den politischen Auseinandersetzungen, vor allem um die Einheit Deutschlands, einen schlechten Klang hatte. Dies hat eine alte deutsche Tradition, schrieb doch schon Goethe an Schiller: „Die Fratze des Parteigeistes ist mir mehr zuwider als irgendeine andere Karikatur". Später deklarierte Bismarck: „Ein großer Staat regiert sich nicht nach Parteiansichten". Oder es behauptete der konservative Historiker Heinrich von TREITSCHKE: „Jede Partei ist einseitig, sie ist ihrem Wesen nach beschränkt und

Alte deutsche Parteienkritik

engherzig neben der gleich austeilenden Gerechtigkeit des Staates" (VON
TREITSCHKE 1897, Band 1, S. 148). Daneben wirken emphatische Gegenstimmen
schon im 19. Jahrhundert, wie das Hohelied auf die Partei durch den radikalde-
mokratischen Dichter Georg Herwegh (1842), geradezu peinlich deplatziert:

Parteieneuphorie der Linken

> „Partei! Partei! Wer wollte sie nicht nehmen,
> Die noch die Mutter aller Siege war!"

In derselben Traditionslinie liegt Berthold Brechts Gedicht „Lob der Partei" aus
seinem Lehrstück „Die Maßnahme" von 1930 mit den uns heute gruselig anmu-
tenden, weil an George Orwells „1984" erinnernden ersten Zeilen:

> „Der Einzelne hat zwei Augen.
> Die Partei hat tausend Augen."

Denn bis in die deutsche Einheit der 1990er Jahre, bis in immer wieder neu disku-
tierte und in den Medien artikulierte „Krisen" der Parteien und des Parteienstaates
klebt am Wort Partei ein schlechter Klang in Deutschland. Auch die abgeleiteten
Adjektive „parteiisch" und „parteilich" oder „parteipolitisch" haben einen pejora-
tiven Beigeschmack – ganz im Gegensatz zum hochwürdigen „staatspolitisch" –
behalten.

Der wichtige Aufsatz von Erwin FAUL „Verfemung, Duldung und Anerkennung des Parteiwesens in der Geschichte des politischen Denkens" (1964) ist
zur Begriffsgeschichte der Partei (und zwar nicht nur in Deutschland) immer
noch lesenswert. Allerdings war FAUL damals so optimistisch, von einer ständig
sich verbessernden Akzeptanz auszugehen. Dieses naive Fortschrittsdenken hat
sich auch bei der Parteiendiskussion als trügerisch erwiesen – es war schon von
der 68er APO (*Außerparlamentarischen Opposition* der Studentenbewegung)
aufgekündigt worden, und es hat auch die Diskussion um die „Parteienverdrossenheit" zu Beginn der 90 Jahre nicht beeindruckt.

Zurück zu den Anfängen und zu dem Zitat aus dem KLUGE. So zuverlässig
meist seine etymologischen Wortableitungen sind, so vorsichtig muss man mit
historischen und politikwissenschaftlichen Aussagen auch in Lexika sein. Denn
die Etablierung von Gegenstand und Begriff Partei hat in Deutschland sicher
schon im letzten Viertel des 19. Jahrhunderts stattgefunden, und das große Vorbild war wohl in erster Linie England und kaum Frankreich.

Früheste Parteiendefinition

Eine der ersten prominenten Erwähnungen des Begriffs Partei im politischen Sinne ist schon 1715 von einem H. Castleton verbürgt „An Essay Towards
a Coalition of Parties in Great Britain" (vgl. VON ALEMANN 1973, S. 26). Eine
noch heute gern zitierte frühe Definition von Partei (z. B. NICLAUß 1995, S. 9)
stammt von Edmund Burke aus dem Jahr 1770:

> „Party is a body of men united for promoting by their joint endeavors the national
> interest upon some particular principle in which they all agreed".

In der britischen Politik war die Anerkennung der Parteien bereits Mitte des 19. Jahrhunderts vollzogen, so durch den Premierminister Benjamin Disraeli, der 1848 im Unterhaus sagte:

> „ ... you cannot choose between party government and Parliamentary government. I say, you can have no Parliamentary government if you have no party government."

Bis diese Einsicht auch in Deutschland Platz griff, brauchte es in der Tat gut 100 Jahre, denn noch in der Weimarer Republik gab es zwar eine demokratische Parteienregierung, aber keine Parteienanerkennung in Wissenschaft und Politik.

Dabei hatte bereits Max WEBER, der Klassiker der politischen Soziologie, eine Definition von Parteien vorgeschlagen:

> „Parteien sollen heißen auf (formal) freier Werbung beruhende Vergesellschaftungen mit dem Zweck, ihren Leitern innerhalb eines Verbandes Macht und ihren aktiven Teilnehmern dadurch (ideelle oder materielle) Chancen (der Durchsetzung von sachlichen Zielen oder der Erlangung von persönlichen Vorteilen oder beides) zuzuwenden. (...) Da wo die Leitung durch (formal) freie *Wahl* besetzt wird (...), sind sie primär Organisationen für die Werbung von Wahlstimmen" (WEBER 1976, S. 167).

Aber so honorig ein Max WEBER-Zitat den Beginn jeder Abhandlung schmückt, so sehr ist es doch zeitgebunden und kann heute nicht mehr überzeugen (das gilt für seine „Vergesellschaftungen" genauso wie für die Annahme, eine Partei müsse den Leitern eines Verbandes Macht zuwenden).

Eine Minimaldefinition von Partei hat SCHULTZE (1985, S. 656) vorgeschlagen: Es handele sich um

Minimaldefinition

> „eine Gruppe gleichgesinnter Bürger, die sich die Durchsetzung gemeinsamer politischer Vorstellungen zum Ziel gesetzt haben".

Diese Definition ist aber wohl doch zu mager, weil selbst eine kleine Bürgerinitiative oder auch große Interessenverbände, wie z. B. *Amnesty International* oder auch die Gewerkschaften und die Unternehmerverbände, darunter fallen könnten.

Was sind also Parteien? In der Wissenschaft wimmelt es nur so von weiteren Definitionsversuchen. Aber auf diese unendliche Geschichte müssen wir uns nicht einlassen. Stattdessen soll hier ein eigener Vorschlag einer Parteidefinition unterbreitet werden:

Definitionsvorschlag

> *Parteien sind auf Dauer angelegte, freiwillige Organisationen, die politische Partizipation für Wähler und Mitglieder anbieten, diese in politischen Einfluss transformieren, indem sie politisches Personal selektieren, was wiederum zur politischen Integration und zur Sozialisation beiträgt und zur Selbstregulation führen kann, um damit die gesamte Legitimation des politischen Systems zu befördern.*

Diese spröde Definition der Parteien ist ein harter Brocken und keineswegs selbstverständlich. Um den Brocken etwas leichter verdaulich zu machen, zunächst einige Hinweise, was laut dieser Definition Parteien eben nicht sind, bzw. welche Voraussetzungen für ihre Existenz gegeben sein müssen: Parteien sind keine spontanen, kurzfristigen Initiativen oder Bewegungen. Sie sind gesellschaftliche Organisationen, also keine staatlichen Organe. Allerdings kann es in Diktaturen auch Staatsparteien geben, die man nicht einfach heraus definieren sollte. Dass mehrere Parteien miteinander konkurrieren, ist nur in Demokratien eine notwendige Voraussetzung. Parteien haben Anhänger, deren ideelle und/ oder materielle Interessen sie mobilisieren und vertreten. Sie sind keine bloßen Kader und keine Sekten, die nur vorgeben, ewige Ideen verwirklichen zu wollen. Sie wollen die Kontrolle von Macht durch die Übernahme von Wahlämtern in Parlamenten und Regierungen oder zumindest Macht durch Oppositionspolitik – und das unterscheidet sie von den Interessenverbänden, denen sie in vielen anderen Punkten gleichen.

1.2 Aufbau dieses Buches

Das Buch wird einen großen Bogen von den Vorläufern deutscher Parteien in der Frankfurter Paulskirche 1848 bis zu den Ausläufern der Parteienverdrossenheitsdebatte am Beginn des neuen Jahrtausends schlagen. Obwohl der Titel dieses Textes „Parteiensystem der Bundesrepublik Deutschland" heißt, wird der historischen Vorentwicklung bis 1945 und der zeitgeschichtlichen Weiterentwicklung seitdem bewusst breiter Raum in den Kapiteln 2 und 3 eingeräumt. Denn dadurch lassen sich nicht nur die heutigen Parteien, ihr politisches Verhalten, ihre Organisationsformen und ihr programmatischer Hintergrund besser verstehen. Es lassen sich auch manche Theorien über die Parteienentwicklung – die *Cleavage*-Theorie oder die Milieutheorie – besser einschätzen.

Parteien entstehen aus Konflikten

Die allgemeine Botschaft, die von der Geschichte der Parteien übermittelt wird, lautet: Parteien entstehen nicht nur aus Konflikten, ihre Existenz verkörpert demokratischen und gesellschaftlichen Konflikt schlechthin. Peter LÖSCHE (1994) hat die Entstehung (nicht nur) der deutschen Parteien aus solchen politischen und gesellschaftlichen Großkonflikten prägnant zusammengefasst:

- „der Liberalismus gegen das alte Regime des Absolutismus und Feudalismus;
- der Konservatismus gegen den politisch sich konstituierenden Liberalismus;
- die Arbeiterparteien gegen das Kapital und das bürgerliche System;
- die Agrarparteien gegen den Industrialismus;
- regionale Parteien gegen den Zentralismus und konkret gegen die Metropole;
- christliche Parteien gegen die zunehmende Verweltlichung und gegen die Trennung von Staat und Kirche;
- kommunistische Parteien gegen den ‚Sozialdemokratismus‘;
- faschistische Parteien gegen die politische Demokratie;
- Protestparteien (wie Anti-Steuer-Parteien) gegen das bürokratisch-wohlfahrtsstaatliche System;

- ökologische Parteien gegen die Wachstumsgesellschaft" (LÖSCHE 1994, S. 23).

Auch für das Verständnis der rechtlich-institutionellen Einbindung der Parteien Parteien im Recht in Verfassung und Gesetz ist die historische Genese eine wichtige Voraussetzung. Denn nur dadurch kann man richtig ermessen, wie weit der Sprung von der wilhelminischen und Weimarer Parteienprüderie in die voll etablierte Parteiendemokratie des Grundgesetzes reichte. Aber die rechtliche Institutionalisierung der Parteien, die in Kapitel 4 skizziert wird, bleibt nicht statisch, sondern ist permanent im Fluss und selbst wiederum konfliktreich, wie sich besonders am Problem der immer wieder vom Bundesverfassungsgericht monierten und dann erneut novellierten Parteienfinanzierung ablesen lässt.

Nach der rechtlichen Einbindung wird in Kapitel 5 die gesellschaftliche Parteien und Gesellschaft Vernetzung der Parteien gezeigt. Die Parteien sind Kinder der bürgerlichen Industriegesellschaft, sie gehen aus der Gesellschaft hervor und wirken auf diese zurück. Dies ist der Hauptgegenstand der Parteiensoziologie, die so quer zwischen den Stammdisziplinen Soziologie und Politikwissenschaft postiert ist, dass die Frage, wo sie „eigentlich" ressortiert, müßig scheint. Da Empirie und Theorie der Parteiensoziologie enger verknüpft sind als in manchen anderen Subdisziplinen, werden sie auch entsprechend korrespondierend dargestellt.

Wir leben in einer organisierten Gesellschaft. Auch Parteien sind Organisa- Parteien sind Organisationen tionen – und zwar sehr komplizierte. Denn sie haben durch das Neben-, oft auch Gegen- und nicht selten Durcheinander von freiwilligen Mitgliedern, von ehrenamtlichen Aktivisten, von gewählten politischen Mandatsträgern und von hauptamtlichen Funktionären eine viel unübersichtlichere Struktur als andere Großorganisationen, beispielsweise Verwaltungen oder Unternehmen. Sie müssen dem Postulat innerparteilicher Demokratie, das auch das Grundgesetz vorschreibt, genügen und gleichzeitig effizient und schlagkräftig agieren. Probleme lösen und Partizipation garantieren – das bedeutet oft eine Gratwanderung. Widersprüche sind damit vorprogrammiert und tragen sicherlich zu Frustrationen über die Leistungsfähigkeit der Parteien in der Öffentlichkeit bei. Alle diese Fragen werden in Kapitel 6 zur Struktur der Parteien angesprochen.

Das folgende Kapitel 7 zur Strategie ändert die Blickrichtung vom Innenle- Aktionsformen der Parteien ben der Parteien nach außen zu den Aktionsformen. Die Leitfrage lautet: „Was tun die Parteien überhaupt?" In der allgemeinen Öffentlichkeit gibt es hier viel Unkenntnis. Aber auch die deutsche Fachöffentlichkeit beschäftigt sich wenig mit Wahlkampf, einer der konstitutiven Tätigkeiten von Parteien. Aber die Parteien beschäftigen sich keineswegs permanent und ausschließlich mit Wahlkampf, sondern die gewählten Mandatsträger machen Politik. Das ist ihr Beruf. Nur wenige Schlaglichter können durch Zeitbudgetanalysen, Kontaktstudien oder Sozialstrukturuntersuchungen auf den Alltag der Parteipolitiker geworfen werden. Ein wesentlicher Teil der parteipolitischen Aktivitäten wird durch Kontakte zu anderen Organisationen okkupiert, dies sind insbesondere die Verbände.

Kapitel 8 stellt die Frage nach den Aufgaben der Parteien neu: Welche Parteienfunktionen Funktionen kommen ihnen in der Gesellschaft zu? Ein Blick auf die Fachdebatte zeigt, dass eine vielfältige Palette angeboten wird, mit Katalogen von annähernd zwei dutzend Funktionen. Hier soll dagegen ein vergleichsweise übersichtlicher Vorschlag von sieben Funktionen unterbreitet werden: Partizipation, Transmission, Selektion, Integration, Sozialisation, Selbstregulation, Legitimation. Damit schließt sich der Kreis: Denn diese sieben Parteifunktionen verweisen zurück auf die ersten Seiten des Buches, wo sie sich bereits in einem ersten Definitionsvorschlag von politischen Parteien wiederfinden.

Parteienkrise?   Zum Abschluss wird in Kapitel 9 die Debatte um die vermeintliche Krise der deutschen Parteiendemokratie wieder aufgenommen, die in der ersten Hälfte der 90er Jahre die öffentliche Diskussion besonders prägte, aber in ihrer Grundtendenz bis heute andauert. Manche Kritiker wärmen dabei lediglich altbekannte Topoi der deutschen Parteienpolemik früherer Jahrhunderte auf. Ein typischer Vorwurf lautet etwa, die Parteien wollten nur Macht und seien nicht gemeinwohlorientiert genug. Andererseits gibt es bedenkenswerte empirische Symptome: den Rückgang der Wahlbeteiligung, schwindende Mitgliedschaft, die Entfremdung von Jugendlichen oder das sinkende Vertrauen in Parteien und Politik insgesamt. Dies sind harte Fakten. Die Ursachen für die Probleme sind indes weniger im Fehlverhalten einzelner Politiker, sondern in generellen gesellschaftlichen Wandlungstendenzen zu suchen, die in ähnlicher Form in den meisten Demokratien beobachtet werden können. Die Parteien versuchen darauf, mit Organisationsreformen zu reagieren. Auch positionieren sie sich in neuen Medien, wie z. B. im *Social Web*. Damit sich die Kassandrarufe vom Verfall der Parteien nicht eines Tages doch bewahrheiten, müssen sie sich weiterhin den gesellschaftlichen Veränderungen öffnen. Dazu waren sie seit nun fast 150 Jahren immer wieder gezwungen.

Parteientypus der Zukunft?   Man muss nicht so weit in der Parteiengeschichte zurückgehen, um selbst in der Bundesrepublik noch drastisch unterschiedliche Parteitypen anzutreffen, wie die bürgerlichen „Honoratiorenparteien" der 50er Jahre, den „Kanzlerwahlverein" unter Konrad Adenauer, die „Massenintegrationspartei" mit der frühen und die „Massenmitgliederpartei" mit der späteren Sozialdemokratie, die „Bewegungspartei" bei den frühen *Grünen* oder die „Kaderpartei" bei den Kommunisten. Wie der Parteityp der Zukunft heißen wird, wäre voreilig zu prognostizieren. Ob es die „Fraktionspartei" oder die „Profipartei", die „Rahmenpartei" oder die „Kartellpartei" – so lauten die Stichworte der letzten Jahre – sein wird, erscheint eher zweifelhaft. Festzuhalten ist, dass sich die deutschen Parteien alle dutzend Jahre recht drastisch gehäutet haben. Warum sollte dies in Zukunft anders sein?

2 Genese: Wo kommen die Parteien her?

Voraussetzungen für das Entstehen von Parteien sind die Möglichkeit, freie gesellschaftliche Organisationen zu bilden sowie für Wahlämter in Parlament und Regierung kandidieren zu können. Diese beiden Prämissen entwickelten sich erst mühsam – mit Rückschlägen und plötzlichen Sprüngen gerade in Deutschland im Laufe des 19. Jahrhunderts. Frankreich, USA oder England hatten zwar einen Vorsprung in demokratischer Entwicklung. Gegen Ende des Jahrhunderts aber hatte Deutschland diese Staaten in der Herausbildung eines klar konturierten Parteiensystems überholt, auch wenn die Etablierung der ersten deutschen Demokratie noch bis zum Fall des Kaiserreiches 1918 brauchte.

Parteien im ursprünglichen lateinischen Wortsinn von *pars* – also Teil, Gruppe – gab es schon in der Vormoderne. Bei Hofe intrigierende Cliquen, in italienischen Stadt-Republiken rivalisierende Gruppen, in der Aufklärung Logen und Geheimgesellschaften – sie alle blieben jedoch informell, waren keine anerkannten Organisationen zur Ämterbesetzung und deshalb keine Parteien in unserem Sinne.

2.1 Entstehung im Kaiserreich

In Deutschland hat es erst mit der Revolution von 1848 im kurzlebigen Parlament der Frankfurter Paulskirche Vorformen von Parteien gegeben. Für den „Vormärz", also die Jahrzehnte vor 1848, hatten sich bereits einige liberale Strömungen gegen die konservative Obrigkeit aus Fürsten, Landjunkern, Klerus, hohen Beamten und deren ideologischen Schildknappen in der politischen Philosophie gebildet, aber sie blieben noch weitgehend unorganisiert.

Partei war zu dieser Zeit noch kein Begriff für eine konkrete Organisation, diese firmierte als Club oder Verein, sondern für eine Gesinnung oder höchstens für eine „Gesinnungsgemeinschaft" (BEYME 1978, S. 697), also beispielsweise die progressive, fortschrittliche oder demokratische Partei. Diese wurde auch damals schon als die linke Partei bezeichnet – zurückgreifend auf die Sitzordnung der französischen Deputiertenkammer nach der Revolution, der folgerichtig die rechte Partei gegenüberstand (bzw. gegenübersaß), die das bewahrende, konservative, teilweise auch restaurative bis reaktionäre Element verkörperte.

Parteientypologie nach der Sitzordnung

Die Idee einer direkten Machtausübung durch die Parteien, wie wir sie heute in der modernen Funktionsweise der repräsentativen Demokratie verwirklicht sehen, befremdete die meisten Autoren damals ungeheuer. So ermahnte etwa der Hegel-Schüler Karl Rosenkranz 1843 die preußische Regierung, über dem „Waschbeckentumult eines parteiischen Treibens" den Staat nach seiner Ganzheit und Einheit zu vertreten. Das dialektische Ringen der Parteien eröffne der

Regierung allerdings die Möglichkeit, „aus dem Buche der öffentlichen Meinung das, was Noth thut, herauszulesen" (zitiert nach ERBENTRAUT 2009, S. 136).

Mit dieser Sichtweise befinden sich die politischen Parteien auf einer theoretischen Stufe der Anerkennung, die dem Staatsrecht der konstitutionellen Monarchie entspricht. Ihren Auseinandersetzungen fehlt gewissermaßen noch der letzte Ernst, da diese auf die gesellschaftliche Sphäre beschränkt bleiben und die Schwelle zur tatsächlichen bürokratisch-organisatorischen Steuerung des Staates nicht überschreiten. Die Regierung, in der allein sich die Einheit des Ganzen verkörpert, bleibt prinzipiell unangreifbar.

Von Parteien im heutigen Sinne kann man auch beim Frankfurter Paulskirchen-Parlament von 1848/49 noch nicht sprechen. Die einzelnen Gruppen wurden nach ihren Versammlungslokalen benannt. Folgende Richtungen zeichneten sich ab:

„1. Demokratische Linke (Deutscher Hof, Donnersberg)

Sie forderte ein allgemeines Wahlrecht und lehnte, wenn auch nicht immer offen ausgesprochen, die Monarchie ab. Sie wollte zumindest das Parlament als gleichberechtigte und gleichwertige Kraft neben das Staatsoberhaupt stellen. Die Abgeordneten dieses Flügels lassen sich – wie auch die anderer Gruppen – nur nach der generellen Tendenz charakterisieren, da so etwas wie Fraktionsdisziplin völlig unbekannt und auch nach der Art der Zusammensetzung des Parlaments unmöglich war.

2. Linksliberale Mitte (Württemberger Hof, Augsburger Hof u. a.)

Dieser Gruppierung gehörten vorwiegend süd- und südwestdeutsche Abgeordnete an. Sie besaß von allen hier genannten die geringste Homogenität.

3. Rechtsliberale Mitte (Casino)

Hier dominierten die norddeutschen Liberalen, insbesondere die Historiker Dahlmann, Droysen und Waitz, die an der Universität Kiel gelehrt hatten oder noch lehrten und daher mit der Schleswig-Holstein-Frage in Berührung gekommen waren. Sie betonten stark die nationalen Belange und kamen immer mehr zu der Unterscheidung zwischen theoretischer Verfassungsdiskussion und realer Machtpolitik. Als die Frankfurter Versammlung sich allzusehr in der Diskussion verlor, neigten sie zunehmend einer realpolitischen Lösung, der Beschränkung auf einen kleindeutschen Zusammenschluß unter Führung der preußischen Großmacht, zu. Sie stellten die meisten führenden Köpfe der Versammlung. Außer den Wissenschaftlern gehörten zu dieser Gruppe noch zahlreiche Männer der aufstrebenden Wirtschaft des Rheinlands.

4. Gemäßigt-konservative Rechte und katholische Rechte
(Steinernes Haus, Café Milani, Pariser Hof)

Diese Gruppen hatten nur einen relativ geringen Anteil an der politischen Entwicklung in der Nationalversammlung. Die gemäßigten Konservativen traten überwiegend für eine kleindeutsche, die Katholiken überwiegend für eine großdeutsche Lösung ein. Extreme Konservative waren in der Frankfurter Nationalversammlung nicht vertreten" (KAACK 1971, S. 26 f.).

Die beiden groben Hauptströmungen – links gegen rechts, fortschrittlich gegen konservativ, jung und neu gegen alt und bewährt – wurden in manchen politischen Theorien geradezu als Wesen des Politischen, als natürlich vorgegeben hochstilisiert. Den Übergang von der philosophischen Kritik zur politischen Praxis der Partei forderte dann 1842 als Erster der Linkshegelianer Arnold RUGE: „Wie der gleichgültige Unterschied logisch zum feindlichen Gegensatze fortgetrieben wird, so steigert sich die theoretische Kritik nothwendig zur Praxis des Handelns, zur *Partei*, wenn sich die neue Form der Freiheit in die Köpfe der Menschen eingenistet und das Alte ihr gegenüber nun dennoch beharrt" (RUGE 1842, S. 1179).

Die hier bereits angelegte Dichotomie von Fortschritt und Beharrung trieb der Verfasser des Artikels „Parteien" des einflussreichen Rotteck-Welckerschen Staatslexikons, Gottlieb Christian ABT, wenig später auf die Spitze, indem er den partikularen Kräften des Staates, der Kirche und des Kapitals die Gesamtheit des Volkes und damit die Bewegungs- oder demokratische Partei gegenüberstellte. Letztere repräsentiere dabei die „organische Entwicklung vom Alten zum Neuen, vom Unbrauchbar-Gewordenen zum Besseren". Folgerichtig hieß es am Ende des Artikels: „Factisch kann jede Partei herrschen, rechtlich nur die demokratische" (ABT 1848, S. 495 f.).

Die einfache Gegenüberstellung links gegen rechts erwies sich allerdings in der politischen Praxis als unzulänglich. Mit der Mitte wurden schnell drei daraus, und nach einem vorgeblichen Symmetriegesetz glaubten manche, dass es natürlich fünf Parteirichtungen geben müsste: die Mitte, die gemäßigte Rechte und die gemäßigte Linke sowie die radikale Rechte und die radikale Linke. Der Schweizer Staatsrechtler Friedrich ROHMER propagierte schließlich ein Naturgesetz von vier Parteirichtungen: Danach sei der Knabe radikal, der Jüngling liberal, der Mann konservativ und der Greis absolut (ROHMER 1844, S. 54 ff.). Diese kunstvolle Theorie der Parteien, abgeleitet aus dem Wesen der menschlichen Lebensstufen, ist sicher recht typisch für die metaphorischen und organologischen Argumentationsweisen des 19. Jahrhunderts.

Vorgeblich „natürliche" Parteientypologie

So merkwürdig diese Theorie anmutet, so ist sie dennoch Ausdruck einer bis heute nicht gänzlich vergessenen Idee, Parteien aus unterschiedlichem Wesen, unterschiedlichen Charakteren oder zumindest aus unterschiedlicher Ideologie zu erklären. Erst mit dem Beginn der Sozialwissenschaften – ob in den Theorien von MARX und ENGELS oder den Analysen von Max WEBER – wurde die rein weltanschauliche Betrachtung von Parteien mehr und mehr auf soziale, ökonomische und historisch bedingte Interessenlagen übertragen. Parteien entstehen nicht so sehr aus Ideen, sondern aus Interessen.

Im Gegensatz zu Frankreich, England oder Großbritannien blieben die republikanisch-parlamentarischen Bewegungen im Deutschland des Vormärz schwach. Die wenigen liberalen, republikanischen und demokratischen radikalen Geistestraditionen konnten keine prägende Kraft gewinnen. Monarchisches Gepräge, Staatsverehrung und Politikferne sowie ein unausrottbares Harmoniebedürfnis prägten die deutsche politische Kultur. Idealismus und Romantik lehnten Konflikt und Interessen ab. Politische Kompromisse wurden gern als faul bezeichnet. Relikte dieser unseligen Tradition sind bis heute erhalten.

Sozioökonomische und politische Entstehungsursachen

Aber Deutschland konnte sich nicht von der europäischen Entwicklung abkoppeln. Das Bürgertum erstarkte, befreite sich von feudalen Zwängen. Gewerbefreiheit ging voran, der Ruf nach politischer Mitsprache, nach Presse- und Vereinigungsfreiheit folgte. Politische Bewegungen, die sich zunächst im Umkreis von Clubs und Publikationen bildeten, propagierten neues Gedankengut. Konservative Kräfte hielten dagegen. Bis zur Revolution von 1848 kamen frühe sozialistische Strömungen hinzu. Katholiken wehrten sich gegen die Unterdrückung durch das protestantische Preußen mit der Entwicklung politischer Vereine. Nach dem schnellen blutigen Scheitern der ersten deutschen nationalen Demokratisierung 1848/49 hatten diese Gruppen zunächst keinen Bestand. Erst in den 1860er Jahren, mit dem Beginn der neuen Ära in Preußen und nach Lockerungen in einigen süddeutschen Ländern, konturierte sich eine deutsche Parteienlandschaft.

Seit Mitte des 19. Jahrhunderts nahmen Industrialismus und Kapitalismus einen rasanten Aufstieg in Deutschland. Damit einher gingen drastische Veränderungen des sozialen Gefüges. Die Menschen strömten in die Städte, es bildete sich eine wohlhabende Industriebourgeoisie. Ihr gegenüber wuchs eine ausgebeutete Arbeiterschaft. Auf dem Land verarmte die einfache Landbevölkerung, die Kapitalkraft der großen Gutsherrn stieg, religiöse Haltungen gerieten gegenüber zunehmender Verweltlichung und Trennung von Staat und Kirche in die Defensive. Eine Zwischenschicht aus Beamten, Angestellten, Technikern und Wissenschaftlern begann sich zu formieren. Alle diese Konflikte wurden in Deutschland durch die fehlende nationale Einigung noch verschärft. Deutschland blieb eine „verspätete Nation".

Vier Hauptstämme der deutschen Parteiengeschichte

Gegen Mitte des vorigen Jahrhunderts bildeten sich zunächst vier Parteiströmungen heraus: Konservative, Liberale, Katholiken und Sozialisten. Die ersten beiden teilten sich aber schon früh in jeweils zwei Unterströmungen, sodass das Deutsche Kaiserreich bis zur Weimarer Republik im Wesentlichen von sechs Parteien geprägt wurde. Aus ideengeschichtlicher Perspektive hat mittlerweile die Auffassung von der Eigenständigkeit einer vom Liberalismus und vom Sozialismus klar abgrenzbaren demokratischen Bewegung, und damit einer möglichen fünften Traditionslinie der deutschen Parteiengeschichte, ebenfalls einige Anhänger gefunden. Zur Begründung wird häufig und nicht ganz zu Unrecht darauf verwiesen, dass Demokratie und Liberalismus in einem traditionellen Spannungsverhältnis von politischer Gleichheit und individueller Freiheit stünden, das erst durch die spezifische Einrichtung des demokratischen Verfassungsstaates aufgelöst oder wenigstens abgeschwächt worden sei.

Einen einflussreichen Beitrag zur näheren Unterscheidung der Lager leistete Anfang der 1960er Jahre der Staatsrechtler Ernst Rudolf HUBER im zweiten Band seiner monumentalen „Deutschen Verfassungsgeschichte" mit der Identifizierung eines für die deutsche Parteiengeschichte angeblich konstitutiven Fünf-Parteiensystems, dessen Konturen er bereits im Vormärz zu erkennen glaubte (HUBER 1988, S. 318 ff.). Dabei trennte der Autor streng zwischen „Liberalismus" und „Radikalismus". Den zentralen Gegensatz zwischen beiden Richtungen sah er im jeweiligen Streben nach Reform oder Revolution (EBD., S. 402 f.).

Den quellengerechten, aber heutzutage leicht missverständlichen Begriff des Radikalismus zur Bezeichnung der Demokraten im Unterschied zu den Liberalen gebrauchte im Anschluss an HUBER auch Peter WENDE (1975). Zuletzt betonte Uwe BACKES (2000) in seiner Habilitationsschrift über das Wechselverhältnis von Liberalismus und Demokratie im Vormärz ebenfalls eher die Antinomie als die Synthese beider politischer Strömungen. Die genannten Autoren konnten sich dabei allesamt auf die Autorität des Historikers Erich BRANDENBURG berufen, der bereits 1919 für eine scharfe Scheidung von Liberalismus und Demokratie plädiert hatte, da beide „von ganz verschiedenen Gesichtspunkten her orientierte Gedankensysteme" seien (S. 80).

Was berechtigt uns angesichts dieser kenntnisreichen Analysen also weiterhin, von lediglich vier Stämmen der deutschen Parteiengeschichte auszugehen? Die Antwort liegt darin begründet, dass die Konstruktion zweier Idealtypen von Liberalismus und Demokratie aus einem rein ideengeschichtlichen Erkenntnisinteresse heraus zwar durchaus fruchtbar erscheinen mag, eine so fundamentale Trennung in der historischen Wirklichkeit, die uns hier vor allem interessiert, aber niemals stattgefunden hat, etwa in dem Sinne, dass es in Deutschland jemals eine rein demokratische oder eine ausschließlich liberale Partei gegeben hätte.

Schon Friedrich MEINECKE verwies deshalb in seiner Debatte mit BRANDENBURG auf die Tatsache, dass man in der realen Parteiengeschichte viel häufiger „Mischungen liberaler und radikal-demokratischer Elemente" sowie „Übergänge und Schattierungen zwischen Liberalismus und Demokratie" vorfinde (MEINECKE 1917, S. 57). Diese Sichtweise entspricht ebenfalls der Deutungslinie von Ludwig BERGSTRÄSSERs Standardwerk zur deutschen Parteiengeschichte (1965).

Auch im Sinne einer erkenntnisstiftenden Komplexitätsreduktion bleibt es also dabei: Der Stammbaum der deutschen Parteien besteht – wie Abb. 1 noch einmal illustriert – aus den vier Stämmen: Liberale, Konservative, Katholiken und Sozialisten. Diese vier Stämme mit ihren wichtigsten Zweigen, deren Haupttäste bis heute reichen, werden die folgende Darstellung prägen.

Vor dem Einstieg in die Parteiengeschichte soll aber noch ein Blick in die Literatur geworfen werden. Darstellungen zur Geschichte des Parteiensystems haben in der Parteienliteratur eine alte Tradition. Zur frühen Entwicklung sind die beiden älteren Gesamtdarstellungen von Ludwig BERGSTRÄSSER (1965) und Walter TORMIN (1966) immer noch lesenswert. Auch in dem Band von Heino KAACK (1971) finden sich längere Passagen zur Parteiengeschichte. Zur Periode des Kaiserreichs sind die beiden Bände von Thomas NIPPERDEY (1961) und von Gerhard A. RITTER (1985) unverzichtbar. Überaus ausführlich, allerdings mit beträchtlichem ideologischem Tribut an die staatlich kontrollierte Doktrin des „Wissenschaftlichen Sozialismus" in der DDR, deshalb aber trotzdem lesenswert, ist das vierbändige „Lexikon zur Parteiengeschichte", herausgegeben von Dieter FRICKE u.a. (1983-1986).

📖 Literaturhinweise

Abbildung 1:   Stammbaum der deutschen Parteien – Kaiserreich und Weimarer
Republik

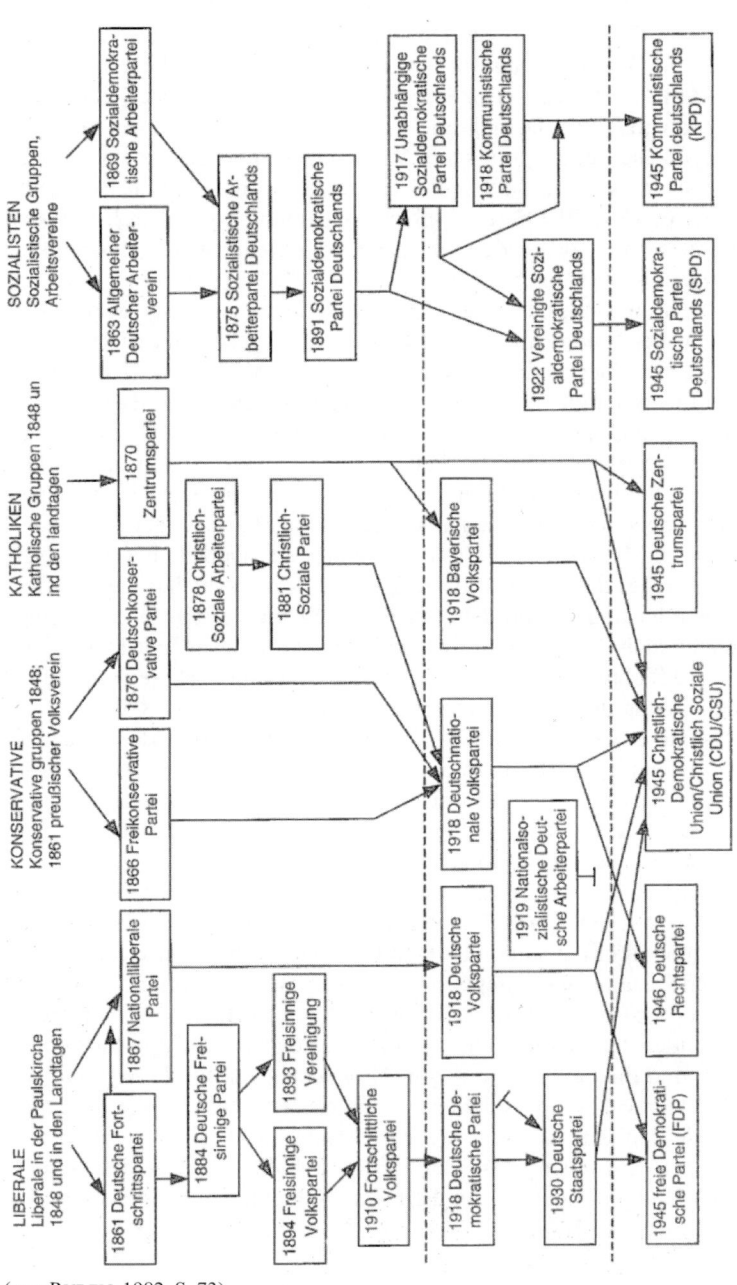

(aus: RUDZIO 1982, S. 73)

Als jüngere Gesamtüberblicke sind empfehlenswert: Robert HOFMANNs „Geschichte der deutschen Parteien" (1993) als stark historisch orientierte Darstellung und Peter LÖSCHEs „Kleine Geschichte der deutschen Parteien" (1994), die stärker politikwissenschaftlich orientiert ist und meinungsfreudiger argumentiert. Eine brauchbare Kurzdarstellung für den eiligen Leser bringt Eckhard JESSEs historisches Kapitel in dem Überblicksband von MINTZEL/OBERREUTER (1992). Einen jüngeren Gesamtüberblick bieten die Beiträge in DOWE u.a. (1999). Gutes Datenmaterial findet sich in RITTER (1997). Wertvolle Hilfsmittel zum Auffinden parteienhistorischer Arbeiten sind die von Martin SCHUMACHER (2004) herausgegebene annotierte Bibliographie der Kommission für die Geschichte des Parlamentarismus und der politischen Parteien sowie Hans-Peter ULLMANNs (1978) Bibliographie zur Geschichte der deutschen Parteien und Interessenverbände.

Die wichtigste Gründungsphase der Parteien lag in dem Jahrzehnt zwischen 1861 mit der Gründung der *Deutschen Fortschrittspartei* und 1871 mit der Reichsgründung. Die von Bismarck geprägte Reichsverfassung von 1871 bildete nach der Gründungsphase den eigentlichen institutionellen Rahmen für die Frühentwicklung der deutschen Parteien. Zwar galt für den Reichstag ein allgemeines, gleiches und geheimes Männerwahlrecht, das daraus hervorgegangene Parlament hatte aber nur eingeschränkte Gesetzgebungs-, Budget- und Kontrollrechte. Die Verantwortlichkeit der Regierung, die durch den Reichskanzler repräsentiert wurde, der in Personalunion auch preußischer Ministerpräsident war, entfiel. Er war nur vom Vertrauen des Kaisers getragen. Daneben behielten die Fürsten im Bundesrat – das Deutsche Reich bestand aus vier Königreichen, sechs Großherzogtümern, vier Herzogtümern, acht Fürstentümern, drei freien Städten und dem Reichsland Elsass-Lothringen – wichtige eigene Rechte in Legislative und Budgetkontrolle. Der Reichstag als Bühne der Parteien blieb also bis 1918 ein amputiertes Parlament, zwar demokratisch gewählt (anders als das preußische Abgeordnetenhaus, das sein Dreiklassenwahlrecht bis Ende des I. Weltkrieges konservierte), aber ohne volle demokratische Rechte.

Diese Janusköpfigkeit prägte auch die deutschen Parteien. Zwar verfügten sie über eine wirksame politische Bühne, aber sie blieben deklamatorische politische Rhetoriker. Regie und Intendanz führten andere Kräfte: die alten Eliten des Adels bei Hofe, in den Bundesstaaten, im ostelbischen Großgrundbesitz, beim Militär und in der hohen Justiz und Bürokratie sowie die erstarkende Großbourgeoisie in der Wirtschaft des Frühkapitalismus, der bereits damals dramatische Boom- und Baissephasen durchmachte.

Erstes Gründungsjahrzehnt 1860-1870

Abbildung 2:   Die Reichstagswahlen von 1871 bis 1912

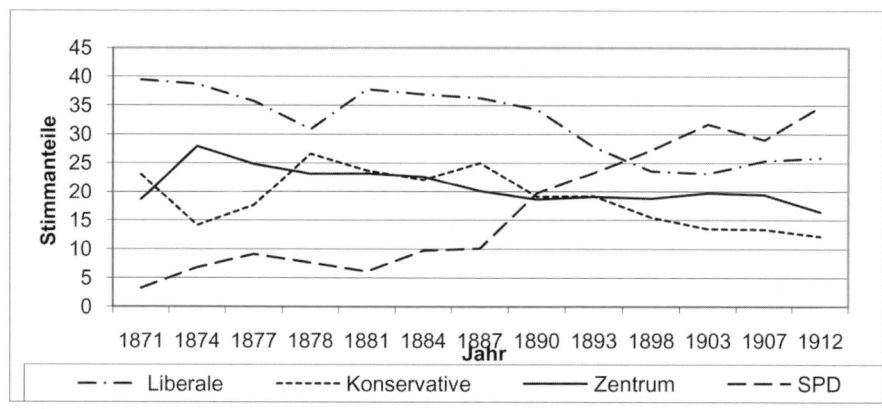

(nach: HOFMANN 1993, S. 23)

2.1.1   Die Liberalen

Obwohl die Konservativen die etablierten Kräfte des alten Regimes in Monarchie und Staatsbürokratie repräsentierten, bildeten nicht sie die erste Partei. Denn sie waren ja die „geborenen" Mitglieder der politischen Elite und mussten nichts mittels Parlament oder Öffentlichkeit oppositionell erstreiten. Anders die fortschrittlichen Kräfte des Bürgertums, die sich liberal verstanden. So hat es auch ein Klassiker der deutschen Parteiengeschichte, Sigmund NEUMANN, schon 1932 formuliert:

Erste Parteien ent-
stehen als Opposition

„Erste Parteien entstehen immer als Oppositionsgruppen gegen die bestehenden Verhältnisse. Ihre Bedrohung ruft Abwehr, Reaktion und Vertreter dieses Prinzips selbst hervor. Erst die Erschütterung festgefügter Ordnung wandelt dumpfen Traditionalismus naiver Lebensunmittelbarkeit als Erwiderung auf den Angriff zum politisch wachen Konservatismus" (NEUMANN 1986, S. 20).

Der deutsche Liberalismus hatte seit 1848 immer mehr einen Kampf für Rechtsstaatlichkeit in einem deutschen Nationalstaat geführt als für Demokratie und konsequenten Parlamentarismus. Auch das ungerechte preußische Dreiklassenwahlrecht wurde nicht konsequent bekämpft, denn das „Volk" der Liberalen blieb das Bürgertum, von dem aufkommenden Proletariat fühlte man sich eher bedroht. Wurden noch in der Frankfurter Paulskirche die frühen politischen Gruppen, Klubs und Fraktionen nach den Namen ihrer Versammlungslokale benannt, so war die erste deutsche Partei, die sich formell selbst so nannte, die *Deutsche Fortschrittspartei.*

Gründung der
Deutschen Fort-
schrittspartei 1861

   Die *Deutsche Fortschrittspartei* wurde im Juni 1861 von einigen Mitgliedern des Preußischen Abgeordnetenhauses zusammen mit bekannten Persönlichkeiten – so dem Unternehmer Werner von Siemens, dem Historiker Theodor Mommsen oder dem Mediziner und Pathologen Rudolf Virchow – gegründet.

Den Anstoß für die Gründung gaben Konflikte um das Budgetrecht des Parlamentes, insbesondere der Streit um die Heeresreform und die Mittel, die die Regierung hierfür verlangte.

Das Programm der Partei forderte demokratische Rechte für das Parlament, die Verantwortlichkeit der Regierung, kommunale Selbstverwaltung, Trennung von Kirche und Staat sowie Gleichberechtigung der Konfessionen. Aber neben den demokratischen Forderungen standen auch nationale Ziele, wie die Einigung Deutschlands unter preußischer Führung, und die Versicherung der Loyalität gegenüber König und Regierung. So begann das Gründungsprogramm typisch für die Zeit folgendermaßen:

> „Wir sind einig in der Treue für den König und in der festen Überzeugung, daß die Verfassung das unlösbare Band ist, welches Fürst und Volk zusammenhält" (zitiert nach KAACK 1971, S. 30).

Am Beginn des politischen Liberalismus stand bereits der Zwiespalt zwischen nationaler Loyalität und demokratischem Fortschritt, ein Zwiespalt, der die Geschichte des Liberalismus noch lange belasten sollte.

Zwiespalt des Liberalismus

Die soziale Zusammensetzung der *Fortschrittspartei* war relativ homogen. Über die Wählerschaft ist zwar wenig bekannt, aber die Berufe der Abgeordneten sind dokumentiert:

> „Hier saßen nämlich Vertreter des Großbürgertums, mittlere Unternehmer, Großgrundbesitzer, Kleinbürger und Intellektuelle nebeneinander. Unter den Berufsgruppen dominierten die Beamten, die – nichtadligen – Ritterguts- und Gutsbesitzer und Landwirte, die Fabrikanten, Rentiers und Bankiers sowie Rechtsanwälte, Ärzte und Journalisten" (LÖSCHE 1994, S. 29).

Organisatorisch handelt es sich bei allen frühen liberalen und konservativen Parteien um den Typus der „Honoratiorenpartei". Dabei bildet die jeweilige Fraktion das Zentrum der Partei. Die einzelnen Abgeordneten ließen sich in ihren Heimatwahlkreisen von lockeren Gruppen, regionalen Komitees und Wahlvereinen aufstellen. Eine breite Mitgliedschaft oder eine Parteiorganisation war politisch praktisch nicht existent.

Honoratiorenpartei

Politisch war die *Fortschrittspartei* kurzfristig recht erfolgreich, denn sie gewann im Dezember 1861 die Wahlen und zog als die stärkste Gruppe in den preußischen Landtag ein. Dort bildete sie mit der linken Mitte die absolute Mehrheit. Bismarck wurde 1862 auf dem Höhepunkt der Krise um die Heeresverfassung, die von der Parlamentsmehrheit blockiert wurde, zum preußischen Ministerpräsidenten berufen. Er war zwar ein Gegner des demokratischen Parlamentarismus überhaupt und damit auch von Parteien, aber er ließ sich auf sie ein, und es gelang ihm meisterhaft, mit den politischen Kräften zu spielen und sie insbesondere gegeneinander auszuspielen. So beeinflusste er für die folgenden 30 Jahre das entstehende deutsche Parteiensystem nachhaltig.

Eine Folge des Krieges von Preußen gegen Österreich 1866 war die Abspaltung der *Nationalliberalen Partei*, die die Bismarcksche Politik einer (klein-) deutschen Einheit unter Preußens Führung unterstützte und den Verfassungskon-

Abspaltung der Nationalliberalen Partei 1866

flikt mit ihm beendete. Sie löste sich von der *Fortschrittspartei* zuerst als Fraktion, im Jahr 1867 auch als eigenständige Partei. Die Nationalliberalen wurden – neben den Konservativen – zur verlässlichsten Stütze von Bismarcks Politik. Ihren Höhepunkt erlebten sie bei der Reichstagswahl unmittelbar nach der Reichsgründung 1871 mit 30 % Stimmenanteil, der sich bis 1890 halbierte und dann bis 1912 ungefähr konstant blieb.

Treue zu Kaiser
und Reich

Programmatisch stand bei ihnen zunächst vor allem die „Treue zu Kaiser und Reich" im Vordergrund. Zwar erhoben sie auch liberale verfassungsrechtliche Forderungen, die aber in der Regel der Tagespolitik untergeordnet blieben. Zur „Abwehr staatsgefährlicher Umtriebe" war ihnen deshalb Bismarcks Sozialistengesetz in den 80er Jahren gerade recht. Zwar befürworteten sie in den 90er Jahren auch sozialpolitische Maßnahmen, aber gegen Ende des Jahrhunderts hatten sie sich den Konservativen so weit genähert, dass sie 1897 sogar ein Wahlbündnis mit ihnen eingingen.

Ihr Programm von 1907 dokumentiert schließlich die völlige Übereinstimmung mit der imperialistischen Außen- und Aufrüstungspolitik des Reiches und der Diktion der alldeutschen Propaganda:

> „Unverbrüchliche Treue zu Kaiser und Reich! Das Vaterland über der Partei, das allgemeine Wohl über allen Sonderinteressen (...) Pflichtbewußtsein und rechtzeitige Opferwilligkeit, wo die Macht und das Ansehen des Reiches noch außer Frage stehen. Aufrechterhaltung der Wehrkraft der Nation, insbesondere auch eine achtungsgebietende Flotte zum Schutze des Landes und der überseeischen deutschen Interessen. Zielbewußte Fortführung der Kolonialpolitik (...) Schutz des Deutschtums gegen Angriffe jedweder Art. Nachdrückliche Unterstützung der deutschen Volksgenossen in der Ostmark gegen die nationalpolnische Gefahr" (zitiert nach HOFMANN 1993, S. 49).

Soziologisch war die Partei besonders Ausdruck der Interessen des großindustriellen Bürgertums, von Agrariern und Teilen des Bildungsbürgertums. Organisatorisch verkörperten die *Nationalliberalen* ebenfalls den Typus der Honoratiorenpartei. Die Fraktionsführung fungierte meist gleichzeitig als Parteivorstand und politisches Zentrum.

Weitere Spaltungen
des Liberalismus

Während die *Nationalliberalen* ab etwa 1890 eine stabile Kraft von ca. 15 % des Parteienspektrums blieben, waren die Linksliberalen von ständigen Spaltungen, Fusionen und erneuten Sezessionen gebeutelt. Auch ihr Wahlerfolg schwankte. Die *Deutsche Fortschrittspartei* erreichte zwischen 1871 und 1878 knapp 10 % der Stimmen. 1884 verbündete sie sich dann mit der *Liberalen Vereinigung* zur *Deutschen Freisinnigen Partei* und konnte somit bei der Wahl im selben Jahr ihren Stimmenanteil fast verdoppeln. Die *Deutsche Freisinnige Partei* spaltete sich 1893/94 erneut in den größeren Teil *Freisinnige Volkspartei* (die zwischen 6 % bis 9 % der Stimmen erzielte) und die kleinere *Freisinnige Vereinigung* (2,5 % bis 3,5 % der Stimmen).

Noch weitere kleinere Abspaltungen müssen hier nicht gesondert erwähnt werden, allerdings vollzog man 1910 wieder eine Einigung mehrerer linksliberaler Gruppen zur *Fortschrittlichen Volkspartei*. Eine Stärkung der Linksliberalen ergab sich dadurch in den Vorjahren zum I. Weltkrieg allerdings nicht. Bei den letzten Reichstagswahlen von 1912 erreichten sie keine nennenswerten Stimmengewinne.

Die soziale Basis der Linksliberalen bestand aus Kreisen der Groß- und Kleinunternehmer, wie des Handels- und Bankkapitals, aus Handwerkern, Klein- und Mittelbauern sowie aus Lehrern, Rechtsanwälten und Journalisten (vgl. HOFMANN 1993, S. 37).

Soziale Basis der Linksliberalen

Abbildung 3:   Wahlergebnisse der Liberalen im Kaiserreich

a) Nationalliberale

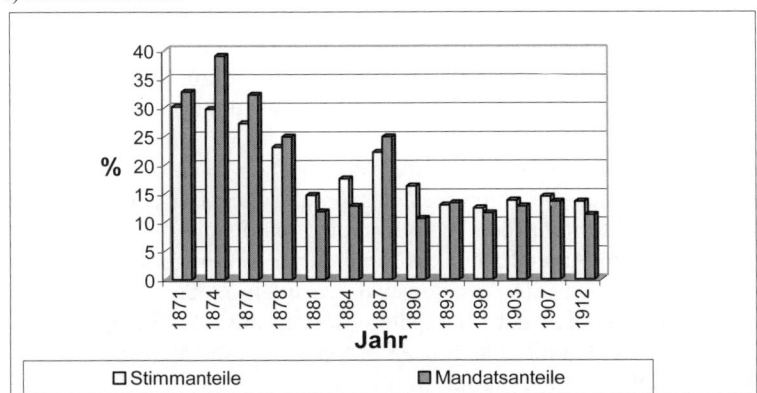

b) Linksliberale

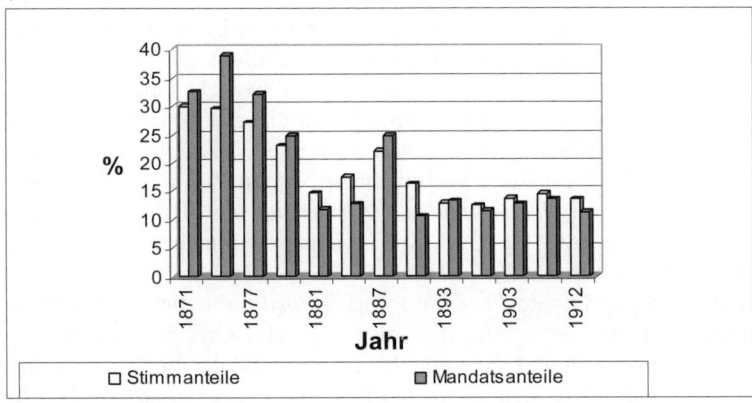

(nach: HOFMANN 1993, S. 23)

Peter LÖSCHE resümiert die Konfliktlagen des Liberalismus im Kaiserreich folgendermaßen:

> „Das Problem des deutschen Liberalismus, insbesondere des Nationalliberalismus, war sein Schwanken zwischen den liberalen Ideen und der Anpassung an die Bismarcksche Politik bzw. die jeweils aktuelle politische Situation. Nach außen mußte der Liberalismus als politisch zerrissen erscheinen, und er war es tatsächlich auch.

So konnten die Nationalliberalen als ‚Reichsgründungspartei' (…) sehr eng mit den Konservativen kooperieren, während Teile der Linksliberalen mit den Sozialdemokraten zusammenarbeiteten, ja einige Vertreter sogar in die SPD eintraten und dort liberales Gedankengut verstärkten. Es überrascht dann nicht, daß der Liberalismus auch in der Weimarer Republik von Widersprüchlichkeit und Zerrissenheit bestimmt war" (LÖSCHE 1994, S. 50).

2.1.2 Die Konservativen

Vorläufer konservativer Parteien

Viel mehr noch als die Nationalliberalen verkörperten die Konservativen in Preußen und im späteren Deutschen Reich ab 1871 die führende Schicht in Adel, hoher Bürokratie, Militär, Großgrundbesitz und zunehmend auch im Besitzbürgertum sowie selbstverständlich in den staatsdienenden Funktionen der Akademiker an den Universitäten.

Die ersten Vorläufer von Parteien waren Vereine, wie z. B. der *Preußische Volksverein* von 1861, der die Interessen des preußischen Großgrundbesitzes gegen das liberale Marktprinzip des beginnenden Kapitalismus verteidigte und deshalb auch andere vom Kapitalismus bedrohte Schichten einzubinden suchte, wie das Handwerk und sogar die Arbeiterschaft. Wurzeln eines „konservativen Sozialismus" liegen hier, die auch die spätere konservative Sozialpolitik Bismarcks befruchteten, der damit den Sozialisten das Wasser abgraben wollte. Aber eine „Volkspartei" entstand hieraus mitnichten.

Die konservativen Eliten zogen es zunehmend vor, wieder unter sich zu bleiben. Sie reklamierten, die „Verkörperung" eines organisch gedachten Staates zu repräsentieren. Gerade die adeligen Großgrundbesitzer pflegten die Gewissheit, dass ihre Interessen mit denen von Staat, Gesellschaft und Volksganzem identisch seien – eine Ideologie, der allerdings nur allzu viele Partialinteressen immer wieder und bis heute erliegen. Typisch für diese Auffassung war die Gründung eines konservativen Vereins schon kurz nach der Frankfurter Paulskirchenversammlung 1848 mit dem vielsagenden Namen *Verein zur Wahrung der Interessen des Großbürgertums und der Förderung des Wohlstandes aller Volksklassen* (vgl. BERGSTRÄSSER 1965, S. 87). Dies war gleichzeitig eine erste Keimzelle der späteren konservativen Parteien.

Freikonservative Partei 1866 gegründet

Die schon 1866 gegründete *Freikonservative Partei,* die sich später *Deutsche Reichspartei* nannte, versuchte, die Interessen von Großgrundbesitz und Großindustrie zu verbinden und zu bündeln. So begründete ihr Vorsitzender, Wilhelm von Kardorff, 1876 den *Zentralverband Deutscher Industrieller.* Im Übrigen vertrat die Partei kaum profilierte Ziele, da sie prinzipiell der Politik der konservativen Reichsregierung folgte. Im gemeinsamen Interesse von Großindustrie und Großgrundbesitz verlangte sie Schutzzölle, um die Agrar- und Montanindustrie ihrer Klientel vor ausländischer Konkurrenz zu schützen.

Allerdings blieb sie eine relativ kleine Partei, deren höchster Stimmenanteil 1878 bei über 13 % lag, der aber bis 1912 kontinuierlich auf schmale 3 % sank. Nichtsdestoweniger blieb sie überproportional einflussreich auf die Politik der Eliten im Kaiserreich.

Stärker war die zweite, größere Gruppierung, die *Deutschkonservative Partei*, die 1876 gegründet wurde. Sie erhielt 1881 ihr stärkstes Ergebnis mit zwar auch nur 16 % der Stimmen, blieb aber kontinuierlicher auf dieser Höhe und sank bis 1912 nur auf knapp 10 %.

Deutschkonservative Partei 1876 gegründet

Programmatisch forderte sie in einem Gründungsaufruf:

„1. Stärkung und Ausbau der nationalen Einheit auf verfassungsmäßiger Grundlage unter Beibehaltung föderalistischer Freiheit der Einzelstaaten,
2. Bekenntnis zur Monarchie und zum starken Obrigkeitsstaat,
3. Selbstverwaltung in Provinz, Kreis und Gemeinde ohne das allgemeine Wahlrecht,
4. Bekenntnis zur Konfessionsschule und Distanzierung vom Kulturkampf,
5. Ablehnung des Manchester-Liberalismus und die Forderung nach einer geordneten wirtschaftlichen Freiheit,
6. Forderung an die Wirtschaftspolitik, die Interessen von Grundbesitz, Industrie und Handwerk stärker zu berücksichtigen und die ‚Bevorzugung des großen Geldkapitals‘ schrittweise zu beseitigen,
7. Bekämpfung der ‚Ausschreitungen der sozialistischen Irrlehren‘" (HOFMANN 1993, S. 90).

Im Laufe der Jahre radikalisierte sich allerdings die Programmatik und bekam in Teilen reaktionäre und auch antisemitische Züge. So enthielt das Programm von 1892 u. a. die Punkte:

Reaktionäre und antisemitische Programmatik

„1. Ein Bekenntnis zur ‚Erhaltung und Kräftigung der christlichen Lebensanschauung in Volk und Staat‘, die Forderung nach enger Kooperation von Staat und Kirche als ‚von Gott verordnete Einrichtungen‘. Ferner ein Bekenntnis zur konfessionellen christlichen Volksschule als ‚wichtigste(n) Bürgschaft gegen die zunehmende Verwilderung der Massen und die fortschreitende Auflösung aller gesellschaftlichen Bande‘. Ferner ein deutlicher Antisemitismus: ‚Wir bekämpfen den vielfach sich vordrängenden und zersetzenden jüdischen Einfluß auf unser Volksleben.‘ (...)
3. Bekenntnis zur Monarchie von Gottes Gnaden und Abwehr jeden Versuches, ‚die Monarchie zu Gunsten eines parlamentarischen Regimentes zu beschränken‘. (...)
10. Aufrechterhaltung der Schutzzölle für die Landwirtschaft;
11. Bewahrung und Ausbau der Schutzzölle für die Industrie; (...)
14. Bekämpfung derjenigen Anhänger der Sozialdemokratie und des Anarchismus, ‚deren vaterlandslose und auf den Umsturz gerichtete Bestrebungen weite Kreise unseres Volkes gefährden‘, als Feinde der staatlichen Ordnung;
15. Bekämpfung der ‚gewissenlosen Presse, welche durch ihre Erzeugnisse Staat, Kirche und Gesellschaft untergräbt‘" (HOFMANN 1993, S. 90 f.).

Im Gegensatz zu den *Freikonservativen* vertraten die *Deutschkonservativen* noch einseitiger die Interessen des ostelbischen Großgrundbesitzes, der Junker. Trotz aller Interessengegensätze war man sich mit der Industrie in der Forderung nach Schutzzöllen einig, um sich vor Getreideeinfuhren zu schützen.

Im Übrigen kultivierte man einen gemeinsamen Feind: die Sozialdemokratie und deren „reichsfeindliche Umtriebe". Aber da man fast durchweg protestan-

Feindbilder der Konservativen

tisch war, gab es noch einen zweiten Gegner: die Katholiken und ihre „ultramon-tane", d. h. über die Alpen reichende, Steuerung durch den Papst. Bismarcks Kulturkampf gegen den Katholizismus wurde deshalb gerne unterstützt. Feinde waren reichlich vorhanden, denn die Linksliberalen und natürlich alle Demokra-ten in Öffentlichkeit, Kultur und Wissenschaft zählten zu ihnen, und das feindli-che Ausland sowieso.

Man fühlte sich eingekreist, insbesondere aber vom britischen und französi-schen Imperialismus und Kolonialismus abgedrängt. Der begehrte „Platz an der Sonne" mit eigenen Kolonien wollte und wollte nicht glücken.

Parteiorganisation Organisatorisch ähnelten die konservativen den liberalen Parteien im Typus der Honoratioren- und Komiteepartei. Örtliche Notabeln und Honoratioren, in erster Linie die ostelbischen Großgrundbesitzer, ließen sich von örtlichen Komi-tees, die sie ganz in der Hand hatten, aufstellen. Konservative Vereine und Inte-ressengruppen bildeten eine unterstützende Peripherie. In Theodor Fontanes Romanen werden das Lebensgefühl dieses Landadels und seine politischen Am-bitionen – teilweise schon nostalgisch im Abendrot einer untergehenden Kultur gesehen – geschildert.

Partei und Interessenverbände Manche der Satellitenvereine, die die Konservativen umkreisten, entwickel-ten allerdings eine eigene Schwerkraft. Dies galt besonders für den 1893 gegrün-deten *Bund der Landwirte*, in dem sich ostelbische Großgrundbesitzer und -päch-ter zusammengeschlossen hatten, um für Schutzzölle und Steuervergünstigungen zu kämpfen. Neben Anti-Demokratismus, Anti-Liberalismus und Anti-Sozialis-mus war auch ein wachsender Antisemitismus unverkennbar – gepaart mit bün-disch-völkischen, patriarchalischen und sozialdarwinistischen Ideen.

> „Der Bund der Landwirte war hervorragend organisiert. Er umfaßte 200.000 bis 300.000 Mitglieder. In den 90er Jahren wurde ein regelrechter Apparat aufgebaut, das Büro in Berlin wuchs personell und verwaltete aus der Hauptstadt die Organisa-tion zentralistisch. Im Zusammenhang der Parteiengeschichte ist nun interessant, daß der Bund der Landwirte sich zu einer Art Wahlkampfmaschine entwickelte. Er stellte Flugblätter und anderes Material her und mobilisierte seine Mitglieder und Sympathisanten über seine Presseorgane. Dies geschah erstmals bei den Reichs-tagswahlen 1898, bei den Kommunalwahlen erst ab 1909. Naturgemäß konzentrier-ten sich diese Aktionen auf die Wahlen zum preußischen Abgeordnetenhaus. Dabei unterstützte der Bund der Landwirte Kandidaten, die sich zuvor auf sein Programm verpflichten mußten. Diese Wahlkampfhilfe geschah prinzipiell parteiübergreifend, aber die weitaus meisten der geförderten Kandidaten gehörten zur Deutschkonserva-tiven Partei. Doch war der Bund nicht nur an deren Wahlkampf, sondern bereits auch an der Kandidatenrekrutierung beteiligt. Es ginge zu weit, in diesem Zusam-menhang von einer Symbiose zwischen dem Bund der Landwirte und der Deutsch-konservativen Partei zu sprechen" (LÖSCHE 1994, S. 51 f.).

„Riviera-Wahlkreise" In einigen Teilen Ostdeutschlands war die Dominanz konservativer Kandidaten unter dem geltenden absoluten Mehrheitswahlrecht (keine Listenkandidaten, sondern ausschließlich Wahlkreiskandidaten in Einerwahlkreisen; im ersten Wahlgang ist der Kandidat mit der absoluten Mehrheit gewählt, wird die nicht erreicht, wird ein zweiter Wahlgang als Stichwahl zwischen den beiden stim-menstärksten Bewerbern durchgeführt) so hoch, dass man sie als „Riviera-Wahlkreise" bezeichnete: Der Bewerber brauchte sich aus seiner Riviera-Villa für den Wahlkampf und die Wahl nicht zu bemühen, da er sowieso gewählt wurde. Thomas NIPPERDEY schildert diese Situation sehr eindrucksvoll:

> „... in ihren (den konservativen, d. Verf.) Kerngebieten im Osten waren die Autorität und die Einflußmöglichkeiten der maßgebenden Großgrundbesitzer, die sie bis zum rücksichtslosen Wahlterror ausnutzten, lange Zeit noch so stark, daß ohne weitere Organisation und Werbung ein fester Wählerstamm gesichert, ja die Wahl entschieden war. Die Landarbeiter kannten keine anderen als konservative Zeitungen, sie wurden jeweils geschlossen zur Wahl geführt und bekamen konservative Stimmzettel zugeteilt, die, da es bis 1903 keine Wahlkuverts gab, vom Gutsbesitzer als Wahlvorsteher leicht zu kontrollieren waren. In sehr vielen Dörfern waren andere als konservative Versammlungen unmöglich, da die Wirte, die über Säle verfügten, völlig vom Gutsbesitzer als Amtsvorsteher abhängig waren. Auch Pastoren und Lehrer waren z. T., infolge des Patronatsrechts, im wesentlichen auf die Gutsbesitzer angewiesen" (NIPPERDEY 1961, S. 241).

Stärker auf sozialen Ausgleich war eine Abspaltung bedacht, die sich *Christlichsoziale Arbeiterpartei* nannte und 1878 von dem protestantischen Hofprediger Adolf Stoecker gegründet wurde. Allerdings sollte eine Förderung der Arbeiter streng im christlichen Glauben und in Loyalität zu König und Vaterland erfolgen. Mit populistischer Demagogie sollte die Sozialdemokratie bekämpft werden. Dies verband sich seit 1880 mit immer offenerem Antisemitismus. Seit 1881 gehörte die *Christlichsoziale Partei* als selbstständige Gruppe zur *Deutschkonservativen Partei* (vgl. LÖSCHE 1994, S. 53). Diese Gruppierungen konnten zwar keine größeren Wahlerfolge erringen, erreichten aber mit wenigen Abgeordneten eine beträchtliche demagogische Wirkung, deren Inhalte in der Weimarer Republik und von der NSDAP leicht wieder aufgenommen werden konnten.

[Marginalie: Konservative Splittergruppen]

Insgesamt fasst HOFMANN als Resümee für die konservativen Parteien des Kaiserreichs zusammen:

> „Obwohl die Konservativen am Anfang des 20. Jahrhunderts nur noch ca. 13 % der Wählerstimmen auf sich vereinigten, war ihr tatsächlicher politischer und gesellschaftlicher Einfluß erheblich größer, als dies die Wahlergebnisse vermuten lassen. In den 90er Jahren entwickelten sich die Konservativen zu einer agrarischen Interessenpartei, die durch ihre populistische, nationalistische und antisemitische Politik größere Bevölkerungsteile ansprechen konnte und auch in andere Parteien (Nationalliberale, Zentrum) hineinwirkte. Gleichzeitig wurde der sozialintegrative Flügel an den Rand der Partei gedrängt und ein konfrontativer Kurs gegenüber der Arbeiterbewegung eingeschlagen. Die imperialistische, auf Krieg und Expansion setzende Außenpolitik hatte in den konservativen Parteien, vor allem den Deutschkonservativen, ihre Hauptstütze" (HOFMANN 1993, S. 94).

Abbildung 4:   Wahlergebnisse der Konservativen im Kaiserreich

a) Konservative Partei

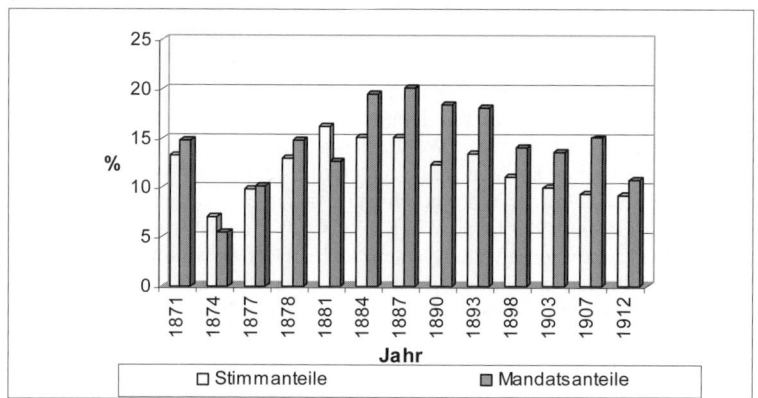

b) Reichspartei

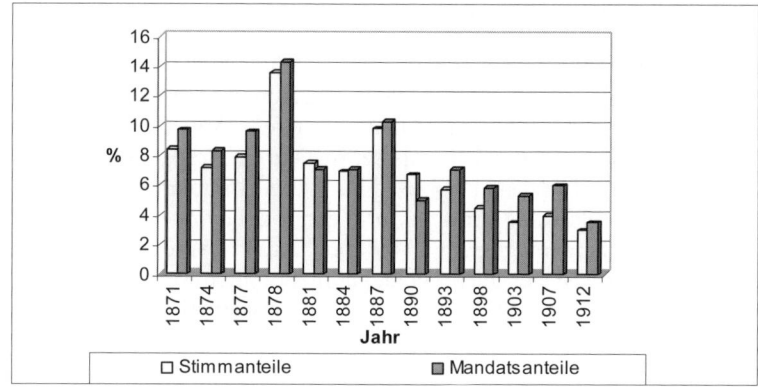

(nach: LÖSCHE 1994, S. 195 ff.)

2.1.3 Die Katholiken

Der politische Katholizismus im Deutschen Reich sah sich immer in einer eigenartigen Zwitterstellung. Von seiner ganzen kirchlichen Hierarchie und geistlichen Autorität her eigentlich konservativ eingestimmt, fand er sich doch in Opposition zum vorherrschenden protestantischen Preußentum wieder, was vielen
Katholiken und insbesondere den geistlichen Autoritäten im hohen Klerus völlig
gegen den Strich ging. Der Katholizismus stand auch scharf gegen Liberalismus
in Kultur, Gesellschaft, Wissenschaft und Politik und insbesondere in der Wirtschaft. Aber auch das war ambivalent, denn die Alternative sollte ein diffuser
berufsständischer (nicht parlamentarischer!) autoritärer Monarchismus sein mit
Schutz von Handwerk und Mittelstand, aber ohne den süddeutschen und rheini-

schen katholischen Großgrundbesitz zu verprellen – es gab keine klare katholische gesellschaftlich-politische Konzeption.

Das katholische Milieu im preußischen Rheinland/Westfalen, in Süddeutschland sowie in Südwestdeutschland organisierte sich zunächst in zahlreichen Vereinen. Dabei ging es schon für die katholischen Abgeordneten in der Frankfurter Paulskirche 1848 um die Abwehr staatlicher Eingriffe und insbesondere um die Sicherung kirchlicher Schulen. Im preußischen Abgeordnetenhaus 1852 hatten sich 60 katholische Abgeordnete zu einer Fraktion zusammengeschlossen, die sich wegen ihrer Platzierung im Parlament zwischen rechten und (liberalen) linken Abgeordneten die „Fraktion des *Zentrums*" (vgl. LÖSCHE 1994, S. 34) nannte. Bei diesem Verlegenheitsnamen blieb es – nicht zuletzt, weil man sich scheute, sich als „Partei" und als „katholisch" zu bezeichnen. Das *Zentrum* war schon damals populär wie die „Mitte" heute, in deren Unverbindlichkeit sich die meisten Parteien zurückziehen möchten. Katholisches Milieu

Es ist fraglich, ob ohne den von Bismarck forcierten „Kulturkampf" eine katholische Partei in Deutschland eine Chance gehabt hätte. Die Parteiengeschichte wäre ohne das *Zentrum* anders verlaufen, vielleicht gäbe es sogar eine CDU/CSU heute nicht in dieser Form. Kulturkampf als katholischer Katalysator

„Der Kulturkampf setzte sehr schnell und schon 1872/73 ein: Der preußische Verfassungsartikel, der die kirchliche Freiheit begünstigte, wurde aufgehoben; die obligatorische Zivilehe wurde eingeführt, der Kirchenaustritt erleichtert und das staatliche Aufsichtsrecht über Kirche und Schule verstärkt; fast alle Orden in Preußen fielen der Auflösung anheim. Generell begann ein Kampf gegen den Ultramontanismus, gegen die angebliche Romhörigkeit des Katholizismus. In einer Zeit, in der es eigentlich der innenpolitischen Stabilisierung des eben gegründeten Reiches bedurft hätte, begann der angeblich so hervorragend kalkulierende Realpolitiker Bismarck einen Konflikt, der auf Seiten der katholischen Bevölkerung nur Bitterkeit hervorrufen konnte. Tatsächlich blieben Aversionen gegen das protestantische, preußisch dominierte Reich und das evangelische Kaisertum auch lange nach Beendigung des Kulturkampfes erhalten. Und erst in der Konfliktzeit gewann das Zentrum seine eigentliche politische Identität" (LÖSCHE 1994, S. 35).

In der sozialen Zusammensetzung ihrer Wähler repräsentierte die 1870 gegründete Partei *Zentrum* die erste Volkspartei. Sie war für Arbeiter, Handwerker, Mittelstand und Unternehmer, Adelige, Bürokratie und Klerus die Partei der Wahl – wenn man katholisch war. In der Führungselite der Partei dominierten allerdings die höheren Schichten, zuallererst die katholische Geistlichkeit, aber auch der katholische Adel und das Großbürgertum.

Programmatisch versprach die Partei folgerichtig allen ihren Unterstützern etwas und hielt sich möglichst allgemein. So formulierte das Essener Programm des *Zentrums* 1870 seine politischen Grundsätze folgendermaßen: Programm des *Zentrums*

1. „Unversehrte Aufrechterhaltung der durch die preußische Verfassungsurkunde gewährleisteten Selbständigkeit der Kirche in Ordnung und Verwaltung ihrer Angelegenheiten, insbesondere auch hinsichtlich der Bildung und Entwicklung kirchlicher Gesellschaften.

2. Abwehrung aller gegen den konfessionellen Charakter des Volksunterrichts gerichteten Bestrebungen und Angriffe zur Sicherung des heiligsten Rechts der christlichen Familie sowie endlich Verwirklichung der verfassungsmäßig verheißenen Unterrichtsfreiheit.
3. Festhaltung an dem christlichen Charakter der Ehe als dem festen und unter jeder Bedingung aufrechtzuerhaltenden Fundamente der Familie.
4. Bewahrung des im Bundesvertrag und in der Bundesverfassung festgestellten föderativen Charakters des Norddeutschen Bundes gegenüber allen auf Einführung eines zentralisierten Einheitsstaates gerichteten, mit der wahren Freiheit und der eigenartigen Entwicklung des großen Deutschen Vaterlandes unverträglichen Parteibestrebungen.
5. Dezentralisation der Verwaltung und Verwirklichung der Selbstverwaltung des Volkes in Gemeinde, Kreis und Provinz.
6. Ermäßigung der finanziellen Belastung des Landes, insbesondere durch Verminderung der Ausgaben für das Militärwesen sowie durch Verteilung der Steuern nach den Grundsätzen der Gerechtigkeit und Billigkeit, namentlich in Hinsicht auf die Überbürdung des Arbeiters.
7. Beseitigung der sozialen Mißstände und Förderung aller Interessen des Arbeiterstandes durch eine gesunde christliche Gesetzgebung" (zitiert nach KAACK 1971, S. 42 f.).

Organisation des Zentrums

Organisatorisch hat auch das *Zentrum* weitgehend dem Typus der Honoratiorenpartei entsprochen. Allerdings mit einem wichtigen Unterschied zu den liberalen und konservativen Parteien: Die Anleitung durch örtliche katholische Geistliche war immer spürbar, und der Unterbau durch ein vielfältiges katholisches Vereinswesen – vom *Volksverein für das katholische Deutschland* bis zum *Kolpingverein* – blieb sehr viel lebhafter und prägender.

Wahlerfolge

Durch die Opposition zum preußisch-protestantischen Kaiserreich bildete sich ein Milieu aus: Von der Wiege bis zur Bahre konnte man im katholischen Verein, Jugendverband, Schule, Zeitung, Gewerkschaft, Handwerker- und Unternehmerverband, Kulturverein, Spar- und Kreditverein aufgehoben bleiben. Das *Zentrum* blieb mit diesem Milieu im Rücken erstaunlich konstant in seinen Wahlerfolgen, die immer um die 20 % changierten, von 18,6 % im Jahre 1871 über den Höhepunkt mit 27,9 % im Kulturkampf 1874 bis zu respektablen 16,4 % in den letzten Wahlen von 1912 vor dem I. Weltkrieg.

Man darf dabei nicht vergessen, dass der Kulturkampf Bismarcks mit seinen verschiedenen Gesetzen gegen den Katholizismus drastisch und einschneidend war:

„Die direkten Auswirkungen dieser Gesetze waren spektakulär. So wurden 300 Ordensniederlassungen mit fast 4 000 Mitgliedern aufgelöst, fünf Bischöfe wurden inhaftiert, sechs abgesetzt und ins Exil getrieben. Anfang der 80er Jahre waren über ein Viertel der katholischen Pfarreien verwaist" (HOFMANN 1993, S. 101).

Hauptproblem: Heterogenität

Dabei blieb es ein Hauptproblem des *Zentrums*, dass gerade durch den Druck von außen scheinbar unvereinbare Kräfte zusammengezwungen wurden. Die soziale Vielfalt der Partei zeigt sich in der Reichstagsfraktion des *Zentrums* von 1887:

„Von ihren 101 Mitgliedern waren 24 Adlige, 13 bürgerliche Rittergutsbesitzer, 11 Fabrikanten und Kaufleute, 14 Geistliche und 26 Beamte, die meisten von ihnen Juristen. Später, mit Gründung der christlichen Gewerkschaften 1894, kamen noch Arbeiter bzw. deren Repräsentanten, nämlich Gewerkschaftssekretäre, in die Fraktion" (LÖSCHE 1994, S. 54).

Wilfried LOTH hat in seiner hervorragenden Studie des politischen Katholizismus folgende vier Kräfte des *Zentrums* herausgearbeitet:

1. die konservativen Kräfte der katholischen Aristokratie und der kirchlichen Hierarchie,
2. die populistischen Kräfte des traditionellen Mittelstandes,
3. die bürgerlichen Kräfte und der „neue" Mittelstand,
4. die Arbeiterbewegung (vgl. LOTH 1984, Kapitel II-V).

Abbildung 5: Wahlergebnisse des *Zentrums* im Kaiserreich

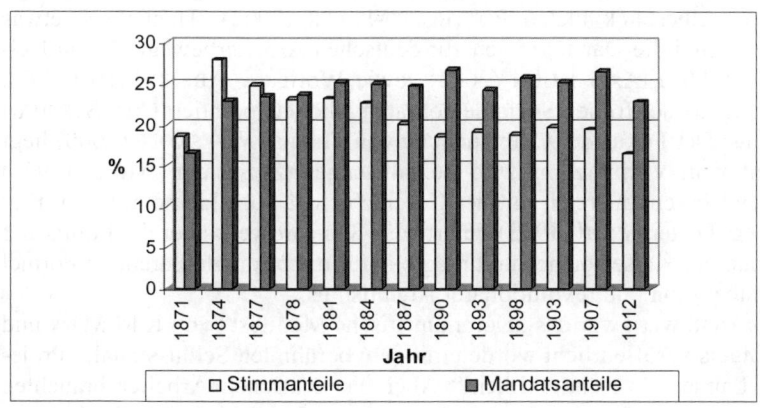

(nach: HOFMANN 1993, S. 23)

Das *Zentrum* stand so für vieles und gegen alle anderen Parteien: gegen die Liberalen wegen ihres Laizismus und Kapitalismus, gegen die Konservativen wegen ihres protestantischen Preußentums und natürlich gegen die Sozialisten, die eine konkurrierende Weltanschauung anboten. Trotzdem zieht HOFMANN ein für den Erfolg des *Zentrums* recht positives Resümee:

„Trotz der im Zentrum vorhandenen unterschiedlichen Klassen und Schichten sorgte die Integrationskraft des Katholizismus für eine bemerkenswerte Stabilität der Partei und ihrer Wahlergebnisse. Seit 1881 konnte die Partei in fast allen Legislaturperioden ca. 100 Abgeordnete stellen. In Konkurrenz zur Sozialdemokratie gelang es dem Zentrum, weite Teile der katholischen Arbeiterschaft zu integrieren. Eine überkonfessionelle Öffnung gelang hingegen nicht. Ab 1893 ist ein Einschwenken auf die imperialistische Außenpolitik des Reichs erkennbar, die bis weit in den I. Weltkrieg hinein unterstützt wurde" (HOFMANN 1993, S. 108).

Zwischenfazit

2.1.4 Die Sozialisten

Die vierte Säule des deutschen Parteiensystems bildet die Sozialdemokratie. Alle bisher porträtierten Parteien stützten kritisch oder loyal den wilhelminischen Obrigkeitsstaat und das wirtschaftliche Modell des Kapitalismus; nur das *Zentrum* hatte hier gewisse Vorbehalte. Die Sozialisten waren – neben einigen Splittergruppen – die einzig bedeutsame Anti-Systempartei, die ein radikal anderes Politik- und Gesellschaftsmodell realisieren wollte – durch drastische Reform, zur Not aber auch durch Revolution.

📖 Literaturhinweise

Über die Sozialdemokratie und ihre Geschichte ist überproportional viel geschrieben worden. Sie gehört zum Lieblingskind der historisch-politischen und sozialwissenschaftlichen Forschung – bewundert oder verachtet von politisch engagierten Wissenschaftlern mit einer eigenartigen Hassliebe aus Heilserwartungen und enttäuschten Hoffnungen. Hier kann deshalb nur ein ganz kurzer Abriss skizziert werden unter Verweis auf die weitere Literatur. Eine schön zu lesende „Biographie" der SPD hat zuletzt Franz WALTER (2009a) vorgelegt. Einen soliden Überblick bieten POTTHOFF/MILLER (2002). Thematisch etwas weiter gefasst sind die Darstellungen zur deutschen Arbeiterbewegung von Helga GREBING (2007), Axel KUHN (2004) sowie Wolfgang ABENDROTH (1997). Die Widersprüche der frühen Sozialdemokraten arbeitete pointiert Cora STEPHAN (1977) heraus. Der Fokus der Untersuchung von Thomas WELSKOPP (2000) liegt auf der Zeit vom Vormärz bis zum Sozialistengesetz. Susanne Miller (1974) beschäftigte sich kenntnisreich mit der Geschichte der Sozialdemokratie im Ersten Weltkrieg. Dieter GROH (1973) lieferte das Standardwerk über die Politik der SPD am Ende des Kaiserreiches und prägte dafür die bekannte paradoxe Formel „negative Integration und revolutionärer Attentismus".

Kommunistisches Manifest von 1848

Bereits 1848 war zwar das „Kommunistische Manifest" von Karl Marx und Friedrich Engels veröffentlicht worden mit dem berühmten Schlussfanal: „Proletarier aller Länder – vereinigt Euch!" Aber die deutschen Arbeiter brauchten noch 30 Jahre bis zur Vereinigung, und international sollte es nie so richtig gelingen. In den Jahren seit 1848 begann sich überhaupt erst eine nennenswerte Arbeiterschaft neben den Handwerkern und Gesellen durch die anlaufende Industrialisierung auszubilden. Diese waren zunächst kaum zur Selbstorganisation fähig, sondern wurden von den christlichen Verbänden, aber insbesondere von liberalen „Arbeiterbildungsvereinen" betreut. Nur versprengte frühsozialistische Gruppen und autonome Arbeitervereine organisierten sich selbst.

Gründung des ADAV 1863

1863 wurde dann von Ferdinand Lassalle, der aus dem Liberalismus kam, in Leipzig der *Allgemeine Deutsche Arbeiterverein* (ADAV) gegründet. Zentrale Forderungen waren allgemeine, gleiche und geheime Wahlen sowie Produktivgenossenschaften der Arbeiter, die vom Staat zu unterstützen seien. Lassalle setzte auf Reformen – wenn auch für seine Zeit radikale – und auf ein Bündnis mit dem Staat und beeinflusste damit nachhaltig eine Hauptströmung der Sozialdemokraten.

Sozialdemokratische Arbeiterpartei 1869

Als konkurrierende Organisation zu Lassalles Arbeiterverein wurde 1869 in Eisenach von August Bebel und Wilhelm Liebknecht die *Sozialdemokratische Arbeiterpartei* ins Leben gerufen, die sich stärker auf die Marxsche Theorie berief. Zwar wurde das allgemeine Wahlrecht gefordert, aber auch die „Errichtung des freien Volksstaates", die direkte Gesetzgebung durch das Volk, die Abschaffung der Klassenherrschaft und des Kapitalismus zugunsten eines Genossenschaftswesens, das auch durch Staatskredite zu fördern sei.

Durch die Eigendynamik der beiden konkurrierenden Arbeiterparteien, die Bündnispartner bei den entstehenden Gewerkschaften suchten, schwand die liberale Unterstützung und wandelte sich allenthalben in scharfe Ablehnung. Unter dem Druck der Verhältnisse schlossen sich die beiden Bewegungen 1875 in Gotha zur *Sozialistischen Arbeiterpartei Deutschlands*, die seit 1891 als *Sozialdemokratische Partei Deutschlands* (SPD) firmierte, zusammen. Trotz des revolutionären Pathos' im gemeinsamen Programm von Gotha erstrebte die neue Partei

Vereinigung zur späteren SPD 1875

> „mit allen gesetzlichen Mitteln den freien Staat und die sozialistische Gesellschaft, die Zerbrechung des ehernen Lohngesetzes durch Abschaffung des Systems der Lohnarbeit, die Ausbeutung in jeder Gestalt, die Beseitigung aller sozialen und politischen Ungleichheit" (zitiert nach KAACK 1971, S. 47).

Dies spiegelt pointiert die Widersprüche der deutschen Arbeiterbewegung der kommenden Jahrzehnte wider: Die Abschaffung der Ausbeutung in jeder Gestalt wurde gefordert, aber streng mit „gesetzlichen Mitteln". Prompt traf das Gothaer Programm das strenge Verdikt von Karl Marx, der es vernichtend kritisierte.

Auf der anderen Seite brachte dies ambivalente Verhältnis zum Staat aber keineswegs Freunde bei der Staatsmacht. Im Gegenteil, Bismarck nutzte jede sich bietende Gelegenheit, die SPD zu unterdrücken und einzuschränken. Eine solche kam nach anarchistischen Attentatsversuchen auf den Kaiser und wurde von Bismarck 1878 zum „Gesetz gegen die gemeingefährlichen Umtriebe der Sozialdemokraten" (Sozialistengesetz) ausgenutzt. Nur das *Zentrum*, die linksliberale *Deutsche Fortschrittspartei* (sowie auch die polnische Minderheitspartei) und natürlich die wenigen ersten sozialdemokratischen Abgeordneten im Reichstag stimmten dagegen. Bismarck konnte aus Nationalliberalen und Konservativen ein festes Bündnis schmieden, das bis zur Aufhebung des Gesetzes 1890 hielt. Die SPD behielt zwar ihre Parlamentsmandate und konnte weiter bei Wahlen antreten, aber die gesamte Organisation und Werbung wurden verboten. Die Folgen waren weitreichend (vgl. LÖSCHE 1994, S. 57 f.):

Sozialistengesetz

- Der Wilhelminische Staat wurde einerseits zum „Klassenfeind", der marxistische, revolutionäre und antipreußische Flügel setzte sich damit durch.
- Parteiorganisationen und freie Gewerkschaften wichen in private Vereine aus, deren Mitglieder sich als Sportler, Sänger, Esperanto-Freunde oder Abstinenzler tarnten; sie verschafften der Arbeiterbewegung damit ein mächtiges Milieu, förderten aber auch eine gewisse Vereinsmeierei.
- Andererseits wurde die parlamentarische Aktivität der sozialdemokratischen Abgeordneten wichtiger, was der lassalleanischen Tradition entsprach.
- Insgesamt wurde die Bewegung dadurch erst zur Partei, der Druck von außen schweißte die Flügel zusammen.

Stärkung der SPD
durch Verfolgung

Aus der Verfolgungszeit ging die SPD in den 90er Jahren gestärkt hervor. 1890 wurde sie mit 19,7 % der Stimmen und 35 Mandaten relativ stärkste Fraktion im Reichstag. Das Wachstum hielt bis zur letzten Reichstagswahl des Kaiserreichs 1912 kontinuierlich an, als sie mit 34,8 % der Stimmen 110 Sitze erreichte und damit mehr als doppelt so viele Stimmen wie die zweitstärkste Fraktion, das *Zentrum* (16,4 %). Dank einer nie veränderten Wahlkreiseinteilung, die die wachsenden industriellen Hochburgen der Sozialdemokratie krass benachteiligte, konnte das *Zentrum* mit ihren halb so vielen Stimmen aber immerhin 90 Mandate erringen.

Noch beeindruckender wuchsen die Mitgliederzahlen der SPD zwischen 1903 von 250.000 auf über 1 Million 1913; davon 175.000 Frauen, die endlich ab 1909 gleichberechtigte Mitglieder werden konnten. Die Zahl der Ortsvereine wuchs bis 1913 auf über 5.000; mehr als 11.000 Sozialdemokraten waren Mitglieder von Gemeindevertretungen, über 100.000 waren in sozialen Verwaltungs- und Vertretungsorganen aktiv. Die Partei verfügte 1914 über 4.000 bezahlte Funktionäre und über 11.000 Parteiangestellte (vgl. HOFMANN 1993, S. 77 ff.).

Prototyp der
modernen
Massenpartei

Die SPD war damit zur bedeutendsten sozialdemokratischen Partei Europas angewachsen. Sie verkörperte den Prototyp der modernen Massenpartei – entstanden als politische Bewegung außerhalb des Parlaments, statt als Fraktion innerhalb wie die bürgerlichen Honoratiorenparteien. Robert MICHELS entwickelte an ihr und den Gewerkschaften sein berühmtes „ehernes Gesetz der Oligarchie", das postulierte: „Wer Organisation sagt, sagt Tendenz zur Oligarchie" (MICHELS 1911, S. 32). Sicher waren die damaligen Arbeiterführer oft autoritär, es herrschte eine Art demokratischer Zentralismus. Aber die Honoratiorenparteien waren nicht minder undemokratisch. Es gab in der SPD immerhin einen innerparteilichen Pluralismus und damit eine Konkurrenz von Strömungen, was schon als Vorbedingung innerparteilicher Demokratie gelten kann. Aber auch theoretisch stimmt MICHELS' „Gesetz" nicht, worauf wir später zurückkommen werden.

Revisionismus

Der stärkste Konflikt entstand zwischen den Gruppen um den unangefochtenen Parteivorsitzenden August Bebel sowie die Theoretiker Karl Kautsky und Rosa Luxemburg auf der einen Seite und den Reformisten und Pragmatikern um den späteren Reichspräsidenten Friedrich Ebert und den Theoretiker Eduard Bernstein auf der anderen Seite. Letzterer propagierte einen „Revisionismus" der marxistischen Ziele zugunsten einer pragmatisch-reformistischen Programmatik, was praktisch längst Realität im politischen Alltag der SPD war. So wurde 1906 auch die Drohung eines politischen Massenstreiks, ausgerufen durch die Partei, aufgegeben und den Gewerkschaften damit Autonomie für ihre eigene Strategie und Taktik zugestanden.

Schließlich brach der Konflikt offen aus, als die SPD-Reichstagsfraktion am 4. August 1914 einstimmig die Bewilligung von Kriegskrediten für die Reichsregierung unterstützte und damit die Parteilinken endgültig verprellte. Man hoffte, durch einen „Burgfrieden" mit dem Regime die eigene und die Gewerkschaftsorganisation vor erneuter Repression zu schützen, indem man das Reich in seinem angeblichen Verteidigungskrieg loyal unterstützte. Der Keim für die endgültige Spaltung der Partei war damit gelegt.

Abbildung 6:   Wahlergebnisse der SPD im Kaiserreich

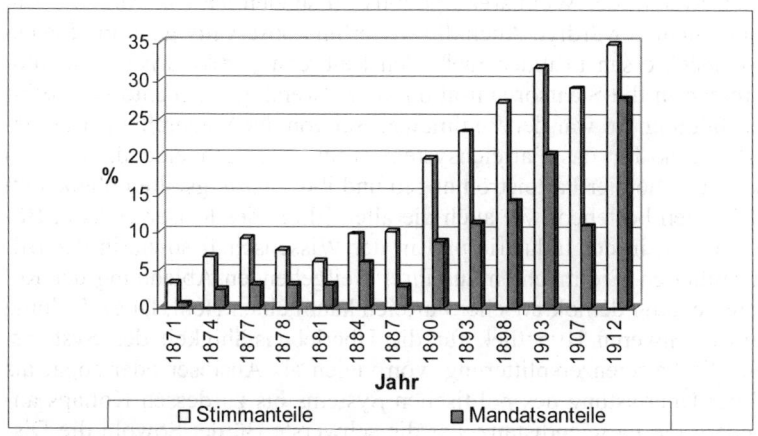

(nach: HOFMANN 1993, S. 23)

Die SPD des Kaiserreichs kann man mit HOFMANN (1993, S. 81 f.) so charakterisieren:

„Der nach außen spektakulär wirkende Aufstieg der Sozialdemokratie zur Massenpartei mit zahlreichen Vorfeldorganisationen verdeckte, daß die Partei de facto ein Koloß auf tönernen Füßen war. Ihr wesentliches Defizit lag darin, daß sie keine Strategie zur politischen Machtübernahme entwickelte, sondern in ihrer Mehrheit auf einen Zusammenbruch des kapitalistischen Systems vertraute. Dieser revolutionäre Attentismus war in der parlamentarischen Praxis begleitet von einer eher pragmatisch-reformistischen Politik, welche die Diskrepanz zur Programmatik noch offensichtlicher machte. Auch bezüglich der sozialistischen Zukunftshoffnungen bot die SPD kaum Überzeugendes. Der Partei gelang es außerdem nicht, einen wesentlichen Einbruch in Wählerschichten außerhalb der Arbeitnehmerschaft zu erzielen. Entgegen dem trügerischen einheitlichen Erscheinungsbild auf Parteitagen war die SPD keineswegs politisch geschlossen. Die von linksaußen bis rechts reichenden Strömungen in der Partei mußten bei der ersten größeren Belastungsprobe zutage treten. Die Spaltung der Sozialdemokratie reifte somit als integraler Bestandteil ihres Aufstiegs schon seit 1890 heran."

Zwischenfazit

2.2 Parteienentwicklung in der Weimarer Republik

Die erste demokratische Republik in Deutschland brachte mit der Weimarer Reichsverfassung von 1919 für die Parteien eine ganz andere und neue Aktionsbasis. Die politischen und sozialen Grundrechte garantierten die freie Beteiligung und Betätigung aller Bürger in Parteien und Interessenorganisationen. Das parlamentarische Regierungssystem verlangte für seine Funktionsfähigkeit nach Parlamentsfraktionen und damit nach Parteiorganisationen. Auch das Frauenstimmrecht wurde endlich gewährt.

Parteien in Weimar
nur halbherzig
integriert
Doch trotz der stark angewachsenen Rolle, die politische Parteien im parlamentarischen System der Weimarer Republik zu spielen hatten, wurden sie in der Verfassung nicht gewürdigt. Auch die weiterhin konservativ geprägte Staats- und Verfassungslehre sah in ihnen mehr den Einbruch partikularistisch-ideologischer Interessen in die Staatsorganisation als notwendige Elemente zur politischen Willensbildung. So war der Regimewechsel von der Monarchie zur demokratischen Republik für das Parteiensystem weniger einschneidend, als man annehmen könnte. Die vier Parteiströmungen und ihre Führungseliten blieben im Großen und Ganzen bestehen, wie auch die alten Eliten des Kaiserreichs in Bürokratie und Militär, in der Industrie und in der Wissenschaft sowie in der Bildung weiter amtierten. Sie machten aus ihrer weitgehenden Ablehnung der Republik und Verachtung demokratischer Parteien kaum einen Hehl. Diese Haltung wurde zu einer schweren Hypothek für die Überlebensfähigkeit des Systems. Nicht so sehr die Parteienzersplitterung, von vielen als Auslöser oder sogar als Hauptgrund der Überlastung des politischen Systems bis zu dessen Kollaps angesehen, sondern die Parteiendistanz war die schwerste Bürde: Sowohl die Distanz vieler Parteien zur Weimarer Demokratie als auch die Distanz vieler Bürger zu demokratischen Parteien überhaupt.

📖 Literaturhinweise   Die Literatur zu den Parteien der Weimarer Republik ist mehr als reichhaltig. Für das Weimarer Parteiensystem insgesamt ist immer noch die frühe kleine Studie von Sigmund NEUMANN (1986) interessant nachzulesen. Zum „Ende der Parteien 1933" ist das Werk von MATTHIAS/MORSEY (1960) wichtig. Die jüngere Debatte findet sich in KOLB (1997). RÜTTGERS (2009) zieht einen historischen Vergleich: „Berlin ist nicht Weimar".

Zu den bedeutendsten Einzelparteien ist LÖSCHE/WALTER (1992) zur SPD als streitbare und meinungsfreudige Schrift lesenswert. Zum Liberalismus sind Lothar ALBERTINs vergleichende Analyse der Deutschen Demokratischen Partei und der Deutschen Volkspartei (1972) sowie die Gesamtschau von Friedrich SELL (1981) empfehlenswert. Neuere Studien zur Deutschen Volkspartei finden sich bei Ludwig RICHTER (2002) sowie zur Deutschen Demokratischen Partei bei Joachim STANG (1994). Für das Zentrum kann man zu Karl BUCHHEIM (1966) und Günter RÜTHER (1989) greifen. Über die konservativen Parteien im Allgemeinen informiert noch immer gut das bereits erwähnte Buch von NEUMANN (1986). Innovativ ist Kirsten HEINSOHNs (2009) Studie zu den konservativen Parteien der Weimarer Zeit aus geschlechterhistorischer Perspektive. Zur Deutschnationalen Volkspartei hat Christian F. TRIPPE (1995) eine Arbeit vorgelegt. Markus MÜLLER (2001) hat sich intensiv mit der Christlich-Nationalen Bauern- und Landvolkpartei, einem DNVP-Ableger, beschäftigt. Aus der großen Literatur zur NSDAP schließlich seien nur zwei Werke empfohlen: Martin BROSZAT (1984) zum Aufstieg und zur Machtergreifung sowie BRACHER/ FUNKE/JACOBSEN (1983) zur Partei an der Macht. Jürgen FALTERs Analyse (1991) „Hitlers Wähler" hat mit manchen Mythen der Zeitgeschichte aufgeräumt.

Abbildung 7:   Die Reichstagswahlen von 1919 bis 1933

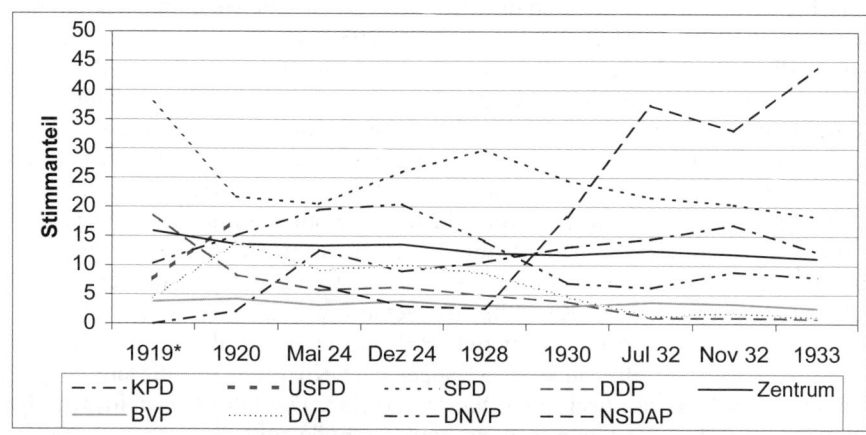

(nach: LÖSCHE 1994, S. 199 ff.)
* Wahlen zur verfassungsgebenden Nationalversammlung

Während die Wurzeln der deutschen Parteien recht ausführlich im letzten Kapitel geschildert wurden, können in diesem Abschnitt die Weimarer Entwicklungen und Verwicklungen der Parteien nicht mehr so breit dargestellt werden. Um den Umfang und die Übersicht nicht zu gefährden, werden nur mehr die großen Linien angerissen.

2.2.1   Der Aufstieg der Parteien

Die Weimarer Republik war von Anbeginn durch die Zersplitterung der liberalen Kräfte beeinträchtigt. Die *Deutsche Demokratische Partei* verkörperte die linksliberale Tradition. Zu den Parteigründern gehörten der Soziologe Max Weber, der „Vater" der Weimarer Reichsverfassung Hugo Preuß und der erzliberale Friedrich Naumann. Allerdings starb Naumann schon 1919, Max Weber 1920. Die DDP stand fest auf dem Boden der neuen Republik und Verfassung und billigte sogar Sozialisierung von monopolartigen Unternehmen. Aber die Wählerschaft dankte es ihr nicht. In der Nationalversammlung hatte sie noch einen Stimmenanteil von 17,8 %, der aber kontinuierlich dahin schmolz: In den 20er Jahren zunächst auf um die 5 %; nach einer vergeblichen Umbenennung 1930 in *Deutsche Staatspartei* verflüchtigte sie sich fast in den letzten drei Wahlen von 1932/33 auf 1 %.

Das Erbe der Nationalliberalen führte die *Deutsche Volkspartei* fort, eine von mehreren bürgerlich-konservativen Parteien Weimars, die sich mit dem Titel „Volkspartei" schmückte. Sie vertrat Interessen der Großindustrie, aber auch neuen und alten Mittelstand. Die Staatsform erklärte sie für offen, denn viele Anhänger sympathisierten mit der Wiederherstellung der Monarchie. Ihr respektierter Führer Gustav Stresemann versuchte, einen mittleren Kurs zu steuern,

Liberale

nach seinem Tod 1929 erhielten aber die republikfeindlichen und antiparlamentarischen Kräfte wieder deutlich die Oberhand. Auch sank sie in der Wählergunst von um die 10 % in den 20er Jahren auf 5 % 1930 und war schließlich ebenfalls auf um die 1 % am Ende der Weimarer Republik zusammengeschrumpft.

Konservative   Die *Deutschnationale Volkspartei* (DNVP) sammelte die Anhänger der konservativen Parteien des Kaiserreichs um sich. Anfangs sprach sie sich halbherzig für die parlamentarische Demokratie aus, bald trat sie aber offen für die Restauration der Monarchie ein. Ihre soziale Basis bildeten zwar der ostelbische Großgrundbesitz und Teile der Großindustrie, aber auch immer mehr Angestellte („Handlungsgehilfen") und Akademiker stießen zu ihr. Völkische und antisemitische Gruppen verließen sie zwar 1922, aber nach einer gemäßigteren Phase beherrschte zum Ende der Republik der rechte Pressezar Alfred Hugenberg die Partei, der mit der von ihm initiierten *Harzburger Front* ab 1931 offen Hitler unterstützte und am 30. Januar 1933 sogar eine Koalition mit diesem einging, was ihm allerdings politisch nicht viel einbrachte. Die DNVP war in den 20er Jahren um die 20 % stark gewesen und sank am Ende auf 8 %.

Zentrum   Das *Zentrum* konnte ohne große programmatisch-politische Abstriche aus dem Kaiserreich in die Weimarer Republik wechseln, obwohl es eigentlich die Revolution ablehnen musste, da sie sich gegen die von Gott gesetzte Obrigkeit richtete. Das *Zentrum* wurde mit der SPD zu der wichtigsten Stütze der Republik, auch wenn der rechte Flügel weiterhin patriarchalischen bis zu ständischen Vorstellungen anhing.

Aber die katholische Arbeiterschaft bildete mit den christlichen Gewerkschaften ein starkes Gegengewicht. Die treibende Reformkraft, Matthias Erzberger, kam allerdings schon 1921 bei einem Anschlag ums Leben. Auch er hatte die Abspaltung des bayerischen Landesverbandes als *Bayerische Volkspartei* nicht verhindern können, die einen deutlich konservativeren Kurs des politischen Katholizismus mit einem Föderalismus, der fast an Partikularismus gemahnte, steuerte. Das *Zentrum* blieb von den 20er Jahren bis zum Ende der Republik bei um die 15 % der Wählerstimmen recht konstant. Gegen Ende der 20er Jahre setzte sich stärker der rechte Flügel unter Prälat Ludwig Kaas durch und mit diesem Reichskanzler Heinrich Brüning, der im Schutz der Notverordnungen des Reichspräsidenten von Hindenburg bereits ein nur noch semidemokratisches Regime repräsentierte.

Sozialdemokratie   Die *Sozialdemokratie* blieb die stärkste Stütze der demokratischen Republik, auch wenn sie zunächst einmal Abspaltungen unterworfen war. Die radikale Linke hatte mit Rosa Luxemburg und Karl Liebknecht nach dem Streit um den „Burgfrieden" und die Bewilligung der Kriegskredite den *Spartakusbund* 1916 gegründet, aus dem dann im Dezember 1918 die *Kommunistische Partei Deutschlands* hervorging. Teile der übrigen Parteilinken mit Karl Kautsky wurden 1916 aus der Reichstagsfraktion ausgeschlossen und bildeten 1917 die *Unabhängige Sozialdemokratische Partei* (USPD) neben der *Mehrheitssozialdemokratischen Partei* (MSPD).

Die USPD hatte aber keinen Bestand, ein Teil schloss sich der KPD an, ein anderer kehrte 1922 zurück zur *Vereinigten Sozialdemokratischen Partei*, die bald wieder SPD hieß. Auf dem Parteitag von Heidelberg 1925 wurde das Erfurter Programm von 1891 abgelöst, allerdings blieb es bei einer revolutionären Phraseologie und traditionellen Klassenkampfvorstellungen, die von der Realität einer konstruktiven Mitarbeit am Aufbau der Weimarer Republik und in Koalition mit *Zentrum* und Liberalen eigentlich nicht gedeckt wurden.

Obwohl die SPD bis 1932 die stärkste Partei blieb, war sie von den 14 Jahren der Republik doch über die Hälfte der Zeit in der Opposition. In der Nationalversammlung hatte sie 37,9 % der Stimmen erhalten, die sie später nie mehr erreichen konnte. Sie sank auf 20 % zu Anfang der 20er Jahre, stieg dann 1928 mit 29,8 % auf ihr höchstes Stimmergebnis für den Reichstag, als es mit der Republik bergauf zu gehen schien und Hermann Müller letzter SPD-Reichskanzler einer Großen Koalition (aus SPD, *Zentrum*, BVP und DVP) war. Aber mit inneren Konflikten in Partei und Koalition und unter dem äußeren Druck der beginnenden Weltwirtschaftskrise wurde die Regierung Müller 1930 gestürzt – und es begann der Absturz der Republik.

Trotz ihrer nominellen Stärke von mehr als einer Million Parteimitgliedern und dem noch großen sozialdemokratischen Milieu in zahlreichen Verbänden, trotz engem Bündnis zu dem sozialistischen Gewerkschaftsbund ADGB, die gemeinsam das Schutzbündnis für die Republik „Reichsbanner Schwarz-Rot-Gold" bildeten, reichte die Kraft nicht zur Verteidigung der Demokratie.

Ein Grundproblem der SPD war die Schwächung durch die Abspaltung der Parteilinken gewesen, die in die Gründung der KPD mündete. Diese schwankte zwar zeitweilig in ihrem Kurs, schwenkte dann aber doch auf eine rein sowjettreue Politik und auf die sowjetbeherrschte „Dritte Internationale" ein. So war insbesondere die Arbeiterwählerschaft in der Weimarer Republik gespalten. Außerhalb davon fand die KPD zwar einigen Anhang unter Intellektuellen und Künstlern, die aber keinen politischen Einfluss gewinnen konnten.

Kommunisten

Abbildung 8: Die Reichstagswahlen in der Weimarer Republik

	1919	1920	5/1924	12/1924	1928	1930	7/1932	11/1932	3/1933
USPD	7,6	1,7	-	-	-	-	-	-	-
SPD	37,9	21,6	20,5	26,0	29,8	24,5	21,6	20,4	18,3
KPD	-	1,7	12,6	9,0	10,6	13,1	14,6	16,9	12,3
CVP/Zentrum	18,8	13,6	16,6	17,3	15,2	14,8	15,7	11,9	14,0
BVP	-	6,0	-	-	-	-	-	-	-
DDP	18,1	8,4	5,7	6,3	4,9	3,8	1,0	1,0	0,9
DVP	4,4	13,9	9,2	10,1	8,7	4,5	1,2	1,9	1,1
DNVP	8,6	14,4	19,5	20,5	14,2	7,0	5,9	8,6	8,0
NSDAP	-	-	-	-	2,6	18,3	34,7	33,1	43,9

(nach: HOFMANN 1993, S. 114)

Gegen Ende der Republik setzte sich die „ultralinke Taktik" der KPD durch, die den Hauptfeind in den „Sozialfaschisten" der SPD sah und dafür sogar Zweckbündnisse bei Aktionen mit den Nationalsozialisten einging. Die KPD stieg zwar nach der wirtschaftlichen Depression von bisher um die 10 % bei den Wahlen vom November 1932 auf fast 17 % auf Kosten der Sozialdemokraten. Aber es brachte ihr nichts ein, denn sie wurde schon vor den Märzwahlen von 1933 unter dem Vorwand des Reichstagsbrandes von den Nazis praktisch verboten.

Abbildung 9:   Ministerpräsidenten/Reichskanzler und die sie tragenden Koalitionen

Ernennung	Ministerpräsident/Reichskanzler Rücktrittsgrund	Koalition	%-Anteil der Mandate
13.02.19	Philipp Scheidemann (SPD) Versailler Vertrag	SPD/Z/DDP	78,1
21.06.19	Gustav Bauer (SPD) Kapp-Putsch	SPD/Z	60,3
27.03.20	Hermann Müller (SPD) schlechtes Wahlergebnis	SPD/Z/DDP	78,1
25.06.20	Konstantin Fehrenbach (Z) Londoner Ultimatum	Z/DDP/DVP	36,6
10.05.21	Joseph Wirth (Z) gescheiterte Regierungsumbildung	SPD/Z/DDP	44,6
22.11.22	Wilhelm Cuno Streiks, Misstrauenserklärungen	DVP/Z/DDP/BVP	41,2
13.08.23	Gustav Stresemann (DVP) Misstrauen SPD	SPD/Z/DDP/DVP	58,8
30.11.23	Wilhelm Marx (Z) RT-Wahl	DDP/Z/DVP	36,6
03.06.24	Wilhelm Marx (Z) keine Mehrheit	DDP/Z/DVP	29,2
15.01.25	Hans Luther Regierungsneubildung	DDP/Z/DVP/BVP/DNVP	55,6
20.01.26	Hans Luther Misstrauensvotum	DDP/Z/DVP/BVP	34,7
16.05.26	Wilhelm Marx (Z) Misstrauensvotum	Z/DDP/DVP/BVP	34,7
29.01.27	Wilhelm Marx (Z) RT-Wahl	Z/DVP/BVP/DNVP	49,1
28.06.28	Hermann Müller (SPD) Arbeitslosenversicherung	SPD/Z/DDP/DVP/BVP	61,5
30.03.30	Heinrich Brüning (Z) Entlassung durch Reichspräsidenten	Präsidialregierung	34,9 27,8
01.06.32	Franz von Papen Entlassung	Präsidialregierung/DNVP	7,1 6,1 8,9
03.11.32	Kurt von Schleicher	Präsidialregierung/DNVP	8,9
30.01.33	Adolf Hitler (NSDAP)	NSDAP/DNVP	42,5

(nach: HOFMANN 1993, S. 115)

2.2.2 Das Ende der Parteien im Nationalsozialismus

Die *Nationalsozialistische Deutsche Arbeiterpartei* (NSDAP) war 1919 aus kleinen antisemitischen, völkischen und nationalistisch-chauvinistischen Gruppen
und Grüppchen entstanden. In den Wirren der Revolution von 1919 bis zur Inflation von 1923 stießen deklassierte Freikorps-Soldaten, politische Sektierer, ent-
lassene Reichswehroffiziere, entwurzelte Kleinbürger und Depossedierte aller
Klassen zu ihr, die der Hass auf alles Linke, die Sozialdemokratie und die Kommunisten sowie auf die „Novemberverbrecher", die das deutsche Volk durch die
Kapitulation verraten hätten, einte.

Ideologische Wurzeln der NSDAP

Die „Dolchstoßlegende" wurde von ihnen aufgebaut, die vorgab, dass die
Reichswehr „im Felde unbesiegt" durch die Verzichtspolitiker verraten und das
deutsche Volk durch den Friedensvertrag von Versailles endgültig geknebelt
worden seien. Antisemitismus, Antikommunismus, Antiparlamentarismus, Anti-
liberalismus und auch ein scheinbarer Antikapitalismus mit ständischen Versatz-
stücken wurden von Adolf Hitler zu einem unheilvollen Gebräu vermischt, das
er in der Festungshaft nach seinem gescheiterten Putschversuch vom 9. November 1923 in München zu dem Pamphlet „Mein Kampf" niederschrieb.

Die Anfangserfolge bestätigten sich zunächst nicht, sodass die NSDAP in
der Weimarer Konsolidierungsphase 1928 nur noch 2,6 % der Stimmen erhielt.
Dies änderte sich mit der Weltwirtschaftskrise sprunghaft, ihr Wahlerfolg explo-
dierte geradezu auf 18,3 % 1930 und auf 37,3 % nur zwei Jahre später im Juli
1932.

Die Unterstützung für die Nationalsozialisten reichte durch alle Schichten
und Klassen – nicht nur ein Teil der Arbeitslosen der Weltwirtschaftskrise verfiel
ihnen, auch der von der Krise bedrohte Mittelstand und das entwurzelte Klein-
bürgertum liefen in Scharen zu ihnen über. Nicht nur die studentische Jugend
war mehrheitlich nationalsozialistisch, sondern auch ihre Professoren, soweit sie
den Abscheu vor deren Mediokrität überwanden, unterstützen immer zahlreicher
die Nazis. Das galt auch für Teile der Großindustrie, wenn auch keinesfalls einheitlich, weshalb der linke Mythos fehlgeht, Faschismus sei einfach die Steigerung von Kapitalismus. Nicht wenige aus dem Bürgertum sahen über für sie de-
goutante Begleiterscheinungen der Nazis hinweg, da sie Hitler als den „Trommel-
ler" wie ein Vehikel instrumentalisieren wollten, um die verhasste parlamentarische demokratische Weimarer Republik zu überwinden. Sie täuschten sich alle.

Soziale Basis der NSDAP

Am 30. Januar 1933 wurde Adolf Hitler von Hindenburg zum Reichskanzler ernannt, nachdem im Jahre zuvor die Republik schon fast kollabiert war.
Zwei Reichstagswahlen 1932 hatten wieder keine klaren Mehrheiten gebracht.
Reichskanzler Franz von Papen, vom rechten Flügel des *Zentrums*, hatte nur mit
Notverordnungen regiert und in einem Quasi-Staatsstreich am 20. Juli 1932 die
sozialdemokratisch geführte preußische Regierung abgesetzt. Ende 1932 versuchte General Kurt von Schleicher, eine Reichsregierung zu bilden, die ebenfalls scheiterte.

Kaum an der Macht wurden zum 5. März 1933 noch einmal Reichstagswahlen angesetzt, die bereits unter Repression und Terror der Nazis, hauptsächlich
gegen Kommunisten und Sozialdemokraten, stattfanden. Die NSDAP erhielt

Ermächtigungsgesetz als Selbstkastration der Parteien

danach mit 43,9 % der Stimmen immer noch keine absolute Mehrheit, um zu regieren, war sie weiterhin auf die Hilfe der DNVP-Abgeordneten angewiesen. Nun aber ließ sich Hitler durch das „Ermächtigungsgesetz" vom 23. März 1933 die Vollmacht zur diktatorischen Herrschaft und zur Zerschlagung aller übrigen Parteien, Verbände und Vereine von dem gewählten Reichstag überantworten. Fast alle Parteien stimmten zu, wohl, weil sie naiv oder verzweifelt hofften, „Schlimmeres zu verhüten". Die Ausnahme bildeten die Sozialdemokraten – die Kommunisten saßen bereits zum großen Teil in Haft –, deren Fraktionsvorsitzender Otto Wels eine mutige Rede hielt. Alle bürgerlichen Parteien, konservative sowieso, aber auch die letzten Liberalen und das *Zentrum* stimmten zu – und sie wurden danach alle gleichgeschaltet oder verboten.

Ludwig BERGSTRÄSSER wertet das Ende der Parteien so:

> „Es sollte sich sehr bald zeigen, daß die Hoffnungen oder Zusagen, von denen sich die Mittelparteien beeinflussen ließen, trogen bzw. in keiner Weise eingehalten wurden. Ihre Zustimmung war für die Regierung Hitlers und die nationalsozialistische Regierung notwendig, wenn das Ermächtigungsgesetz die für eine Verfassungsänderung notwendige Zweidrittelmehrheit im Reichstag erhalten sollte. Auch nach Ausschaltung der Kommunisten und trotz der Schwächung der Sozialdemokraten durch zahlreiche Verhaftungen war diese Zweidrittelmehrheit nur zu erreichen, wenn alle anderen Parteien für das Gesetz stimmten. Die Vertreter dieser Parteien waren sich damals nicht darüber klar, daß sie mit dem Ermächtigungsgesetz das eigene Todesurteil unterschrieben. Trotzdem kann man bis zu einem gewissen Grade verstehen, daß man Anfang 1933 die weitere Entwicklung noch nicht übersehen konnte. Schon seit vielen Monaten bestand auch bei Vertretern der demokratischen Parteien die Stimmung, daß radikaler Widerstand unmöglich sei und daß die nationalsozialistische Flut erst einmal alles überschwemmen müsse, ehe eine Wendung möglich sei. Auch entschiedene Demokraten vertraten damals die Ansicht, Hitler und seine Partei sollten zeigen, was sie können oder nicht können, und dann wäre ein Umschlag möglich. Diese Rechnung war falsch, aber es ist verständlich, daß gerade Politiker, die in den Formen des Rechtsstaates aufgewachsen waren, sich nicht auf seine radikale Beseitigung einstellten. Trotz ihrer entschiedenen Haltung in der Reichstagssitzung vom März 1933 glaubten auch die Sozialdemokraten, daß ihre Organisation überdauern werde, die Freien Gewerkschaften waren sogar zu gewissen Konzessionen bereit, bevor sie der ‚Deutschen Arbeitsfront' einverbleibt wurden. Im besonderen hat eigentlich niemand damit gerechnet, daß es möglich sein werde, in der weiteren Entwicklung freie Wahlen radikal auszuschalten. Zunächst folgte die Beseitigung aller anderen Parteien, nachdem die Kommunistische Partei bereits verboten war. Am 22. Juni 1933 wurde die Sozialdemokratische Partei verboten; sehr bald folgte die ‚Selbstauflösung' der übrigen Parteien. Auch die Deutschnationale Volkspartei beschloß ihre Selbstauflösung am 27. Juni und teilte das durch ihre Vertreter dem ‚Herrn Reichskanzler' mit. Schließlich erklärte als letzte der Parteien die Reichsleitung des Zentrums am 5. Juli 1933 ihre Auflösung, wobei die von Ludwig Kaas geführten Verhandlungen über ein Konkordat mit der Katholischen Kirche eine gewisse Rolle gespielt haben; aber auch ohne diese Verhandlungen wäre die Auflösung des Zentrums kaum vermieden worden. Das Ende der Parteiengeschichte in diesem Zeitraum bildete das Gesetz gegen die Neubildung von Parteien vom 14. Juli 1933, in dem bestimmt wurde, daß in Deutschland als einzige politische Partei die Nationalsozialistische Deutsche Arbeiterpartei bestehe. Mit hoher Strafe wurde derjenige bedroht, der versuchte, den organisatorischen Zusammenhalt einer anderen

politischen Partei aufrechtzuerhalten oder eine neue politische Partei zu bilden" (BERGSTRÄSSER 1965, S. 218 f.).

Was folgte? Ein Einparteienstaat? Oder eine Diktatur, ein Führerstaat? Die Fragen sind nicht einfach zu beantworten. Denn perverserweise blieb es ein „Rechtsstaat". Die Weimarer Reichsverfassung blieb in Kraft, wenn auch aufgehoben im Ermächtigungsgesetz. Die Juristen des Staates fabrizierten für noch so perfide Maßnahmen Gesetze und Verordnungen und rechtfertigten sie in ihrer Fachliteratur. Die NSDAP behielt ihren anachronistischen Namen, obwohl von „sozialistisch" nichts übrig blieb als die „Volksgemeinschaft" und von „Arbeiterpartei" erst recht keine Rede sein konnte. Unterhalb des „Führers" waren Parteispitze und Staatsbürokratie eng verwoben, was in der Realität hieß, dass sie sich permanent bekämpften in Kompetenzen, Protokoll und Machtressourcen. Aber genau das ist das Erfolgsrezept von Diktaturen und Tyrannen aller Epochen: Divide et impera. Von Parteienstaat kann im Nationalsozialismus also keine Rede sein. Es war ein bizarrer Machtstaat, in dem jeder Unterführer, ob in Partei, Wehrmacht oder Staat, seine Chance suchte – bis zum chaotischen Ende.

3 Ausdifferenzierung: Wie haben sich die Parteien der Bundesrepublik entwickelt?

Bei der Darstellung jedes historischen Stoffes – so auch der Entwicklung des deutschen Parteiensystems seit 1945 – müssen Epochen oder kürzere Perioden gebündelt werden, um den Stoff nicht als kontinuierlichen chronologischen Fluss zerrinnen zu lassen. Eine gute Periodisierung wählt nicht einfach äußere Ereignisse oder Daten, sondern entscheidet sich für Einschnitte, die mit sinnvollen theorieorientierten Fragestellungen zusammenhängen.

Wie soll man dann die Parteienentwicklung seit 1945 periodisieren? Es gibt hier mehrere Optionen. Die einfache Folge der sechs Jahrzehnte seit 1945 wäre wohl sicher eine unbefriedigende Einordnung, weil inhaltlich nicht aussagekräftig. Auch die Abfolge der 17 Bundestagswahlen würde eine viel zu kleinschrittige Chronologie erbringen, obwohl durch den Wandel der Wahlergebnisse immerhin die Parteien und ihre Entwicklung direkt betroffen sind.

Periodisierungen nach Kanzlern und Koalitionen Eine weitere Periodisierung benutzt die Kanzlerfolge. Das ergibt acht Phasen: (1) Konrad Adenauer 1949-1963, (2) Ludwig Erhard 1963-1966, (3) Kurt Georg Kiesinger 1966-1969, (4) Willy Brandt 1969-1974, (5) Helmut Schmidt 1974-1982, (6) Helmut Kohl 1982-1998, (7) Gerhard Schröder 1998-2005 und schließlich (8) Angela Merkel seit 2005 (vgl. Abb. 10). Aber Kanzler sind Regierungschefs und nicht unbedingt für die Parteienentwicklung prägend.

Eine der häufigsten Einteilungen orientiert sich an den Regierungsbündnissen der Parteien, den Koalitionen. Auf die (1) Gründungsphase von 1945-1949 folgen (2) die CDU/CSU geführten Regierungen mit kleineren bürgerlichen Koalitionspartnern, meist der FDP, von 1949-1966; dann (3) das Zwischenspiel der Großen Koalition aus CDU/CSU und SPD 1966-1969; gefolgt von (4) der sozialliberalen Koalitionsregierung von SPD und FDP 1969-1982, anschließend (5) die erneute bürgerliche Koalition aus CDU/CSU und FDP von 1982-1998, sodann (6) die rot-grüne Koalition von 1998-2005, (7) die zweite Große Koalition von 2005-2009 sowie (8) seit 2009 die nächste schwarz-gelbe Regierung. Aber auch diese Periodisierung nimmt nicht zentral das Parteiensystem, sondern die Parteienregierung in unserer Parteiendemokratie – zu diesen Begriffen später mehr – in den Blick.

Periodisierung nach Dynamik der Parteienentwicklung Deswegen schlagen wir eine Alternative vor, die genau das tut, die nämlich die Dynamik der Parteien in den Mittelpunkt stellt:

(1) Formierungsphase von 1945-1953:

Hier wurden die Parteien noch unter Aufsicht der Alliierten neu- und wiedergegründet, das Grundgesetz verabschiedet, 1949 der erste Bundestag gewählt und schließlich 1950 die bundesweite CDU gegründet. In diesen Anfangsjahren kam es ebenfalls zur Inkorporierung und Verdrängung kleinerer und regionaler Parteien, welche hauptsächlich in der Union aufgingen, die bei der Bundestagswahl

1953 die absolute Mehrheit der Mandate errang. Auch die Sonderentwicklung der SBZ bzw. DDR kann hier angesprochen werden.

(2) Konzentrierungsphase von 1953-1976:
Durch die 50er und 60er Jahre bauten die vier Parteien CDU, CSU, SPD und FDP ihre Dominanz auf, bewiesen ihre gegenseitige Koalitionsfähigkeit, die Adaptionsfähigkeit des politischen Systems zum Machtwechsel und beherrschten schließlich mit einer erstaunlichen Konzentration von 99,1 % der Wählerstimmen die Bundestagswahlen von 1972 und 1976, während alle anderen Parteien sich mit dem Rest von 0,9 % begnügen mussten. Die 23 Jahre von 1953 bis 1976 waren trotz vieler Krisen in der internationalen Politik außerdem eine Ära der Normalisierung und Internalisierung der Demokratie in der Bundesrepublik.

Abbildung 10: Regierungen und Koalitionen

September	1949	Adenauer	CDU/CSU, FDP, DP
Oktober	1953	Adenauer	CDU/CSU, FDP, DP, GB/BHE
Juli	1955	Adenauer	CDU/CSU, FDP, DP
Februar	1956	Adenauer	CDU/CSU, DP
März	1956	Adenauer	CDU/CSU, DP, DA (FVP)
März	1957	Adenauer	CDU/CSU, DP (FVP)
Oktober	1957	Adenauer	CDU/CSU, DP
November	1961	Adenauer	CDU/CSU, FDP
Oktober	1963	Erhard	CDU/CSU, FDP
Oktober	1965	Erhard	CDU/CSU, FDP
Oktober	1966	Erhard	CDU/CSU (Minderheitsregierung)
Dezember	1966	Kiesinger	CDU/CSU, SPD (Große Koalition)
Oktober	1969	Brandt	SPD, FDP
Dezember	1972	Brandt	SPD, FDP
Mai	1974	Schmidt	SPD, FDP
Dezember	1976	Schmidt	SPD, FDP
November	1980	Schmidt	SPD, FDP
September	1982	Schmidt	SPD (Minderheitsregierung)
Oktober	1982	Kohl	CDU/CSU, FDP
März	1983	Kohl	CDU/CSU, FDP
März	1987	Kohl	CDU/CSU, FDP
Oktober	1990	Kohl	CDU/CSU, FDP, (DSU; ohne Koalitionsvertrag)
Januar	1991	Kohl	CDU/CSU, FDP
Oktober	1994	Kohl	CDU/CSU, FDP
September	1998	Schröder	SPD/Bündnis 90/Die Grünen
September	2002	Schröder	SPD, Bündnis 90/Die Grünen
September	2005	Merkel	CDU/CSU, SPD (Große Koalition)
September	2009	Merkel	CDU/CSU, FDP

Berücksichtigt wurden: Regierungsbildung nach Bundestagswahlen, Veränderungen der Koalitionszusammensetzung und vorübergehende Minderheitsregierungen, Kanzlerwechsel.

Abbildung 11: Die Genealogie der Parteien

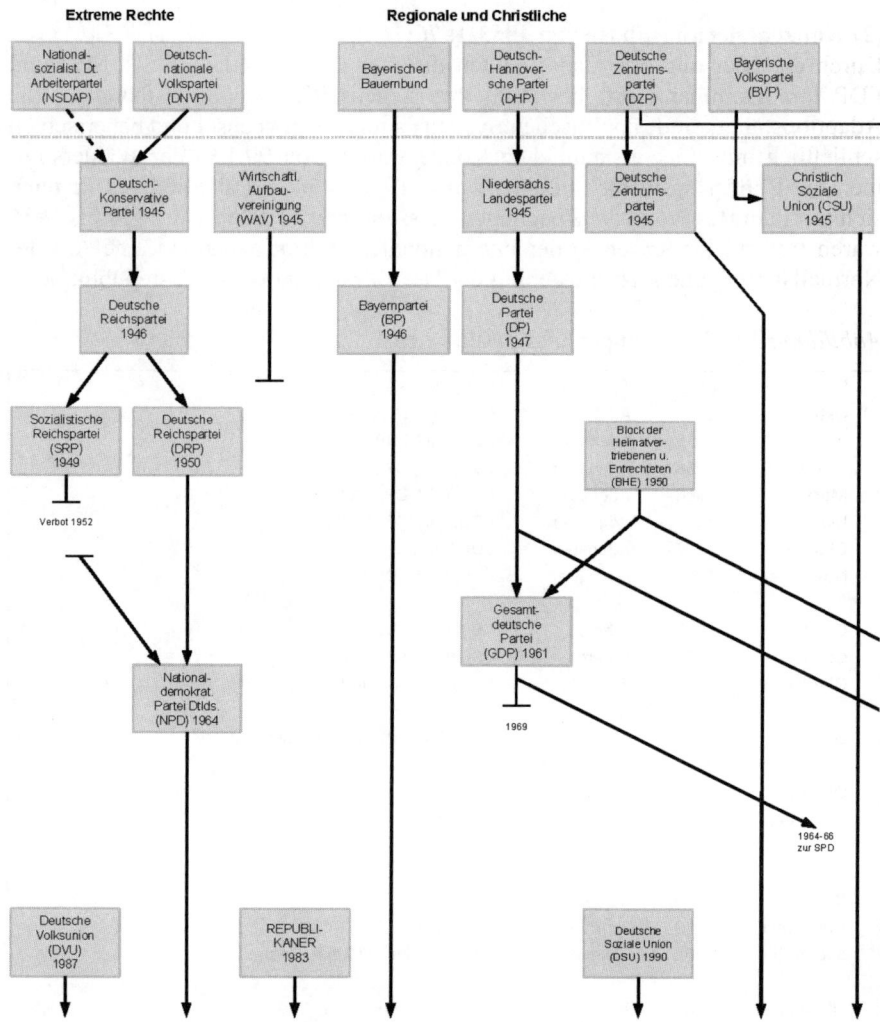

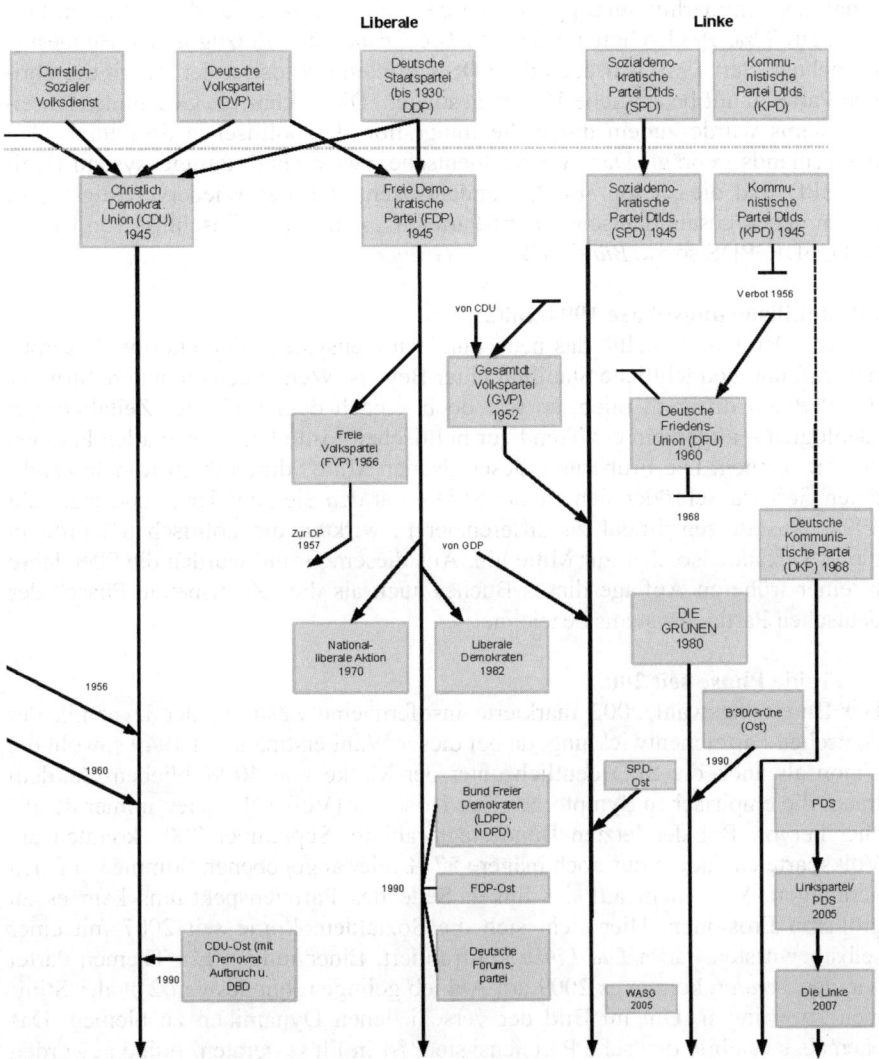

(eigene Darstellung, nach RUDZIO 2006, S. 112 f.)

(3) Transformationsphase von 1976-1994:
Seit 1976 nahm die Dominanz der großen Vier kontinuierlich ab: 1980 erst marginal, aber immerhin verdoppelte sich der Stimmenanteil für die restlichen Parteien auf 2 %, 1983 schon auf 6 %, da *Die Grünen* den Einzug in den Bundestag erreichten. Seit 1990 war auch die PDS vertreten und damit der Anteil der übrigen Parteien auf beachtliche 15,2 % gestiegen. Die zukünftige Gestalt des Parteiensystems wurde zudem durch die Integration der politischen Strukturen Ostdeutschlands geprägt. Das alte westdeutsche Zweieinhalb-Parteiensystem (Union, SPD und die „halbe" FDP) wandelte sich nach der Wiedervereinigung zu einem neuen gesamtdeutschen Fünf-Parteiensystem unter Einschluss von Union, SPD, FDP, PDS sowie *Bündnis '90/Die Grünen*.

(4) Stabilisierungsphase 1994-2002:
In den 90er Jahren stellte das neue Fünf-Parteiensystem eine enorme Absorptionskraft und beträchtliche Stabilität unter Beweis. Wenn auch die innere Struktur der Parteien different blieb, so war doch – nach dem Ende des Zeitalters der Ideologien – allgemein ein Trend zur politischen Mitte bei nahezu allen Parteien zu verzeichnen. Die Eroberung dieser „Neuen Mitte" durch ihren Kanzlerkandidaten Gerhard Schröder sicherte der SPD sogar den Sieg bei der Bundestagswahl 1998. Anstatt zentrifugal zu differenzieren, wirkten die politischen Kräfte in dieser Dekade also eher zur Mitte hin. Aus diesem Grund wurden die 90er Jahre in einer früheren Auflage dieses Buches auch als die „Zentripetale Phase" des deutschen Parteiensystems bezeichnet.

(5) Fluide Phase seit 2002:
Die Bundestagswahl 2002 markierte insofern eine Zäsur in der Dynamik der deutschen Parteienentwicklung, da bei dieser Wahl erstmals seit 1949 sowohl die Union als auch die SPD deutlich unter der Marke von 40 % blieben. Seitdem traten die empirischen Symptome einer Krise der (Volks-)Parteien immer deutlicher hervor. Bei der letzten Bundestagswahl im September 2009 konnten die Volksparteien zudem nur noch magere 57 % aller abgegebenen Stimmen auf sich vereinigen. Vor allem auf der linken Seite des Parteienspektrums kam es zu größeren Erosionen. Hier sieht sich die Sozialdemokratie seit 2007 mit einer selbstbewussten Partei *Die Linke* konfrontiert. Einer jungen Ein-Themen-Partei wie den *Piraten* konnte es 2009 auf Anhieb gelingen, bundesweit 2 % der Stimmen zu erringen. Um im Bild der verschiedenen Dynamiken zu bleiben: Das ehemals so stabile deutsche Parteiensystem ist in Fluss geraten, fluide geworden (vgl. NIEDERMAYER 2008b). Seine zukünftige Gestalt ist heute noch ungewiss.

3.1 Formierungsphase 1945-1953

> „Die deutschen Streitkräfte zu Lande, zu Wasser und in der Luft sind vollständig geschlagen und haben bedingungslos kapituliert (...). Die Regierungen (der vier alliierten Mächte, d. Verf.) übernehmen hiermit die oberste Regierungsgewalt in Deutschland, einschließlich aller Befugnisse der deutschen Regierung, des Oberkommandos

der Wehrmacht und der Regierungen, Verwaltungen oder Behörden der Länder, Städte und Gemeinden" (zitiert nach KAACK 1971, S. 155).

So lautete die Erklärung der alliierten Siegermächte vom 5. Juni 1945. Der Nationalsozialismus war besiegt, die Parteigliederungen und Nachfolgeorganisationen verboten, alle Regierungsgewalt lag bei den Siegermächten. War das die Stunde Null der deutschen Nachkriegsgeschichte? Es ist mittlerweile ein Gemeinplatz, dass es keine Stunde Null gab, sondern viel, allzu viel Kontinuität gewisser und nicht der besten deutschen, nämlich obrigkeitsstaatlichen, Traditionen. Aber in der Parteiengeschichte existierte wirklich eine Stunde Null zwischen Mai und Juni 1945: Denn es waren keine Parteien mehr da.

Die Stunde Null der deutschen Parteien

Die vier Besatzungszonen wurden von den Alliierten zunächst relativ autonom ohne nennenswerte Koordination untereinander kommandiert. Sie waren sich nur im Negativen einig, wie wir an dem oben zitierten Erlass vom 5. Juni gesehen haben. Aber schon wenig später preschten die sowjetischen Militärbehörden noch vor der Potsdamer Konferenz vor und genehmigten die Gründung von vier Parteien in ihrer Zone und in ihrem Sektor von Großberlin.

„Die Alliierten gingen bei der Zulassung von Parteien von sehr schablonenhaften Vorstellungen der deutschen Geschichte aus" (KAACK 1971, S. 157).

Neuem misstrauten sie, altvertraute Parteien waren genehm, solange ihnen nicht Mitschuld am Nationalsozialismus nachgesagt werden konnte. Innovationen, die in der deutschen Emigration und in politischen Zirkeln der ersten Nachkriegsmonate eine Rolle spielten, hatten deshalb zunächst keine Chance auf eine Lizenzierung, so z. B. eine einheitliche Arbeiterpartei aus SPD und KPD, eine Sammlungspartei aller nicht-sozialistischen Kräfte des Bürgertums und auch eine „Partei der Arbeit" aus sozialdemokratischen und christlich-sozialen Gruppen.

Auf Weisung der sowjetischen Besatzungsmacht wurden deshalb zunächst vier Parteien gegründet: die Kommunisten und Sozialdemokraten in der alten Tradition, Liberale in Zusammenführung der beiden früheren Flügel und Christlich-Konservative als Verknüpfung der Konfessionen und sonstiger nicht belasteter Konservativer. Die KPD wurde als erste am 11. Juni 1945 gegründet, drei Tage später die SPD, am 25. Juni die CDU und Anfang Juli die liberaldemokratische Partei (LDP) – alle zunächst in Berlin.

Gründung von KPD, SPD, CDU und LDP in Berlin

Mit zeitlicher Verzögerung zogen die anderen drei Besatzungsmächte im Laufe des Jahres 1945 nach, am zögerlichsten die Franzosen, die am spätesten deutsche politische Kräfte zur Eigeninitiative ermutigten. So wurden die Parteien in den Besatzungszonen von einzelnen Aktivisten je separat gegründet und mussten teilweise kompliziert und konfliktreich bis Ende der 40er Jahre/Anfang der 50er Jahre miteinander fusionieren.

Der Lizenzierungszwang für die Parteien – aber auch für andere Organisationen, wie Gewerkschaften und Verbände – durch die Alliierten blieb bis 1950 bestehen, sodass sich erst nach der ersten Aufbauphase von fünf Jahren ein autonomes Parteiensystem in Deutschland entwickeln konnte. Der Vorsprung der Gründungsgruppierungen war aber so groß, dass danach neugegründete Parteien nur geringe und in der Regel nur regionale Erfolge erzielen konnten.

Der politische Spielraum der ersten Parteien war vorläufig gering, nicht nur weil das Betätigungsfeld in Parlamenten und Regierungen sich erst langsam wieder formierte, sondern auch weil die Bewegungsfreiheit zwischen den Besatzungszonen eingeschränkt war. Im Übrigen war es sowieso eine Zeit der Not und des Chaos. Die Sorge um Essen und Wohnung, die Suche nach Angehörigen und Arbeit beschäftigte die meisten Menschen viel intensiver als politisches Engagement. Im Gegenteil, es gab eine verbreitete „Ohne-mich-Haltung", die aus der Überpolitisierung im Nationalsozialismus erklärlich war.

Mit Gründung der Bizone aus amerikanischer und britischer Besatzungszone zu Beginn des Jahres 1947 wurde die Kommunikation erleichtert. Mit Bildung der Trizone im Frühjahr 1948 unter Einbezug der französischen Zone war die spätere Gestalt der Bundesrepublik vorgeprägt. Groß-Berlin blieb weiterhin unter Viermächteverwaltung; auch wenn diese durch die Spaltung von West- und Ostberlin und erst recht seit der Mauer von 1961 nur eine Schimäre war, formal blieb sie bis zum „2-plus-4-Vertrag" von 1990, der völkerrechtlichen Vorbedingung der deutschen Einheit, bestehen. Die sowjetische Besatzungszone (SBZ) bildete ab 1949 die DDR.

Die erste politische Partei, die sich in ganz Deutschland wieder organisieren konnte, war die SPD. Viele Mitglieder und Funktionäre, die nach 1933 untergetaucht oder in innere Emigration gegangen waren, gruben ihre Mitgliedsbücher wieder aus und nahmen Kontakt auf. Einige versuchten sogar, die Mitgliedsbeiträge nachzuentrichten. Bereits im Mai 1945 eröffnete Kurt Schumacher, der nach seiner KZ-Entlassung 1943 die illegale Arbeit koordiniert hatte, in Hannover das „Büro Dr. Schumacher" als provisorische Parteizentrale.

Der von Ost-Berlin dominierte *Zentralausschuss* der SPD bildete mit Otto Grotewohl seit Sommer 1945 ein konkurrierendes Zentrum. Vorherrschender Konflikt – neben persönlichem politischem Ehrgeiz – war die Frage einer „Einheit der Arbeiterklasse" durch eine gemeinsame sozialistische Partei zusammen mit den Kommunisten. Diese Konzeption wurde nicht nur von der sowjetischen Besatzungsmacht und der von ihr gestützten *Gruppe Ulbricht* der KPD getragen, um die Minderheitsposition der Kommunisten zu verbessern. Auch viele SPD-Parteimitglieder sympathisierten mit einer solchen Lösung, um einen gemeinsamen Neuanfang gegenüber der Weimarer Parteienzersplitterung zu wagen. Schumacher, der die Kommunisten als „rotlackierte Nazis" scharf ablehnte, war strikt dagegen – aus ideologischen, aber auch aus außenpolitischen Gründen, da er zu Recht hinter den Kommunisten nur den verlängerten Arm der sowjetischen Besatzungsmacht vermutete. Eine vereinigte Arbeiterpartei, die, wie viele fest glaubten, die Mehrheitsführerin werden würde, könnte so als Erfüllungsgehilfin sowjetischer Politik in Westeuropa missbraucht werden. Bis zum Frühjahr 1946 setzte sich Schumacher mit seiner zwar sozialistischen, aber betont gesamtdeutschen Haltung in den Westzonen durch.

In der SBZ konnten die skeptischen Kräfte in der SPD die Fusion mit der kleineren KPD zur *Sozialistischen Einheitspartei Deutschlands* (SED) im April 1946 nicht aufhalten. Gleichberechtigte Vorsitzende wurden zwar Otto Grotewohl (SPD) und Wilhelm Pieck (KPD). Aber schon kurze Zeit später wurden die ostdeutschen Sozialdemokraten majorisiert, dann aus allen Entscheidungspositionen gedrängt und schließlich offen unterdrückt. Die SED mutierte ab 1947 zur leninistischen Kaderpartei, für die das Prinzip des „demokratischen Sozialismus" verbindlich war: Einer einmal demokratisch gewählten Führung ist bedingungslos zu folgen, Fraktionierungen als eigenständige Parteiflügel sind verboten, damit ist eine kontinuierliche demokratische Willensbildung ausgeschlossen, und die Partei unterliegt dem diktatorischen Befehl der Führung im *Polit-Büro*.

Kurt Schumacher wurde im Mai 1946 zum unangefochtenen Vorsitzenden der Westzonen-SPD gewählt und blieb es bis zu seinem frühen Tod 1952. Programmatisch knüpfte die Partei an demokratische Sozialismus-Vorstellungen aus der Weimarer Republik an. So wurde die Vergesellschaftung von privatem Großgrundbesitz und von Produktionsmitteln gefordert und eine Sozialisierung der Bodenschätze und Grundstoffindustrie propagiert. Die SPD setzte sich aber mit ihrem Bekenntnis zur Demokratie deutlich gegen die Kommunisten ab:

Programm der SPD

> „Es gibt keinen Sozialismus ohne Demokratie, ohne die Freiheit des Erkennens und die Freiheit der Kritik. Es gibt aber auch keinen Sozialismus ohne Menschlichkeit und ohne Achtung vor der menschlichen Persönlichkeit. Wie der Sozialismus ohne Demokratie nicht möglich ist, so ist umgekehrt die Demokratie im Kapitalismus in steter Gefahr. (...) Die deutsche Sozialdemokratie ist stolz darauf, daß sie die einzige Partei in Deutschland war, die unter den größten Opfern für die Ideen der Demokratie, des Friedens und der Freiheit eingetreten ist. Sie ist auch heute die Partei der Demokratie und des Sozialismus in Deutschland" (Forderungen und Ziele der SPD, beschlossen auf dem 1. Parteitag in Hannover 9.-11. Mai 1946; zitiert nach KAACK 1971, S. 165).

Organisatorisch wurde die SPD schnell zur mitgliederstärksten Partei in den Westzonen, schon Ende 1947 zählte sie 875.000 Mitglieder (vgl. LÖSCHE 1994, S. 127). Sie war stolz, als einzige unbelastete demokratische Partei, die auch als Einzige 1933 gegen das Ermächtigungsgesetz gestimmt hatte, dem Nationalsozialismus getrotzt zu haben, und erwartete endliche eine Verwirklichung ihrer politischen Pläne aus der Weimarer Zeit. Und damit täuschte sie sich bitter, denn bei den ersten Wahlen zu Gemeinde-, Kreis- und Landtagen zwischen 1946 und 1947 blieb sie fast ausnahmslos hinter der CDU/CSU zurück.

Die Gründung der *Christlich Demokratischen Union Deutschlands* (CDU) ist eine der wenigen wirklichen und wirkmächtigen Innovationen in der deutschen Parteiengeschichte. Zwar wird die CDU in vielen „Stammbäumen" der konservativen und/oder christlichen Parteienfamilie zugeordnet, aber das ist nicht alles. Sie hat auch liberale und soziale Elemente und ist insofern eine erste echte „Volkspartei", obwohl sie den Namen nicht trägt wie einige ihrer mehr oder weniger nahen früheren Verwandten aus der Parteiengeschichte und ebenso die ersten Gründungsorganisationen in der Nachkriegszeit.

CDU-Gründung als Innovation

In den Gründungskreisen dominierte allerdings eindeutig zunächst die katholische Tradition aus der Zentrumslinie. Aber bereits in Weimar hatte es viele Kräfte gegeben, die aus dem „Zentrums-Turm" der katholischen Konfession und der klerikalen Bindung heraus wollten. Das katholische Element behielt bis in die 60er Jahre die Oberhand, gerade auch unter dem Einfluss der rheinischen CDU mit Konrad Adenauer an der Spitze.

In den einzelnen Zonen, Ländern und Regionen waren die Gründungskreise zwischen Sommer 1945 und Frühjahr 1946 sehr unterschiedlich ausgerichtet:

- In Berlin gründeten ehemalige Zentrumspolitiker und Verfechter eines christlichen Sozialismus um den früheren Gewerkschafter Jakob Kaiser den ersten CDU-Verband.
- In Süddeutschland bildeten sich eine badische Christlich-Soziale Volkspartei in Freiburg, eine Christlich-Demokratische Partei in Karlsruhe sowie eine Christliche Volkspartei in Süd-Württemberg-Hohenzollern.
- In Norddeutschland stützten sich die Gründer auf protestantische, konservative und liberale Kräfte im Bürgertum.
- Im Rheinland wurde als Vorläuferin schon am 17. Juni 1945 eine Christlich-Demokratische Volkspartei (CDVP) gegründet, wobei man zunächst an eine Sammlung christlicher und sozialistischer Kräfte dachte, schließlich die Kompromissformel „Sozialismus aus christlicher Verantwortung" fand (vgl. Kaack 1971, S. 172).

Heterogenität der Gründerkreise   Ein französischer zeitgenössischer Journalist kommentierte diese Heterogenität der Gründungskreise der CDU ironisch:

> „Diese Partei ist sozialistisch und radikal in Berlin, klerikal und konservativ in Köln, kapitalistisch und reaktionär in Hamburg und gegenrevolutionär und partikularistisch in München" (zitiert nach SCHMIDT 1983, S. 493).

Dieses scheinbare politische Durcheinander täuscht aber darüber hinweg, dass sich doch große Gemeinsamkeiten herausschälten, die alle Teilinitiativen zusammen-hielten: Eine Sammlungsbewegung über den Konfessionen wurde angestrebt, die die alten Spaltungen überwindet und alle Kräfte rechts von der Sozialdemokratie aus bürgerlichen, sozialen, liberalen und konservativen Milieus vereint. Dieses Motiv der neuen Gemeinschaft und Sammlungsbewegung war auch für den neuen Namen „Union" statt „Partei" mitverantwortlich. Es mögen aber auch einige traditionelle deutsche Parteienabneigungen nach den traumatischen Erfahrungen mit NSDAP und dem Weimarer Parteienversagen eine Rolle gespielt haben.

Das „Ahlener Programm" der CDU   Programmatisch war die frühe CDU ähnlich gespalten wie in der Herkunft ihrer Gründungsgruppierungen. Das bekannteste Dokument der CDU-Gründungszeit ist das „Ahlener Programm" von Februar 1947. In Ahlen, einer Kleinstadt in Westfalen, wurde allerdings nur ein Teilprogramm vom *Zonenausschuss der CDU für die britische Zone* beschlossen. Schaut man in den Text, so spiegelt sich darin die ganze Widersprüchlichkeit und Unübersichtlichkeit der politischen Situation. Der Gewerkschaftsflügel mit den Sozialausschüssen konnte sich mit der Präambel und den Forderungen nach Vergesellschaftung zufrieden erklären. Der wachsende bürgerlich-konservative Teil der Partei gab sich mit der Garantie des Eigentums und privater Unternehmerinitiative zufrieden. Zum Auftakt des Textes ertönt eine schmetternde Fanfare, die bis heute am meisten zitiert wird:

„Das kapitalistische Wirtschaftssystem ist den staatlichen und sozialen Lebensinteressen des deutschen Volkes nicht gerecht geworden. Nach dem furchtbaren politischen, wirtschaftlichen und sozialen Zusammenbruch als Folge einer verbrecherischen Machtpolitik kann nur eine Neuordnung von Grund aus erfolgen. (...) Inhalt und Ziel dieser sozialen und wirtschaftlichen Neuordnung kann nicht mehr das kapitalistische Gewinn- und Machtstreben, sondern nur das Wohlergehen unseres Volkes sein. Durch eine gemeinwirtschaftliche Ordnung soll das deutsche Volk eine Wirtschafts- und Sozialverfassung erhalten, die dem Recht und der Würde des Menschen entspricht, dem geistigen und materiellen Aufbau unseres Volkes dient und den inneren und äußeren Frieden sichert" (zitiert nach VON ALEMANN 1986, S. 5).

Das Ahlener Programm bleibt allerdings immer dort im Unverbindlichen stecken, wo Vergesellschaftung und soziale Gestaltung konkret hätten beschrieben werden müssen. Insgesamt war es kein Durchbruch des „christlichen Sozialismus", sondern Zeugnis seiner Eindämmung. Es ist ein wichtiger Etappensieg Konrad Adenauers und seiner anti-sozialistischen Verbündeten gegen die sozialen Kräfte von Karl Arnold, dem Düsseldorfer Ministerpräsidenten der CDU, oder Jakob Kaiser, dem Berliner CDU-Vorsitzenden. Schließlich standen 1947 die ersten Landtagswahlen in Nordrhein-Westfalen an, für die ein Konsens in der nach ihrer Position suchenden Partei, wenn auch nur ein Formelkompromiss, gefunden werden musste.

Schon zwei Jahre später, mit den „Düsseldorfer Leitsätzen" von 1949, hatte sich Adenauers Weg endgültig durchgesetzt. Die Formel von der „Sozialen Marktwirtschaft" siegte. Von einer „Neuordnung von Grund auf" war nun keine Rede mehr. Die Währungsreform hatte bereits die bestehenden Besitzverhältnisse stabilisiert. Ein marktwirtschaftliches System sollte mithilfe sozialpolitischer Korrekturen akzeptabel gemacht werden. Dies bedeutete den endgültigen Abschied von einer integrierten Sozial- und Wirtschaftspolitik. *(Die „Düsseldorfer Leitsätze")*

Organisatorisch entstand ab Februar 1947 die *Arbeitsgemeinschaft der CDU und CSU Deutschlands* auf einem „Reichstreffen" in Königstein. Konrad Adenauer, damals bereits über 70 Jahre alt, erfahrener Zentrumspolitiker aus der Weimarer Republik und erfolgreicher früherer Oberbürgermeister von Köln, übernahm 1946 die Führung der CDU in der britischen Zone und wurde 1948 Vorsitzender des Parlamentarischen Rates, der eine Verfassung für die Westzonen ausarbeiten sollte. Trotz Konkurrenz vonseiten der sozialen und gesamtdeutsch gesinnten Gegenspieler wie Arnold oder Kaiser konnte sich Adenauer mit viel Geschick und Autorität und auch listigem Ehrgeiz zur schließlich unangefochtenen Führungsfigur durchsetzen. Mit knapper Mehrheit wurde er 1949 zum ersten Kanzler einer bürgerlichen Koalitionsregierung aus CDU/CSU, FDP und Deutscher Partei (DP) gewählt. *(Konrad Adenauer setzt Führung durch)*

Zur ersten Bundestagswahl 1949 hatte sich nur ein zentraler Wahlausschuss konstituiert. Im Oktober 1950 kam es zur formellen Gründung der Bundespartei CDU auf dem ersten Parteitag in Goslar mit Adenauer als Vorsitzendem. Aber Adenauer blieb immer mehr Kanzler als Parteivorsitzender, angeblich soll er die eigene Parteizentrale nie betreten haben. Die CDU blieb deshalb organisationstypologisch eine Honoratiorenpartei und ein Kanzlerwahlverein mit zunächst nur knapp 200.000 Mitgliedern – ein Viertel verglichen mit der SPD. *(CDU als Honoratiorenpartei und Kanzlerwahlverein)*

In der aktiven Mitgliedschaft und unter den Funktionären dominierte weiterhin das katholische Element, wenn auch nicht mehr so eng milieugebunden wie früher. Der Einfluss der katholischen Amtskirche machte sich durchaus weiterhin bemerkbar, nicht zuletzt in „Hirtenbriefen" vor Wahlen durch die Bischöfe. In dieser Hinsicht brauchte die CDU noch lange, um als „moderne Volkspartei" (LANGE 1994, SCHÖNBOHM 1985) gelten zu können. Ihre Wählerschaft war immer viel pluraler und „vielschichtiger" zusammengesetzt als die aktive Mitgliedschaft.

> „Welch große Integrationsleistung von der CDU vollbracht wurde, zeigt der internationale Vergleich: in keinem anderen Land ist es gelungen, so verschiedenartige und vielfältige Segmente und Strömungen in einer Partei für einen längeren Zeitraum miteinander zu verbinden, auch nicht in Frankreich bei den Gaullisten oder in Großbritannien bei den Konservativen (trotz der dort weitaus günstigeren Bedingungen eines Mehrheitswahlrechts)" (LÖSCHE 1994, S. 113).

Sonderentwicklung der CSU

Auch die Anfänge der *Christlich Sozialen Union Deutschlands* (CSU) in Bayern waren von internen Konflikten verschiedener Linien und Strömungen bestimmt, wie in den anderen Landesverbänden der Union. Doch die Vorgeschichte der separaten *Bayerischen Volkspartei* als Zentrumsverband in der Weimarer Republik förderte schließlich eine Sonderentwicklung der CSU.

Die Gründungszeit der CSU war geprägt durch die erbitterten Flügelkämpfe zwischen Kräften um den Oberfranken Josef Müller (genannt „Ochsensepp"), der eine interkonfessionelle Sammlungspartei aller Kreise gründen wollte, und den Traditionalisten um Alois Hundhammer, die eine separatistische, bayerisch-katholische Partei ohne Unionsmitgliedschaft etablieren wollten. Noch komplizierter wurde die Situation, als 1948 die *Bayernpartei* (BP) auf Landesebene eine Lizenz der Militärregierung erhielt und damit separatistische Konkurrenz aufkam.

Gelöst wurde der Konflikt durch einen Kompromiss. Josef Müller wurde zwar entmachtet, aber dennoch eine interkonfessionelle Sammlungspartei gegründet, die der Union nicht als Landesverband beitrat, sondern eine eigenständige bayerische Partei blieb, auch um die *Bayernpartei* kleinzuhalten. Beide Unionsparteien verpflichteten sich allerdings, nicht gegeneinander in den anderen Bundesländern zu konkurrieren. Im Bundestag bildeten sie seit 1949 eine Fraktionsgemeinschaft – eine für manche Beobachter ideale, für andere manipulative Lösung, weil sie so einerseits wie eine Partei auftreten können, z. B. bei der Wahl des Bundestagspräsidenten, andererseits sich dem Wähler mit unterschiedlichem politischen Profil als zwei Parteien präsentieren können.

Programm der CSU

Programmatisch blieb die CSU zwar immer betont konservativer und katholischer als die übrige CDU, aber organisatorisch modernisierte sie sich früher und entschiedener. Es gelang ihr beispielhaft, die verschiedenen Regionen Bayerns zu integrieren, Stadt und Land, Industrie, Mittelstand und Landwirtschaft gleichzeitig zu fördern und so eine Dominanz in Politik, Gesellschaft und Wirtschaft Bayerns zu erreichen wie sonst keine Landespartei der Bundesrepublik (vgl. zur CSU: KIEßLING 2004, MINTZEL 1978 und 1977).

Liberale Initiativen

Die Liberalen waren zum Ende der Weimarer Republik fast völlig aufgerieben und in kleinste Reste gespalten. Auch hier gab es nach dem Krieg Einigungsbestrebungen, um die alte Trennung von linksliberalem Fortschritt und Nationalliberalen, von altem bürgerlichen Mittelstand und großindustrieller Klientel sowie linkem Bürgertum zu überwinden. Aber auch hier bei den Liberalen war eine Einigung der in den Zonen entstandenen Gründungsinitiativen schwierig. Im Osten hatte sich eine *Liberaldemokratische Partei* (LDP) gebildet, im Westen waren in der *Freien Demokratischen Partei* (FDP) die nationalliberalen Kräfte in die Vorhand geraten. In den norddeutschen Hansestädten und in Baden und Württemberg (dort *Demokratische Volkspartei*, DVP, genannt) dominierten fortschrittlich-liberale Kräfte mit dem späteren ersten Bundespräsidenten Theodor Heuss an der Spitze.

Der Versuch 1947 und 1948, eine gesamtdeutsche liberale Partei zu gründen, scheiterte schnell an der Vertiefung des Ost-West-Konfliktes. Ein Gründungstreffen der FDP in den Westzonen fand im Dezember 1948 in Heppenheim an der Bergstraße statt. Ein Grundsatzprogramm wurde erst viel später, nämlich 1957, formuliert. Die FDP blieb eine bürgerliche Honoratiorenpartei ohne große Mitgliederzahlen, die sich als betont antisozialistische Kraft profilierte. Im Rheinland entwickelte sie sich sogar zu einem Sammelbecken ehemaliger Nationalsozialisten, sodass 1953 die britische Besatzungsmacht eingriff und einige Funktionäre verhaftet wurden.

Trotz oder wegen dieser Orientierungen erreichte die FDP bei der ersten Bundestagswahl 1949 das beachtliche Ergebnis von fast 12 % der Stimmen und konnte mit der CDU/CSU eine „Bürgerblock"-Koalition bilden. Sie blieb „ewiger" Juniorpartner der CDU/CSU in der Bundesregierung bis 1966 mit nur kleinen Unterbrechungen.

Kleinere Parteien konnten sich unter dem Lizenzierungszwang der Besatzungsmächte zunächst nur vereinzelt und häufig regional bilden. Einige haben wir bereits kennengelernt. Das *Zentrum* (Z) etablierte sich trotz der CDU-Gründungen in einigen Landesteilen wieder neu, insbesondere in der britischen Zone, und war mit zehn Abgeordneten im ersten Bundestag vertreten. Nur solche im Bundestag vertretenen Parteien seien hier erwähnt, weil es natürlich insgesamt ein Gründungsfieber von kleinen, teilweise skurrilen Gruppierungen gab – wie auch später vor jeder Bundestagswahl.

Entstehung kleinerer Parteien

Auch die KPD kam mit 5,7 % und immerhin 15 Abgeordneten in den ersten Bundestag, scheiterte aber mit 1,2 % bereits bei der zweiten Bundestagswahl 1953 und wurde 1956 vom Bundesverfassungsgericht als verfassungswidrig verboten. An beiden bundesdeutschen Parteien, dem *Zentrum* und der KPD, war die Zeit vorbeigegangen. Dabei waren sie in den ersten Landtagen nicht nur vertreten, sondern sogar in den üblichen Allparteienregierungen der Nachkriegszeit mit an der Macht gewesen, wenn man damals überhaupt von Macht in deutschen Politikerhänden sprechen konnte.

KPD-Verbot 1956

Die übrigen im ersten Bundestag erfolgreichen Parteien waren regionaler Provenienz. Die *Deutsche Partei* (DP) wurde zunächst als *Niedersächsische Landespartei* (NLP) gegründet und geht auf Traditionen der *Deutsch-Hannoverschen Partei* (DHP) aus Weimarer Zeit und Kaiserreich zurück. Diese erstrebte ursprünglich die Wiederherstellung Hannovers als souveränes Königreich und die Wiedereinsetzung des Welfenhauses in seine souveränen Rechte. Die DP

Regionale rechte Parteien

verdeckte allerdings die monarchistischen Traditionen und blieb eine konservative, protestantische, antisozialistische und regionale Mittelstandspartei, die immerhin im ersten Bundestag mit 17 und im zweiten mit 15 Abgeordneten sowie
in den jeweiligen Bundesregierungen vertreten war. Danach wurde sie von der
CDU aufgesogen.

Abbildung 12: Wahlergebnisse des 1. und 2. Bundestages

Wahlbeteiligung	1. Bundestag (14.8.1949)		2. Bundestag (6.9.1953)	
	78,5 %		86,0 %	
	Stimmenanteil in % (100)	Mandate (402)	Stimmenanteil in % (100)	Mandate (487)
CDU/CSU	31,0	139[1]	45,2	243[2]
SPD	29,2	131[1]	28,8	151
FDP/DVP	11,9	52	9,5	48
DP	4,0	17	3,3	15[1]
BP	4,2	17	1,7	-
KPD	5,7	15	2,2	-
BHE/GB	-	-	5,9	27
WAV	2,9	12	-	-
ZP	3,1	10	0,8	3[3]
DKP/DRP	1,8	5	-	-
DRP	-	-	1,1	-
GVP	-	-	1,2	-
SSW	0,3	1	0,2	-
Parteilose	4,8	3	-	-
Sonstige	1,1	-	0,3	-

[1] Davon 1 Überhangmandat
[2] Davon 2 Überhangmandate
[3] Darunter ein Mitglied der CDU, das über die Landesliste der Deutschen Zentrumspartei
gewählt wurde

Die *Bayernpartei*, ebenfalls im ersten Bundestag mit 17 Abgeordneten vertreten,
wurde als CSU-Konkurrenz bereits erwähnt; sie wurde später von der CSU ver-
drängt und weitgehend absorbiert. Schließlich waren im ersten Bundestag noch
etwas seltsame Parteien vertreten, so die *Wirtschaftliche Aufbau-Vereinigung*
(WAV), die von dem geltungssüchtigen Münchener Alfred Loritz (vgl. WOLLER
1983, S. 2458) gegründet worden war und erstaunliche zwölf Mandate erreichte,
aber dann schnell unterging. Die rechtsextreme *Deutsche Reichspartei* (DRP)
hatte ihre Hochburg in Norddeutschland und erreichte fünf Mandate. Später
spaltete sich die *Sozialistische Reichspartei* (SRP) ab, die 1952 vom Bundesverfassungsgericht verboten wurde. In den nächsten Bundestag konnte keine dieser
Parteien vordringen. Schließlich gab es 1949 noch jeweils ein Mandat für den
Südschleswigschen Wählerbund (SSW) und eine *Notgemeinschaft* sowie zwei
Mandate für Unabhängige, sodass insgesamt elf Parteien in diesem ersten frei-
gewählten deutschen Nachkriegsparlament saßen.

1949 – letzte Wahl
von Weimar?
        Manche haben deshalb diese Wahl als die „letzte von Weimar" (FALTER
1981) bezeichnet, was von der Struktur des zersplitterten Parteiensystems durchaus berechtigt war. Unberechtigt ist diese Etikettierung allerdings aus Sicht der
ersten Parteienregierung der Bundesrepublik. Sie war als Bürgerblock aus CDU/

CSU, FDP und DP stabil und so erfolgreich, dass sie aus der folgenden Wahl 1953 gestärkt hervorging, obwohl seit 1950 die Parteienlizenzierung fortgefallen war und ein wahrer Gründungsboom eingesetzt hatte. Etwa 30 neue Parteien waren kurzfristig entstanden, die mindestens bei einer Landtagswahl kandidierten. Aber keine konnte mit einer neuen weltanschaulichen Grundlage aufwarten, die nicht bereits abgedeckt gewesen wäre, mit Ausnahme der Rechtsextremen, die kurzfristige Landtagserfolge hatten, sich aber bundesweit nicht durchsetzen konnten.

Die einzige Neuerung bildete die Flüchtlingspartei *Block der Heimatvertriebenen und Entrechteten* (BHE), die beispielsweise in Schleswig-Holstein 1950 mit 23,5 % der Stimmen einen grandiosen Anfangserfolg erzielen konnte und sogar die CDU überflügelte (vgl. KAACK 1971, S. 207). 1953 erhielt sie bundesweit noch 5,9 % und wurde von Adenauer in die Bundesregierung aufgenommen, danach alsbald von der CDU aufgesogen.

Die Formierungsphase der Parteien in den Westzonen zwischen 1945 und 1953 ist also zusammenfassend von folgenden Momenten charakterisiert:

Thesen zur Parteienformierung

1. Trotz zahlreicher Wurzeln im Weimarer Parteiensystem war eine neue Parteienkonfiguration entstanden. Der allenthalben artikulierte Drang zu großen Lösungen und Konsens führte im Westen dazu, dass zwischen 1946 und 1947 in den Landtagswahlen 72,7 % der Stimmen auf die beiden stärksten Parteien entfielen.

2. Es entstand zwar im Westen keine einheitliche „Partei der Arbeit", aber doch eine mit 35 % der Stimmen stärkere SPD als in den Jahren von 1920 bis 1933.

3. Neu war die christlich-liberale-konservative-konfessionelle Sammlungspartei CDU, in Maßen auch die CSU, obwohl diese sich enger an der alten BVP orientierte. Die CDU hatte als überraschend stärkste Partei 37,7 % der Gesamtstimmen in allen Ländern erhalten und damit einen großen Beitrag zur politischen Stabilisierung geleistet. Die Frage war damals nur, ob diese intern noch labile und zerstrittene Föderation zusammengehalten werden könnte.

4. Auch die Liberalen hatten sich zu einer Partei verbündet, die alte Spannungen allerdings weiterhin in sich trug. Dennoch konnte sie sich als dritte Kraft längerfristig etablieren.

5. Weitere kleine Parteien, KPD und *Zentrum*, rechtsextreme und regionale Parteien, konnten zwar bis 1949 Anfangserfolge erzielen, aber keine stabile Position ausbauen. Die linken Wähler wurden weitgehend von der SPD absorbiert, die regionalen und rechten von der CDU/CSU.

6. Bei der Bundestagswahl 1949 erlitten die beiden großen Parteien Stimmenverluste gegenüber den vorangegangenen Landtagswahlen von 6,7 % (CDU) und 5,8 % (SPD) zugunsten der kleineren Parteien, sodass einige Beobachter erneut Weimarer Verhältnisse befürchteten.

7. Die Befürchtungen erwiesen sich als unbegründet. Bei der zweiten Bundestagswahl von 1953 erreichte die CDU/CSU mit 45,2 % der Stimmen sogar die absolute Mehrheit von 243 der 487 Sitze im Bundestag – als erste Partei in der deutschen Geschichte überhaupt. Die CDU/CSU konnte ihren Bonus

als „Staatsgründungspartei" voll ausspielen und damit den Regierungs- und Kanzlerbonus. Sie führte einen teilweise demagogischen Wahlkampf gegen die SPD und nutzte erstmals das neue amerikanische Instrument der Meinungsforschung. Kleinere regionale Parteien, wie der SSW, scheiterten u. a. an einer verschärften 5-Prozent-Hürde, die nun von der Landesebene auf die gesamte Bundesebene ausgedehnt wurde. Wenig später wurde dann auch noch die Zahl der notwendigen Grundmandate zur Umgehung der Sperrklausel von ursprünglich einem auf drei erhöht.

Summa summarum: Im Jahre 1953 war die Formierungsphase des deutschen Parteiensystems abgeschlossen. Die Positionen waren verteilt und die Rollen zwischen Regierung und Opposition stabilisiert.

Exkurs: Die Parteien der SBZ/DDR

Nach ganz kurzem Aufblühen von noch relativ unabhängigen ersten Parteibildungen zwischen 1945 und 1947 herrschte seitdem in der sowjetischen Besatzungszone (SBZ) und in der folgenden DDR von 1949 bis 1989 eine völlig „monozentrische Interessenpolitik" (FEHR 1989, S. 309). Im Zentrum der politisch-ökonomisch-gesellschaftlichen Interessenvermittlung stand die Spitze der Staatspartei SED. So dekretierte der Artikel 1 der DDR-Verfassung:

Primat der SED

„Die DDR ist ein sozialistischer Staat der Arbeiter und Bauern. Sie ist die politische Organisation der Werktätigen in Stadt und Land unter Führung der Arbeiterklasse und ihrer marxistisch-leninistischen Partei".

Anders aber als in der Sowjetunion, in der die KPDSU als einzige Partei herrschte, existierte in der DDR, wie in den meisten übrigen osteuropäischen Staaten, ein kompliziertes System von weiteren (Block-)Parteien, Volksfronten und Massenorganisationen.

Ideologisch gerechtfertigt wurde dieser Verbund mit dem Begriff der „Bündnispolitik", da man sich noch im Stadium einer relativ stark differenzierten, wenn auch nicht mehr antagonistischen Klassen- und Schichtengesellschaft befinde. Die Bündnispolitik sollte die besonderen Interessen der mit der Arbeiterklasse verbündeten Schichten (Bauern, Handwerker, Gewerbetreibende, Intelligenz) berücksichtigen und die Bündnispartner durch schrittweises Heranführen an die sozialistischen Produktions- und Lebensverhältnisse in die sozialistische Gesellschaft integrieren (vgl. LUDZ 1979, S. 235).

Abbildung 13: Organisationsaufbau der SED
(entsprechend dem Statut von 1976)

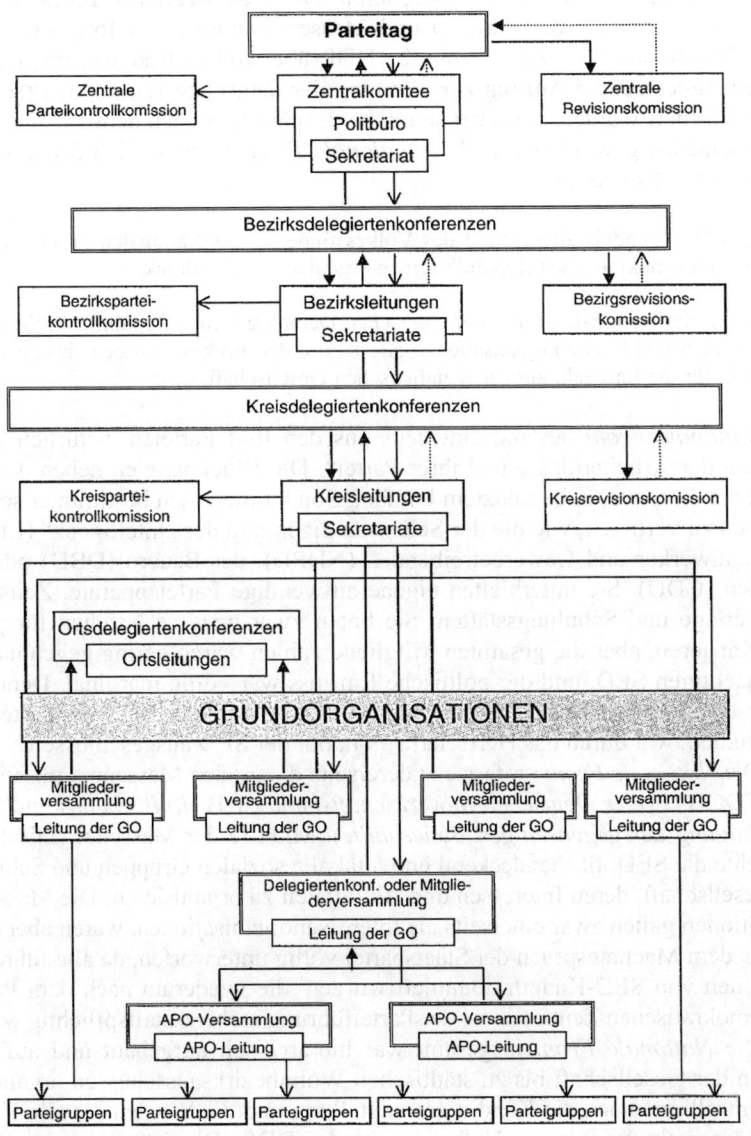

Ursprünglich war die Bündnispolitik in der unmittelbaren Nachkriegszeit als Zusammenwirken für die erste Aufbauphase begonnen worden. Nach der Zwangsvereinigung von SPD und KPD zur SED waren auch die CDU und die LDPD (*Liberal-Demokratische Partei Deutschlands*) seit 1945 im *Antifaschisti-*

Vom Antifaschistischen Block zur Nationalen Front

schen Block zusammengeführt worden, um seit 1948 im *Demokratischen Block der Parteien und Massenorganisationen* auch noch die DBD (*Demokratische Bauernpartei Deutschlands*) zu integrieren. Der *Demokratische Block* lebte als Kern des Bündnisses der Parteien und Massenorganisationen fort, wurde aber seit 1949 von der *Nationalen Front* der DDR überwölbt. Diese war ursprünglich mit gesamtdeutschem Auftrag zur „Rettung der deutschen Nation" (LUDZ 1979, S. 751) initiiert worden, was aber schon bald, spätestens nach dem 17. Juni 1953, gegenstandslos geworden war. Die *Nationale Front* ist in Artikel 3 der Verfassung von 1974 so verankert:

„(1) Das Bündnis aller Kräfte des Volkes findet in der Nationalen Front der Deutschen Demokratischen Republik seinen organisierten Ausdruck.

(2) In der Nationalen Front der Deutschen Demokratischen Republik vereinigen die Parteien und Massenorganisationen alle Kräfte des Volkes zum gemeinsamen Handeln für die Entwicklung der sozialistischen Gesellschaft. (...)"

Die Rolle der Blockparteien

Die *Nationale Front* bestand einerseits aus den fünf Parteien, natürlich „unter Führung der Arbeiterklasse und ihrer Partei". Die Blockparteien neben der SED hatten die Aufgabe, in begrenztem Umfang Sonderinteressen bestimmter sozialer Gruppen zu vertreten, wie die der Selbstständigen und der „Intelligenz" (LDPD), der Handwerker und Gewerbetreibenden (NDPD), der Bauern (DBD) oder der Christen (CDU). Sie unterhielten eigene aufwendige Parteiapparate, Zeitschriften, Verlage und Schulungsstätten. Sie boten zwar gewisse Nischen für politische Karrieren, aber die gesamten Mitgliederzahlen waren gering gegenüber der übermächtigen SED, und der politische Einfluss war völlig marginal. Denn eine offene oder gar konkurrierende Interessenartikulation, auch über die parteieigenen Medien, war durch das Herrschaftsmonopol der SED ausgeschlossen.

Die *Nationale Front* umfasste andererseits die großen Massenorganisationen, d. h. FDGB (*Freier Deutscher Gewerkschaftsbund*), KB (*Kulturbund*) und VdgB (*Vereinigung der gegenseitigen Bauernhilfe*). Mithilfe der Massenorganisationen versuchte die SED, flächendeckend und total alle sozialen Gruppen und Schichten der Gesellschaft, deren Interessen und Aktivitäten zu organisieren. Die Massenorganisationen galten zwar einerseits als Interessenorganisationen, waren aber andererseits dem Machtanspruch der Staatspartei völlig unterworfen, da alle führenden Positionen von SED-Kadern dominiert wurden, die wiederum nach dem Prinzip des demokratischen Zentralismus der Parteiführung rechenschaftspflichtig waren.

Die Farce der Volkskammerwahlen

Die *Nationale Front* insgesamt war hierarchisch aufgebaut und auf allen Ebenen der Gesellschaft bis zu städtischen Wohnbezirksausschüssen organisiert. Sie kontrollierte auch die Kandidatenaufstellung und die Wahlen für alle Vertretungskörperschaften bis zur Volkskammer der DDR. Die 500 Sitze der Volkskammer wurden nach einem festen Schlüssel an die Parteien und Massenorganisationen der *Nationalen Front* vergeben. Die Volkskammerwahlen waren insofern eine Farce, als die Wähler nur die fertige Liste bestätigen konnten. Das taten sie unter dem Druck der Kampagne in meist offener Abstimmung und mit den berüchtigten 99-Prozent-Ergebnissen. Die SED hielt zwar nur 25,4 % der Sitze direkt, da aber alle führenden Positionen in den Massenorganisationen von ihr besetzt waren, konnte sie leicht über die absolute Mehrheit verfügen. Auch dies war freilich recht bedeutungslos, denn nahezu alle Beschlüsse, die von der Partei- und Staatsführung der SED vorgefasst worden waren, wurden in der Volkskammer einstimmig bestätigt.

Abbildung 14: Festlegung der Fraktionsstärken für die Volkskammer 1963

Partei/Organisation	Prozentanteil	Sitze
SED	25,4	127
LDPD	10,4	52
CDU	10,4	52
NDPD	10,4	52
DBD	10,4	52
FDGB	13,6	68
FDJ	8,0	40
DFD	7,0	35
KB	4,4	22

(nach: HOFMANN 1993, S. 296)

Kontroverse Debatten, Diskussionen oder Diskurs waren unbekannt. Die formalen Kräfteverhältnisse der Parteien und Massenorganisationen in der Volkskammer geben also nur die Wirklichkeit eines Scheinpluralismus wieder (vgl. VON ALEMANN 1994a, S. 259 f.).

Weitere Literatur zum Parteiensystem der DDR findet sich u. a. bei: STE-PHAN (2002), HOFMANN (1993), S. 292 ff. sowie LUDZ (1979), WEBER (1982 u. 1971) und GLAEßNER (1977).   📖 Literaturhinweise

3.2 Konzentrierungsphase 1953-1976

Die gesamte Zeitspanne von 1953 bis 1976 war nicht nur eine Phase der Konzentrierung der Wähler auf die drei Bundestagsparteien (CDU/CSU im Bundestag werden hier als eine Partei verstanden), die in den letzten beiden Wahlen 1972 bis 1976 sogar erstaunliche 99,1 % der Stimmen auf sich vereinigen konnten. Es war auch eine Ära der Normalisierung und Internalisierung der Demokratie in Deutschland, wie es sie vorher nie gegeben hatte. Denn alle drei Parteien bildeten in dieser Spanne jede mögliche Koalitionsregierung miteinander. Die wechselnden Regierungen blieben recht stabil – trotz gravierender Herausforderungen und Krisen: wirtschaftliche Rezessionen 1966/67 und nach der weltweiten Ölkrise 1973; Krisen der internationalen Politik, die auf Deutschland zurückwirkten, wie der Mauerbau 1961; interne Konflikte, wie um die Wiederbewaffnung und Westbindung an die NATO 1955/56, um die Notstandsgesetze 1966/68 und über die Ostpolitik 1969 bis 1972; gesellschaftliche Umbrüche wie die Auswirkungen der Studentenbewegung 1967/68 mit ihrer Forderung nach Politisierung und Demokratisierung aller Lebensbereiche, die zu der durchaus bürgerlichen Bürgerinitiativbewegung Anfang der 70er Jahre führte. Alle diese Konflikte, Krisen und oft erbittert geführten Kämpfe gingen andererseits einher mit einem Wirtschaftswunder, Wahlwunder und Parteienwunder des „Modell Deutschlands", wie es SPD-Wahlkämpfe 1974 stolz plakatierten und wie es von der Wissenschaft und vom Ausland mit einer Mischung aus Bewunderung, Skepsis und etwas Neid betrachtet wurde (vgl. SIMONIS u.a. 1996).

Wirtschaftswunder

Als Wirtschaftswunder wird die langanhaltende Wachstumsphase vom Beginn der 50er Jahre bis in die Mitte der 60er Jahre bezeichnet, die sicherlich zum größten Teil vom Wiederaufbauboom verursacht war, aber von der CDU geschickt allein den Folgen der „Sozialen Marktwirtschaft", die der Wirtschaftsminister und spätere Kanzler (1963-1966) Ludwig Erhard verkörperte, gutgeschrieben wurde. Als Kanzler ist er allerdings dann an der Bewältigung der ersten kleineren Rezession von 1966 gescheitert. Der Boom ermöglichte eine Sozialpolitik, die einen Wohlfahrtsstaat aufbauen half, der im Rentenniveau, in der Krankheitsvorsorge, Arbeitslosigkeitsabsicherung oder Sozialfürsorge in Europa und der Welt nur von wenigen Staaten übertroffen werden konnte.

Wahlwunder

Als das „deutsche Wahlwunder" (BAER/FAUL 1953) wurde von Politologen schon früh die Konzentration der großen Parteien und die Absorption der kleineren Randparteien apostrophiert – und dies trotz des von vielen als desintegrierend, zersplitternd oder gar als anarchisch geschmähten Verhältniswahlrechts (vgl. HERMENS 1968; dagegen VON ALEMANN 1973). Die von zahllosen Kommentatoren immer wieder ängstlich beschworene Formel „Bonn ist nicht Weimar" (zuerst ALLEMANN 1956) hatte sich bewahrheitet, auch wenn sie zuweilen wie lautes Pfeifen im Wald klang (neuerdings dazu RÜTTGERS 2009, siehe darin auch VON ALEMANN 2009).

Parteienwunder

Als „deutsches Parteienwunder" (VON ALEMANN 1982) kann man in der Tat die Integrationskraft der Parteien bezeichnen, denen es gelang, die Millionen Flüchtlinge und Vertriebene einzugliedern, die durch den ökonomischen Strukturwandel freigesetzten Hunderttausende aus schrumpfenden Branchen wie Landwirtschaft und Grundstoffindustrie wieder in Arbeit zu bringen, die ehemaligen Kommunisten, Nationalsozialisten und Regionalisten zu integrieren und später die protestierende Jugend der außerparlamentarischen Opposition wieder zu engagieren – sie alle erhielten eine mehr oder weniger dauerhafte politische Heimat in den drei Bonner Parteien.

Allerdings gab es auch eine Reihe von Problemen aus Überanpassung und unbewältigter Vergangenheit. Im „CDU-Staat" (SCHÄFER/NEDELMANN 1972) der 50er und frühen 60er Jahre wurden auch massive restaurative Tendenzen beklagt, die autoritäre Machtstrukturen in Politik und Wirtschaft, Gesellschaft und Kultur betrafen. Ehemalige aktive Nationalsozialisten bekleideten hohe Ämter in Wirtschaft, Politik und auch an den Universitäten; die Kultur wurde bedrängt; Intellektuelle und Schriftsteller von Kanzler Ludwig Erhard als „Pinscher" geschmäht und die kritische Presse beeinträchtigt. Kanzler Adenauer sah in der Spiegel-Affäre 1962 einen „Abgrund von Landesverrat", was unhaltbar war, der Herausgeber Rudolf Augstein wurde inhaftiert, Verteidigungsminister Strauß belog das Parlament und musste zurücktreten, die fünf FDP-Minister verließen das Kabinett (vgl. SEIFERT 1966): Es war eine erste ernste Regierungskrise entstanden und ein nachhaltiges Erlebnis kritischer funktionierender Opposition verwirklicht. Dies blieb ein Schlüsselereignis, weil sich beides kreuzte:

autoritäres Handeln der Regierungspartei und ihrer publizistischen Kräfte einerseits und waches Reagieren einer kritischen Öffentlichkeit andererseits, die einen Minister zum Rücktritt zwang und die FDP an die Seite der Opposition trieb. Es waren aufschlussreiche zwei Gesichter der politischen Kultur in Deutschland (vgl. zur politischen Kultur insbesondere GREIFFENHAGEN/GREIFFENHAGEN 1979 bzw. 1993).

Die CDU/CSU gewann 1957 mit 50,2 % die absolute Stimmenmehrheit. Dieses Ergebnis war und blieb einzigartig in der deutschen Parteiengeschichte und gelang mit der eigentlich belanglosen Wahlparole „Keine Experimente", aber gleichzeitig mit einer demagogischen Diffamierung der SPD. Konrad Adenauer, der geniale Vereinfacher, formulierte: „Die Wahl wird entscheiden, ob die Bundesrepublik christlich bleibt oder kommunistisch wird" (zitiert nach KAACK 1971, S. 238). Diese Doppelstrategie bei Wahlen ist im Grunde eine CDU-Konstante bis in die 90er Jahre, bis zur „Rote-Socken-Kampagne" geblieben, wobei jede Wahl zur Entscheidungswahl hochstilisiert worden ist. Dennoch konnte die CDU/CSU nicht verhindern, dass auch die SPD von Wahl zu Wahl langsam, aber stetig wuchs, auch wenn sie noch keine Regierungsalternative bilden konnte, da die FDP zu keiner Koalition mit ihr bereit war.

Absolute Mehrheit der CDU/CSU

Abbildung 15: Wahlergebnisse des 3. und 4. Bundestages

	3. Bundestag (15.9.1957)		4. Bundestag (17.9.1961)	
Wahlbeteiligung	87,8 %		87,7 %	
	Stimmenanteil in % (100)	Mandate (497)	Stimmenanteil in % (100)	Mandate (499)
CDU/CSU	50,2	270[1]	45,3	242[2]
SPD	31,8	169	36,2	190
FDP	7,7	41	12,8	67
DP	3,4	17	-	-
BHE/GB	4,6	-	2,8[3]	-
DRP	1,0	-	0,8	-
SSW	0,1	-	0,1	-
DFU	-	-	1,9	-
Sonstige	1,4	-	0,2	-

[1] Davon 3 Überhangmandate
[2] Davon 5 Überhangmandate
[3] BHE/GB zusammen mit DP

Immerhin war 1961 die Situation schon deutlich gewandelt. Adenauer hatte den Zenit seiner Macht überschritten; die FDP hatte sich sogar ausbedungen, eine neue Koalition mit der CDU/CSU nur mit einem jüngeren Kanzler einzugehen. Sie war in den Koalitionsverhandlungen zwar „umgefallen", aber hatte doch ausgehandelt, dass Adenauer wenigstens bis Mitte der Legislaturperiode einem Nachfolger Platz machen müsse. Immerhin brachte dies der FDP 1961 beachtliche 12,8 % der Stimmen ein.

Umfallen der FDP

Die CDU/CSU hatte dagegen zum ersten Mal bei Bundestagswahlen empfindliche Verluste von fast 5 Prozentpunkten hinnehmen müssen – ein Schock

„Godesberger Programm" der SPD

für die erfolgsverwöhnte Partei. Die SPD hatte mit 4,4 Prozentpunkten Stimmenzuwachs weiter deutlich aufgeholt – ein Lohn für ihren Wandel von 1959 mit dem neuen „Godesberger Programm", das alte marxistische Zöpfe abschnitt und der Partei ein modernes, für Angestellte und Freiberufler weit offenes Image als linke Volkspartei verpasste.

Das Jahrzehnt der 60er Jahre sollte einschneidende Wandlungen des Parteiensystems mit sich bringen, die auch vom internationalen Wandel bedingt waren. Die Kuba-Krise von 1961 und der Berliner Mauerbau desselben Jahres waren Höhepunkt und gleichzeitig Wendepunkt des Kalten Krieges. Allmählich sollte der Ost-West-Konflikt der Entspannungspolitik weichen, was von der CDU/CSU nur sehr zurückhaltend aufgenommen wurde. Alte Fronten schmolzen dahin. 1961 gab es angesichts von FDP-Störrigkeit vorsichtige Kontakte zwischen CDU und SPD zwecks einer möglichen großen Koalition, die aber zunächst versandeten.

Ludwig Erhard, der Adenauer nachfolgte, war dafür nicht zu haben, da er 1965 auch mit einem deutlichen Stimmengewinn einen beachtlichen Wahlsieg von 47,6 % erringen konnte. Es half ihm nichts: Schon ein Jahr später, als er in der ersten aus heutiger Sicht harmlosen Wirtschaftskrise keinen ausgeglichenen Haushalt ohne Steuererhöhungen vorlegen konnte, traten die FDP-Minister zurück.

Große Koalition 1966

Die CDU/CSU einigte sich mit der SPD auf eine „Große Koalition" mit Kurt Georg Kiesinger als Kanzler und Willy Brandt als Vizekanzler und Außenminister. Ereignisreiche drei Jahre begannen. Die Koalition adaptierte über die SPD neue Instrumente der Wirtschaftspolitik, die keynesianische Globalsteuerung des Wirtschaftsministers Karl Schiller und die „Konzertierte Aktion", eine Gesprächsrunde aus Vertretern von Staat, Kapital und Arbeit, die in der Politikwissenschaft später zur Theorie des tripartistischen neuen „Korporatismus" führte (vgl. VON ALEMANN 1981a, SCHMITTER/LEHMBRUCH 1979, CZADA 1994).

Notstandsgesetze wurden gegen den erbitterten Widerstand der kritischen Öffentlichkeit und der Studentenbewegung beschlossen. Eine in der Koalitionsvereinbarung geplante Wahlsystemänderung zugunsten des Mehrheitswahlsystems, die die Zweiparteienherrschaft zementiert und die FDP aus dem Bundestag katapultiert hätte, kam jedoch nicht zustande. Die Bildungspolitik wurde forciert, gerade auch von der oppositionellen FDP („Bildung ist Bürgerrecht"), die sich in der Opposition zunehmend nach links entwickelte und zur Wahl 1969 propagierte: „Wir schneiden die alten Zöpfe ab".

Ein Machtwechsel bahnte sich schon an, als die FDP mit der SPD im März 1969 in der Bundesversammlung Gustav Heinemann (SPD) zum Bundespräsidenten wählte.

Die Entscheidungswahl 1969

Das Ergebnis der Bundestagswahl vom Herbst 1969 war denkbar knapp. Es war eine Entscheidungswahl, die es verdient, kurz etwas ausführlicher skizziert zu werden. Im Wahlkampf hatte die CDU/CSU propagiert: „Auf den Kanzler kommt es an", in Rückgriff auf den bewährten früheren Kanzlerbonus. Sie konnte aber damit nicht reüssieren und verlor 1,5 Prozentpunkte. Die SPD konterte mit: „Wir haben die richtigen Männer", und meinte neben Willy Brandt besonders den populären Wirtschaftsminister Karl Schiller, mit dem sie versprach: „Wir schaffen das moderne Deutschland". Sie erzielte mit 42,7 % das bis dahin beste Ergebnis ihrer Geschichte, wurde aber nicht stärkste Partei im Parlament. Die FDP erfand als Markenzeichen die „Pünktchen" (F.D.P.) und ließ erst in letzter Stunde durchblicken, dass sie gewillt war, mit der SPD eine Koalition zu bilden. Sie erlitt allerdings herbe Verluste und kam nur knapp mit 5,8 % in den Bundestag.

Abbildung 16: Wahlergebnisse des 5. und 6. Bundestages

	5. Bundestag (19.9.1965)		6. Bundestag (28.9.1969)	
Wahlbeteiligung	86,8 %		86,7 %	
	Stimmenanteil in % (100)	Mandate (496)	Stimmenanteil in % (100)	Mandate (496)
CDU/CSU	47,6	245	46,1	242
SPD	39,3	202	42,7	224
FDP	9,5	49	5,8	30
NPD	2,0	-	4,3	-
DFU	1,3	-	-	-
Sonstige	0,3	-	1,1	-

Die rechtsradikale NPD (*Nationaldemokratische Partei Deutschlands*), die in zahlreiche Landtage eingezogen war, scheiterte nur höchst knapp mit 4,3 % an der 5-Prozent-Klausel.

Noch in der Wahlnacht vereinbarten Willy Brandt für die SPD als Kanzlerkandidat und Walter Scheel (FDP) als zukünftiger Außenminister die „kleine Koalition", um allen anderen Koalitionsbildungen, die möglich waren und in ihren eigenen Parteien durchaus propagiert wurden, zuvorzukommen. Damit war der erste deutsche Regierungswechsel nach Bundestagswahlen vollzogen.

Abbildung 17: Wahlergebnisse des 7. und 8. Bundestages

	7. Bundestag (19.11.1972)		8. Bundestag (3.10.1976)	
Wahlbeteiligung	91,1 %		90,7 %	
	Stimmenanteil in % (100)	Mandate (496)	Stimmenanteil in % (100)	Mandate (496)
CDU/CSU	44,9	225	48,6	243
SPD	45,8	230	42,6	214
FDP	8,4	41	7,9	39
NPD	0,6	-	0,3	-
DKP	0,3	-	0,3	-
Sonstige	0,1	-	0,3	-

In den 70er Jahren wandelte sich das Parteiensystem erheblich: Wandel des
                                                                            Parteiensystems

- Die Konzentration des Parteiensystems erreichte in den Wahlen 1972 und 1976 den Höhepunkt von 99,1 % für die drei im Bundestag vertretenen Parteien; da die rechtsradikalen und sonstigen Parteien endgültig aus dem Feld geschlagen schienen.

- Die beiden großen Parteien – CDU/CSU und SPD – erreichten eine ähnliche Stärke und glichen sich immer mehr als Massenmitgliederparteien in

der Struktur und auch in der Programmatik (rechte Mitte gegenüber linker
Mitte) als „Volksparteien" aneinander an.

- Die FDP etablierte sich als bewegliches „Zünglein an der Waage" in der
  Mitte des Zweieinhalb-Parteiensystems, holte auch programmatisch mit
  linksliberaler Programmatik („Freiburger Thesen" von 1971) auf und versuchte, sich als eine Art „Mini-Volkspartei" in der Mitte zwischen den beiden Großen festzusetzen, indem sie gleichzeitig in den Ländern unterschiedliche Koalitionen einging.

Modernisierung der Die größten Veränderungen gingen in der Union vonstatten. Insbesondere die
Volksparteien CDU schüttelte in der Opposition, die sie anfangs nicht als ihre Rolle akzeptieren
wollte, endgültig die Hülsen einer Honoratiorenpartei und eines Kanzlerwahlver-
eins ab. Sie wurde eine „moderne Volkspartei" (SCHÖNBOHM 1985) mit Mas-
senmitgliederschaft, professionellen Funktionären, einem ausgebauten Parteiapparat sowie modernen Organisationsstrukturen. Die CSU war ihr auf diesem
Wege um einige Jahre voraus (vgl. MINTZEL 1978).

Auch die SPD modernisierte sich weiter, insbesondere seit Helmut Schmidt
1974 von Willy Brandt die Kanzlerschaft übernommen hatte, der trotz seiner
Resignation als Kanzler nach der „Guillaume-Affäre" einflussreicher Parteivorsitzender blieb. Die SPD zog Akademiker und Angestellte an sich und verlor
endgültig das Odium der reinen Arbeiterpartei. Sie setzte sich aber auch durch
die Integration von vielen Nachachtundsechzigern aus der Studentenbewegung
und aus der Bürgerinitiativbewegung einer Zerreißprobe zwischen Traditionalisten und neuen sozialen Bewegungen aus – insbesondere seit der Friedensbewe-
gung Ende der 70er Jahre.

3.3 Transformationsphase 1976-1994

Obwohl bei der Bundestagswahl 1976 die etablierten Parteien noch einmal bemerkenswerte 99,1 % der gültigen Stimmen einheimsen konnten, zeichnete sich
doch bald nach der Wahl eine immer deutlichere neue Konstellation ab. Die
CDU/CSU hatte sich in der Opposition gefangen und mit Helmut Kohl als Kanzlerkandidat beachtliche 48,6 % der Stimmen erreicht und war damit bis auf fünf
Sitze an die Regierungsmehrheit herangekommen. Einen Rückschlag für die
Union bedeutete die Kandidatur des CSU-Vorsitzenden Franz Josef Strauß 1980,
die mit der Parole „Freiheit statt Sozialismus" so polarisierte und die FDP an die
Seite der SPD zurückzwang, dass die CDU/CSU gegenüber 1976 deutliche
4,1 Prozentpunkte der Stimmen verlor und auf 44,5 % zurückfiel.

FDP-Gesundung Lachender Dritter war die FDP, die mit 10,6 % ein hervorragendes Ergebnis
erzielen konnte und den Machtwechsel von 1969 damit endgültig verkraftet
hatte, der sie einen beträchtlichen Teil ihrer Mitglieder, Funktionäre und Abgeordneten gekostet hatte. Mittlerweile machte sie sich wieder auf zur Mitte, weg
von der Sozialdemokratie, hin zu einer wirtschaftsliberalen Position des Neoliberalismus, der in diesen Jahren mit Ronald Reagan in den USA und Margret That-
cher in Großbritannien seine Erfolge feierte.

Die SPD erlebte wachsende innerparteiliche Spannungen, weil der ökonomische Wachstumskurs (im Hinblick auf die Kernenergie) und der außenpolitische Stabilitätskurs (mithilfe des Nato-Doppelbeschlusses für eine Raketennachrüstung) Helmut Schmidts von der neuen SPD-Mitgliedschaft aus Angestellten, Beamten, Schülern und Studenten zunehmend kritisch betrachtet wurde.

Verschärft wurde die Situation durch die Neugründung der ökologischen Partei *Die Grünen*, die 1979 bei der Europawahl einen überraschenden Achtungserfolg von 3,2 % der Stimmen erreichen konnte. Durch die Polarisierung bei der Bundestagswahl von 1980 zwischen Franz Josef Strauß und Helmut Schmidt erreichten *Die Grünen* keine Bundestagsmandate, und die sozialliberale Koalition konnte weiterregieren – allerdings mehr schlecht als recht.

Gründung der Grünen

Die Differenzen in der SPD zwischen Gegnern der Kernenergie und des NATO-Doppelbeschlusses einerseits und Helmut Schmidt andererseits, der beides befürwortete, nahmen heftigere Formen an, und auch die Differenzen mit dem Koalitionspartner FDP um die Wirtschaftspolitik kumulierten, bis im Herbst 1982 die FDP-Minister zurücktraten und Helmut Kohl mit den FDP-Abgeordneten ein konstruktives Misstrauensvotum gegen den immer noch populären Kanzler Helmut Schmidt wagte, das gelang. Bei der vorgezogenen Bundestagswahl im März 1983 wurden er und seine CDU/CSU-FDP-Koalition bestätigt, obwohl in der FDP viele Abgeordnete und Spitzenfunktionäre diese „Wende" nicht nachvollziehen wollten. Mehrere linksliberale Bundestagsabgeordnete und sogar der Bundesgeschäftsführer Günter Verheugen wechselten von der FDP zur SPD über, weil sie dort ihren natürlichen Bündnispartner sahen. Aber trotz dieser erneuten Zerreißprobe von 1982/83 für die kleine dritte Kraft, nachdem sie den letzten Wechsel von 1969 nur knapp überstanden hatte, blieb sie im Bundestag und schaffte es, sich erneut zu konsolidieren.

Wende von 1982

Abbildung 18: Wahlergebnisse des 9. und 10. Bundestages

	9. Bundestag (5.10.1980)		10. Bundestag (6.3.1983)	
Wahlbeteiligung	88,6 %		89,1 %	
	Stimmenanteil in % (100)	Mandate (497)	Stimmenanteil in % (100)	Mandate (498)
CDU/CSU	44,5	226	48,8	244
SPD	42,9	218[1]	38,2	193[2]
FDP	10,6	53	7,0	34
Grüne	1,5	-	5,6	27
NPD	0,2	-	0,3	-
DKP	0,2	-	0,2	-
Sonstige	0,1	-	0,1	-
[1] Davon 1 Überhangmandat [2] Davon 2 Überhangmandate				

Die Grünen zogen mit 5,6 % der Zweitstimmen 1983 erstmals in den Bundestag ein und veränderten mit ihren basisdemokratischen Ansprüchen viele Positionen und Rituale des eingeschliffenen Parlamentarismus. Gründung und Erfolg der *Grünen* zeigen, dass das deutsche Zweieinhalb-Parteiensystem, das seit 20 Jahren bestand, keinesfalls ein ehernes Gesetz bildete. Die im Bundestag vertretenen Parteien behandelten allerdings die neue Gruppierung zunächst als illegitimen Eindringling, dem gleiche parlamentarische Rechte in Ausschüssen und anderen Gremien des Parlamentes zu verwehren versucht wurden.

Neue Politikformen der *Grünen*

Die Grünen taten selbst ihr Übriges, um sich von den herkömmlichen Politikformen abzusetzen, indem sie

- ein imperatives Mandat propagierten, was bedeutet, dass die einzelnen Mandatsträger an die Entscheidungen der Parteibasis und die Bundestagsfraktion an die Aufträge der übrigen Partei, des Parteivorstands und Parteitags, gebunden werden;
- das Rotationsprinzip praktizierten, das bedeutet, dass die gewählten Abgeordneten nach einer halben Legislaturperiode ihr Amt mit einem Nachrücker auf der Liste tauschen müssen;
- die Inkompatibilität, d. h. strikte Trennung von Parteiämtern und öffentlichem Mandat, avisierten;
- die 50 %-Frauenquote in allen Spitzenämtern realisierten;
- die Öffentlichkeit aller Parteigremien ausprobierten.

Sie verstanden sich zunächst als eine Antiparteien-Partei, was sich allerdings auf die Dauer nicht durchhalten ließ. Die meisten der eben genannten neuen Prinzipien wurden, bis auf die Frauenquote, mehr oder weniger sang- und klanglos, einige allerdings aber auch nach harten innerparteilichen Kämpfen, andere nach Vorwürfen der Verfassungswidrigkeit, aufgegeben.

Rekrutierung der *Grünen*

Die Gründungsgeneration der *Grünen* rekrutierte sich aus diversen Ecken der bundesrepublikanischen Gesellschaft. Insbesondere waren drei Gruppierungen einflussreich:

- Reste der Außerparlamentarischen Opposition (APO) aus der Großen-Koalitions-Zeit und der Studentenbewegung, von denen ein Teil auf dem Umweg über die so genannten *K-Gruppen* (das waren aus der Studentenbewegung hervorgegangene kommunistische Parteineugründungen, z. B. KBW, KPD/ML usw.) zu den Grünen stieß;
- Unterstützer der Bürgerinitiativbewegung der 70er Jahre, insbesondere der Anti-Atom-Kraft-Bewegung (Anti-AKW), aber auch aus den Bildungs-, Kultur-, Frauen-, Friedens- und Alternativökonomie-Bewegungen;
- enttäuschte Parteiwechsler aus Sozialdemokraten, Frei- und Christdemokraten, die Politikstile und Politikinhalte (insbesondere im Umweltschutz) nicht mehr mittragen wollten.

Strömungslehre: Fundis und Realos

Alle diese Gründerströmungen organisatorisch und programmatisch unter einen Hut zu bringen, erwies sich als ungemein schwierig. Für einige Jahre beherrschte eine „Strömungslehre" aus manchmal bis zu einem halben Dutzend, im Wesentlichen aber zwei Hauptströmungen die Debatte inner- und außerhalb der Partei. Die Fundamentalisten („Fundis") begriffen sich als antikapitalistische und radikalökologische Systemopposition, die Koalitionen ablehnten; der realpolitischreformorientierte Flügel („Realos") plädierte für Umgestaltung von Gesellschaft und Politik durch Mitgestaltung, in erster Linie durch Koalition mit der SPD („rot-grün").

Auch das Programm der *Grünen* konnte aufgrund dieser Grundsatzstreitig-keiten über Weg und Ziel der Partei nicht stromlinienförmig ausfallen. Der Grundkonsens aller Flügel wurde 1980 im sogenannten „Saarbrücker Pro-gramm" mit den vier Adjektiven „ökologisch, sozial, basisdemokratisch und gewaltfrei" formuliert. Vor allen Dingen der Punkt der Gewaltfreiheit führte Ende der 90er Jahre zu Diskussionen, denn im Kosovo, in Mazedonien und zu-letzt auch in Afghanistan leistete die deutsche Bundeswehr Auslandseinsätze mit der parlamentarischen Unterstützung der *Grünen*. Und dies, obwohl bis zur Bun-desdelegiertenkonferenz 2002 jegliche grüne Politik auf der Basis des Grund-satzprogramms von 1980 geschehen ist. Demnach galt für die Ökopartei die Gewaltfreiheit uneingeschränkt und ohne Ausnahme. Diese Diskrepanz zwi-schen Grundsatzlehre und Realpolitik beendeten die Delegierten im Frühjahr 2002 in Berlin, indem sie das neue „Grundsatzprogramm 2020" verabschiedeten. Diesem zufolge ist Gewaltfreiheit zu Beginn des 21. Jahrhunderts zwar noch ein „Grundprinzip" der *Grünen*, ihren Status als einer von vier „Grundsätzen" hat sie eine Generation später jedoch eingebüßt. Im Jahre 2009 sind einer „Deutsch-landTrend"-Umfrage zufolge ironischerweise die Anhänger der *Grünen* die stärksten Befürworter des Engagements der Bundeswehr in Afghanistan. So ändern sich die Zeiten.

Programm: ökolo-gisch, sozial, basis-demokratisch und gewaltfrei

Es gibt über die verhältnismäßig junge und kleine Partei *Die Grünen* über-proportional viel Literatur, da wohl viele Sozialwissenschaftler von dieser Inno-vation fasziniert waren. Am umfassendsten hat Joachim RASCHKE (2001, 1993a und 1993b) über die Partei informiert und sie analysiert. Zu den Standardwerken zählt ebenfalls die Monographie von Markus KLEIN und Jürgen FALTER (2003). Die strategischen Optionen der *Grünen* bei künftigen Koalitionsbildungen hat Melanie HAAS (2008) eruiert. Die Chancen für ein baldiges schwarz-grünes Bündnis auf Bundesebene lotete Christian LORENZ (2007) aus. Daneben gibt es Publikationen von zeitweisen Protagonisten (z. B. VOLLMER 2009, KLEINERT 1992) oder von eher kritischen Beobachtern (z. B. VEEN/HOFFMANN 1992).

📖 *Literaturhinweise*

Das deutsche Parteiensystem wurde zwischen 1976 und 1994 aber nicht nur durch *Die Grünen* nachhaltig gewandelt, sondern auch durch das erneute Auftre-ten rechtsextremer Parteien beeinflusst. Bereits zu Beginn der 50er Jahre hatte es mit der *Sozialistischen Reichspartei* (SRP, 1952 verboten) und Mitte der 60er Jahre mit der *Nationaldemokratischen Partei Deutschlands* (NPD) zwei Wellen rechtsradikaler Wahlerfolge gegeben, die aber nie bis in den Bundestag reichten.

Abbildung 19: Wahlergebnisse des 11. und 12. Bundestages

	11. Bundestag (25.1.1987)		12. Bundestag (2.12.1990)	
Wahlbeteiligung	84,3 %		77,8 %	
	Stimmenanteil in % (100)	Mandate (497)	Stimmenanteil in % (100)	Mandate (662)
CDU/CSU	44,3	223[1]	43,8	319[2]
SPD	37,0	186	33,5	239
FDP	9,1	46	11,0	79
PDS	-	-	2,4	17
Bündnis 90/Grüne	-	-	1,2	8
Grüne	8,3	42	3,9	-
NPD	0,6	-	-	-
REP	-	-	2,1	-
Sonstige	0,8	-	2,1	-

[1] Davon 1 Überhangmandat
[2] Davon 6 Überhangmandate

Dritte rechte Welle: *Die Republikaner*

Die dritte Welle rechtsradikaler Wahlerfolge schwappte ab Mitte der 80er Jahre in die Landtage vieler Bundesländer. Die Partei *Die Republikaner* war im November 1983 in München von zwei ehemaligen CSU-Bundestagsabgeordneten, Franz Handlos und Ekkehard Voigt, gegründet worden und von dem früheren Redakteur des Bayerischen Rundfunks Franz Schönhuber (der wegen seines Buches über seine Waffen-SS-Zeit seine Fernsehauftritte beenden musste) lange als Vorsitzender geprägt worden.

Große Aufmerksamkeit im In- und Ausland erregte der Erfolg von 3 % beim ersten Antreten der Republikaner zu den bayerischen Landtagswahlen im Herbst 1986. In den kommenden zwei Jahren stagnierten sie, um dann ab 1989 bei Wahlen zum Berliner Abgeordnetenhaus mit 7,5 %, bei der Europawahl mit 7,1 % und schließlich bei der Baden-Württembergischen Landtagswahl von 1992 sogar mit 10,9 % zu überraschen.

Republikaner: verfassungsfeindlich?

Die Republikaner versuchten, sich programmatisch aus der rechtsextremen verfassungsfeindlichen Ecke abzusetzen und für die gutbürgerliche bzw. kleinbürgerliche Wählerschaft zu öffnen, was ihnen auch partiell mit Wechselwählern aus dem CDU/CSU- und dem SPD-Potential gelang. Der Verfassungsschutzbericht von 1995 stellte zwar fest, dass Anhaltspunkte für rechtsextreme Bestrebungen der *Republikaner* nach wie vor vorlägen, kam aber zu dem Schluss,

„daß die Partei nach dem Wahldesaster 1994 und den seither andauernden parteiinternen Querelen um den richtigen Kurs weitgehend mit sich beschäftigt ist und sich zum Teil paralysiert hat" (BUNDESMINISTERIUM DES INNERN 1996, S. 140).

STÖSS resümiert die individuellen und gesellschaftlichen Ursachen der Entstehung von rechtsextremen Parteien folgendermaßen:

„Hinsichtlich der Ursachen des Rechtsextremismus ist zwischen individuellen und gesamtgesellschaftlichen Faktoren zu unterscheiden. Im Zentrum der individuellen Faktoren stehen der ‚autoritäre Charakter' und andere sozialisationsbedingte Fehlentwicklungen, die die Entstehung von antidemokratischen Einstellungen begünstigen. Hinzu kommen Unzufriedenheit mit der persönlichen Lebenssituation und Entfremdung gegenüber den bestehenden wirtschaftlichen, sozialen und politischen Verhältnissen. In dieser Situation werden vielfach Ersatzwelten (Personen, Gruppen, Symbole) gesucht, die Macht, Stärke, Sicherheit und Geborgenheit verheißen und Identifikation und Orientierung ermöglichen.

Zu den gesamtgesellschaftlichen Ursachen des Rechtsextremismus zählen zunächst Krisenerscheinungen im ökonomischen (z.B. Arbeitslosigkeit, Armut, strukturelle Benachteiligung einzelner Wirtschaftssektoren oder sozialer Schichten), sozialen (z.B. unbefriedigende Wohn- und Lebensbedingungen, Infrastrukturen, Freizeitangebote oder Nachbarschaftsbeziehungen) und politischen Bereich (z.B. geringe Akzeptanz der demokratischen Institutionen, mangelnde Integrationskapazität bzw. Bindungsverluste vermittelnder Organisationen). Weiterhin wird die Ausbreitung des Rechtsextremismus durch antidemokratische Elemente in der politischen Kultur begünstigt: Verdrängung und Verharmlosung des Nationalsozialismus, mangelndes demokratisches Bewußtsein und Diskreditierung des Antifaschismus" (STÖSS 1989, S. 257 f.).

Zu den Republikanern existiert recht umfangreiche Literatur. Zuverlässig informiert Hans-Gerd JASCHKE (1998 und 1994). Pointiert arbeitet Claus LEGGEWIE (1990) den gesellschaftlichen Kontext heraus. Richard STÖSS' Buch „Die Extreme Rechte in der Bundesrepublik" (1989) gehört noch immer zu den besten Gesamtanalysen der rechten Parteien. Speziell zur NPD siehe BACKES/STEGLICH (2007) sowie BRANDSTETTER (2006). Älteren Datums sind Lutz NIETHAMMER (1969) und KÜHNL u. a. (1969). Zur aktuellen Diskussion um ein mögliches Verbot der NPD vgl.: GELBERG (2009), LANG (2008) sowie FLEMMING (2005) und LEGGEWIE (2002). Die Strategie der NPD-Fraktion im Landtag von Mecklenburg-Vorpommern hat Laura NIEMANN (2008) untersucht. Zur DVU ist HOLTMANN (2002) einschlägig, zum Wählerpotential der Rechten insgesamt siehe ARZHEIMER (2008) sowie FALTER (1994), zu den Perspektiven der Forschung FALTER/JASCHKE/WINKLER (1996) und STARZACHER/SCHACHT (1995). □ Literaturhinweise

In die Phase der Transformation des deutschen Parteiensystems fielen dann die Wende von 1989 und die deutsche Wiedervereinigung. Vor dem Hintergrund der zunehmenden Polarisierung und Fragmentierung des Parteiensystems wuchs die Sorge, dieser Trend könnte durch den Vereinigungsprozess weiter verstärkt werden. Solche Befürchtungen und Ängste vor „Weimarer Verhältnissen" sollten sich allerdings nicht bewahrheiten. Festzustellen ist stattdessen in den 90er Jahren ein allgemeiner Trend zur Mitte. Wende von 1989

Während der Wende von 1989 beherrschten zunächst Bürgerbewegungen die politische Szene in der (Noch-)DDR: *Initiative Frieden und Menschenrechte, Neues Forum, Demokratischer Aufbruch, Demokratie Jetzt* und viele andere, die bis zur ersten und letzten freien Volkskammerwahl im März 1990 teilweise fusionierten. Übrig blieb von diesen Bewegungen bis heute eigentlich nur das *Bündnis '90*, das sich zur Bundestagswahl Ende 1990 mit den Ost-*Grünen* zusammenschloss. Nach langen Querelen fanden sich die beiden gemeinsam mit den West-*Grünen* zur neuen Partei *Bündnis '90/Die Grünen* bundesweit zusammen. Von Bürgerbewegungen zu Parteien

Abbildung 20: Ergebnisse der Wahlen zur Volkskammer 1990

	Volkskammer der DDR (18.3.1990)	
Wahlbeteiligung	93,4 %	
	Stimmenanteil in % (100)	Mandate (400)
Bündnis 90	2,9	12
Liberale	5,3	21
CDU	40,8	163
DBD	2,1	9
DSU	6,3	25
Grüne/Unabhängiger Frauenverband	2,0	8
PDS	16,4	66
SPD	21,9	88
Sonstige	2,3	4

Aufsaugen von Blockparteien und Bewegungen

Die SPD wurde als SDP im Oktober 1989 im Osten neugegründet und verband sich Anfang 1990 mit der bundesdeutschen SPD. Die West-CDU nahm nach längerem Zögern Mitte 1990 die Ost-CDU auf sowie Teile des *Demokratischen Aufbruchs* und der alten Bauernpartei DBD. Die FDP übernahm nach einigen Zwischenschritten die beiden alten Blockparteien LDPD und NDPD. Die SED benannte sich im Februar 1990 in PDS (*Partei des Demokratischen Sozialismus*) um und revidierte ihr Programm: „Demokratischer Sozialismus" hieß die neue Leitidee.

Die dramatischen Veränderungen von 1989 haben die Grundstrukturen deutscher Politik und des Parteiensystems zunächst mindestens an der Oberfläche nicht erschüttert: Bei der Wahl 1990 wurden die alte Regierung aus CDU/ CSU und FDP sowie die alten Strukturen bestätigt. Die SPD blieb Opposition. Das Plenum wurde ergänzt durch die kleine Gruppe *Bündnis '90/Die Grünen* aus den neuen Bundesländern, während die westlichen *Grünen*, auch das sicher eine Einheitsfolge, den Zug der Zeit, d. h. den Einzug in den Bundestag, verpassten. Als neue Kraft trat außerdem die PDS in Erscheinung, die sich in den neuen Bundesländern schnell als drittstärkste Partei etablierte und auch im Bundestag weiterhin vertreten blieb.

Die Einschätzungen über die PDS gingen zwischen den Parteien und auch innerhalb der Parteienforscher extrem weit auseinander – ähnlich ambivalent waren auch die *Grünen* in ihrer Anfangszeit bewertet worden. Eine Autorengruppe aus dem Umfeld der CDU-nahen *Konrad-Adenauer-Stiftung* resümierte eine Studie über die PDS nach dem Super-Wahljahr 1994 folgendermaßen:

PDS – eine kommunistische Tarnorganisation?

„Die PDS ist eine, zumindest in Teilen, extremistische und modernisierte kommunistische Partei. Eine ‚Erneuerung' jenseits der Anpassung der PDS ist nicht erkennbar, noch weniger ihre Demokratisierung. Auch nach der Bundestagswahl 1994 führte sie ihren Angriff auf die Demokratie in Deutschland fort. Die Tarnung ist fast perfekt: Mit peppigem Image und einem scheinbar moderaten Programm versucht die PDS, ihre wahren Absichten vor den Augen der Öffentlichkeit zu verstecken. (...)

Die PDS ist auch aus den 1994er Wahlen als ostdeutsche Milieupartei hervorgegangen. Als Milieupartei bindet sie nach wie vor die ehemaligen DDR-Eliten an sich, die das Ende der DDR als persönlichen, wirtschaftlichen, aber auch ideologi-

schen Verlust empfinden. Sie ordnen sich daher häufig in die Gruppe der ‚Einheits-
verlierer' ein. Kennzeichnend für die Anhängerschaft ist ein ‚Underdog-Gefühl'. Es
geht ihnen zwar materiell nicht schlechter als der übrigen Bevölkerung, bei ihnen ist
aber das Gefühl der Ausgrenzung und Diskriminierung weit verbreitet. Dies geht
einher mit pessimistischer Weltsicht und trüben Zukunftserwartungen. Gleichzeitig
stehen sie der Demokratie der Bundesrepublik reserviert gegenüber und identifizieren sich nach wie vor stark mit den vom ‚real existierenden Sozialismus' vermittelten Werten und Normen.

Als Protestpartei bündelt die PDS diffusen, sozialen, aber auch politischen Protest, der sich an unterschiedlichen Aspekten des Vereinigungsprozesses festmacht.
Die PDS genießt so eine gewisse Attraktivität als Sprachrohr ostdeutschen Unmutes.
Es zeigten sich bei der Bundestagswahl 1994 zwar erste Anzeichen, daß sie auch in
der gesamtdeutschen Parteienlandschaft Protestwähler gewinnen kann; allerdings
auf dem niedrigen Niveau einer Splitterpartei. Die PDS steht somit nach wie vor in
dem Dilemma, daß ihr politisches Überleben langfristig nur mit einem Wähler-
stamm aus den alten Bundesländern zu sichern ist, sie in den alten Bundesländern
aber nicht auf nennenswerten Zuspruch hoffen kann. Dennoch ist nicht ausschließ-
bar, daß sie in den alten Ländern durch den realpolitischen Kurs von Bündnis 90/Die
Grünen ideologisch desintegrierte Grünen-Wähler für sich gewinnen kann" (LANG/
MOREAU/NEU 1995, S. 206 ff.).

Völlig anders fassten NEUGEBAUER/STÖSS (1996), zwei Parteienforscher von der
FU-Berlin, ihre Befunde zusammen:

„Die PDS ist eine Begleiterscheinung des Transformationsprozesses in Ostdeutschland. Sie ist eine notwendige und nützliche, gleichwohl anachronistische und ten-
denziell entbehrliche Partei. Hier die wichtigsten Befunde der Untersuchung:

PDS – nützlich und
anachronistisch?

- Die PDS ist um die Jahreswende 1989/90 im Zerfallsprozeß der SED aus der
  Hoffnung geboren worden, die DDR könne durch eine schnelle und konse-
  quente Reformpolitik vor dem Niedergang gerettet werden. Rechtlich stellt sie
  die Nachfolgeorganisation der DDR-Staatspartei dar (von der Neugründung
  einer Partei wurde aus finanziellen und sozialen Erwägungen abgesehen), organisatorisch ist sie dies nur sehr bedingt, programmatisch überhaupt nicht.
  Aber sie ist nach wie vor weithin vom Geist der SED und von der Mentalität
  ihrer Kader durchdrungen. Auf ihrem 1. Parteitag im Februar 1990 gab sie sich
  ein Statut und ein Programm und überwand damit die Gründungshürde. Anläß-
  lich der Volkskammerwahl im folgenden Monat präsentierte sie sich als ‚Pro-
  DDR-Partei', als ‚Anti-BRD-Partei', als Sammelbecken der Einheitskritiker
  bzw. -gegner. Mit dieser Strategie traf sie die Stimmung einer beachtlichen
  Minderheit in der DDR und wurde drittstärkste Partei in der ersten demokra-
  tisch gewählten Volkskammer. Damit hatte sie sich als wichtige politische
  Kraft im zweiten deutschen Staat etabliert. (...)
- Die PDS ist eine etablierte politische Kraft in der Bundesrepublik Deutschland.
  Sie repräsentiert eine bedeutsame Konfliktlinie im Parteiensystem, die ihre
  Existenz und ihren Erfolg verbürgt: den Ost-West-Konflikt. Die PDS lebt als
  einzige Partei von diesem Konflikt, den die übrigen Parteien in sich tragen.
  Der Ost-West-Konflikt steht für einen Wertekonflikt, der eher soziale und au-
  toritäre mit eher neoliberalen und libertären, der eher traditionalistische mit
  eher modernen Orientierungen kontrastiert. Er resultiert vor allem aus dem unterschiedlichen Modernisierungsgrad in beiden Teilen der Bundesrepublik (der

aus der verschiedenartigen Entwicklung beider deutscher Gesellschaften bis zur deutschen Einheit herrührt) sowie aus den sich vollziehenden Anpassungs- und Modernisierungsprozessen in Ostdeutschland.

- Die PDS ist eine Regionalpartei in Ostdeutschland, eine Ostpartei. Sie verkörpert traditionalistische, antiwestliche Wertorientierungen, die einseitig auf soziale Gerechtigkeit abheben und die komplizierten Modernisierungserfordernisse fortgeschrittener Industriegesellschaften negieren. Die fundamentale Bedeutung des Werts soziale Gerechtigkeit für die Mitglieder und Anhänger der PDS (in geringerem Ausmaß aber auch für die der anderen Parteien in Ostdeutschland) signalisiert kaum antikapitalistische bzw. sozialistische Überzeugungen und ebenso wenig den Wunsch nach der Wiederherstellung des gescheiterten Staatssozialismus, sondern in erster Linie nostalgische Sicherheits- und Orientierungsbedürfnisse in einer Zeit des raschen sozialen, technologischen und politischen Wandels, der die Bürger der DDR aus der Geborgenheit und Reglementiertheit des Sozialismus in die individualistische, differenzierte und komplexe, in die unübersichtliche, aber freiheitliche Welt des Westens katapultiert" (NEUGEBAUER/STÖSS 1996, S. 299 ff.).

Widersprüchlichkeit der PDS

Die letzte dieser beiden Positionen erscheint sicherlich plausibler, gerade weil sie so widersprüchlich ist. Denn sie bezeichnet die PDS als notwendig und nützlich (zum Auffangen von Werthaltungen des DDR-Milieus) und anachronistisch und entbehrlich zugleich (gerade wegen der „DDR-Ostalgie" und der möglichen Verhinderung von Koalitionsmehrheiten in Parlamenten von Bund und Ländern).

Konsolidierung der PDS

Zum Ende der 90er Jahre hatte sich die PDS weiter konsolidiert: Sie tolerierte die Landesregierung in Sachsen-Anhalt und sie koalierte mit der SPD in Mecklenburg-Vorpommern. Sie konnte 1998 die 5-Prozent-Klausel mit 5,1 % zwar nur knapp überspringen, da sie in allen neuen Bundesländern über 20 % der Stimmen erhielt. Im Westen blieb sie aber zunächst marginal, nur in Hamburg und Bremen kam sie über 2 % der Stimmen. Unübersehbar existierte ein Widerspruch zwischen großen Gruppen alter SED-Kader in der Mitgliedschaft und einer Führung, die die Partei modernisieren und auf der linken Seite koalitionsfähig machen wollte.

Spätestens mit der Bundestagswahl 1994 war die Transformationsphase des deutschen Parteiensystems dann vorläufig abgeschlossen. 1976 hatten die etablierten Bundestagsparteien CDU/CSU, SPD und FDP noch mit 99,1 % der Stimmen das Feld völlig allein bestimmen können. In den 80er Jahren kam Bewegung in das eingefahrene System. Ein Machtwechsel löste 1982 die sozialliberale Koalition ab. *Die Grünen* betraten die Szene und zogen 1983 in den Bundestag ein. Rechtsextreme Parteien erzielten Landtagserfolge. Und die deutsche Vereinigung von 1989/1990 schüttelte die etablierten Strukturen kräftig durch. Doch anschließend stabilisierte sich die Lage zusehends.

Abbildung 21: Wandel des deutschen Parteiensystems 1990-1993

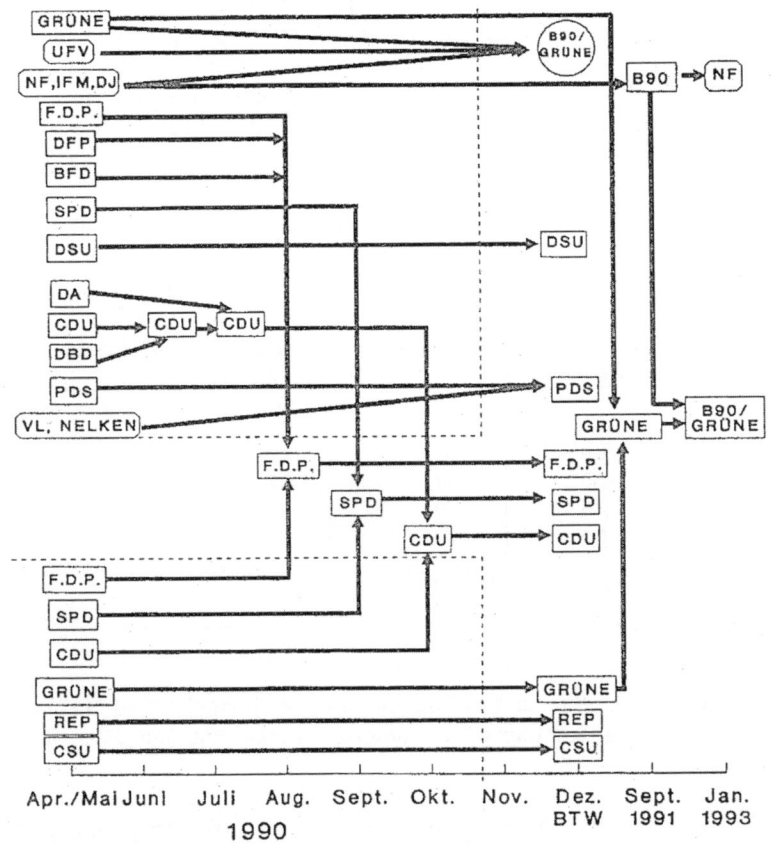

(aus: NIEDERMAYER/STÖSS 1994, S. 14)

3.4 Stabilisierungsphase 1994 bis 2002

Das deutsche Parteiensystem der 90er Jahre bewies eine beachtliche Absorptionsfähigkeit. Statt zentrifugal zu differenzieren, entstanden eher zentripetale Kräfte zur Mitte hin. Dabei war durchaus nicht alles im Lot mit den Parteien. Denn in der ersten Hälfte der 90er artikulierte sich eine tief greifende Unzufriedenheit mit Stand und Zustand der Parteien: Politikverdrossenheit war das Stichwort. Es wird an späterer Stelle ausführlich wieder aufgenommen werden. Streitig war auch, wie man mit der einzigen Innovation des Parteiensystems seit den *Grünen*, mit der PDS, umgehen sollte.

Die aufgeregte Diskussion um die Parteienkrise der Jahre 1992 und 1993 flaute im „Superwahljahr" 1994 unvermutet ab. So weit, dass nach der Landtagswahl in Niedersachsen vom Frühjahr 1994 als Einstieg in die große Play-off-Serie des Wahlmarathons der SPIEGEL eine neue Verdrossenheit erfand, die Verdrossenheit an der Parteienverdrossenheit. Denn in Hannover waren *STATT-Partei* und Republikaner klar abgeschlagen, die Wahlbeteiligung angestiegen, und die Großpartei SPD unter Gerhard Schröder hatte sogar nach einer rot-grünen Koalition wieder die absolute Mehrheit der Mandate erlangt und konnte allein regieren.

Abbildung 22: Wahlergebnisse des 13. und 14. Bundestages

	13. Bundestag (16.10.1994)		14. Bundestag (27.9.1998)	
Wahlbeteiligung	79 %		82 %	
	Stimmenanteil in % 100	Mandate (672)[1]	Stimmenanteil in % 100	Mandate (669)[2]
CDU/CSU	41,5	294	35,2	245
SPD	36,4	252	40,9	298
FDP	6,9	47	6,2	43
Bündnis 90/Grüne	7,3	49	6,7	47
PDS	4,4	30	5,1	36
Sonstige	3,5	-	5,9	-

[1] Davon 16 Überhangmandate: 12 CDU und 4 SPD
[2] Davon 13 Überhangmandate: 13 SPD

Als schließlich am 16. Oktober 1994 das gesamte Wahlergebnis vorlag, konnte man Bilanz aus all den Kommunal-, Landtags-, Europa- und Bundestagswahlen von 1994 ziehen:

- Die Rechtsradikalen, die vorher so bedrohlich in der Wählergunst angestiegen waren, waren überall abgeschlagen.
- Die neuen *STATT-Parteien*, die sich als bürgerliche kommunale Protestbewegung von Hamburg aus verbreiten wollten, hatten sich durch groteske interne Querelen selbst pulverisiert.
- Die Wahlbeteiligung war nicht weiter gesunken, sondern deutlich stabilisiert – mit Ausnahme der neuen Bundesländer, wo die Wähler wohl die Freiheit des Nicht-Wählens genießen wollten.
- Die Großparteien wurden nicht weiter dezimiert, sondern konnten sich stabilisieren.
- Allerdings wurde die FDP aus allen Landtagen und dem Europa-Parlament und vielen Kommunal-Parlamenten 1994 hinauskatapultiert – nur im Bundestag konnte sie sich offensichtlich durch bürgerliche „Leih- und Mitleid-Stimmen" halten.

- *Bündnis'90/Die Grünen* stabilisierten sich im Bundestag und im Europaparlament vor der FDP, allerdings mit Problemen in vielen Landtagen; sie sind seitdem aber als koalitionsfähig akzeptiert.
- Die PDS konnte sich dank Stimmensplitting in vier Wahlkreisen Ost-Berlins behaupten und in den Bundestag einziehen; auch viele Wähler der *Grünen* und der SPD wählten offensichtlich mit ihrer Erststimme diese linke Alternative.

Das Stimmensplitting ist besonders aufschlussreich. Es verweist auf eine Politisierung und Aktivierung der Wähler, die klug ihre Stimmen differenziert einsetzen. Dies geschieht nicht nur zwischen Erst- und Zweitstimme auf dem Wahlzettel zur Bundestagswahl. Auch bei gleichzeitigen Wahlen unterschiedlicher Ebenen (Kommune/Land/Bund wie am 16. Oktober 1994) stimmten die Bürger gezielt ab. So wurde die FDP aus fast allen Großstädten von Nordrhein-Westfalen und aus den Landtagen von Schwerin, Erfurt und Saarbrücken herausgewählt, gleichzeitig aber im Bund bestätigt.

Der nächste Schnitt kam mit der Bundestagswahl vom 27. September 1998. War es mehr als ein Einschnitt? Es war eine historische Wahl – nicht nur für die deutsche Sozialdemokratie –, darin waren sich nahezu alle Beobachter einig. Damals stellte sich sogar die Frage, ob damit auch eine politische Wasserscheide überschritten wurde, die Sozialdemokratie in eine neue Dimension eingetreten, ein *party realignment* nach langem *dealignment* zu beobachten sei: Hatte also nach vielen „normalen" Wahlen eine „kritische Wahl" die Karten grundsätzlich neu gemischt, dämmerte gar eine kopernikanische Wende der Parteienkonstellation herauf? Oder war es einfach nur eine glückliche Konstellation aus einem abgewirtschafteten politischen Gegner, einem ausnahmsweise perfekten Mobilisieren der Stammwähler und dem Faszinieren der maximalen Wechselwählerschaft? Kopernikanische Kehre oder politischer Ausreißer, das war die Frage. *(Bundestagswahl 1998)*

Worin bestand denn das Außergewöhnliche dieses Wahlsiegs? Die SPD erreichte mit 40,9 % der Zweitstimmen doch nur ein mäßiges Ergebnis, da sie immerhin zwischen 1969 und 1980 bei vier Wahlen deutlich über 40 % gelegen hatte, mit dem einmaligen Höhepunkt der „Willy-Wahl" von 1972 mit sagenhaften 45,8 %. Aber auf die Relation kommt es an! Damals schlug sie die CDU/CSU mit hauchdünnen 0,9 Prozentpunkten, 1998 lag sie 5,8 Prozentpunkte vor der Union – ein absoluter Rekord. *(Rekordergebnis der SPD?)*

Damals waren nur drei Parteigruppen im Bundestag vertreten, 1998 musste der Kuchen unter fünfen verteilt werden. *Bündnis'90/Die Grünen* und PDS mit 6,7 % bzw. 5,1 % kamen hinzu, die noch dazu beide links der Mitte im SPD-Reservoir konkurrierten. Zum ersten Mal ist in der Bundesrepublik durch Wahlen ein kompletter Machtwechsel, ein Auswechseln der ganzen Regierung durch die Oppositionsparteien herbeigeführt worden. Bei allen vorhergehenden Machtwechseln, ob mit oder ohne Wahlen, blieb eine Regierungspartei an der Macht, so 1966 die CDU/CSU, als die Große Koalition mit der SPD etabliert wurde, die wiederum 1969 an der Macht blieb, als die sozialliberale Koalition mit der FDP folgte. Und diese führte durch Koalitionswechsel in der Regierung die Wende von 1982 herbei. *(Erster „gewählter" Regierungswechsel)*

Erfolge für kleine
Parteien

Aber das Wahlergebnis war auch aus weiteren Gründen bis dato einmalig: Zum ersten Mal hatten drei kleine Parteien die 5-Prozent-Hürde überschritten, die lange Jahrzehnte als eine unüberwindliche Barriere gegen Innovationen im Parteiensystem gegolten hatte. Außerdem hatten die „Sonstigen" mit der Rekordzahl von 27 Parteien für den Bundestag kandidiert und zusammen 5,9 % der Stimmen eingefahren – ein Anteil, den diese „Splitterparteien" seit 1957 nicht mehr erreicht hatten.

Schlappe für die
CDU/CSU

Und noch ein weiterer negativer Rekord war zu vermelden: Die CDU/CSU hatte mit 35,1 % die eindeutig magerste Ernte seit 1949 mit damals 31,0 % in die Scheuer gefahren. Immer hatte sie deutlich über der 40-Prozent-Marke gelegen, und nun nicht etwa knapp darunter, sondern in der Mitte des 30-Prozent-Turmes abgeschlagen. Das war für die Union ein Desaster.

Konsequenzen für die
Parteienkonstellation

Nicht der Wahlsieg der SPD war also die eigentliche Sensation, denn dieser Erfolg war nicht so unerhört hoch. Die schiere Differenz zwischen Desaster und Erfolg machte die Wahl von 1998 zu einer historischen, und genauso ist es mit ihren Konsequenzen für die Parteienkonstellation. Denn in keinem Bundestag je zuvor hatte eine führende Partei eine solche Fülle von Koalitionsoptionen: Die SPD konnte mit *Grünen*, Liberalen und Christdemokraten regieren. Ja selbst mit der PDS und der CSU hätte sie jeweils alleine eine Kanzlermehrheit erreichen können.

Pluralisierung und
Polarisierung

Das Parteiensystem ist durch die Bundestagswahl von 1998 pluralistischer geworden, denn die kleineren Parteien FDP, *Grüne* und PDS haben sich stabilisiert, die großen polarisiert. Dadurch sollte der Wettbewerb in Zukunft härter werden: einerseits, weil SPD, *Grüne* und PDS links von der Mitte um dasselbe Wählerpotential konkurrieren, andererseits, weil die SPD mit ihrer Strategie der „Neuen Mitte", eines neuen „Dritten Weges", mit CDU und FDP um das Zentrum des Spektrums kämpfte.

Gründe für den
SPD-Erfolg

Die SPD gewann die Wahl, weil sie sich nicht auf einen ideologischen Richtungswahlkampf mit der CDU/CSU eingelassen hatte. Deren Polarisierungsstrategie lief folglich ins Leere (vgl. STÖSS/NEUGEBAUER 1998, S. 16). Die SPD hatte die doppelte Hauptaufgabe gemeistert: Stammwähler halten, Wechselwähler gewinnen. Dies gelang mit Schröder als nahezu idealem Spitzenkandidaten, abgesichert durch den Vorsitzenden Lafontaine, der ihm den Parteirücken frei hielt, mit Rückenwind aus den Medien, die die Zeit reif für einen Wechsel hielten, mit einem Problemlösungspotential der Partei, das die Wähler honorierten, mit dem Leitmotiv soziale Gerechtigkeit und Innovation, mit einer professionellen Kampagnentechnik – und mit viel Fortune. Manche Fehler, die 1994 zu grotesken Schwachstellen hochstilisiert wurden, konnten diesmal überraschend gnädig verziehen werden und wurden der allgemeinen Wechselbereitschaft von Wählern und Medien untergeordnet.

Zweigeteiltes
Parteiensystem

Das gesamtdeutsche Parteiensystem war ein Jahrzehnt nach der Wende noch immer zweigeteilt. Im Westen hatte sich an den Strukturen und Kräfteverhältnissen kaum etwas geändert. Die PDS in ihrer damaligen Gestalt konnte hier (noch) nicht Fuß fassen. Die traditionellen Parteien blieben ziemlich unberührt. In den neuen Bundesländern hatte sich inzwischen ein Drei-Parteiensystem mit der PDS als starker dritter Kraft herausgebildet. Die FDP konnte ihre Anfangserfolge im

Osten nicht halten, verlor dramatisch an Bedeutung und war zwischenzeitlich kaum mehr als eine Splitterpartei. Auch *Die Grünen* mussten in den neuen Bundesländern starke Verluste hinnehmen und waren Ende der 90er Jahre in keinem einzigen ostdeutschen Landtag mehr vertreten. Die CSU, die anfangs ihre eigene Politik mit der DSU versuchte, konnte sich nicht über Bayern ausdehnen.

Die Volksparteien mussten im Osten wechselvolle Erfahrungen machen. Die CDU konnte sich zunächst als stärkste Partei etablieren, sah sich aber Mitte der 90er zunehmenden Misserfolgen ausgesetzt. Die SPD, die optimistisch gewesen war, in ihren alten Stammlanden an alte Erfolge anknüpfen zu können, hatte große Probleme insbesondere beim Versuch, eine nennenswerte Mitgliedschaft in den neuen Ländern aufzubauen, wurde dann aber – bedingt in erster Linie durch die zunehmende „Vereinigungsenttäuschung" – deutlich stärker. Nach dem Erfolg bei der Bundestagswahl von 1998 musste die SPD wiederum einige herbe Niederlagen einstecken, so insbesondere bei der Landtagswahl in Thüringen, bei der sie dramatische Einbußen hinnehmen musste und auf die dritte Position, noch hinter der PDS, zurückgeworfen wurde. Daneben war eine Stärkung rechter Parteien, z. B. der DVU, der der Einzug in die Landtage von Brandenburg und Sachsen-Anhalt gelang, zu beobachten.

Nur wenige West-Importe unter den Politikern konnten so erfolgreich agieren wie Kurt Biedenkopf als sächsischer Ministerpräsident („König Kurt"), der auch an seine Grenzen stieß. Von anderen fühlten sich die Menschen in Ostdeutschland fremdgesteuert. Politik galt nach dem Ende des Staatssozialismus mit seiner verordneten Freiwilligkeit als zweitrangig. Deshalb beteiligten sich die Menschen im Osten deutlich weniger an Wahlen und generell am politischen Leben. Parallelen zur bundesdeutschen Nachkriegszeit und zu den 50er Jahren mit der damaligen „Ohne-mich-Haltung" liegen auf der Hand.

Aber auch im Westen waren allmählich ähnliche Tendenzen festzustellen, Mehr Wechselwähler besonders die schwindende Bindungswirkung der Parteien. Dieser Trend schlägt sich bis heute einmal in der sinkenden Wahlbeteiligung nieder. Darüber hinaus ist bei einer wachsenden Zahl von Wechselwählern eine abnehmende Identifizierung mit der eigenen Partei zu erkennen. Hintergrund für diese Entwicklung ist die Auflösung der klassischen Sozialmilieus:

> „Dadurch entfällt zum einen ein wesentliches Rekrutierungsfeld für die Parteibasis, und zum anderen nehmen die traditionellen Parteibindungen in der Wählerschaft ab bzw. die dominanten Parteibindungsmotive wandeln sich von einer gesinnungs- und gefühlsmäßigen zu einer instrumentellen, nutzenbestimmten Bindung, wodurch der Stammwähleranteil der Parteien zugunsten potentieller Wechselwähler schrumpft und die Parteibasis allmählich ausgezehrt wird" (NIEDERMAYER 1999b, S. 19).

Die Folgen dieser Entwicklung sind in rasch wechselnden Mehrheitsverhältnissen zu sehen, was sich nicht nur in den Umfrageergebnissen widerspiegelt, sondern auch in den Wahlergebnissen zeigt. Kaum eine Wahl in den letzten Jahren brachte nicht dramatische Änderungen in die eine oder die andere Richtung mit sich.

Trotz der Erfolge der PDS am linken Rand des Parteienspektrums ist für die Trend zur Mitte? 90er Jahre insgesamt eine stärkere Orientierung auf die politische Mitte erkennbar. Besonders deutlich ist dies beim Wandel der *Grünen* zu beobachten. Unter dem Eindruck ihrer Niederlage von 1990 entwickelten sich *Die Grünen* unter Einschränkung ihres basisdemokratischen Charakters zugunsten der Straffung der Entscheidungsverfahren und Professionalisierung der Organisation zu einer „normalen" Partei. Spätestens mit der Bildung der rot-grünen Bundesregierung 1998 ist auch die Entwicklung von der systemoppositionellen Haltung zur reformorientierten Partei abgeschlossen. Parallel fand auch eine Mäßigung in den politischen Zielen statt, antikapitalistische Forderungen verschwanden nach und nach aus den Programmen der Partei. Dieser Trend wurde durch die Etablierung der PDS als linker Alternative noch verstärkt. Allerdings war selbst bei der PDS eine gewisse Annäherung an die traditionellen Parteien, besonders an die SPD, nicht zu übersehen. So entwickelte sich die PDS zu einer „bedingt koalitionsfähigen" Partei, zunächst durch die Tolerierungspolitik gegenüber der SPD-Regierung in Sachsen-Anhalt, seit 1998 dann auch durch Koalitionen mit der SPD in anderen Bundesländern.

„Neue Mitte"?   In der SPD war ein Trend zur Mitte ebenfalls seit der Niederlage 1990 mit dem Kanzlerkandidaten Oskar Lafontaine als Exponenten des linken Parteiflügels erkennbar. Die Erfolge „moderner Sozialdemokraten" wie Tony Blair mit seiner *New Labour* in Großbritannien und Bill Clinton in den USA legten einen vergleichbaren Richtungswechsel auch für die deutsche Sozialdemokratie nahe. Es setzte sich auch allmählich die Erkenntnis durch, dass die durch den Strukturwandel bedingte Erosion der traditionellen Milieus die Gewinnung neuer Wählerschichten nötig machte, eben jener „Neuen Mitte", die Kanzlerkandidat Gerhard Schröder im Bundestagswahlkampf 1998 ins Zentrum seiner Kampagne stellte.

Tendenzen im   Demgegenüber war eine Neuorientierung der CDU/CSU auf den ersten
bürgerlichen Lager   Blick nicht zu erkennen. Zwar hatte der Arbeitnehmerflügel der CDU durch die Vereinigung mit dem Osten eine deutliche Stärkung erfahren, dieser artikulierte sich aber nicht bundesweit. Die Notwendigkeit der Strukturhilfen für den Osten zur Bekämpfung der Arbeitslosigkeit bewirkte außerdem einen „etatistischen" Trend in der Union, was als Anzeichen einer „Sozialdemokratisierung" der Partei gewertet werden konnte. Angesichts des zunehmenden „Gedränges" in der Mitte des Parteienspektrums geriet die FDP als traditionelle Partei der Mitte in existenzielle Schwierigkeiten. In der Folge suchte die Partei nach Möglichkeiten, das eigene Profil gegenüber dem konservativen Partner zu schärfen und setzte dazu auf einen neoliberalen, wirtschaftspolitisch orientierten Kurs. Durch die Selbstdarstellung als „Steuersenkungspartei" wollte man verlorenen Boden wieder gut machen. Vorbilder fand man dafür in der niederländischen VVD. Versuche des rechten Flügels um den ehemaligen Generalbundesanwalt Stahl, die Partei nach Vorbild der „Freiheitlichen" um Jörg Haider in Österreich rechts von der Union zu positionieren, scheiterten dagegen.

SPD auf dem   Dieser Trend zur Mitte setzte sich auch nach der Bundestagswahl 1998 wei-
„Dritten Weg"?   ter fort. In der SPD konnte sich Bundeskanzler Schröder gegen seinen innerparteilichen Widersacher Oskar Lafontaine durchsetzen. Durch die Überwindung dieses innerparteilichen Richtungsstreits, der sich nach Lafontaines Rücktritt als Parteivorsitzendem und Finanzminister deutlich personifizierte in der Besetzung des Finanzministeriums mit Hans Eichel und in der Inthronisierung von Schröder als Parteivorsitzendem, gelang es auch, die anfänglichen Probleme der neuen

Regierung in der Außenwirkung zu überwinden. Allerdings blieb die innerparteiliche Spannung zwischen Modernisierern und Traditionalisten erhalten. Noch im
Juni 1999 stieß das so genannte „Schröder-Blair-Papier", das einen dritten Weg
zwischen alter Sozialdemokratie und Neoliberalismus suchte, auf heftige innerparteiliche Kritik. Und die Sparpolitik von Hans Eichel musste sich mit dem
Vorwurf der „Gerechtigkeitslücke" auseinandersetzen.

Schmerzhafter noch war der Prozess der Anpassung an die Regierungsreali-   *Grüne* als Öko-FDP?
tät zunächst wohl für *Die Grünen*. Sie mussten sich schnell mit den Koalitions-
zwängen abfinden, was die Partei im Falle des Kosovo-Konflikts an den Rand
der Selbstverleugnung führte. Waren hier doch fundamentale grüne Grundsätze,
ja die historischen Wurzeln der *Grünen* betroffen. Daneben hatte die Partei in der
Wirtschafts- und Sozialpolitik längst zu einer liberalen Richtung gefunden. Auch
die innerparteiliche Struktur veränderte sich. Die „Doppelspitze" und die Trennung von Amt und Mandat als letzte Reste des alternativen, basisdemokratischen
Parteimodells standen zur Disposition, spätestens seit sie sich im Regierungsall-
tag als problematisch erwiesen hatten.

Die CDU geriet nach der Wahlniederlage 1998 in einer Umbruchphase. Die   CDU im Umbruch
Erfolge bei einigen Landtagswahlen (Hessen, Saarland) schienen dies zunächst
zu überdecken, durch den Finanzskandal der Partei und den Konflikt mit dem
früheren Ehrenvorsitzenden, Altbundeskanzler Helmut Kohl, brach der anstehende Konflikt aber voll aus. Auch inhaltlich war der Weg der CDU alles andere
als klar. Konservativen Tendenzen, wie sie vor allem in der Unterschriftenkam-
pagne gegen das neue Staatsbürgerschaftsrecht zutage getreten waren, standen
liberale Entwicklungen entgegen, wie sie etwa in der Familienpolitik durch gemäßigte Öffnung zu alternativen Lebensformen deutlich wurden. Sie wurden
unter anderem von dem nordrhein-westfälischen Spitzenkandidaten für die Landtagswahl im Mai 2000, Jürgen Rüttgers, vertreten – sicherlich nicht ohne Wahl-
kampfgedanken. Befürchtungen, die CDU könne durch den Skandal um ihre
Parteifinanzen durch schwarze Konten im Ausland, dubiose Spenden, die Weige-
rung von Helmut Kohl, Namen von Spendern zu nennen, sowie durch unbewie-
sene Korruptionsvorwürfe in einen Strudel geraten, in dem sie untergehen würde
wie ihre italienische Schwesterpartei *Democrazia Cristiana*, bewahrheiteten sich
jedoch nicht.

Unverändert schwierig blieb die Lage 1998 für die Liberalen. Für eine   FDP: Unverhofft
Funktionspartei wie die FDP war die neue und ungewohnte Oppositionsrolle   kommt oft?
existenzbedrohend, da die Notwendigkeit ihrer Wahl schwer zu vermitteln ist.
Durch den Wegfall der Bundesminister drohte der Partei außerdem ein immenser
Verlust an öffentlicher Aufmerksamkeit. Auf die Außenwirkung ihrer Regierungsmitglieder war die FDP jedoch wegen ihrer finanziellen und organisatorischen Schwäche ohnehin in besonderem Maße angewiesen. Dabei fiel auch ins
Gewicht, dass die FDP 1998 ihren Unterbau in Form von parlamentarischen
Vertretungen in den Ländern nahezu vollständig verloren hatte. Dieser Nachteil
konnte aber in den folgenden Jahren ausgeglichen werden, denn die FDP schaffte wieder den Einzug in viele Landesparlamente.

Die PDS hatte sich 1998 fürs Erste fest im bundesdeutschen Parteiensystem   PDS als linke
etabliert. Sie profitierte in erster Linie von ihrer Stärke in Ostdeutschland. Durch   Alternative?

die Regierungsbeteiligung in Mecklenburg-Vorpommern deuteten sich für die Zukunft bereits weitere Koalitionsmöglichkeiten zumindest auf Länderebene an.

3.5 Fluide Phase seit 2002

Einschnitt durch die Bundestagswahl 2002

Die Bundestagswahl am 22. September 2002 stellte wiederum eine entscheidende Zäsur dar, denn dieser Urnengang unterschied sich in vielen Punkten von vorherigen Wahlen und leitete die „Fluide Phase" in der Entwicklung des deutschen Parteiensystems ein, die bis heute andauert. Geprägt ist dieser neue Abschnitt vor allem durch deutliche Symptome einer Krise der Volksparteien, die sich etwa im rapiden Schwund von Mitgliedern, sinkender Wahlbeteiligung und Wählerbindung sowie zum Teil dramatischen Stimmenverlusten, vor allem aufseiten der Sozialdemokratie, manifestiert. Auf der linken Seite des Parteienspektrums entstand 2007 aus dem Zusammenschluss von westdeutsch geprägter WASG und der ostdeutschen Regionalpartei PDS unter dem Logo *Die Linke* eine neue gesamtdeutsche politische Kraft. Auch brachten die Erfolge der *Freien Wähler* auf Landesebene in Bayern sowie die bundesweiten Achtungszeichen von Ein-Themen-Parteien wie den *Piraten* eine neue Dynamik in das vormals relativ stabile Parteiensystem.

Nach einem für deutsche Verhältnisse spektakulären Bundestagswahlkampf 2002, der wie nie zuvor im Zeichen von Personalisierung und Inszenierung gestanden hatte, war der Ausgang einer Wahl sicherlich nie zuvor so spannend gewesen. Während der Legislaturperiode gab es ein Auf und Ab der Parteien in der Wählergunst. Lag die christlich-liberale Opposition unmittelbar nach der Bundestagswahl 1998, bedingt durch die Machtquerelen in der SPD, in den Umfragewerten der Meinungsforschungsinstitute schnell wieder vorne, brach diese Gunst im weiteren Zeitverlauf, trotz gewonnener Landtags- und Kommunalwahlen, durch das Aufkommen der Spendenaffäre in der CDU deutlich ein. Erst infolge der Distanzierung von Altbundeskanzler Kohl und der Aufklärungsarbeit von Parteichefin Merkel stiegen die Umfragewerte der CDU wieder an, was vor allen Dingen durch die schlechten Wirtschaftsdaten und Probleme der SPD in den eigenen Reihen begünstigt wurde. Nutznießer dieser Situation war neben der Union insbesondere die FDP, die aufgrund der ihr neu zugebrachten Sympathie und Jürgen Möllemanns Wahlerfolg in Nordrhein-Westfalen das „Projekt 18" ins Leben rief und sich damit marketingstrategisch als dritte Volkspartei etablieren wollte. Lange Zeit sah es dann nach einer klaren Mehrheit für schwarz-gelb aus. Erst im Sommer 2002 konnte die Regierungskoalition, begünstigt durch Faktoren wie die Hochwasserkatastrophe in Ostdeutschland und die Positionierung in der Frage eines möglichen Irak-Krieges, aber auch durch die immer schwächer werdende FDP, zu einem Kopf-an-Kopf-Rennen aufschließen.

Ausgang der Bundestagswahl 2002

Was ist das Besondere an dem Ausgang der Bundestagswahl 2002? Die Wahl 2002 war insofern einmalig, als dass keine der großen Parteien über 40 % der Stimmen erringen konnte. Dies hatte es seit 1949 nicht mehr gegeben. Die Wahlbeteiligung sank gegenüber der vorherigen Bundestagswahl um 3,1 Prozentpunkte auf 79,1 %. Dies war zwar nicht erfreulich, im Vergleich mit den beiden Folgewahlen und anderen westlichen Demokratien aber immer noch ein sehr respektables Ergebnis.

Abbildung 23: Wahlergebnisse des 15. und 16. Bundestages

	15. Bundestag (22.09.2002)		16. Bundestag (18.09.2005)	
Wahlbeteiligung	79,1 %		77,7 %	
	Stimmenanteil in % (100)	Mandate (603)[1]	Stimmenanteil in % 100	Mandate (614)[2]
CDU/CSU	38,5	248	35,2	226
SPD	38,5	251	34,2	222
FDP	7,4	47	9,8	61
Bündnis 90/Grüne	8,6	55	8,1	51
Die Linke (2002: PDS)	4,0	2	8,7	54
Sonstige	3,0	-	4,0	-

[1] Davon 5 Überhangmandate: 1 CDU und 4 SPD
[2] Davon 16 Überhangmandate: 7 CDU und 9 SPD

Der Sieg der rot-grünen Regierungskoalition war äußerst knapp, und dieser geringe Vorsprung wurde gleichzeitig noch durch die Mehrheit der Opposition im Bundesrat begrenzt. Blickt man an dieser Stelle auf die langfristige Entwicklung der Parteien, zeigt sich sogar eine strukturelle Mehrheitsfähigkeit der CDU/CSU im Bund. Seit 1949 hat die CDU bisher nur zwei Mal die Führung als stärkste Fraktion im Bundestag an die SPD abgeben müssen, das war 1972 bei der Wahl von Willy Brandt der Fall und 1998 bei der Abwahl von Helmut Kohl und dem ersten Wahlsieg von Gerhard Schröder. Bei der Wahl 2002 konnte die SPD nur mit ein paar Tausend Stimmen und mit Hilfe von Überhangmandaten stärkste Partei im Bundestag werden. Den eigentlichen Wahlsieg hat sie dem starken Erfolg der *Grünen* zu verdanken, die CDU/CSU ihre Niederlage dagegen dem schwachen Abschneiden der FDP.

Die SPD konnte sich als stärkste Kraft behaupten, wenngleich ihr Ergebnis nicht überragend war und mit 38,5 % hinter ihrem Ergebnis von 1998 zurücklag. Es war vor allen Dingen die Person des Bundeskanzlers Gerhard Schröder, dessen Sympathie- und Popularitätswerte eine Wahlniederlage verhinderten, die SPD selbst lag in allen Umfragen stets hinter der CDU zurück.

SPD behauptet Spitzenposition knapp

Die Union schloss nach ihrem schlechten Ergebnis von 1998 zur SPD auf, erreichte aber mit nur 38,5 % ihr drittschlechtestes Ergebnis seit 1949. Im Gegensatz zum amtierenden Bundeskanzler erreichte der Kanzlerkandidat Edmund Stoiber bei Weitem nicht die Popularitätswerte von Gerhard Schröder.

CDU/CSU schließt auf

Bündnis '90/Die Grünen gingen bei der Bundestagswahl als die eigentlichen Gewinner durchs Ziel – ihr Erfolg konnte nahezu als historisch bezeichnet werden. Dies war nach den Verlusten bei Landtagswahlen während der ganzen Legislaturperiode nicht erwartet worden. Als entscheidend erwies sich Joschka Fischers innen- und außenpolitische Akzeptanz. Auch profitierten *Bündnis '90/Die*

Bündnis '90/Die Grünen die eigentlichen Gewinner

Grünen von ihrer Zweitstimmenkampagne, denn die Differenz zwischen ihren Erst- und Zweitstimmen betrug drei Prozentpunkte.

FDP hinter Erwartungen zurück

Die FDP blieb weit hinter ihren eigenen Erwartungen zurück, obwohl ihr Ergebnis deutlich besser war als 1998. Im Verlauf der Legislaturperiode konnte die FDP bei einigen Landtagswahlen glänzen und errang deutliche Stimmenzuwächse. Die Strategie, 18 % der Wählerstimmen anzupeilen, erwies sich für die Partei, die traditionell eine recht klar umrissene Zielgruppe hatte, als nicht förderlich. Das klare Profil wurde verwässert und die Liberalen avancierten mehr zu einer Spaßpartei als zu einem ernstzunehmenden potentiellen Koalitionspartner. Eine umstrittene Werbe-Aktion Jürgen Möllemanns verschärfte die Situation noch einmal. Der damalige stellvertretende Bundesvorsitzende hatte wenige Tage vor der Wahl Flugblätter an alle Haushalte Nordrhein-Westfalens verteilen lassen, in denen Israels Ministerpräsident Ariel Sharon sowie der bekannte Rechtsanwalt und Fernsehmoderator Michel Friedman angegriffen wurden. Die Aktion löste in den Medien eine deutschlandweite Antisemitismus-Debatte aus.

Protestpotenzial der PDS läuft ins Leere

Die PDS war im Deutschen Bundestag nur noch mit zwei gewonnenen Direktmandaten vertreten. Sie wurde in ihrer Funktion scheinbar endgültig auf eine regionale Partei Ostdeutschlands zurückgestuft. Der zwischenzeitliche Abgang von Gregor Gysi hatte ihr Ansehen in den westdeutschen Ländern weiter geschmälert, die Flutkatastrophe und die Positionierung der Regierungsparteien im Zusammenhang mit dem Irak-Konflikt ließen ihr Protestpotential diesmal ins Leere laufen.

Auffällige regionale Unterschiede

Vor allen Dingen die regionalen Unterschiede im Wahlergebnis waren bei dieser Wahl auffällig. Der Abstand zwischen der SPD und der CDU war im Osten Deutschlands zweistellig zugunsten der Sozialdemokraten. Die Betrachtung der Gewinn- und Verlustrechnung macht den Unterschied besonders deutlich: Die SPD verlor im Westen 4 Prozentpunkte und gewann im Osten 4,7 % dazu, die Union gewann im Westen 3,8 % und im Osten nur 1 %. Neben dem Ost-West-Gefälle gab es bei der Wahl auch deutliche Unterschiede zwischen Nord und Süd, allerdings nur bezogen auf den Westen der Republik: Die SPD gewann im Norden und in der Mitte, die Union im Süden (vgl. ROTH/JUNG 2002).

Der Ausgang der Wahl hatte die Erwartungen einiger Parteien und Politiker enttäuscht. Dazu gehörten die CDU, die FDP, die PDS und viele ihrer Repräsentanten und Anhänger. Es zeigte sich bereits 2002, dass es langfristig schwieriger werden könnte, eine „kleine Koalition" aus einer der Volksparteien und einem kleineren Koalitionspartner zu bilden. Drei Jahre später folgte als Konsequenz aus dieser Situation der Abschluss einer Großen Koalition aus SPD und CDU.

Vorspiel zur Bundestagswahl 2005 in NRW

Das Vorspiel für diese Elefantenhochzeit auf Bundesebene bildete am 22. Mai 2005 die Landtagswahl in Nordrhein-Westfalen, bei der die SPD nach einer Serie von Wahlniederlagen auch noch die „Herzkammer" der Sozialdemokratie an die CDU verlor. Daraufhin setzten SPD-Parteichef Franz Müntefering und Bundeskanzler Gerhard Schröder alles auf eine Karte. Noch am Wahlabend verkündete das Führungsduo der SPD einer überraschten Nation, die eigentlich erst im Herbst 2006 anstehende Bundestagswahl auf den Herbst 2005 vorziehen zu wollen. Nach Einschätzung der meisten Beobachter begann die Vorgeschichte dieser weitreichenden Entscheidung aber bereits im März 2003, als Schröder im

Bundestag seine Reformvorhaben in der Arbeitsmarkt- und Sozialpolitik („Agenda 2010") vorstellte.

Die Neuwahlankündigung löste eine öffentliche Kontroverse um Sinn und Zweck dieser Maßnahme aus. Die Bewertung dieses Schrittes reichte vom „politischen Befreiungsschlag" bis hin zum „Selbstmord aus Angst vor dem Tod" (HILMER/MÜLLER-HILMER 2006, S. 189). Die vorgezogene Neuwahl war allein schon aus juristischer Perspektive als problematisch zu bewerten, da das Grundgesetz bekanntlich kein Selbstauflösungsrecht des Bundestages vorsieht. Da Schröder die Alternative eines Rücktritts von Anfang an kategorisch abgelehnt hatte, konnte er zur Herbeiführung von Neuwahlen nur eine „inszenierte" Vertrauensfrage im Bundestag stellen, die er absprachegemäß verlor. Er überzeugte den Bundespräsidenten von der Notwendigkeit einer Parlamentsauflösung und schließlich ließ sich auch das Bundesverfassungsgericht auf diesen Weg ein (GROTZ 2005, S. 472 ff.).

SPD-Spitze führt Neuwahlen herbei

Die Vorteile, die sich Bundeskanzler Gerhard Schröder und der SPD-Vorsitzende Franz Müntefering von dieser Maßnahme versprachen, blieben jedoch gänzlich unklar. Beide argumentierten zunächst, das strukturelle Patt zwischen den divergierenden Mehrheitsverhältnissen in Bundestag und Bundesrat mache das Regieren unmöglich. Zudem war die Ausgangslage für einen vorgezogenen Wahlkampf für die Sozialdemokratie im Frühjahr 2005 denkbar schlecht. Die Wirtschaftsdaten und Arbeitsmarktzahlen zeichneten kein gutes Bild von den Leistungen der Regierung, die Partei lag in bundesweiten Umfragen zumeist unterhalb der 30-Prozent-Marke und die SPD-Aktivisten waren von einer langen Serie frustrierender Wahlkämpfe erschöpft (vgl. VON ALEMANN/SPIER 2008, S. 43).

Die These, wonach es Schröder in Wahrheit darum ging, die beiden politischen Hauptgegner der SPD „kalt zu erwischen" (HILMER/MÜLLER-HILMER 2006, S. 189), erscheint da deutlich plausibler. Allerdings zeigten diese sich relativ unbeeindruckt. Die Unionsparteien nominierten bereits wenige Tage später Angela Merkel zur Spitzenkandidatin. Die im Verlauf des Jahres 2004 hauptsächlich aus regierungskritischen SPD- und Gewerkschaftmitgliedern entstandene WASG und die PDS einigten sich auf eine Wahlallianz, die zwei Jahre später in einer regelrechten Fusion der Partner zur Partei *Die Linke* münden sollte.

Jenseits der Frage, welchen Überlegungen die Neuwahl-Entscheidung letztlich folgte, sollte nicht außer Acht gelassen werden, dass es schlichtweg Schröders Stil entsprach, eine Richtungsentscheidung im Vertrauen auf seine Qualitäten im Wahlkampf zu suchen (vgl. LEES 2006, S. 361). Hatte er im bereits verloren geglaubten Wahlkampf 2002 nicht ebenfalls noch einmal das Ruder herumgerissen? Warum sollte ihm dies 2005 nicht erneut gelingen?

Im Vergleich zu Merkel war Schröder tatsächlich der populärere Kandidat. Hierfür dürfte nicht zuletzt auch das „TV-Duell" zwischen beiden Kontrahenten verantwortlich gewesen sein, das Schröder klar für sich entscheiden konnte. Während fast die Hälfte der befragten Bürger nach der Sendung den Kanzler vorn gesehen hatte, hielten nur 28 % Merkel für die Siegerin (vgl. WÜST/ROTH 2006, S. 444). Während des Wahlkampfes gelang es Schröder, eine eher traditionalistische Rhetorik anzuschlagen, die zwar weitgehend im Widerspruch zur reformorientierten Politik der vergangenen Regierungsjahre stand, mit der er

Fulminante Aufholjagd der Sozialdemokraten

jedoch beachtliche Mobilisierungserfolge in einer zunehmend skeptischeren SPD-Anhängerschaft erzielen konnte (vgl. MIELKE 2006, S. 17) und eine fulminante Aufholjagd startete. Thematisch war der SPD-Wahlkampf vor allem auf das Thema „Soziale Gerechtigkeit" hin ausgerichtet, wofür die CDU mit einem eher wirtschaftsliberalen Wahlprogramm eine breite Angriffsfläche bot.

Wahlkampfkonzept der Union geht nicht auf

Neben der redlichen, aber taktisch falschen Entscheidung der CDU einen „ehrlichen Wahlkampf" (Merkel) zu führen und den Bürgern die Notwendigkeit von harten Einschnitten im sozialen Bereich zu vermitteln, durchkreuzten auch einzelne Politiker aus den eigenen Reihen das Wahlkampfkonzept der Union durch ungeschickte und unabgesprochene Äußerungen (vgl. HILMER/MÜLLER-HILMER 2006, S. 191 ff.). Schließlich ließ der unabhängige Steuerexperte Paul Kirchhof, der von der Union als designierter Finanzminister in ihr „Kompetenzteam" aufgenommen worden war, in einem Interview wissen, dass er selbst für einen einheitlichen Steuersatz, die sogenannte *flat tax*, plädiere. Insbesondere die Causa Kirchhof nutzte Schröder, indem er den „Professor aus Heidelberg" vehement angriff und ihn zum gefühlskalten Technokraten ohne Blick für das Soziale stilisierte (GROTZ 2005, S. 482 f.). Mit diesem aggressiven Kurs des *negative campaigning* gelang es der SPD, sich selbst als „Gralshüterin der sozialen Gerechtigkeit" darzustellen, während die CDU als „Partei der sozialen Kälte" dastand (NIEDERMAYER 2006, S. 23).

Arbeitsmarktpolitik im Fokus der anderen Parteien

Die Grünen traten laut dem Titel ihres Wahlprogramms mit dem Ziel an, eine Politik „solidarischer Modernisierung in ökologischer Verantwortung" fortzusetzen. Im Vergleich zu früheren Wahlkämpfen standen auch bei ihnen wirtschafts- und arbeitsmarktpolitische Forderungen an prominenterer Stelle. Die FDP verzichtete nach der Blamage von 2002 auf die Nominierung eines eigenen Kanzlerkandidaten und strebte ein Bündnis mit der Union an. Die *Linken* zogen mit Forderungen nach einer Anhebung des Spitzensteuersatzes und der Einführung von Mindestlöhnen und Grundsicherung in die Auseinandersetzung.

Ausgang der Bundestagswahl 2005

So hielt dann auch das Wahlergebnis des 18. September 2005 einige Überraschungen parat: Die Unionsparteien erzielten mit gemeinsam 35,2 % der Zweitstimmen ihr bis dato zweitschlechtestes Abschneiden seit 1949. Damit lagen sie nur knapp vor der SPD, die mit 34,2 % zwar ebenfalls kein gutes, aber immerhin doch ein deutlich über den Umfrageergebnissen liegendes Resultat einfahren konnte. Im Vergleich zur Vorwahl hatten die Volksparteien erneut klar verloren. Auch *Die Grünen* mussten leichte Verluste hinnehmen, während die FDP mit 9,8 % sowie die *Linken* mit 8,7 % große Zugewinne verbuchen konnten. Obwohl die rot-grüne Mehrheit damit passé war, reichte es aufgrund des Einzugs der *Linken* in den Bundestag doch auch zu keinem schwarz-gelben Bündnis. So endete der Wahlabend letztlich in einem Patt der beiden Volksparteien (vgl. HOLTMANN 2006, S. 13).

Trotz der Verluste an Wählerstimmen und Parlamentsmandaten war die Erleichterung in der SPD über das Wahlergebnis deutlich zu spüren. Für die Partei war es ein „gefühlter Sieg". Das zeigte etwa der grenzenlose Jubel im Willy-Brandt-Haus bei der Bekanntgabe der ersten Prognose nach Schließung der Wahllokale oder das vor Selbstbewusstsein strotzende Auftreten Gerhard Schröders in der „Elefantenrunde" der Spitzenkandidaten, in der er die Führung der neuen Regierung für sich beanspruchte und Angela Merkel die Kompetenz zur Kanzlerschaft absprach.

So schloss sich unmittelbar an die Wahl das schwierige Problem an, eine stabile Regierungsmehrheit zu finden. Aufgrund der Zusammensetzung des neuen Bundestages waren rechnerisch von vornherein nur Dreier-Bündnisse einer Volkspartei mit zwei weiteren kleinen Parteien oder eine Große Koalition möglich. Für beide Optionen war der vorweg gegangene polarisierende Lagerwahlkampf eine schwere Hypothek. Eine „Ampelkoalition" aus SPD, FDP und *Grünen* scheiterte an den Liberalen, die diese Konstellation bereits vorab kategorisch ausgeschlossen hatten. Für eine „Jamaikakoalition" aus Union, FDP und *Grünen* standen dagegen *Die Grünen* nicht zur Verfügung. Und eine „Rote Ampel" aus SPD, *Grünen* und *Linken* kam allein schon wegen persönlicher Animositäten der SPD-Führung mit dem früheren Parteivorsitzenden Oskar Lafontaine nicht in Frage, der der Sozialdemokratie erst kurz zuvor endgültig den Rücken gekehrt hatte und nun erfolgreich für *Die Linke* in den Wahlkampf gezogen war.

Auch die Große Koalition war insofern prekär, da sich während der Kampagne beide Volksparteien erbittert bekämpft und zu wesentlichen politischen Fragen – etwa in der Gesundheits- und Steuerpolitik – diametral entgegengesetzte Lösungskonzepte vorgetragen hatten (vgl. VON ALEMANN/SPIER 2008, S. 58). Vor dem Hintergrund der heiklen Ausgangslage gestalteten sich die eigentlichen Koalitionsverhandlungen zwischen SPD, CDU und CSU bemerkenswert konstruktiv (vgl. HILMER/MÜLLER-HILMER 2006, S. 213). Nachdem die Sozialdemokraten ihren Anspruch auf die Kanzlerschaft aufgegeben hatten, stand die Große Koalition unter Führung Angela Merkels am 18. November 2005, bereits zwei Monate nach der Bundestagswahl.

Bildung einer Großen Koalition aus Union und SPD

Die Opposition im 16. Bundestag unterschied sich wesentlich vom gewohnten deutschen Oppositionstypus. Denn weder von ihrer Größe noch von ihrer thematischen Ausrichtung waren die drei Parteien in der Lage, gemeinsam eine Alternative zur Großen Koalition bzw. eine Reserve-Regierung zu bilden. Trotz der programmatisch vollkommen divergenten Positionen einigten sich FDP, *Grüne* und *Linke* auf einen modus vivendi zur gegenseitigen Wahrung ihrer Fraktionsrechte gegenüber der schwarz-roten Zwei-Drittel-Regierungsmehrheit im Bundestag (vgl. WALTHER 2010). Die drei Parteien schwankten je nach Thematik zwischen „kooperativer" und „kompetitiver Opposition" (BEYME 2004, S. 279). So arbeiteten etwa FDP und *Grüne* in Fundamentalfragen wie dem Bundeswehreinsatz in Afghanistan oder dem Zustimmungsgesetz zum EU-Verfassungsvertrag mit der Regierung zusammen, während die *Linken* in ihren Anträgen zumeist klare Gegenpositionen zur Abstimmung stellten. Letztere verfolgten weiterhin die Strategie gemeinsam mit den *Grünen*, den potenziellen Partner SPD über die Zustimmung zu von ihnen eingebrachten Gesetzesvorlagen zum Koalitionsbruch zu verleiten (vgl. WALTHER 2010). In diesem Zusammenhang gehört auch das „unmoralische Angebot" Oskar Lafontaines in einem SPIEGEL-Interview vom Juni 2007, der damalige SPD-Vorsitzende Kurt Beck könne unter bestimmten Bedingungen schon „morgen Kanzler sein". Auf solche Spielchen ließ sich die Sozialdemokratie freilich nicht ein und allen Unkenrufen zum Trotz

Kleine Parteien zwischen kooperativer und kompetitiver Opposition

hielt die zweite Große Koalition in der Geschichte der Bundesrepublik die komplette Legislaturperiode durch.

Etablierung des fluiden Fünf-Parteiensystems

Als Fazit lässt sich festhalten, dass das deutsche Parteiensystem mit der Bundestagswahl 2005 endgültig zu einem „fluiden Fünf-Parteiensystem" mit fünf relevanten Parteien im Bundestag und einer offenen Wettbewerbssituation sowohl zwischen den beiden großen Volksparteien als auch zwischen den drei kleineren Parteien geworden ist (NIEDERMAYER 2008b, S. 32). FDP, *Grüne* und *Linke* krebsen nicht mehr an der 5-Prozent-Hürde herum, sondern haben sich um die 10-Prozent-Marge recht respektabel etabliert, sodass ein existenzgefährdendes Abschmelzen einer der drei Parteien für die nähere Zukunft nicht zu erwarten ist. Viele Experten rechnen daher damit, dass die neue Koalitionsarithmetik zu einem starken machtstrategischen Anreiz zur Erweiterung der Koalitionsoptionen führen wird, da Zweierbündnisse auf Bundesebene perspektivisch schwieriger werden dürften. Wer aber bereits 2005 geglaubt hatte, die typisch deutschen Koalitionen aus einer Volkspartei und einem kleineren Partner seien durch die gestiegene Fragmentierung des Parteiensystems generell überholt, wurde durch die Bundestagswahl 2009 rasch eines Besseren belehrt.

Ausgang der Bundestagswahl 2009

Die Wahl zum 17. Bundestag am 27. September 2009 war in nahezu jeder Hinsicht eine Wahl der Extreme und Rekorde. Während die drei Oppositionsparteien FDP, *Linke* und *Grüne* massive Gewinne und die jeweils besten Ergebnisse ihrer Parteigeschichte einfuhren, stürzten die Volksparteien weiter ab – die CDU und CSU auf ihre jeweils schlechtesten Resultate seit 1949, die SPD sogar erdrutschartig auf ihr niedrigstes Bundestagswahlergebnis überhaupt. Zusammen konnten die Großen damit gerade noch 57 % aller Wählerstimmen auf sich vereinigen. Wie sehr sich die Kräfteverhältnisse zwischen den Volksparteien und den übrigen Parteien damit verschoben haben, illustriert Abb. 24.

Abbildung 24: Entwicklung des Stimmenanteils Volksparteien/ übrige Parteien bei den Bundestagswahlen von 1949 bis 2009; Angaben in % der gültigen Zweitstimmen

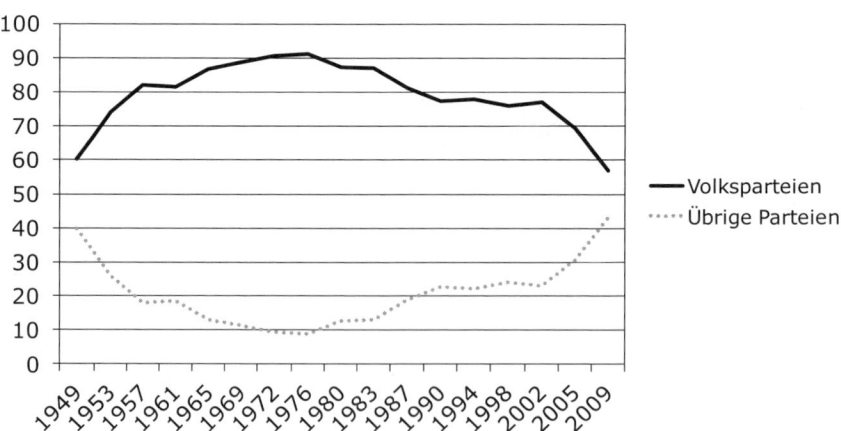

Die Wahlbeteiligung war mit knapp 70,8 % so niedrig wie nie zuvor. Für eine Überraschung sorgte die neu gegründete *Piratenpartei*, die erstmals antrat, mit ihrer Forderung nach einer Stärkung der Bürgerrechte im digitalen Zeitalter immerhin 2 % der Stimmen erringen konnte und damit stärkste der nicht im Bundestag vertretenen Parteien wurde. Die Große Koalition war an diesem Wahlabend Geschichte und es kam zur Neuauflage eines schwarz-gelben Bündnisses. Schauen wir uns die Ergebnisse und deren Zustandekommen etwas genauer an:

Abbildung 25: Wahlergebnis des 17. Bundestages

	17. Bundestag (27.09.2009)	
	70,8 %	
	Stimmenanteil in % (100)	Mandate (622)[1]
CDU/CSU	33,8	239
SPD	23,0	146
FDP	14.6	93
Bündnis 90/Grüne	10,7	68
Die Linke	11,9	76
Sonstige	6,0	-
[1] Davon 24 Überhangmandate: 21 CDU und 3 CSU		

Die Union trat erneut mit Bundeskanzlerin Angela Merkel als Spitzenkandidatin an und sprach sich im Wahlkampf von Anfang an für eine Koalition mit der FDP aus, mit der gemeinsam sie ein umfangreiches Steuersenkungspaket auf den Weg bringen wollte. Angesichts der 2008 ausgebrochenen weltweiten Finanzkrise und der angespannten Situation des Bundeshaushalts traf dieses Vorhaben beim politischen Gegner aber auch in den Medien auf einige Kritik. Die Union argumentierte jedoch, die zu erwartenden geringeren Steuereinnahmen durch höheres Wirtschaftswachstum kompensieren zu können. Die leichten Verluste der Union im Vergleich zur vorangegangenen Wahl (- 1,4 Prozentpunkte) waren vor allem auf das schlechte Abschneiden der CSU in Bayern zurückzuführen, während die CDU relativ stabil blieb.

Mit insgesamt nur 33,8 % fuhren die Unionsparteien zwar eines ihrer schlechtesten Resultate ein, im Vergleich zum katastrophalen Abschneiden der SPD fiel die Schwäche aber diesmal nicht mit voller Konsequenz ins Gewicht. Dennoch: Aufgrund soziokultureller Wandlungsprozesse in den letzten Jahrzehnten ist die traditionelle Kernklientel der Union, die sich vor allem aus dem kirchengebundenen-katholischen Milieu rekrutierte, immer mehr zusammengeschmolzen (vgl. WÜST/ROTH 2006, S. 55). Daneben sind der CDU/CSU weitere Machtressourcen weggebrochen. So spaltet etwa der forsche Wirtschaftsliberalismus eines Teils der Parteiführung das christlich-bürgerliche Lager. Mit der Hinwendung der SPD zur politischen Mitte und dem Ende des Ost-West-Konflikts entfiel der Antikommunismus als integrative Klammer, und nicht zuletzt kommen spezifische Mobilisierungs-, Identitäts- und Organisationsprobleme der CDU in Ostdeutschland hinzu (vgl. NIEDERMAYER 2008b, S. 16). Schon lange mehren sich deshalb im Umfeld der Partei die mahnenden Rufe, „wonach für eine

Klientel der Union schmilzt zusammen

langfristige Wählerbindung die Klaviatur der Wirtschafts- und Arbeitsmarktpolitik nur den Grundton" angeben kann. Daneben brauche die CDU/CSU Themen, die auch „emotionale Resonanz" erzeugen könnten (SCHMID 2008, S. 78).

Historisches Tief
der SPD

Die SPD, die mit ihrem Spitzenkandidaten Frank-Walter Steinmeier, der in der Großen Koalition erfolgreich als Außenminister agiert hatte, in das Kanzleramt einziehen wollte, erlebte einen schwarzen Wahlsonntag. Die Genossen verloren auf einen Schlag 11,2 Prozentpunkte und fielen auf nur noch 23 % zurück – der niedrigste Wert seit den Reichstagswahlen am Ende der Weimarer Republik. Eine absolute Zahl veranschaulicht die bedrohlichen Ausmaße der Krise besonders deutlich: Innerhalb eines Jahrzehnts von der ersten erfolgreichen Schröder-Wahl 1998 bis zum September 2009 verlor die SPD sage und schreibe rund 10 Millionen Wählerstimmen. Die Gründe für dieses Desaster sind rein rational nicht leicht zu erklären, da die Sozialdemokraten in der Großen Koalition weite Teile ihrer Programmatik umsetzen konnten – z. B. die Beibehaltung des Ausstiegs aus der Atomenergie, die Einführung von gesetzlichen Mindestlöhnen in einigen Branchen oder die Durchsetzung staatlicher Finanzhilfen für angeschlagene Unternehmen während der Wirtschaftkrise. Zudem verfügte die SPD durchaus über populäre Minister im Kabinett wie den über Parteigrenzen hinweg respektierten Peer Steinbrück im Finanzressort. Viele potenzielle und ehemalige Wähler nahmen der Partei wohl noch unpopuläre Regierungsentscheidungen übel, wie etwa die Einführung der Rente mit 67 oder die Hartz-IV-Gesetzgebung. Auch hatte sich die SPD im Wahlkampf 2005 gegen eine von der CDU favorisierte Erhöhung der Mehrwertsteuer um 2 Prozentpunkte („Merkel-Steuer") ausgesprochen, um dann kurz nach der Wahl sogar einer Anhebung um 3 Prozentpunkte zuzustimmen.

Eine entscheidende Rolle mag zudem gespielt haben, dass sich in Umfragen früh abzeichnete, dass die Sozialdemokraten über keine realistische Machtoption verfügten. Dass es für das angestrebte Bündnis mit den *Grünen* nicht reichen würde, war lange klar. Ein Dreierbündnis unter Einschluss der FDP hatte deren Parteichef Guido Westerwelle kategorisch ausgeschlossen. Und eine Zusammenarbeit mit der *Linken* lehnten die Sozialdemokraten ab. Damit blieb als einzige Regierungsperspektive die Fortsetzung der Großen Koalition in der Rolle des Juniorpartners. Doch dafür ließen sich die Wähler nicht mehr erwärmen. Als Reaktion auf das Wahldebakel setzte innerhalb der Partei eine lebhafte Richtungsdiskussion ein. Vor allem der linke Parteiflügel forderte die kritische Aufarbeitung der Regierungsjahre, insbesondere hinsichtlich der Arbeitsmarkt- und Sozialpolitik, sowie eine inhaltliche und strategische Öffnung in Richtung der *Linken*. Auf dem Dresdner Parteitag im November 2009 wurde daraufhin eine verjüngte Führungsspitze um den neuen Vorsitzenden Sigmar Gabriel ins Amt gewählt.

FDP im Allzeithoch

Ganz anders dagegen die Lage bei der FDP, die mit 14,6 % der Stimmen ein Traumergebnis einfuhr und nach zwei gescheiterten Anläufen 2002 und 2005 nun endlich auf den Regierungsbänken Platz nehmen durfte – und das ausgerechnet zu einer Zeit, als sich das wirtschaftsliberale Dauer-Mantra „Mehr Markt, weniger Staat" auf den kollabierenden Finanzmärkten der Welt als obsolete Leerformel zu entpuppen schien. Neben der Schwäche der Volksparteien, für die die Große Koalition in erster Linie auch eine Zeit unbefriedigender Kompromisse bedeutet hatte, dürfte für den fulminanten Wahlerfolg der Liberalen vor allem auch ein riskantes Manöver von Parteichef Guido Westerwelle eine Rolle gespielt haben. Nachdem es bei den beiden vorangegangenen Urnengängen trotz deutlicher Stimmenzuwächse nicht für eine Regierungsbeteiligung der FDP gereicht hatte, kettete der Vorsitzende eine Woche vor der Bundestagswahl seine Partei auf Gedeih und Verderb an das Schicksal der Union, indem er einem möglichen Bündnis mit *Grünen* und Sozialdemokraten ohne Not eine endgültige Absage erteilte. Nach ersten Erkenntnissen gelang es ihm mit diesem gefährlichen Schachzug – dass es für schwarz-gelb zur Mehrheit reichen würde, war zu diesem Zeitpunkt keineswegs gewiss – enttäuschte Unionswähler, die keine Fortsetzung der Großen Koalition wollten, ins Lager der FDP herüberzuziehen. Der kurzfristige Gewinn dieser Maßnahme war spektakulär: das Außenministerium und das Amt des Vizekanzlers für Westerwelle, dazu vier weitere Bundesministerien, darunter so wichtige Ressorts wie Wirtschaft, Gesundheit und Justiz. Mittelfristig könnten die Liberalen für ihre koalitionspolitische Selbstfesselung im Fünf-Parteiensystem allerdings einen hohen Preis bezahlen, zumal die Union sich weit weniger anfällig für die Krankheit der „Ausschließeritis" zeigt. So unterzeichnete etwa Hamburgs Oberbürgermeister Ole von Beust, der 2001 noch mit dem Rechtspopulisten Ronald Schill koaliert hatte, Anfang 2008 das erste schwarz-grüne Regierungsbündnis auf Landesebene. Ob die im November 2009 im Saarland geschlossene Jamaika-Koalition aus CDU, *Grünen* und FDP eine künftige Machtperspektive für die Liberalen auch im Bund sein kann, muss sich erst noch zeigen. Die Bundesspitze der *Grünen* sieht in der neuen Farbenlehre vorerst allerdings nur ein „saarländisches Experiment ohne jeglichen Vorbildcharakter", so Renate Künast.

Wie alle (ehemals) kleinen Parteien konnten *Die Grünen* selbst bei der Bundestagswahl 2009 Stimmen hinzugewinnen und ihr Ergebnis auf nie dagewesene 10,7 % steigern. Ein sehr respektabler Erfolg, vor allem wenn man bedenkt, dass die Partei am Ende der Ära Fischer vier Jahre zuvor ohne jegliche Regierungsbeteiligung dagestanden hatte. Im Herbst 2009 war sie nun wieder in 13 Landtagen in Fraktionsstärke vertreten und konnte sich über Regierungsbeteiligungen in Bremen, Hamburg und im Saarland freuen. Gleichwohl schmeckte der historische Sieg bei der Bundestagswahl verdächtig nach einer Niederlage, denn von der Schwäche der Volksparteien konnten *Die Grünen* am wenigsten profitieren. Als kleinste Fraktion im Parlament sind sie fast so etwas wie das fünfte Rad am Wagen. Ähnlich wie den Sozialdemokraten fehlte der Partei diesmal eine klare Machtoption, weshalb sie sich hauptsächlich auf die eigenen Inhalte konzentrierte. Allerdings greifen die anderen Parteien vermehrt grüne Positionen auf und bedrohen somit den Markenkern der Umweltschutzpartei. Während sie in der Gesellschaftspolitik eine eindeutige Polstellung hinsichtlich sozialer und freiheitlicher Positionen einnimmt, was auch zukünftig die Brücke zur SPD und potenziell zu den Linken sein könnte, eröffnet ihre Flexibilität in sozioökonomischen Fragen der Ökopartei weitere Koalitionsoptionen mit den Parteien des bürgerlichen Lagers. Diese prinzipielle Offenheit muss im Fünf-Parteiensystem kein Nachteil sein. Als Zünglein an der Waage zwischen

Grüne als fünftes Rad oder künftige Königsmacher?

schwarz-gelb und rot-rot könnten *Die Grünen* somit unter Umständen künftig jene Rolle des Königsmachers einnehmen, die die FDP in der alten Bundesrepublik spielte und die im Saarland 2009 zur Uraufführung kam. Allerdings bleibt abzuwarten, wie die grüne Parteibasis, die eher linksorientiere Bündnisse präferiert, und die traditionellen Stammwähler auf ein mögliches Bäumchen-wechsel-dich-Spiel reagieren würden.

Linke nun auch im Westen etabliert

Die Linke erzielte mit 11,9 % ebenfalls ein deutlich zweistelliges Ergebnis und ging als vierte politische Kraft aus der Bundestagswahl hervor. Damit etablierte sich nach den Grünen zum zweiten Mal in der Geschichte der Bundesrepublik eine erstzunehmende parlamentarische Alternative links von der Sozialdemokratie. Doch was für *Die Linke* fast noch wichtiger ist: Die Partei scheint endgültig im Westen angekommen zu sein. Was die PDS allein als ostdeutsche Regionalmacht in mehr als 15 Jahren zuvor nicht erreichen konnte, gelang ihr nun nach dem Zusammenschluss mit der westdeutschen WASG auf beeindruckende Weise innerhalb von nur zwei Jahren. Dieser Trend deutete sich bereits während der abgelaufenen Legislaturperiode an. Im Mai 2007 zog die Partei in Bremen erstmals in einen westdeutschen Landtag ein. Bis zur Bundestagswahl 2009 gelang ihr der Sprung in vier weitere Landesparlamente. Dabei galten vor allem die Erfolge in Niedersachsen 2008 und – obwohl der Versuch einer rot-rot-grünen Mehrheitsbildung unter der SPD-Spitzenkandidatin Andrea Ypsilanti zuvor kläglich gescheitert war – der erneute Einzug in den hessischen Landtag 2009 als besonders deutliche Anzeichen für die Stärke der neuen Partei (vgl. WALTHER 2010). Der vorläufige Höhepunkt der bis heute andauernden Erfolgswelle war jedoch am 30. August 2009 erreicht, als *Die Linke*, angeführt von ihrem heimischen Spitzenkandidaten Oskar Lafontaine, im Saarland beinahe aus dem Stand 21,3 % der Stimmen errang. Bei den Wahlen zu den ostdeutschen Landtagen in Thüringen (27,4 %) und Brandenburg (27,2 %) wurde sie im gleichen Zeitraum jeweils sogar zweitstärkste Kraft. Zudem gelang der Partei bei der Landtagswahl in Nordrhein-Westfalen im Mai 2010 mit 5,6 % der Wählerstimmen erstmals der Sprung ins Parlament des bevölkerungsreichsten Bundeslandes.

Bündnisse mit SPD bald auch auf Bundesebene?

Obwohl inhaltlich – etwa im Bereich der Außen- und Sicherheitspolitik – nach wie vor große Differenzen zwischen SPD und *Linken* bestehen, scheint eine Zusammenarbeit auch auf Bundesebene perspektivisch nicht mehr ausgeschlossen. Allerdings ist *Die Linke* in sich tief gespalten, was durch die jüngsten Wahlerfolge nur mühsam verdeckt werden konnte. Der Grundkonflikt verläuft zwischen jenen, die sich an Regierungen beteiligen wollen, um die aus ihrer Sicht neoliberale Politik von dort aus wirksam zu bekämpfen, und den anderen, die in der Opposition bleiben möchten und in der Übernahme von Regierungsverantwortung die generelle Bereitschaft sehen, diese neoliberale Politik letztlich mitzutragen anstatt auf einen grundlegenden Systemwechsel hinzuarbeiten (vgl. NEUGEBAUER/STÖSS 2008, S. 167). Insofern muss sich erst noch beweisen, ob *Die Linke* in ihrer momentanen Gestalt „eine zeitgemäße Idee oder ein Bündnis ohne Zukunft" (SPIER et al. 2007) darstellt.

Piraten erzielen Achtungserfolg

Einen Achtungserfolg bei der Wahl 2009 konnte die erst drei Jahre zuvor gegründete *Piratenpartei* erzielen, die knapp 850.000 oder umgerechnet 2 % der Zweitstimmen auf sich vereinigen konnte und damit stärkste Kleinpartei außerhalb des Parlaments wurde. Vor allem unter jungen Männern erfreute sich die Vereinigung großer Beliebtheit. In Anlehnung an ihr gleichnamiges schwedisches Vorbild verstehen sich die *Piraten* als moderne und zeitgemäße Partei der Informations- und Wissensgesellschaft. Unter anderem plädieren sie für eine Reform der Urheberrechtsgesetze im Internet, besseren Datenschutz oder die Sicherung des Fernmeldegeheimnisses, welches sie durch die Überwachungstätigkeit des Staates bedroht sehen. Mit ihrem generellen Einsatz zur Stärkung der Bürgerrechte im digitalen Zeitalter ist es den *Piraten* zumindest zeitweilig gelungen, eine Marktnische innerhalb des deutschen Parteienspektrums zu besetzen (vgl. SOLAR 2010). Ob sie sich als Ein-Themen-Partei dort dauerhaft einrichten können oder mittelfristig von den arrivierten Kräften absorbiert werden, muss die Zukunft zeigen.

Wachsende Konkurrenz droht den etablierten Parteien vor allem auf Kommunal- und Landesebene zudem von den *Freien Wählern*, die besonders in Süddeutschland seit Jahren zu den erfolgreichsten Wählergruppen überhaupt zählen. Bei der Landtagswahl in Bayern 2008 zogen die *Freien Wähler* sogar mit 10,2 % der Zweitstimmen ins Parlament ein und zwangen die seit über 40 Jahren allein regierende CSU somit in ein Bündnis mit der FDP. Bundesweit verfügen die *Freien Wähler* jedoch über keine einheitliche Struktur. Die Beteiligung an überregionalen Wahlen ist zudem innerhalb und zwischen den verschiedenen Gruppierungen umstritten, da der Anspruch der freien Vereinigungen ursprünglich darin bestand, parteiunabhängige Sachpolitik vor Ort zu betreiben. Die regelmäßige Teilnahme an Wahlen oberhalb der Kommunalebene hätte wohl außerdem Konsequenzen für den rechtlichen Status der *Freien Wähler*, die dann – mit allen Rechten und Pflichten – wie gewöhnliche Parteien zu betrachten wären.

Freie Wähler in Süddeutschland stark

Einen Vorgeschmack darauf, wie kompliziert sich unter diesen veränderten Vorzeichen künftige Regierungsbildungen gestalten könnten, vermittelte im Mai 2010 das Kopf-an-Kopf-Rennen bei der Landtagswahl in Nordrhein-Westfalen. Ähnlich wie bereits fünf Jahre zuvor im Bund bescherte der Wahlabend den Kontrahenten an Rhein und Ruhr ein machtpolitisches Patt. Zwar wurde die schwarz-gelbe Regierung von Ministerpräsident Jürgen Rüttgers aus dem Amt gewählt. Allerdings erreichte durch den erstmaligen Einzug der *Linken* in den Düsseldorfer Landtag auch ein mögliches rot-grünes Bündnis keine eigene Mehrheit. Da es somit für keine der klassischen Zweier-Koalitionen reichte, waren im anschließenden Machtpoker Phantasie und Nerven gefragt: Große Koalition oder doch ein Dreier-Bündnis? Nicht nur für die Parteien ist dieser moderne Fünfkampf eine ungewohnte Disziplin. Auch für den Wähler dürfte es in Zukunft immer schwieriger werden, vorauszuahnen, was nach der Wahl mit seiner Stimme geschieht.

Landtagswahl NRW 2010

Am Ende dieses Kapitels können wir festhalten: Das bundesdeutsche Parteiensystem hat in seiner 60-jährigen Entwicklung mehrfach seine Gestalt verändert. Im Sinne einer theoriegeleiteten Periodisierung haben wir den Blick hier nicht auf Kanzler oder Koalitionen, nicht auf historische Ereignisse oder einzelne Parteitypen gelenkt. Vielmehr stand als Leitkategorie die Dynamik des gesamten Parteiensystems im Vordergrund. Nach den Phasen Formierung (1945-53), Konzentrierung (1953-76), Transformation (1976-94) und Stabilisierung (1994-2002)

Zwischenfazit

können wir auf diese Art und Weise seit 2002 den Eintritt in die fluide Phase in der Entwicklung des deutschen Parteiensystems konstatieren. Die Volksparteien verlieren in der offener gewordenen Wettbewerbssituation an Anziehung. Neben der FDP haben sich *Grüne* und *Linke* als mittlere Kräfte im Fünf-Parteiensystem etabliert. Anhand der Ergebnisse der Bundestagswahlen von 1949 bis 2009 (Abb. 26) kann dieser Trend noch einmal veranschaulicht werden. Ob sich diese fluide, flüssige Phase verdickt, wissen wir noch nicht. Die Prognose lautet hier und jetzt zu Beginn des Jahres 2010: Die Konstellation wird uns auch bei der Wahl 2013 erhalten bleiben.

Abbildung 26: Die Bundestagswahlen von 1949 bis 2009; Angaben in % der gültigen Stimmen

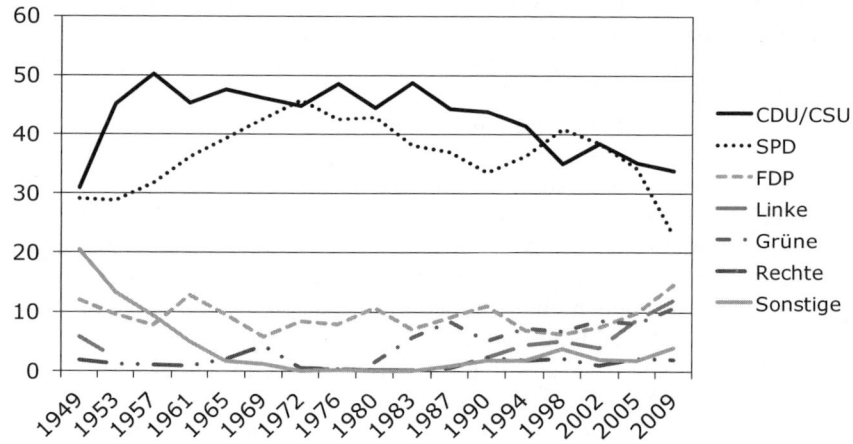

□ Literaturhinweise Zum viel diskutierten Wandel der Parteien bzw. des deutschen Parteiensystems sind aus der Fülle der Literatur besonders einschlägig: ANDERSEN (2009), DE-CKER (2007), WIESENDAHL (2006a), von BEYME (2002) oder POGUNTKE (2000). Zur jeweils aktuellen Standortbestimmung haben sich die von NIEDERMAYER (1999a, 2003 und zuletzt 2008a) herausgegebenen Analysen nach den jeweiligen Bundestagswahlen etabliert. Dort findet sich auch überall weiterführende Literatur zu den Einzelparteien, die deshalb hier nicht gesondert dokumentiert werden muss. Unter den Arbeiten der Nach-Wende-Jahre ist noch immer zu verweisen auf NIEDERMAYER/STÖSS (1994), LÖBLER/SCHMID/TIEMANN (1991), Rainer LINNEMANN (1994) sowie aus der CSU-nahen Hanns-Seidel-Stiftung die Bände von Gerhard HIRSCHER (1995) und EISENMANN/HIRSCHER (1992). Weitere wichtige Bücher sind erschienen von Oskar NIEDERMAYER (1996) und GAB-RIEL/NIEDERMAYER/STÖSS (2002).

4 Institution:
Wie sind die Parteien rechtlich eingebunden?

Deutschland ist unter den liberaldemokratischen Industriestaaten das Land, das den Parteienstaat am nachhaltigsten rechtlich internalisiert hat: nicht nur durch die Verfassung, das Grundgesetz, sondern auch durch das Parteiengesetz und die dort geregelte Parteienfinanzierung, durch die Wahlgesetze, durch Rundfunkgesetze und die dortige Parteienmitwirkung in Aufsichtsgremien, durch Geschäftsordnungen der Parlamente und die hier geregelten Rechte der Fraktionen und insbesondere auch durch die höchstrichterliche Rechtsprechung.

Die Deutschen nehmen den Rechtsstaat traditionell sehr genau. Für einen kritischen Beobachter beispielsweise wirkt die gesamte Parteienrechtsregelung wie ein einschnürendes Korsett, von dem er sich niemals selbst bedrängen lassen möchte. Tatsächlich kann die Verrechtlichung der Politik in der Bundesrepublik bis auf ungute, vordemokratische preußische Traditionen zurückgeführt werden. Sie leistet einer Verflechtung der deutschen politischen Parteien mit dem Staat Vorschub, die mindestens so stark für manche Erscheinungen der Parteienherrschaft verantwortlich ist wie der – natürliche – Machthunger der Parteien selbst. Man liebt eben in Deutschland klare Verhältnisse. Rechtlich-politische Zwitterwesen, wie es die Parteien zwischen Gesellschaft und Staat nun einmal sein müssen, lässt man nicht gerne lange frei herumflattern. So wurden die Parteien in das Netz des Rechtes eingefangen. Sicherlich bringt die Verrechtlichung begrenzt Berechenbarkeit, Gleichbehandlung und einklagbare Rechte, verursacht aber auch Schwerfälligkeit, Bürokratisierung und Innovationsfeindlichkeit.

Verrechtlichung der Parteien und Staatsverflechtung

4.1 Parteien im Recht

„Parteien wirken bei der politischen Willensbildung des Volkes mit." Das ist der einzige positive Satz des Grundgesetzes über die Parteien (Art. 21). Die übrigen Bestimmungen sind Einschränkungen und Spezifikationen. Aber dieser schlichte Satz hat es in sich. Zunächst einmal bedeutete er 1949 eine kleine Revolution für das Verfassungsrecht, denn in keiner deutschen oder anderen Verfassung waren die Parteien bisher positiv erwähnt worden.

In der Weimarer Reichsverfassung fand sich im Art. 130 nur eine Abwehrformulierung gegen den Parteieneinfluss: „Die Beamten sind Diener der Gesamtheit, nicht einer Partei". Für die Abwehrhaltung gegen die Parteien jener Zeit ist es auch typisch, dass sogar im Reichswahlgesetz die Parteien überhaupt nicht erwähnt wurden, obwohl sie im Verhältniswahlsystem Listenvorschläge einreichen mussten, die die Zusammensetzung des Reichstages wesentlich bestimmten. Der vollständige Artikel 21 GG lautet nun folgendermaßen:

Traditionelle Abwehr gegen Parteien

„(1) Die Parteien wirken bei der politischen Willensbildung des Volkes mit. Ihre Gründung ist frei. Ihre innere Ordnung muß demokratischen Grundsätzen entsprechen. Sie müssen über die Herkunft und Verwendung ihrer Mittel sowie über ihr Vermögen öffentlich Rechenschaft geben.

(2) Parteien, die nach ihren Zielen oder nach dem Verhalten ihrer Anhänger darauf ausgehen, die freiheitliche demokratische Grundordnung zu beeinträchtigen oder zu beseitigen oder den Bestand der Bundesrepublik Deutschland zu gefährden, sind verfassungswidrig. Über die Frage der Verfassungswidrigkeit entscheidet das Bundesverfassungsgericht.

(3) Das Nähere regeln Bundesgesetze."

Die Eingangsformulierung – „Die Parteien wirken bei der Willensbildung des Volkes mit" – klingt eigentlich recht harmlos, birgt aber eine Menge Sprengstoff für seitdem anhaltende kontroverse Debatten in Staatslehre und Politiktheorie. Was heißt „Willensbildung" – nur Wahlvorbereitung und Kandidatennominierung oder die gesamte staatlich-politische Entscheidungsfindung? Was heißt „mitwirken"? Mit wem? Mit den Verfassungsorganen Parlament und Regierung oder mit anderen gesellschaftlichen Kräften wie Interessenverbänden, Medien und Bürgerinitiativen?

Unendliche Aufgabenfülle der Parteien

Politikwissenschaftler haben verwundert beobachtet, dass die Aufgabenfülle, die die Parteien aus diesem simplen Satz des Grundgesetzes abgeleitet haben, geradezu unendlich sei. Sie nominieren die Kandidaten für die Parlamente, beschließen die Wahlprogramme, bilden die Fraktionen im Parlament, wählen die Regierungen und stellen die Minister, beschließen Gesetze und den Haushalt, kontrollieren die Verwaltung, bestimmen die Rechtspolitik, kontrollieren die öffentlich-rechtlichen Medien und mischen selbst bei der Wahl von Bundesligapräsidenten, Karnevalsprinzen und Kreiskrankenhausdirektoren mit.

Parteienstaat des Grundgesetzes

Wir leben also nach dem Grundgesetz in einem „Parteienstaat" oder mindestens in einer parteienstaatlichen Demokratie, in der die Allgegenwart der Parteien als Scharniere der politischen Willensbildung zwischen Wahlbürgern und Staat gewollt und unvermeidlich ist. Das ist jedenfalls die Meinung der einen Seite, die von der Mehrheit der Politologen und, besonders konsequent, von dem Staatsrechtler Gerhard LEIBHOLZ in den 50er Jahren vertreten wurde. Da er langjähriges Mitglied des Bundesverfassungsgerichts war, beeinflusste er auch maßgeblich dessen Rechtsprechung.

LEIBHOLZ hatte schon in seinen Schriften am Ende der Weimarer Republik im Gegensatz zur herrschenden Lehre des Staatsrechts die Parteien als legitime demokratische Institutionen anerkannt. Er diagnostizierte einen langfristigen Wandel des repräsentativ-liberalen Parlamentarismus, der auf der sozialen Homogenität des Bürgertums als der einzig politisch relevanten Klasse beruhte, und der dazu adäquaten Honoratiorenparteien zu dem neuen Phänomen des „massendemokratischen Parteienstaates" und der „parteienstaatlichen Massendemokratie" (LEIBHOLZ 1932). In den frühen 50er Jahren hat LEIBHOLZ seine Thesen weiter zugespitzt:

„Die politischen Parteien haben (...) die Stellung von Parlament und Abgeordneten
grundsätzlich verändert. (...) Der Abgeordnete ist nicht mehr im Sinne des parlamentarischen Repräsentativsystems ein ‚Vertreter des ganzen Volkes, der an Aufträge
und Weisungen nicht gebunden und nur seinem Gewissen unterworfen ist‘“ (LEIB-
HOLZ 1973, S. 76 f.).

So verlangt es allerdings der Art. 38 GG. LEIBHOLZ hält dies für eine Art Nostalgie. Nicht mehr der Abgeordnete vertritt das Volk im Parlament, sondern die
Parteien. Er wiederholt, dass allein die Parteien

Mediatisierung des
Volkes durch die
Parteien

„die Möglichkeit haben, die Wähler zu politisch aktionsfähigen Gruppen zusammenzuschließen und daß die Parteien das Sprachrohr sind, dessen sich das mündig
gewordene Volk bedient, um sich artikuliert äußern zu können, und in der politischen Sphäre handlungsfähig zu werden. (...) Die ‚Mediatisierung‘ des Volkes durch
die Parteien (gehört) sozusagen zum Wesen der modernen Demokratie. In dieser haben die Parteien die Tendenz, sich mit dem Volk zu identifizieren; noch pointierter
ausgedrückt, sie erheben den Anspruch, *das Volk zu sein*“ (LEIBHOLZ 1973, S. 81).

Der moderne demokratische Parteienstaat sei deshalb, „letzten Endes seinem
Wesen nach wie seiner Form nach das Surrogat der direkten Demokratie im
modernen Flächenstaat“ (ebd., S. 83). Zwar ergebe sich damit ein Antagonismus
zwischen Art. 21 und Art. 38, aber der erstere sei der modernere, der letzere der
eigentlich sinnentleerte. Auch wenn LEIBHOLZ in der Betonung der Parteienbe-
deutung gegen die immer noch zögerliche Staatslehre zu Beginn der Bundesrepublik eine wichtige Rolle gespielt hat, so ist seine These doch in vielen Aspekten überzogen. Die Parteien mit dem Volk zu identifizieren und dann konsequent
die Parteiendemokratie als eine Form der direkten Demokratie zu postulieren, da
die Parteien ja das Volk seien, das sich demnach direkt selbst regiert – das ist ein
bisschen zu viel des Begriffsrealismus. Hier liegt ein methodisches Problem.
LEIBHOLZ orientiert sich methodologisch an der sogenannten Phänomenologie.
Das lässt sich oberflächlich leicht daran erkennen, wie oft er Wendungen wie
„dem Wesen nach“ gebraucht. Eine empirisch orientierte Politikwissenschaft
dagegen lehnt Konzeptionen und Definitionen ab, die das „Wesen“ – also eine
Art idealtypische Realität der Demokratie, der Macht, der Politik oder eben auch
der Partei – zu erfassen versuchen. Stattdessen schlägt man in „Nominaldefiniti-
onen“ eine vorläufige Vereinbarung darüber vor, was man definitorisch erfassen
will, um dann in einer empirischen Analyse herauszufinden, wie der Untersuchungsgegenstand beschaffen ist (vgl. dazu VON ALEMANN 1995b). Ein solcher
vorläufiger Definitionsvorschlag der Partei wurde bereits im Prolog dieses Textes unterbreitet.

Die Parteien sind
das Volk?

Die LEIBHOLZsche Lehre vom „Parteienstaat“ ist trotz ihrer überzogenen
Formulierungen vom Bundesverfassungsgericht ursprünglich weit übernommen,
später aber relativiert worden. So äußerte sich das Gericht am 5. April 1952 in
einer ersten Parteienentscheidung ganz im Sinne von LEIBHOLZ:

Bundesverfassungs-
gericht übernimmt
Parteienstaats-
theorie...

„In der Demokratie von heute haben die Parteien allein die Möglichkeit, die Wähler
zu politisch aktionsfähigen Gruppen zusammenzuschließen. Sie erscheinen geradezu
als das Sprachrohr, dessen sich das mündig gewordene Volk bedient, um sich artiku-

liert äußern und politische Entscheidungen fällen zu können. (...) Heute ist jede Demokratie zwangsläufig ein *Parteienstaat*. (...) Die Parteien sind in die Verfassung eingebaut. Ein solcher Einbau enthält die Anerkennung, daß die Parteien nicht nur politisch und soziologisch, sondern auch rechtlich relevante Organisationen sind. Sie sind zu integrierenden Bestandteilen des Verfassungsaufbaus und des verfassungsrechtlich geordneten politischen Lebens geworden. Sie stehen daher nicht wie andere soziale Gebilde nur in einer verfassungsmäßig gesicherten Position dem Staate gegenüber" (BVerfGE 1, S. 223-228; zitiert nach MINTZEL/OBERREUTER 1992, S. 602).

Die Parteien waren damit fast zu Staatsorganen geworden. Zwei Jahre später setzte sich das Gericht etwas von dieser Auffassung ab und bezeichnete die Parteien in Abgrenzung von den Staatsorganen nun als Verfassungsorgane (vgl. OBERREUTER 1992, S. 26). Die Rechtsprechung des Bundesverfassungsgerichts löste einige Kritik in der Staatsrechtslehre aus. So lehnte Konrad HESSE die Erhebung der Parteien zu Staatsorganen ab und bemängelte, dass sie auch als Verfassungsorgane nicht sinnvoll seien, da eine Verfassung keine „Organe" haben könne; höchstens könne ihnen der „Status der Öffentlichkeit" zugebilligt werden, der sie z. B. von den Interessenverbänden deutlich abhebe (vgl. HESSE 1959).

... und revidiert sich wieder In dem wichtigen Urteil zur Parteienfinanzierung von 1966 revidierte das Bundesverfassungsgericht seine bisherige Auffassung und schlug die Parteien nun eindeutig der gesellschaftlichen Sphäre zu, da sie „vornehmlich Wahlvorbereitungsorganisationen seien":

> „Die Parteien wirken an der politischen Willensbildung des Volkes mit. Sie haben aber kein Monopol, die Willensbildung des Volkes zu beeinflussen. Neben ihnen wirken auch die einzelnen Bürger und vor allem Verbände, Gruppen und Vereinigungen auf den Prozeß der Meinungs- und Willensbildung ein. Aus Art. 21 in Verbindung mit Art. 38 GG sowie aus dem Bundeswahlgesetz, das zum materiellen Verfassungsrecht gehört, ergibt sich jedoch, daß den Parteien bei der Willensbildung des Volkes durch Parlamentswahlen eine Vorrangstellung gegenüber den Verbänden zukommt. Wenn sich die Tätigkeit der politischen Parteien auch nicht auf die Beteiligung an den Parlamentswahlen beschränkt, so ist doch diese ihnen durch Art. 21 Abs. 1 GG zugewiesene Aufgabe besonders hervorgehoben und von besonderer Bedeutung, weil sie für das Funktionieren einer demokratischen Ordnung des Gemeinwesens schlechthin unerläßlich und entscheidend ist" (BVerfGE 20, 97-114; zitiert nach MINTZEL/OBERREUTER 1992, S. 607).

Zusammenfassende Meinung des BVerfG In späteren Urteilen pendelte das Bundesverfassungsgericht wieder stärker zurück zu öffentlichen Funktionen der Parteien mit dem Rang einer verfassungsrechtlichen Institution:

> „1. Zu den Prinzipien, die das Grundgesetz unter dem Begriff der freiheitlichen demokratischen Grundordnung zusammenfaßt, gehören neben der Volkssouveränität, der Gewaltenteilung und der Verantwortlichkeit der Regierung auch das Mehrparteienprinzip und die Chancengleichheit für alle politischen Parteien (vgl. BVerfGE 2, 1 [13]; 5, 85 [140]). In einem freiheitlichen Staat, in dem der Mehrheitswille in den Grenzen der Rechtsstaatlichkeit entscheidet, müssen Minderheitsgruppen die Möglichkeit haben, zur Mehrheit zu werden. Demokratische Gleichheit fordert, daß der jeweils herrschenden Mehrheit und der oppositionellen Minderheit bei jeder Wahl

aufs neue die grundsätzlich gleichen Chancen im Wettbewerb um die Wählerstimmen offengehalten werden. Die Gewährleistung gleicher Chancen im Wahlwettbewerb ist ein unabdingbares Element des vom Grundgesetz gewollten freien und offenen Prozesses der Meinungs- und Willensbildung des Volkes.

2. Dieser Prozeß setzt in der modernen Parlamentarischen Demokratie die Existenz politischer Parteien voraus. Sie sind vornehmlich berufen, die Aktivbürger freiwillig zu politischen Handlungseinheiten mit dem Ziel der Beteiligung an der Willensbildung in den Staatsorganen organisatorisch zusammenzufassen. Aus diesem Grunde hat das Grundgesetz in Art. 21 Abs. 1 Satz 1 ausdrücklich anerkannt, daß die Parteien an der politischen Willensbildung des Volkes mitwirken, und sie damit auch in den Rang einer verfassungsrechtlichen Institution erhoben (BVerfGE 1, 208 [225] und ständige Rechtsprechung). Sie sind Zwischenglieder zwischen dem Bürger und den Staatsorganen, Mittler, durch die der Wille der Bürger auch zwischen den Wahlgängen verwirklicht werden kann. Sie stellen, sofern sie die Parlamentsmehrheit bilden und die Regierung stützen, die wichtigste Verbindung zwischen dem Volk und den politischen Führungsorganen des Staates her und erhalten sie aufrecht. Als Parteien der Minderheit bilden sie die politische Opposition und machen sie wirksam. Die politischen Parteien sammeln und leiten die auf die politische Macht und ihre Ausübung in Wahlen und Staatsorganen gerichteten Meinungen, Interessen und Bestrebungen, gleichen sie in sich aus und formen sie zu Alternativen, unter denen die Bürger auswählen können. Parlamentswahlen wirken auch als politisches Werturteil über ihr Programm und bestimmen wesentlich den Einfluß, den die Parteien auf die Willensbildung und die Entscheidungen in den Staatsorganen haben" (BVerfGE 44, 145 f.; zitiert nach Mintzel/Oberreuter 1992, S. 608).

Nicht nur die Theorie von Leibholz zum Parteienstaat, auch die verschiedenen Verortungen der Parteien durch das Bundesverfassungsgericht sind in der Wissenschaft viel kritisiert worden. Der streitbare Politologe Wilhelm Hennis nannte die „eigenartige Theorie" von Leibholz „hanebüchen" und machte sie auch für das Überhandnehmen der Parteienkompetenzen in der Bundesrepublik mitverantwortlich:

Streit in der Wissenschaft um den Parteienstaat

„Das Anstößige an der Entwicklung des westdeutschen Parteienstaats mit seiner Tendenz zur Überwucherung aller anderen Prinzipien und Institutionen der Verfassung äußert sich ja nicht nur in den ‚parteienstaatlichen' Abwegigkeiten des Parteiverständnisses in den Urteilen des Bundesverfassungsgerichts und des Parteiengesetzes. Die verfassungsrechtlich legitimierte Idee des ‚Parteienstaats' wirkte in der Tat als Einfallsfaktor auf dem Weg zu seinem weiteren Ausbau. Konkret faßbar wird dieser ‚Ausbau' in Appropriationswut und Pfründengeist. Was machen eigentlich die bataillonsstarken Truppen der Fraktions- und Abgeordnetenmitarbeiter? Ich kann es mir schlicht nicht vorstellen. Einer jüngsten Publikation zur Parteienfinanzierung entnehme ich, daß die Mitarbeiter der Abgeordneten und der Fraktionen wesentlich mit ‚Politikformulierung' befaßt seien. Das könnte den Zustand des Politikbetriebs in Bonn erklären. Gibt es keine Möglichkeit, hier ohne Verletzung von allzu vielen sozialen Besitztümern Remedur zu schaffen?" (Hennis 1992, S. 14).

Die Kritiker der Parteienstaatstheorie, zu denen insbesondere auch Hans-Herbert von Arnim gehört (1993a und 1993b; 1996), sehen in den Parteien allein gesellschaftliche Organisationen, die helfen, den politischen Willen der Wähler zu

Kritiker der Parteienstaatstheorie

bündeln. Sie seien nur Hilfsmittel zur Nominierung von Abgeordneten und „Wahlvorbereitungsorganisationen". Die Abgeordneten des Parlaments, nicht die Parteien, stünden im Mittelpunkt des demokratischen Prozesses. Sie seien nach Art. 38 GG Vertreter des ganzen Volkes, an Aufträge und Weisungen nicht gebunden und nur ihrem Gewissen unterworfen. Sie haben also ein freies Mandat gemäß der liberalen Parlamentarismustheorie, die als Ergebnis der bürgerlichen Revolutionen den einzelnen Abgeordneten von den Zwängen der ständestaatlichen Vertretung emanzipiert hat. Dies steht im Gegensatz zu einem imperativen Mandat gemäß altständischer und auch radikal-demokratischer Lehre, das die Abgeordneten an die Aufträge seiner Wähler oder Parteimitglieder binden will.

> „Die Abgeordneten des Deutschen Bundestages werden in allgemeiner, unmittelbarer, freier, gleicher und geheimer Wahl gewählt. Sie sind Vertreter des ganzen Volkes, an Aufträge und Weisungen nicht gebunden und nur ihrem Gewissen unterworfen" (Art. 38 Abs. 1 GG).

Spannungsverhältnis zwischen Art. 38 und Art. 21 GG

Es gibt hier also ein Spannungsverhältnis zwischen dem Mitwirkungsrecht der Parteien nach Art. 21 und dem freien Abgeordnetenmandat nach Art. 38 GG, darin sind sich alle einig. Was geht vor: die Mitwirkung der Parteien oder die Freiheit der Abgeordneten? In der politischen Wirklichkeit existiert von beidem ein bisschen. Art. 38 GG wird besonders als Schutz der Abgeordneten vor allzu aufdringlichem Fraktionszwang im Parlament gesehen. Fraktionszwang bestünde dann, wenn die Fraktion als parlamentarische Partei einen Abgeordneten zu bestimmtem Abstimmungsverhalten zwingen und ihm bei abweichendem Verhalten oder gar Fraktions- oder Parteiwechsel das Mandat entziehen könnte. Einmal gewählt, ob im Wahlkreis oder auf der Parteiliste, behält er jedenfalls sein Mandat bis zu Neuwahlen, zur Not als parteiloser Abgeordneter. Davon hat es in jeder Legislaturperiode den einen oder anderen gegeben. Allerdings besteht im Bundestag eine Fraktionsdisziplin, der sich die Abgeordneten unterordnen, um gemeinsame Abstimmungsergebnisse zu erreichen.

Partei-Fraktionen im Parlament notwendig

Denn das Parlament wäre ohne seine Fraktionen nicht arbeitsfähig, der Wähler ohne die Parteien, die ihm langfristig kalkulierbare Wahlprogramme anbieten, kaum entscheidungsfähig. Ein Parlament aus 500 oder 600 unabhängigen Persönlichkeiten ist eine nostalgische Vorstellung aus dem 19. Jahrhundert.

Neben dem Mitwirkungsrecht der Parteien steht im Art. 21 GG noch die wesentliche Garantie der Gründungsfreiheit. In den ersten drei Jahrzehnten der Bundesrepublik schien es so, als sei dies nur ein rhetorisches Recht, da Neugründungen gegen die etablierte Parteienkonkurrenz und wegen der 5-Prozent-Klausel (d. h. nur Parteien, die bundesweit mindestens 5 % der Zweitstimmen oder ersatzweise drei Direktmandate errungen haben, kommen in den Bundestag) sowieso chancenlos seien. *Die Grünen* haben bewiesen, dass sich kreative Konkurrenz trotzdem durchsetzen kann. Das Bundesverfassungsgericht hat immer großen Wert auf das Prinzip der Chancengleichheit der Parteien gelegt, gerade auch bei der gebührenfreien Zurverfügungstellung kommunaler Werbeflächen, im öffentlich-rechtlichen Rundfunk oder beim Zugang zu öffentlichen Räumlichkeiten.

Die 5-Prozent-Klausel, die dieses Gleichheitsgebot durchaus verletzt, wird nur als Ausnahme gerechtfertigt, weil dagegen ein anderes hohes Gut, die Regierungs- und Arbeitsfähigkeit der Parlamente, abgewogen wird. Diese deutsche Erfindung, die aus der traumatischen Erinnerung an die Weimarer Parteienzersplitterung herrührt, hat seither in Europa viele Nachahmer gefunden.

5-Prozent-Klausel als Ausnahme vom Gleichheitsgebot

Neben die Rechte der Parteien hat das Grundgesetz aber auch einige Pflichten und Grenzen eingebaut. Die Parteien müssen intern demokratisch aufgebaut sein, d. h., es muss eine klare Willensbildung von unten nach oben geben, es müssen demokratisch gewählte Vorstände, unabhängige Schiedsgerichte, geheime Personalwahlen usw. garantiert sein. Parteien müssen über die Herkunft ihrer Finanzmittel und deren Verwendung öffentlich Rechenschaft ablegen. Und sie können verboten werden, wenn sie die freiheitlich-demokratische Grundordnung beeinträchtigen oder beseitigen wollen – allerdings ausschließlich durch das Bundesverfassungsgericht. Alles Nähere regeln Bundesgesetze, so heißt es abschließend im Parteienartikel 21 GG.

Fast 20 Jahre hat der Bundestag gebraucht, bis ein Parteiengesetz 1967 endlich in Kraft treten konnte. Warum so lange? An der Parteidefinition und dem Katalog der Parteiaufgaben sowie an den Vorschriften zum demokratischen Aufbau der Parteien kann es doch nicht gelegen haben. Auch nicht an der Regelung einer weiteren Hauptaufgabe der Parteien, der Nominierung der Kandidaten für die Wahlen, denn dazu wird im Gesetz nur kurz auf die Wahlgesetze verwiesen, in denen alles Nähere enthalten ist.

Parteiengesetz erst 1967 verabschiedet

Es war das liebe Geld, um das man sich stritt. Die Parteienfinanzierung und insbesondere die Offenlegungspflicht der Finanzen war die Klippe, für deren Überwindung man so lange brauchte. Auf die unendliche Geschichte der Parteienfinanzierung mit ihren mehrfach umgebauten Haupt- und verschlungenen Nebenwegen gehen wir in Kapitel 4.2 noch genauer ein.

Das Parteiengesetz enthält in acht Abschnitten zunächst allgemeine Bestimmungen zu Aufgaben und dem Begriff der Parteien. Es folgt ein zweiter Abschnitt über die innere Ordnung, auf den wir später, wenn es um die innerparteiliche Demokratie geht, zurückkommen werden (vgl. dazu bereits VON ALEMANN 1972). Der dritte Abschnitt gibt nur einen kurzen Verweis, dass für die Kandidatennominierung anlässlich von Wahlen die entsprechenden Wahlgesetze gelten. Der vierte, fünfte und sechste Abschnitt regeln die Finanzen, d. h. die staatliche Finanzierung, die Rechenschaftslegung und die Sanktionen für Verstöße gegen die Finanzierungs- und Rechenschaftsvorschriften. Diese Teile sind alle paar Jahre geändert worden und zur umfangreichsten Materie des Parteiengesetzes angewachsen. Schließlich endet das Gesetz mit einem Abschnitt zum Vollzug des Verbots verfassungswidriger Parteien und den Schlussbestimmungen. Die beiden ersten Paragraphen lauten:

Aufbau des Parteiengesetzes

„§ 1 Verfassungsrechtliche Stellung und Aufgaben der Parteien

(1)   Die Parteien sind ein verfassungsrechtlich notwendiger Bestandteil der freiheitlichen demokratischen Grundordnung. Sie erfüllen mit ihrer freien, dauernden Mitwirkung an der politischen Willensbildung des Volkes eine ihnen nach dem Grundgesetz obliegende und von ihm verbürgte öffentliche Aufgabe.

Aufgaben der Parteien

(2) Die Parteien wirken an der Bildung des politischen Willens des Volkes auf allen Gebieten des öffentlichen Lebens mit, indem sie insbesondere
auf die Gestaltung der öffentlichen Meinung Einfluß nehmen,
die politische Bildung anregen und vertiefen,
die aktive Teilnahme der Bürger am politischen Leben fördern,
zur Übernahme öffentlicher Verantwortung befähigte Bürger heranbilden,
sich durch Aufstellung von Bewerbern an den Wahlen in Bund, Ländern und Gemeinden beteiligen,
auf die politische Entwicklung in Parlament und Regierung Einfluß nehmen,
die von ihnen erarbeiteten politischen Ziele in den Prozeß der staatlichen Willensbildung einführen und
für eine ständige lebendige Verbindung zwischen dem Volk und den Staatsorganen sorgen.

(3) Die Parteien legen ihre Ziele in politischen Programmen nieder.

(4) Die Parteien verwenden ihre Mittel ausschließlich für die ihnen nach dem Grundgesetz und diesem Gesetz obliegenden Aufgaben.

Definition der Partei

§ 2 Begriff der Partei

(1) Parteien sind Vereinigungen von Bürgern, die dauernd oder für längere Zeit für den Bereich des Bundes oder eines Landes auf die politische Willensbildung Einfluß nehmen und an der Vertretung des Volkes im Deutschen Bundestag oder einem Landtag mitwirken wollen, wenn sie nach dem Gesamtbild der tatsächlichen Verhältnisse, insbesondere nach Umfang und Festigkeit ihrer Organisation, nach der Zahl ihrer Mitglieder und nach ihrem Hervortreten in der Öffentlichkeit eine ausreichende Gewähr für die Ernsthaftigkeit dieser Zielsetzung bieten. Mitglieder einer Partei können nur natürliche Personen sein.

(2) Eine Vereinigung verliert ihre Rechtsstellung als Partei, wenn sie sechs Jahre lang weder an einer Bundestagswahl noch an einer Landtagswahl mit eigenen Wahlvorschlägen teilgenommen hat.

(3) Politische Vereinigungen sind nicht Parteien, wenn
1. ihre Mitglieder oder die Mitglieder ihres Vorstandes in der Mehrheit Ausländer sind oder
2. ihr Sitz oder ihre Geschäftsleitung sich außerhalb des Geltungsbereichs dieses Gesetzes befindet."

Nach § 6 (3) kann jeder Bürger vom Bundeswahlleiter am Statistischen Bundesamt Wiesbaden Satzungen, Programme und Vorstände der Parteien informationshalber kostenlos anfordern. Heutzutage sind diese Informationen selbstverständlich alle auch im Internet verfügbar (www.bundeswahlleiter.de).

Aufgabenkatalog als Politlyrik

Die Aufgaben, die sich die Parteien in § 1 (2) selbst überantwortet haben, addieren sich zu einer beeindruckenden Liste, die in der Sorge um die „ständige lebendige Verbindung zwischen dem Volk und den Staatsorganen" kumuliert. Das ist mehr deklaratorische Politlyrik als konkrete Normierung, was doch die eigentliche Aufgabe jedes Gesetzestextes sein soll.

Ausschluss von Rathausparteien

Die begriffliche Bestimmung der Partei nach § 2 ist da schon viel weiterführender, denn hier wird tatsächlich festgelegt, wer sich an Wahlen beteiligen kann und wer in den Genuss von öffentlicher Finanzierung kommt. Sogenannte Rathausparteien und kommunale Wählervereinigungen sind damit offensichtlich ausgeschlossen. Auch der Gleichbehandlungsgrundsatz, der in § 5 geregelt wird, ist wichtig. Allerdings handelt es sich hier um eine proportionale Gleichheit, die Parteien unter Berücksichtigung ihrer bisherigen Stärke Zugang z. B. zu öffentlich-rechtlichen Medien eröffnet, nicht aber um eine völlige Gleichheit, nach der etwa jede Partei gleichen Zugang zu Sendezeiten oder Plakatierungsflächen hätte.

Im europäischen Vergleich war das deutsche Parteiengesetz lange Zeit das weitestgehende und ausführlichste. Insbesondere die osteuropäischen Staaten, die sich bei der Ausarbeitung ihrer Bestimmungen zumeist an der deutschen Vorlage orientierten, haben in den vergangenen Jahren aber nachgezogen. Ähnlich detaillierte Regelungen kennt auch Spanien. In Portugal gibt es sogar zwei Gesetze: ein allgemeines Parteiengesetz und ein separates Parteienfinanzierungsgesetz. In den französischen und italienischen Gesetzen wird dagegen ausschließlich die öffentliche Finanzierung geregelt. Ebenso ist es in Belgien, Dänemark, Litauen und Schweden. Die Institution Partei wird in den Verfassungen von Deutschland, Polen, Frankreich, Schweden, Spanien, Tschechien und Ungarn gewährleistet. In den Verfassungen von Estland, Italien und Litauen findet die Freiheit des Bürgers zur parteipolitischen Betätigung ausdrücklich Erwähnung. Explizit beide Schutzrichtungen sind in den Verfassungen von Griechenland, Lettland, Portugal und der Slowakei genannt. Die Verfassungen von Finnland, Malta und Zypern erwähnen politische Parteien nur am Rande (etwa bei der Kandidatenaufstellung oder der Fraktionsbildung). Aber auch alle anderen Verfassungen schützen die Freiheit zur parteipolitischen Betätigung über allgemeine Grundrechte (EUKORR-ABSCHLUSSBERICHT 2007, S. 507 ff; vgl. zum genannten Bericht auch VON ALEMANN/BÄCKER/SCHMIDT 2008/2009).

Die Literatur zum Recht der politischen Parteien war früher mit den wichtigen Werken von Wilhelm HENKE (1972) und später TSATSOS/MORLOK (1982) sehr übersichtlich; heute ist sie kaum überschaubar. Die einschlägigen Gesetzestexte finden sich bei VON ALEMANN/VON ALEMANN (2007). Einen Überblick über die aktuelle Forschung vermitteln die Parteiengesetz-Kommentare von Jens KERSTEN und Stephan RIXEN (2009), Jörn IPSEN (2008) sowie Martin MORLOK (2007). Zu den rechtlichen Grundlagen der Parteiendemokratie vgl. auch den Beitrag von Heike MERTEN (2007). Zu Fragen der innerparteilichen Demokratie ist Sebastian ROßNER (2008) zu konsultieren. Über den Artikel 21 GG informiert umfassend Hans Hugo KLEIN (2005). Das *Institut für Deutsches und Europäisches Parteienrecht und Parteienforschung* (PRuF) der Heinrich-Heine-Universität Düsseldorf hat sich mit seinem Gründer Dimitris Th. TSATSOS, zunächst noch an der FernUniversität Hagen, um die Fortentwicklung des Parteienrechts entscheidende Verdienste erworben. Mit zwei herausgeberisch betreuten Schriftenreihen sowie einer jährlich erscheinenden Fachzeitschrift, den *Mitteilungen des Instituts für Parteienrecht und Parteienforschung* (MIP), verfolgt das PRuF fortlaufend die aktuellen Entwicklungen auf dem Gebiet des Parteienrechts. Die digitalisierten Ausgaben des MIP können auf der Homepage des Instituts (www.pruf.de) heruntergeladen werden.

Marginalien:

Deutsches Parteiengesetz als Vorbild

📖 Literaturhinweise

4.2 Parteienfinanzierung

Die neu entstandenen Parteien der Bundesrepublik finanzierten sich zunächst hauptsächlich aus zwei Quellen: Beiträgen der Mitglieder, wie insbesondere die SPD als Massenmitgliederpartei, und Spenden, wie besonders die bürgerlichen Parteien CDU/CSU und FDP, die noch weitgehend den Charakter von Honoratiorenparteien hatten. Zu Beginn der 50er Jahre wurde das Spendenwesen zunehmend über Fördervereine („Staatsbürgerliche Vereinigungen") geleitet und eine Steuerbegünstigung zur Förderung staatspolitischer Zwecke geschaffen, die allerdings 1958 vom Bundesverfassungsgericht für verfassungswidrig erklärt wurde, da die Chancengleichheit der Parteien beeinträchtigt sei.

Staatliche Parteien-finanzierung

Ab 1959 wurde daraufhin erstmalig eine staatliche Parteienfinanzierung eingeführt, durch die den im Bundestag vertretenen Parteien jährlich Mittel in Millionenhöhe für die „politische Bildungsarbeit" bzw. für die allgemeinen Aufgaben der Parteien bewilligt wurden. Auch hier griff das Bundesverfassungsgericht ein und erklärte diese Regelung im Jahre 1966 für verfassungswidrig. Nun waren die Parteien endlich herausgefordert, sich über das schon im Grundgesetz angekündigte Parteiengesetz zu einigen, da der Geldhahn so abrupt zugedreht worden war.

Mit dem neuen Parteiengesetz von 1967 wurde erstmals die Rechenschaftslegung für Großspenden über 20.000 DM vorgesehen – eine Vorschrift, die vielfach umgangen worden ist. Berücksichtigt man bei den Spenden also eine gehörige Dunkelziffer, so bieten die jährlichen Rechenschaftsberichte der Parteien doch einen interessanten Einblick in die Größe und die Entwicklung der verschiedenen Finanzquellen der Parteien: Mitglieder- und Mandatsträgerbeiträge, Spenden und staatliche Mittel sowie sonstige Einnahmen aus Vermögen, Veranstaltungen, Veröffentlichungen und dergleichen.

Wahlkampfkostener-stattung seit 1967

An die Stelle der allgemeinen Finanzierung aus dem Bundeshaushalt trat 1967 eine Pauschale für die notwendigen Kosten eines angemessenen Wahlkampfes, zunächst 2,50 DM, später 3,50 DM und seit 1984 5 DM für jeden Wahlberechtigten bei Bundestags- und Europawahlen aus Steuermitteln. Mittel für die allgemeine politische Bildungsarbeit, die den Parteien nicht mehr gewährt werden durften, gingen allerdings seitdem den Parteistiftungen als Globalzuschüsse aus dem Bundeshaushalt zu. Diese ebenfalls nicht unumstrittenen Zuschüsse, die im Haushaltsjahr 1983 insgesamt 83,3 Mio. DM umfassten, waren von der Partei *Die Grünen* als verfassungswidrig gerügt worden. In einem weiteren Urteil vom 14. Juli 1986 erklärte das Bundesverfassungsgericht diese Praxis für akzeptabel.

Angestoßen durch die Skandale und alarmiert durch einen drastischen Rückgang der Spenden berief Bundespräsident Karl Carstens 1982 eine Sachverständigenkommission ein. Zwei Jahre später wurde eine völlige Neuordnung der Parteienfinanzierung durch Änderung des Grundgesetzes und des Parteiengesetzes sowie von Steuergesetzen vorgenommen. Neben der Rechenschaftspflicht über die Einnahmen wurde nun auch die der Ausgaben und der Vermögen vorgeschrieben.

Aber damit war die schier unendliche Geschichte der Parteienfinanzierung Neuregelung ab 1994
noch lange nicht zu Ende. 1992 stieß ein Urteil des Bundesverfassungsgerichts
erneut das immer komplizierter und undurchschaubarer gewordene Recht der
Parteienfinanzierung um und initiierte eine Neuregelung, die mit der Novellierung des Parteiengesetzes am 1.1.1994 in Kraft trat. Endlich ließ das Gericht die
unrealistische These fallen, öffentliche Parteienfinanzierung müsse allein der
Wahlvorbereitung dienen. Das Bundesverfassungsgericht würdigte die Parteien
noch einmal umfassend und begründete dies so:

„1. Nach Art. 21 I 1 GG wirken die Parteien bei der politischen Willensbildung des
Volkes mit. Zwar haben sie kein Monopol, die Willensbildung des Volkes zu beeinflussen. Neben ihnen wirken auch die einzelnen Bürger sowie Verbände, Gruppen
und Vereinigungen auf den Prozeß der Meinungs- und Willensbildung ein. Art. 21
GG rechtfertigt allerdings die herausgehobene Stellung der Parteien im Wahlrecht.
Die Parteien sind indes nicht bloße Wahlvorbereitungsorganisationen, und nicht nur
in dieser Funktion sind sie für die demokratische Ordnung unerläßlich. Sie sind vornehmlich berufen, die Bürger freiwillig zu politischen Handlungseinheiten mit dem
Ziel der Beteiligung an der Willensbildung in Staatsorganen organisatorisch zusammenzuschließen und ihnen so einen wirksamen Einfluß auf das staatliche Geschehen
zu ermöglichen. Den Parteien obliegt es, politische Ziele zu formulieren und diese
den Bürgern zu vermitteln sowie daran mitzuwirken, daß die Gesellschaft wie auch
den einzelnen Bürger betreffende Probleme erkannt, benannt und angemessenen Lösungen zugeführt werden. Die für den Prozeß der politischen Willensbildung im demokratischen Staat entscheidende Rückkoppelung zwischen Staatsorganen und Volk
ist auch Sache der Parteien. Sie erschöpft sich nicht in dem nur in Abständen wieder-
kehrenden Akt der Wahl des Parlaments. Willensbildung des Volkes und Willensbildung in den Staatsorganen vollziehen sich in vielfältiger und tagtäglicher, von den
Parteien mitgeformter Wechselwirkung. Politisches Programm und Verhalten der
Staatsorgane wirken auf die Willensbildung des Volkes ein und sind selbst Gegenstand seiner Meinungsbildung. [...]

2. Entgegen der bisher vom *Senat* vertretenen Auffassung ist der Staat verfassungsrechtlich nicht gehindert, den Parteien Mittel für die Finanzierung der *allgemein* ihnen nach dem Grundgesetz obliegenden Tätigkeit zu gewähren.

a) Die allgemeine politische Tätigkeit der Parteien ist außerhalb von Wahlkämpfen
und während derselben die gleiche. Wahlen erfordern allerdings darüberhinaus Vor-
bereitungen besonderer Art wie etwa die Ausarbeitung von Wahlprogrammen, die
Aufstellung von Wahlbewerbern und die Führung von Wahlkämpfen [...]. Dies alles
dient dem Zweck, dem Bürger die politischen Ziele der Parteien zu vermitteln und
ihn für sie zu gewinnen, also an der politischen Willensbildung des Volkes mitzuwirken (Art. 21 I 1 GG). Dieser Zweck würde indes notwendig verfehlt, wären die
Parteien nicht insbesondere darauf bedacht, die im Volke vorhandenen Meinungen,
Interessen und Bestrebungen zu sammeln, in sich auszugleichen und zu Alternativen
zu formen, unter denen die Bürger auswählen können und versuchten sie nicht, den
Bürgerwillen zu artikulieren und gegenüber den Staatsorganen zur Geltung zu bringen [...]; nicht zuletzt über die Parteien nimmt das Volk auch zwischen den Wahlen
Einfluß auf die Entscheidungen der obersten Staatsorgane [...].

Die den Parteien in Art. 21 I 1 GG aufgegebene Mitwirkung bei der politischen Willensbildung des Volkes beschränkt sich mithin nicht auf die unmittelbare Wahlvorbereitung. Diese bildet lediglich einen allenfalls in organisatorischer Hinsicht selbständigen Teil ihrer Aufgabe; sachlich-inhaltlich fügt sich die Beteiligung an Wahlen in die ständige Wirksamkeit der Parteien bruchlos ein: Wahlen und ihre Ergebnisse geben den Parteien Aufschluß über den Widerhall, den ihre Politik im Volke findet, und über die Erwartungen, die die Bürger an sie richten. Nur rein äußerlich läßt sich die Tätigkeit der Parteien im Wahlkampf von ihren sonstigen Tätigkeiten abgrenzen. Bezieht man diese Abgrenzung auf die den Parteien von der Verfassung zugewiesene Aufgabe der Mitwirkung an der politischen Willensbildung des Volkes, so entbehrt sie der sachlichen Berechtigung. Deshalb ist es – entgegen der bisherigen Rechtsprechung des *Senats* (vgl. erstmals BVerfGE 20, 56 [113 ff.] = NJW 1966, 1499) – nicht geboten, die Grenzen staatlicher Finanzierung der Parteien von Verfassungs wegen in der Erstattung der ‚notwendigen Kosten eines angemessenen Wahlkampfes' zu suchen" (BVerfG NJW 1992, S. 2545 f.).

Mit dieser Grundsatzentscheidung erkannte das Gericht also an, dass die allgemeine politische Tätigkeit der Parteien vom Staat mitfinanziert wird. Die bisherige Wahlkampfkostenerstattung für die einzelnen Wahlen auf Bundes- und Länderebene wurde damit abgelöst.

Parteispendenskandal der CDU

Eine nochmalige wesentliche Änderung erfuhr das Parteiengesetz als Reaktion auf einen aufsehenerregenden Spendenskandal. Ausgangspunkt war im November 1999 das Geständnis des ehemaligen CDU-Schatzmeisters Walther Leisler Kiep gegenüber der Augsburger Staatsanwaltschaft, eine Millionenspende des Waffenhändlers Karlheinz Schreiber nicht ordnungsgemäß ausgewiesen, sondern am Fiskus vorbei in die „schwarzen Kassen" der Partei verschoben zu haben. Innerhalb weniger Wochen wurde klar, dass es sich dabei nicht um einen Einzelfall gehandelt, sondern die CDU mit dieser Praxis über Jahre hinweg ihre Finanzen aufgebessert hatte. Auch die hessische Union verfügte über geheime Auslandskonten. Im weiteren Verlauf der Affäre mussten daraufhin mehrere hochrangige Politiker der Partei einräumen, von dem illegalen Verfahren gewusst zu haben oder sogar direkt beteiligt gewesen zu sein. Unter anderem Ex-Bundeskanzler Helmut Kohl und der damalige Fraktionsvorsitzende Wolfgang Schäuble verloren ihre Ämter. Der CDU entstand ein gewaltiger Finanz- und Imageschaden (MAIER 2003, S. 1).

Einberufung der Parteienfinanzierungskommission

Die Affäre hatte aber auch gezeigt, dass die bisherigen Rechenschaftspflichten und Strafandrohungen des Parteiengesetzes nicht ausreichten. Auch schon vorher wurde in der Wissenschaft Kritik geübt (vgl. LANDFRIED 1994; BOYKEN 1998), doch der Finanzskandal der CDU auf Bundesebene und in Hessen machte die Dringlichkeit einer Verschärfung überdeutlich. Deshalb rief Bundespräsident Johannes Rau im Februar 2000 erneut eine Kommission zur Reform der Parteienfinanzierung ins Leben. Diese Kommission unabhängiger Sachverständiger, besetzt mit fünf Wissenschaftlern, Juristen und Wirtschaftsexperten, erarbeitete unter dem Vorsitz der damaligen Präsidentin des Bundesrechnungshofes, Hedda von Wedel, Reformvorschläge auf der Grundlage des Parteiengesetzes von 1994. Auch wenn nach dem Abschlussbericht der Kommission nicht alle Vorschläge in einen Gesetzentwurf aufgenommen wurden, konnte das Achte Gesetz zur Änderung des Parteiengesetzes den Bundestag und den Bundesrat im Frühjahr 2002

passieren, sodass es zum 1. Juli 2002 in Kraft trat. Der Verfasser war Mitglied
dieser Kommission (BUNDESPRÄSIDIALAMT 2001).

Wesentliches Merkmal der Novelle war die beträchtliche Verschärfung der
finanziellen und strafrechtlichen Sanktionen bei Verstößen gegen das Parteiengesetz (PartG § 31). So können nun einzelne Parteimitglieder, die die Vorschriften
über die öffentliche Rechenschaftslegung einer politischen Partei umgehen und
damit einen unrichtigen Rechenschaftsbericht beim Bundestagspräsidenten einreichen, zu einer Freiheitsstrafe von bis zu drei Jahren verurteilt werden. Deswei-
teren dürfen Spenden nicht vorsätzlich gestückelt werden, um die Veröffentli-
chungspflicht ab 10.000 Euro zu umgehen. Anonyme Spenden über 500 Euro
bleiben verboten, da sie Spekulationen über die wahre Herkunft des Geldes und
den möglichen politischen Zweck nähren. Spenden müssen unverzüglich an den
Schatzmeister der Partei weitergeleitet werden und dürfen bei Barspenden den
Betrag von 1.000 Euro nicht überschreiten. Mit dem Neunten Gesetz zur Änderung des Parteiengesetzes vom 22. Dezember 2004 (BT-DRUCKSACHE 15/4246)
wurden dann noch einige Bestimmungen zur Rechnungslegung modifiziert.

Novellierungen des
Parteiengesetzes
2002 und 2004

Warum kümmert sich der Staat überhaupt um die Parteifinanzen? Politische
Parteien erhalten staatliche Mittel zur Teilfinanzierung der ihnen nach dem
Grundgesetz allgemein obliegenden und im Parteiengesetz konkretisierten Aufgaben (PartG § 18 Abs. 1). Den Maßstab für die Verteilung dieser Mittel bildet
dabei die Verwurzelung der Parteien in der Gesellschaft. Die Verwurzelung wird
einerseits am Wahlerfolg gemessen, andererseits am Umfang der Zuwendung
natürlicher Personen, womit im Einzelnen Mitglieds- und Mandatsträgerbeiträge
sowie rechtmäßig erlangte Spenden gemeint sind (PartG § 18 Abs. 3 Nr. 3). Anspruch auf staatliche Teilfinanzierung haben grundsätzlich diejenigen Parteien,
die bei der jeweils letzten Europa- oder Bundestagswahl mindestens 0,5 % oder
bei einer der jeweils letzten Landtagswahlen 1 % der Stimmen für ihre Listen erreicht haben. In der Tat stellen diese Sperrklauseln, ähnlich wie die 5-Prozent-
Hürde, eine Beeinträchtigung der Chancengleichheit der Parteien dar. Sie erscheinen jedoch insofern gerechtfertigt, da sie Mitnahmeeffekte erschweren und solchen Parteigründungen vorbeugen, die ausschließlich auf die Erlangung staatlicher Mittel abzielen (vgl. MERTEN 2007, S. 93). Weitere Anspruchsvoraussetzun-
gen sind die jährliche Vorlage eines den strengen gesetzlichen Vorschriften entsprechenden Rechenschaftsberichts beim Präsidenten des Deutschen Bundestages
bzw. für nicht bereits im Vorjahr anspruchsberechtigte Parteien ein schriftlicher
Antrag auf Festsetzung und Auszahlung der staatlichen Mittel (PartG § 19 Abs. 1).

Anspruchsvorus-
setzungen staatlicher
Finanzierung

Momentan erhalten die Parteien jährlich für jede gültige Wählerstimme bei
Europa-, Bundestags- oder Landtagswahlen 0,85 € bis zu einer Gesamtzahl von 4
Mio. Stimmen sowie 0,70 € für jede weitere Wählerstimme („Wählerstimmenan-
teil"). Der Wahlerfolg wird vom Staat somit in unterschiedlicher Höhe honoriert,
wovon vor allem die kleineren Parteien profitieren. Darüber hinaus werden die
von natürlichen Personen gewährten Zuwendungen bis zu einer Gesamthöhe von
3.300 € je Person und Jahr vom Staat mit einem Betrag von 0,38 € je Euro bezu-
schusst („Zuwendungsanteil"). Nach dem Parteiengesetz darf die Summe der
direkten staatlichen Finanzierung aller Parteien aber eine „absolute Obergrenze"
nicht übersteigen. Ab dem Jahr 2002 ist dieses Limit auf 133 Mio. € festgesetzt

Umfang und
Obergrenzen

worden (PartG § 18 Abs. 2). In der Praxis übersteigt der theoretische Anspruchs-
umfang jedoch regelmäßig die absolute Obergrenze, was dazu führt, dass die
Parteien die soeben genannten Einkünfte je Wählerstimme und Zuwendungseuro
tatsächlich nicht in voller Höhe, sondern als proportional gekürzte Beträge erhalten. Zudem dürfen die staatlichen Gelder die Summe der selbst erwirtschafteten
Einnahmen einer Partei nicht überschreiten ("relative Obergrenze"). Neben den
direkten Zuwendungen gibt es auch mittelbare Formen staatlicher Finanzierung,
etwa durch Befreiung der Parteien von der Erbschafts- und Schenkungssteuer
sowie durch die Möglichkeit für natürliche Personen, Parteispenden bis zu einer
Höhe von 1.650 € (bzw. 3.300 € bei Ehegatten) vom steuerpflichtigen Einkommen abzusetzen (vgl.: MERTEN 2007, S. 95 f.).

Formen staatlicher
Umwegfinanzierung

Darüber hinaus existieren allerdings weitere mehr oder weniger indirekte
staatliche Zuwendungen an die Parteien, die in den Rechenschaftsberichten nicht
dokumentiert sind und die Forderung nach einem transparenten Wettbewerb um
Wählerstimmen untergraben (vgl. EBBIGHAUSEN 1996, S. 195). Solche Formen
der öffentlichen Umwegfinanzierung laufen etwa über die parteinahen Stiftungen, die Ausstattung der Fraktionen in Bund und Ländern oder die Jugendorganisationen der Bundestagsparteien.

Förderung partei-
naher Stiftungen

In der öffentlichen Debatte um die Parteienfinanzierung spielen diese As-
pekte aber nur selten eine Rolle. Dabei hat allein die staatliche Förderung der
Parteistiftungen inzwischen ein jährliches Gesamtvolumen von über 380 Mio. €
erreicht. Das ist nahezu das Dreifache (!) der absoluten Obergrenze jenes Betra-
ges, den die Parteien selbst direkt vom Staat erhalten. Während sich das Gesamtvolumen der öffentlichen Stiftungsfinanzierung 1970 noch auf umgerechnet rund
40 Mio. € belief, hat sich der Umfang in den vergangenen 40 Jahren fast ver-
zehnfacht. 2009 alimentierte der Steuerzahler allein die SPD-nahe Friedrich-
Ebert-Stiftung mit knapp 124 Mio. € (vgl. Abb. 53).

Öffentliche
Fraktionszuschüsse

Eine ähnliche Steigerungsdynamik ist bei den öffentlichen Fraktionszu-
schüssen zu verzeichnen. Der Staat unterstützt die Fraktionen mit Geld- und
Sachleistungen, damit diese ihre Aufgaben im Rahmen der parlamentarischen
Demokratie angemessen und effektiv wahrnehmen können. Knapp vier Fünftel
dieser Mittel geben die Fraktionen für Personal aus, etwas über ein Fünftel ent-
fällt auf Sachausgaben. Über die Höhe dieser Beträge entscheidet der Bundestag
selbst. Für das Haushaltsjahr 2009 kam so eine Summe von rund 75,5 Mio. €
zustande (vgl. BT-DRUCKSACHE 17/35). Für 2010 ist bereits die nächste Anhebung der Sätze geplant. Vergleichbare Zuwendungen erhalten ebenfalls die
Landtagsfraktionen. Diese fallen im Einzelnen zwar in der Höhe moderater aus,
belaufen sich in der Gesamtbilanz aller 16 Landtage aber auf mindestens weitere
83,4 Mio. € (eigene Berechnung für das Jahr 2008 auf Grundlage der jeweils
einschlägigen Landtagsdrucksachen). Was diese Form öffentlicher Umwegfinanzierung betrifft, gilt es allerdings zu bedenken, dass die Verwendung der Frakti-
onsmittel für die Parteiarbeit unzulässig ist. Das ändert aber nichts daran, dass
die Tätigkeit der Fraktionen indirekt auch den Parteien zugutekommt.

Unterstützung
politischer
Jugendorganisationen

Auf ähnliche Weise profitieren die etablierten Parteien CDU/CSU, SPD,
FDP und *Grüne* auch von der exklusiven Förderung einiger ihrer Nachwuchsor-
ganisationen, die sich auf Bundesebene im "Ring Politischer Jugend" (RPJ) zu-

sammengeschlossen haben. *Junge Union, Jungsozialisten, Junge Liberale* und *Grüne Jugend* erhielten 2008 gemeinsam wenigstens 4,5 Mio. € an öffentlichen Zuschüssen (vgl. BT-DRUCKSACHE 17/630). Auch diese Mittel werden nicht der direkten staatlichen Parteienfinanzierung zugerechnet, da die Parteien bislang erfolgreich die rechtliche, politische und organisationale Eigenständigkeit ihrer Jugendorganisationen behaupten. Tatsächlich gibt es jedoch mannigfaltige Verflechtungen, z. B. im Hinblick auf die politischen Ziele, Wahlkampfaktivitäten oder das Personal. Es besteht daher kaum ein Zweifel, dass die Jugendverbände tatsächlich „qualifizierte Hilfsorganisationen" (vgl. WESTERWELLE 1994, S. 7) der Mutterparteien darstellen, die nicht zuletzt als Rekrutierungspools künftiger Parteieliten dienen. Insofern ist auch diese Praxis als Umgehung der relativen und absoluten Obergrenze der staatlichen Parteienfinanzierung zu betrachten. Die Ausstattung einzelner, privilegierter Jugendorganisationen stellt zudem eine Verletzung des Grundsatzes der Chancengleichheit dar. So scheiterte etwa der Antrag auf Aufnahme in den RPJ auf Bundesebene, den die *Linksjugend ['solid]* Ende 2007 stellte, am Veto der *Jungen Union*, die damit verhinderte, dass der Nachwuchs des politischen Gegners ebenfalls in den Genuss öffentlicher Förderung kommt. Die zahlreichen politischen Jugendorganisationen, die über keine starke Mutterpartei im Deutschen Bundestag verfügen, haben darauf von vornherein keine Chance.

Ein nicht minder heikles Thema sind auch die sogenannten „Mandatsträgerbeiträge", die in den Satzungen aller im Bundestag vertretenen Parteien verankert sind. Laut Parteiengesetz handelt es sich dabei um regelmäßige Geldleistungen, die ein Inhaber eines öffentlichen Wahlamtes über den normalen Mitgliedsbeitrag hinaus an seine Partei leistet. Die Höhe der Abgaben variiert zwischen den einzelnen Ämtern und Parteien. Bei den *Grünen* beträgt der Satz für alle Europa- und Bundestagsabgeordneten pauschal 19 % der Diäten, was bei einem MdB monatlich mehr als 1450 Euro ausmacht (OPPONG 2009, S. 35). Formal ist die Zahlung dieser „Parteisteuern" freiwillig. De facto würde ein Politiker, der die Abgabe verweigert, freilich seine erneute Nominierung oder sogar seine Parteimitgliedschaft riskieren. Im Falle eines Abgeordneten steht hier also dessen grundgesetzlich verankerte Unabhängigkeit auf dem Spiel. Nicht zuletzt aus diesem Grund ist die Rechtmäßigkeit der Mandatsträgerbeiträge umstritten. Die Carstens-Kommission hielt sie 1983 für verfassungswidrig. Gleichwohl gibt es sie noch. Sie machen heute sogar einen wesentlichen Anteil der Gesamteinnahmen aller im Bundestag vertretenen Parteien aus, bei den *Grünen* zuletzt rund ein Fünftel. Die SPD nahm 2008 auf diese Weise über 22 Mio. € ein. Der FDP-Vorsitzende Guido Westerwelle überwies seiner Partei im selben Jahr 10.920 €, Renate Künast führte 20.838 € an *Die Grünen* ab und Horst Seehofer zahlte an die CSU 13.368 € (BT-DRUCKSACHE 17/630). Diese Transfers sind in den Rechenschaftsberichten zwar fein säuberlich aufgeführt. Sie werden allerdings auf der Seite der Eigeneinnahmen der Parteien verbucht. Im Grunde handelt es sich aber ebenfalls um öffentliche Gelder, die lediglich über einen Umweg – etwa die Diäten der Abgeordneten – in die Parteikassen gespült werden. Dergestalt als Zuwendungen natürlicher Personen deklariert bleiben die Mandatsträgerbeiträge bei der Berechnung der Staatszuschüsse unberücksichtigt. Die öffentliche Hand

Mandats-
trägerbeiträge

prämiert sogar jeden auf diese Weise eingenommenen Euro (bis zu einer Höhe von 3.300 € pro Person) noch einmal mit 38 Cent.

Kritik aus der Wissenschaft

Betrachtet man alle diese Dinge zusammen, so ist es nicht verwunderlich, dass auch die neuen Regelungen gleich wieder als unzureichend kritisiert wurden (vgl. BATTIS/KERSTEN 2003, S. 655); die von Bundespräsident Rau eingesetzte Kommission hatte einen umfassenden, regelmäßigen Politikfinanzierungsbericht gefordert (BUNDESPRÄSIDIALAMT 2001, S. 111 f.). Sicher sind die jetzigen Bestimmungen noch nicht der Weisheit letzter Schluss. Möglicherweise werden wir also in wenigen Jahren ein neues Urteil des Bundesverfassungsgerichts und danach eine weitere Novellierung des Parteiengesetzes erleben. Die Parteien wären gut beraten, ihre Rechte hier nicht auszureizen, sondern lieber ihre Ausgaben (und ihre Aufgaben) kritischer zu prüfen und einzuschränken. In Abb. 27 sind die Einnahmen und Ausgaben der im Bundestag vertretenen Parteien zwischen 2003 und 2008 noch einmal tabellarisch dargestellt.

Anteil der staatlichen Mittel konstant

Hierbei wird unter anderem Folgendes deutlich: Beiträge, Spenden und staatliche Mittel sind die wichtigsten Einzelsäulen der Parteienfinanzierung. Von Partei zu Partei unterschiedlich stark ins Gewicht fallen sonstige Einnahmen, etwa aus Veranstaltungen und Veröffentlichungen, Vermögen, Unternehmensbeteiligungen oder dem Vertrieb von Druckschriften. Die Anteile der direkten öffentlichen Zuwendungen bleiben dagegen relativ konstant. FDP, SPD und die Unionsparteien beziehen im Schnitt deutlich unter einem Drittel ihrer Gesamteinnahmen aus solchen unmittelbaren staatlichen Mitteln. Bei den *Grünen* und der *Linken* liegt dieser Anteil bei etwas unter 40 %. Das bedeutet, dass sich die Bundestagsparteien zumindest theoretisch überwiegend aus eigenen Mitteln finanzieren und noch deutlich höhere staatliche Einnahmen erzielen könnten, ohne die relative Obergrenze zu verletzen. Die Spendenanteile, aufgeschlüsselt nach natürlichen und juristischen Personen, sind insgesamt bei den bürgerlichen Parteien höher. Bei den Mitgliedsbeiträgen ist hingegen *Die Linke* anteilsmäßig deutlich vorn. Zur Rolle der Mandatsträgerbeiträge als umstrittener aber wesentlicher Quelle wurde bereits einiges gesagt.

Abbildung 27: Parteienfinanzierung 2003 bis 2008

Gesamt (in Mio. Euro)			Einnahmen aus (in Prozent):					
Jahr	Einnahmen	Ausgaben	Reinvermögen	Mitgliedsbeiträgen	Mandatsträgerbeiträgen	Spenden natürl. Personen	Spenden jurist. Personen	Staatl. Mitteln	Sonstigem
SPD:									
2003	179,8	168,8	135,7	30,0	12,5	4,9	0,9	33,0	18,7
2004	170,1	171,9	133,9	29,7	13,1	6,5	1,2	27,3	22,2
2005	169,1	174,5	128,5	29,1	13,0	6,4	1,9	25,9	23,7
2006	167,0	147,6	147,8	29,0	12,9	5,9	1,5	25,7	25,0
2007	157,0	130,0	174,8	30,3	13,8	5,4	1,3	27,7	21,5
2008	167,5	152,6	189,6	27,9	13,2	6,2	1,6	26,0	25,1
CDU:									
2003	139,7	122,5	74,4	30,6	12,9	9,2	3,3	31,4	12,6
2004	151,6	157,6	68,3	28,7	12,2	13,0	5,2	28,8	12,1
2005	159,2	150,2	77,4	27,1	11,1	12,9	9,4	28,4	11,1
2006	146,5	133,4	90,4	29,3	12,2	10,5	5,1	30,5	12,4
2007	142,5	118,2	114,7	29,4	12,6	8,7	4,7	31,4	13,2
2008	148,0	131,1	131,5	28,1	12,2	9,2	5,1	29,5	15,9

CSU:									
2003	47,4	44,0	22,1	21,6	6,9	13,2	7,3	32,2	18,8
2004	39,8	35,8	26,1	25,4	8,3	10,3	5,5	29,6	20,9
2005	41,5	41,6	26,0	23,9	7,8	12,3	10,3	25,4	20,3
2006	38,3	31,2	33,1	25,6	8,4	9,9	6,0	28,1	22,0
2007	43,5	36,6	39,9	22,3	7,4	16,9	7,6	24,7	21,1
2008	50,5	63,6	26,8	19,0	6,6	22,0	12,7	22,3	17,4
FDP:									
2003	27,8	24,6	-0,2	22,0	4,6	22,3	4,2	36,9	10,0
2004	29,3	31,2	-2,1	20,5	4,8	23,9	5,8	30,7	14,3
2005	32,5	32,8	-2,5	19,0	6,0	24,1	12,1	29,5	9,3
2006	29,7	29,6	-2,3	22,8	7,0	20,1	6,9	33,2	10,0
2007	31,7	24,8	4,6	22,0	6,9	16,4	5,9	31,6	17,2
2008	31,9	29,2	7,3	22,5	7,3	20,2	8,4	31,8	9,8
B90/Grüne:									
2003	26,2	22,8	20,8	20,4	17,1	12,1	1,1	41,1	8,2
2004	25,4	25,9	20,4	21,3	19,3	12,9	1,5	38,3	6,7
2005	26,6	28,4	18,6	20,6	20,4	13,1	3,6	35,9	6,4
2006	26,0	24,1	20,4	21,3	20,7	11,7	1,6	38,2	6,5
2007	26,1	21,5	25,0	21,4	20,9	10,8	1,5	38,6	6,8
2008	27,4	25,6	26,8	20,7	20,2	12,5	1,8	37,3	7,5
PDS/Die Linke:									
2003	22,2	18,1	20,7	44,6	5,1	7,8	0,1	39,4	3,0
2004	21,1	23,2	18,6	44,2	6,2	9,3	0,2	37,5	2,6
2005	22,5	23,4	17,6	41,2	7,2	9,8	0,2	37,9	3,7
2006	22,6	20,1	20,2	40,1	8,2	7,1	0,1	37,8	6,7
2007	22,4	20,0	23,0	41,0	8,9	6,8	0,1	39,3	3,9
2008	25,2	23,0	25,2	39,2	9,5	8,5	0,4	37,6	4,8

(Zusammengestellt aus den Rechenschaftsberichten der Bundestagsparteien, Quelle: Drucksachen des Deutschen Bundestages 15/5550, 16/1270, 16/5090, 16/8400, 16/12550, 17/630 und zusammenfassend bis 2007 16/14140).

Interessant ist auch ein genauerer Blick auf die Großspender der Parteien. Spenden, die im Einzelfall eine Höhe von 50.000 € überschreiten, müssen dem Bundestagspräsidenten unverzüglich angezeigt werden. Dieser veröffentlicht die Angaben dann zeitnah als Bundestagsdrucksache (zu finden auf www.bundestag.de). Daneben werden entsprechende Spendenanzeigen neuerdings auch unmittelbar auf der Homepage des Bundestages publiziert. Zuwendungen, die unter dieser Grenze liegen, tauchen erst später in den Rechenschaftsberichten der Parteien auf. Ab einer Höhe von 10.000 € werden die Geldgeber namentlich genannt. Großspenden stammen fast ausschließlich von juristischen Personen – nämlich Unternehmen oder Verbänden – und gehen vorrangig an die bürgerlichen Parteien. In der Abb. 28 sind die größten Einzelspenden für das Jahr 2009 dokumentiert.

Abbildung 28: Die größten Parteispenden des Jahres 2009

Spender	Betrag in Euro	Partei
Verband der Bayerischen Metall- und Elektroindustrie München	600.000	CSU
Substantia AG Düsseldorf	300.000	FDP
Substantia AG Düsseldorf	300.000	FDP
YOC AG Berlin	261.800	CDU
Substantia AG Düsseldorf	250.000	FDP
Clou Container Leasing GmbH Hamburg	200.000	CDU
Deutsche Bank Frankfurt am Main	200.000	FDP
Deutsche Bank Frankfurt am Main	200.000	CDU
Hermann Schnabel Hamburg	200.000	CDU
Hermann Schnabel Hamburg	200.000	CDU
Verband der Metall- und Elektroindustrie NRW Düsseldorf	170.000	CDU
BMW München	151.345	SPD

(Quelle: Bundestag)

Umstrittene Großspenden aus der Hotelbranche

Über die Hälfte der hier aufgelisteten Zuwendungen über 150.000 Euro entfielen allein auf die Unionsparteien. Dabei ging die bei Weitem größte Einzelspende an die CSU. Der *Verband der Bayerischen Metall- und Elektroindustrie* zahlte im Juli 2009 auf einen Schlag 600.000 € auf das Konto der Christsozialen ein. Doch für weitaus mehr Wirbel sorgten die insgesamt 1,1 Mio. €, die die Düsseldorfer *Substantia AG* zwischen Oktober 2008 und Oktober 2009 an die FDP überwies. Das Unternehmen gehört laut Presseberichten zum Firmen-Imperium eines der reichsten Deutschen, August Baron von Finck. Die Familie Finck ist zudem Miteigentümerin der *Mövenpick-Gruppe*, die in Deutschland 14 Hotels betreibt (WITTROCK/REIẞMANN 2010). In den Koalitionsverhandlungen nach der Bundestagswahl erwirkte die FDP eine Absenkung des Mehrwertsteuersatzes für Hotelübernachtungen von 19 auf 7 %. Damit setzte sich die Führung der Liberalen in der Öffentlichkeit, aber auch in den eigenen Reihen, dem Vorwurf aus, reine Klientelpolitik zu betreiben oder gar käuflich zu sein. Auch die CSU hatte sich für den umstrittenen Steuerbonus stark gemacht. Hier gab es offenbar ebenfalls einen zeitlichen Zusammenhang zu Einflüssen aus der Wirtschaft. Laut Recherchen der „Süddeutschen Zeitung" steckte hinter zwei Großspenden in einer Gesamthöhe von 820.000 €, die die Christsozialen kurz vor der bayerischen Landtagswahl im Herbst 2008 erhielten, ebenfalls die Milliardärsfamilie von Finck (STROH 2009).

Die größte Spende für die CDU stammte mit 261.800 € von der Berliner *YOC AG*, einem Mobilfunk- und Internetanbieter, der die Partei im Bundestagswahlkampf auch technisch unterstützte. Immerhin 200.000 € erhielt die Union von der *Clou Container Leasing GmbH*, einem Hamburger Container-Verleih für die Schifffahrt- und Transportindustrie. Ebenfalls aus der Hansestadt stammen mit jeweils 200.000 € die beiden größten Einzelspenden einer Privatperson. Es handelt sich hierbei um den Chemie-Unternehmer Hermann Schnabel. Die SPD ist nur mit einer einzigen Großspende vertreten. *Grüne* und *Linke* tauchen in dieser Liste überhaupt nicht auf.

Große Parteispenden aus der Wirtschaft erregen regelmäßig großen Unmut in der Bevölkerung. Schließlich wollen Unternehmen Gewinn machen. Da liegt der Verdacht nahe, dass sie nicht ganz uneigennützig politische Landschaftspflege betreiben und für ihr finanzielles Engagement entsprechende Gegenleistungen aus der Politik erwarten, etwa in Form wirtschaftsfreundlicher Gesetzgebung. Zwar heißt Demokratie Beeinflussbarkeit (MORLOK 2003, S. 428), doch haben Unternehmen und Verbände – anders als die Bürger – kein demokratisches Stimmrecht. Das macht ihre Einflussnahme allein schon aus normativer Sicht heikel. Nicht zuletzt aus diesem Grund sind Spenden juristischer Personen in vielen anderen Ländern verboten. Für ein solches Komplett-Verbot sprach sich Anfang 2010 auch die Fraktion *Die Linke* im Bundestag aus (BT-DRUCKSACHE 17/651). *Die Grünen* plädierten für eine generelle Obergrenze für Großspenden in Höhe von 100.000 Euro (BT-DRUCKSACHE 17/547). Beide Vorstöße blieben erfolglos. Ein baldiges Verbot der Unternehmensspende ist politisch auch nicht zu erwarten (vgl. ROßNER 2010). Allerdings wurde die Einführung eines Limits für Großspenden (von Privatpersonen wie von juristischen Personen) bereits in der *Rau-Kommission* kontrovers diskutiert und nur mit drei gegen zwei Stimmen abgelehnt (BUNDESPRÄSIDIALAMT 2001, S. 69).

Unternehmensspenden verbieten?

Sicherlich gäbe es noch eine ganze Reihe von Möglichkeiten, das Parteiengesetz zu verschärfen: Man könnte die Rechenschaftslegung der Parteien über stichprobenhafte Prüfungen durch den Bundesrechnungshof besser kontrollieren, man könnte die Direktspenden an Abgeordnete verbieten, man könnte die Verantwortung der gesamten Parteiführung für die Richtigkeit der Rechenschaftsberichte konkretisieren. Darüberhinaus könnte man die Politikfinanzierung für Abgeordnete, Minister, Fraktionen und Parteistiftungen weiter thematisieren. Aber eines kann man nicht: Rechtsbewusstsein gesetzlich verordnen. Und daran mangelt es wohl am allermeisten.

Bezüglich des Forschungsstandes kann hier zunächst auf die betreffenden Abschnitte in den bereits weiter oben genannten Überblicksdarstellungen zur rechtlichen Verankerung der Parteien verwiesen werden. Allerdings sind die spezifischen Regelungen zur Parteienfinanzierung einem beständigen Wandel unterworfen. Aktuelle und zuverlässige Informationen sowie weiterführende Hinweise findet man über die Suchfunktion auf der Homepage des Deutschen Bundestages (www.bundestag.de). Zur Parteienfinanzierung im demokratischen Rechtsstaat vgl. das einschlägige Gutachten von Martin MORLOK unter Mitarbeit von Julian KRÜPER und Sebastian ROßNER (2009). Darstellungen zur deutschen Problematik mit gleichzeitig vergleichendem Blick liefern Michael KOß (2008)

Literaturhinweise

und Christine LANDFRIED (1994); ebenfalls vergleichend Andrea RÖMMELE (1995). Zum Sponsoring als relativ neuer und noch weithin unbekannter Form der Parteienfinanzierung ist der von MORLOK/ALEMANN/STREIT (2006) herausgegebene Tagungsband zu empfehlen, zur Bewertung von Parteispenden vgl. den Aufsatz von Thilo STREIT (2005). Daneben waren und sind Göttrik WEWER (1990), Rolf EBBIGHAUSEN u. a. (1996) sowie Karl-Heinz NAßMACHER (1992) aus politikwissenschaftlicher Perspektive wichtig. Aus rechtswissenschaftlicher Sicht ragt noch immer der Klassiker von Dimitris Th. TSATSOS (1992) heraus; in eher polemischer Absicht Hans Herbert VON ARNIM (1996); ein nützliches Handbuch stammt von Inge WETTIG-DANIELMEIER/FELDMANN/WETTIG (1997); eine rechtspolitische Darstellung von Gregor STRICKER (1998); die politik- und rechtswissenschaftliche breite Studie von Friedhelm BOYKEN (1998) war lange Zeit konkurrenzlos. Zum Kontext der Novellierung des Parteiengesetzes von 2002 ist der vom BUNDESPRÄSIDIALAMT (2001) herausgegebene Bericht der Kommission unabhängiger Sachverständiger interessant. Weitere Hinweise dazu auch auf der Internetseite www.bundespraesident.de.

5 Kontext:
Wie sind die Parteien gesellschaftlich vernetzt?

Bisher sind in diesem Text die historische Entstehungs- und Entwicklungsgeschichte der Parteien geschildert und ihre Einbindung in das Verfassungs- und Rechtssystem skizziert worden. Nun werden die politikwissenschaftliche Parteienforschung und die Parteiensoziologie – beide fachwissenschaftlichen Verortungen überlappen sich – stärker in den Vordergrund der Betrachtungen rücken sowie die dort entwickelten Erklärungen, Konzepte und Theorien. Dies wird in diesem Kapitel an zwei Problemkreisen exemplifiziert: am Verhältnis der Parteien zur Gesellschaft generell und zu den Medien speziell.

5.1 Parteien und Gesellschaft

Wo kommen die Parteien her? Dies ist eine Frage, der seit der Geburt der modernen Parteien die Politik und die beginnende Politikwissenschaft viel Aufmerksamkeit geschenkt haben. Schon früh im 19. Jahrhundert wurden Theorien und Typologien zur Erklärung von Parteien und Parteiensystemen entwickelt. Doch erst mit dem Beginn der Sozialwissenschaften – ob in den Theorien von Marx und Engels oder den Analysen von Max Weber – wurde die weltanschauliche Betrachtung von Parteien mehr und mehr auf soziale, ökonomische und historisch bedingte Interessenlagen übertragen.

Seit um die Jahrhundertwende eine erste empirische Parteienforschung und -theorie mit den Werken von Moisei OSTROGORSKI (1902, neu aufgelegt 1964) und Robert MICHELS (1911) entstand, gewann die Frage nach dem Verhältnis von Partei und Gesellschaft, von Partei und Demokratie sowie Partei und Organisation und damit auch die Frage nach dem sozialstrukturellen Rekrutierungspotential der Parteien die Oberhand gegenüber der weltanschaulich-programmatischen Sicht. Seitdem hat sich eine Parteiensoziologie entwickelt, die höchst ausdifferenzierte Theorien zur Rekrutierung der Parteien aus der Gesellschaft anbietet. Mit diesen Fragen eng verbunden und mindestens ebenso spannend sind die verschiedenen Parteienwettbewerbs- und Wahltheorien. *(Beginn der Parteienforschung)*

Zum Verhältnis von Parteien und Gesellschaft bzw. genauer zur Erklärung der spezifischen Gestalt eines bestimmten Parteiensystems (hier der Bundesrepublik Deutschland) aus den zugrunde liegenden gesellschaftlichen, ökonomischen und politischen Entwicklungslinien dominieren drei Schlüsselbegriffe die Debatte, die auch die folgende Darstellung bestimmen: Sozialstruktur, Milieu und Interessen. *(Sozialstruktur, Milieu und Interessen)*

Die Parteientheorie und -empirie der 70er Jahre wird in den Sammelbänden von DITTBERNER/EBBIGHAUSEN (1973) und Wolfgang JÄGER (1973) gut zusammengefasst. Michael Th. GREVEN (1977) versucht eine kritische Synthese. *(📖 Literaturhinweise)*

Für die 80er Jahre kann auf die Einleitung von Richard STÖSS (1983/84), auf Alf MINTZEL (1984) und Hermann SCHMITT (1987) verwiesen werden. Eine gute Übersicht zur Debatte der 90er Jahre liefern NIEDERMAYER/STÖSS (1993), sowie insbesondere die Studie zur Parteientheorie von WIESENDAHL (1998). Aktuell kann u. a. auf GABRIEL/NIEDERMAYER/STÖSS (2002) sowie LIEDHEGENER/ OPPELLAND (2009) zurückgegriffen werden. Vgl. speziell zu den sozialstrukturellen Theorien RÖSSEL (2007), HRADIL (2006) und BREMER (2006). Zu den politischen Milieus in Deutschland ist Gero NEUGEBAUERs (2007) Studie heranzuziehen, zur Erosion der alten Lager WALTER (2008). Zu den Interessentheorien, die insbesondere für das Wahlverhalten der Bürger aussagekräftig sind, vgl. FALTER/SCHOEN (2005) sowie KORTE (2009).

5.1.1 Sozialstrukturelle Theorien

Die Sozialstruktur bestimmt das Parteiensystem, so lautet die simpelste Reduktion des Beziehungsgeflechts zwischen Partei und Gesellschaft. Der amerikanische Soziologe Seymour M. LIPSET hatte schon in den 50er Jahren dieses Verhältnis auf einen einfachen Nenner gebracht:

> „In every democracy conflict among different groups is expressed through political parties which basically represent a ‚democratic translation of the class struggle'. Even though many parties renounce the principle of class conflict or loyalty, an analysis of their appeals and their support suggests that they do represent the interest of different classes" (LIPSET 1981, S. 230).

Parteien als demokratischer Klassenkampf

Einer solchen Gleichsetzung von Klasseninteressen und Parteien hätten sicher auch marxistische Autoren voll zugestimmt. Wobei man natürlich berücksichtigen muss, dass die amerikanische Soziologie mit dem Begriff *class* viel unbefangener umgeht. In den 60er Jahren hat LIPSET zusammen mit dem norwegischen Politikwissenschaftler Stein ROKKAN seine früheren Thesen zum Zusammenhang von Sozialstruktur und Parteien in ein anspruchsvolles und einflussreiches Entwicklungs- und Erklärungsmodell politischer Parteien umformuliert (vgl. LIPSET/ROKKAN 1967).

Parteien sind Resultat von *cleavages*

Parteien sind demnach Ausdruck sozialstruktureller Konfliktlinien (*cleavages*), die aber nicht nur eindimensional auf dem Klassenkonflikt (*cleavage* Kapital versus Arbeit) basieren, sondern auch aus den historischen Konflikten zwischen Stadt und Land, Kirche und Staat sowie Zentrum und Peripherie hervorgehen.

Aus der je unterschiedlichen Mischung dieser Konfliktlinien in den europäischen Ländern erklären sich die spezifischen Konfigurationen der nationalen Parteien. Wenn einige Konflikte historisch früh gelöst werden oder nicht zum Tragen kommen, wie in England zwischen Kirche und Staat durch die dominante anglikanische Kirche sowie zwischen Zentrum und Peripherie durch frühe Nationsbildung, und wenn sich andere Konflikte überlagern, dann kann es zu einem bipolaren Zweiparteiensystem kommen. Wenn viele Konflikte noch spät fortdauern und gleichzeitig sich überkreuzen, wie in der Weimarer Republik die späte Nationsbildung, die Konfessionsspaltung, die regional-föderalen Konflikte, dann wird eher ein zersplittertes Vielparteiensystem entstehen, das jede Kompromissbildung erschwert.

Die vergleichende Beobachtung der westeuropäischen Parteiensysteme in den 60er Jahren veranlasste LIPSET und ROKKAN zu der seither vielzitierten These vom „Einfrieren" der Hauptkonfliktlinien und damit der Parteiensysteme seit den 20er Jahren:

> „The party systems of the 1960's reflect, with few but significant exeptions, the cleavage structure of the 1920's" (Lipset/Rokkan 1967, S. 50).

Deutschland gehört mit den Unterschieden zwischen dem Weimarer, dem Bonner und schließlich dem Berliner Parteiensystem sicher zu den wenigen, aber signifikanten Ausnahmen. Aber dennoch kann das Modell der *cleavages* auch bei uns einiges zur Erklärung von Form und Wandel des Parteiensystems beitragen.

Deutsches Parteiensystem nicht eingefroren

Abbildung 29: Konfliktlinien im Parteiensystem der Nachkriegszeit

Zentrum versus Peripherie:	im Kalten Krieg suspendiert
Stadt versus Land:	durch Nachkriegsmobilität abgeschwächt
Arbeit versus Kapital:	blieb brisant zwischen CDU/CSU/FDP und SPD
religiös versus säkular:	blieb aktuell zwischen CDU/CSU und FDP/SPD

Im Gegensatz zur Weimarer Republik war die nationale Konfliktlinie (*cleavage* Zentrum vs. Peripherie) in den Nachkriegsjahrzehnten gewissermaßen suspendiert, wenn auch in der Westpolitik der CDU/CSU und der Ostpolitik der SPD/FDP zuweilen konfliktreich durchschimmernd. Auch die agrarisch-industrielle Konfliktlinie (*cleavage* Stadt vs. Land) hatte nach der Mobilität als Kriegsfolge im Wirtschaftswunderland Bundesrepublik an Sprengkraft verloren. Prägend blieben die Konfliktlinien zwischen Arbeitnehmer- bzw. gewerkschaftlichen Interessen und bürgerlich-mittelständisch-freiberuflichen Interessen (*cleavage* Arbeit vs. Kapital) einerseits und zwischen religiös-kirchlich-konfessionell gebundenen und nichtreligiösen, liberalen, kirchlich ungebundenen Gruppen bzw. Wählern oder Parteianhängern (*cleavage* Religiosität vs. Säkularität) andererseits. Da sich diese beiden Konfliktlinien nicht völlig überlagern, sondern kreuzen (*crosscutting cleavages*), entstand daraus in den 50er und 60er Jahren ein Parteiensystem, dessen Anhängerschaft sich aus vier verschiedenen Stammgruppen rekrutierte.

Konfliktlinien kreuzen sich

Abbildung 30: Konfliktlinien im Parteiensystem der 50er und 60er Jahre

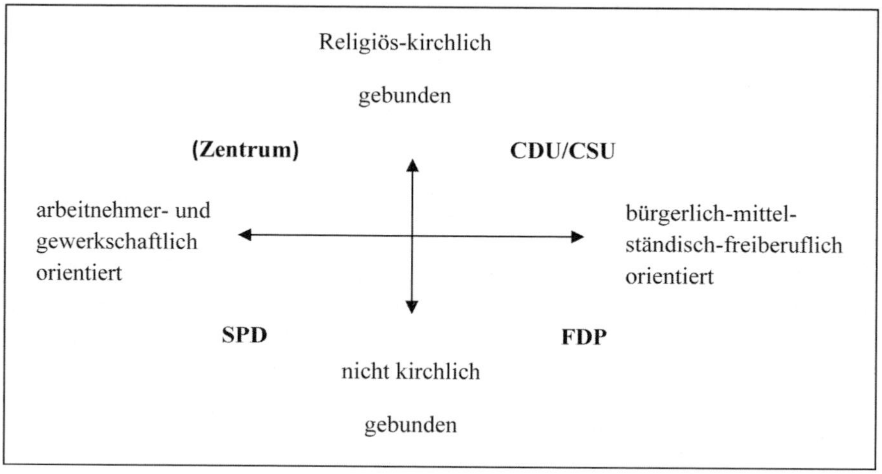

Religiös-kirchlich

gebunden

(Zentrum)   **CDU/CSU**

arbeitnehmer- und   bürgerlich-mittel-
gewerkschaftlich   ⟵————————⟶   ständisch-freiberuflich
orientiert   orientiert

SPD   **FDP**

nicht kirchlich

gebunden

Ursprüngliche Stammwähler-reservoirs

Die treuesten Stammwähler der Parteien entstammten genauso wie die aktiven Parteimitglieder und -funktionäre klar beschreibbaren sozialen Gruppen: die der SPD gewerkschaftlich orientierten Gruppen, die nicht kirchlich orientiert waren; die der CDU/CSU kirchlich gebundenen, die dem Mittelstand entstammten (mit einigen deutlichen Bindungen zur katholischen Arbeitnehmerschaft); die der FDP kirchlich ungebundenem, bürgerlichem altem Mittelstand; die noch existierende kleine Zentrumspartei repräsentierte typologisch das vierte Segment aus katholischer Arbeitnehmerschaft (vgl. dazu die grundlegenden Arbeiten von PAPPI, insbesondere PAPPI 1977).

Wandlungstendenzen der 60er Jahre

Im Laufe der 60er Jahre wirkten sich zunehmend Wandlungstendenzen in der Sozialstruktur auf die Rekrutierungsbasis der Parteien aus. Kirchliche Bindungen traten in der Bevölkerung genauso zurück wie Gegensätze zwischen den beiden großen Konfessionen. Der Dienstleistungssektor stieg weiter an und drängte den Primärbereich der Landwirtschaft in eine marginale Rolle („Tertiarisierung"), während der sekundäre Sektor der Industrie zunächst nur geringfügig zurückging, sich intern aber bereits drastisch nach Branchen, Produktpaletten und Größenverhältnissen veränderte, um später ebenfalls rasant an Bedeutung zu verlieren (vgl. HRADIL 2006, S. 184 ff.).

Im Zuge der sozialstrukturellen Modernisierung änderte sich, wie Abb. 31 veranschaulicht, auch die Berufsstruktur in Deutschland: Der Anteil an Arbeitern und Selbstständigen ging zurück, der an Angestellten und Beamten stieg stark an. Was die Verschiebung des Kräfteverhältnisses zwischen Arbeitern und Angestellten angeht, setzte sich dieser allgemeine Trend, kurzzeitig durch die Wiedervereinigung unterbrochen, langfristig bis in die Gegenwart fort. Allerdings gibt es heute anteilsmäßig sogar wieder etwas mehr Selbstständige als noch in den 70er Jahren, wenngleich nicht wenige von ihnen ihren Lebensunterhalt momentan unter prekären Bedingungen bestreiten (Stichwort: Scheinselbstständigkeit). Der Anteil der Beamten an allen Erwerbstätigen in der Bundesrepublik ging in vergangenen Jahren leicht zurück.

Bereits im Laufe der 60er Jahre hatten sich die Konfliktlinien mehr und mehr überlagert, sodass zu Zeiten der sozialliberalen Koalition ein arbeitnehmerorientiertes, nichtreligiöses, aufstiegsorientiertes, dem neuen Mittelstand verbundenes Lager – eben das sozialliberale – einem katholisch geprägten, dem alten Mittelstand und der Unternehmerschaft nahestehenden konservativen Lager gegenüberstand. Die beiden alten Konfliktlinien (Kapital vs. Arbeit und religiös vs. säkular) waren zu einem Rechts-Links-Gegensatz verschmolzen. Die beiden großen Volksparteien, CDU/CSU und SPD, waren sich, was ihre Wählerschaft anbetrifft, zwar zunehmend ähnlicher geworden, ohne dass dies eine vollständige Angleichung bedeutet hätte.

Konfliktlinien in den 70er Jahren

Abbildung 31: Entwicklung der Berufsstruktur 1957 bis 2005 in Prozent; vor 1991 Daten für West-Deutschland, anschließend gesamt für alle Bundesländer

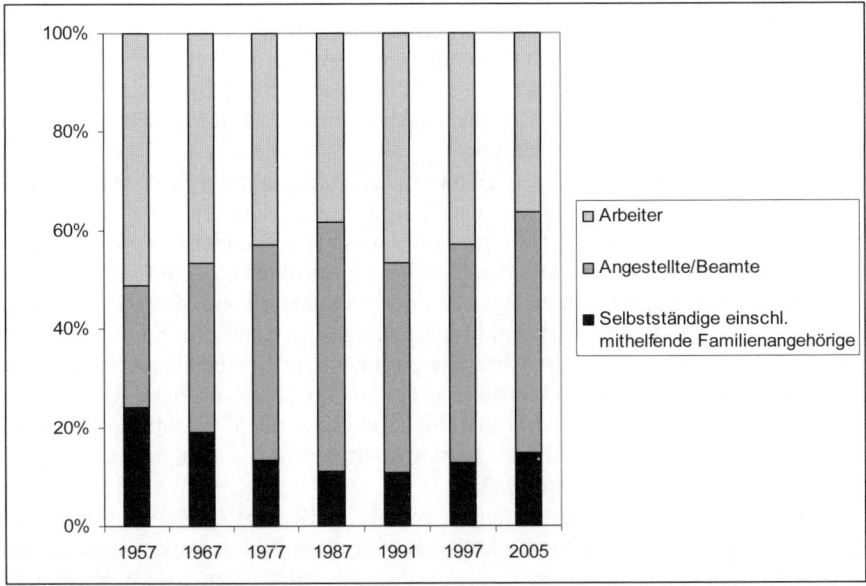

(eigene Darstellung, Quelle: GESIS)

Auch 1983 waren, wie VEEN/GLUCHOWSKI (1983) mit Hilfe von Längsschnittdaten zeigen konnten, Arbeiter unter den SPD-Wählern überproportional vertreten, die selbstständigen Berufsgruppen dagegen in der CDU/CSU-Wählerschaft. Wenn die Wähler trotzdem zwischen „linker" und „rechter" Volkspartei differenzierten, so zeigt dies, dass ideologische Polarisierung auch bei abgeschwächter Differenzierung der Parteien auftreten kann. Außerhalb dieser beiden Lager war politisches Niemandsland, sodass die drei im Bundestag vertretenen Parteien (einschließlich CSU) in den 70er Jahren 98 bis 99 % der Stimmen bei Bundestagswahlen auf sich vereinigen konnten (vgl. Kapitel 3.2).

Diese scheinbar so stabile Lage veränderte sich in den 80er Jahren drastisch. Bereits zuvor war mit der Studentenbewegung, Bürgerinitiativbewegung, den neuen sozialen Bewegungen für Frauen, Frieden und Umwelt im wahrsten Sinne des Wortes Bewegung in die Politik gekommen. Mit dem Übergang zur postindustriellen Gesellschaft kündigte sich auch ein grundlegender Wertewandel an. Die materialistischen Bedürfnisse der Menschen (Nahrung, Wohnung, Sicherheit, Frieden, Ordnung usw.) waren im Wesentlichen befriedigt, sodass nun postmaterialistische Werte in den Vordergrund traten. So lautete zumindest die wirkungsmächtige These von INGLEHART (1983).

Alte soziologische Theorien über politisches Entfremdungspotential in der Bevölkerung wurden damit herausgefordert. Protest war nicht mehr ausschließlich von ökonomisch benachteiligten Gruppen zu erwarten, sondern im Gegenteil: Von relativ gut situierten, insbesondere gut ausgebildeten Gruppen jüngerer Menschen gingen Initiativen nach mehr Beteiligung, nach Engagement im Umweltschutz und gegen Atomenergie sowie gegen unreflektierte Wachstumsideologie und gegen eine Ausbeutung der Dritten Welt aus. Mit der Auseinandersetzung zwischen Materialismus und Postmaterialismus entwickelte sich eine Konfliktlinie, die gewissermaßen quer zur traditionellen Rechts-Links-Achse lag. Mit dieser Theorie ließen sich zum Beispiel Ausbreitung und Erfolge grüner Parteien seit den 80er Jahren sehr gut erklären.

In den Folgejahren wurden Ingleharts Überlegungen zum Wertewandel von verschiedener Seite weiterentwickelt und modifiziert. Heute ist man sich in der Forschung weitgehend darüber einig, dass der soziale Wandel in den westeuropäischen Staaten nach dem Ende des Ost-West-Konfliktes dazu geführt hat, dass die traditionellen Wertorientierungen immer weniger an die Zugehörigkeit zu sozialen Klassen gebunden sind und sich neue gesellschaftliche Spaltungslinien herausgebildet haben. Für den Parteienwettbewerb in der Bundesrepublik sind aktuell vor allem zwei Wertekonflikte prägend: im ökonomischen Bereich der Sozialstaatskonflikt zwischen Marktfreiheit und sozialer Gerechtigkeit und im kulturellen Bereich der Konflikt zwischen libertären und autoritären Wertsystemen (vgl. NIEDERMAYER 2008c, S. 35).

In dieser Richtung argumentierten bereits NEUGEBAUER/STÖSS (1996) als sie zur Illustration der Konfliktstruktur des deutschen Parteiensystems Konzepte von FLANAGAN (1987) und KITSCHELT (1992) in neuer Form zusammenfügten. Dabei gingen sie von der These aus, wonach der klassische Sozialstaatskonflikt westlicher Industriestaaten im Zuge des sozialen Wandels durch die Konfliktlinie „libertäre versus autoritäre Politik" überlagert werde. Libertäre Politik bedeutet in diesem Zusammenhang etwa so viel wie eine Schwerpunktsetzung in den Bereichen Ökologie, Feminismus, Abrüstung, Dezentralisierung, Selbstbestimmung etc., während mit autoritärer Politik Werte und Konzepte wie Paternalismus, Gemeinschaft, wirtschaftliche Größe, aber auch Fremdenfeindlichkeit, gemeint sind. Nach Ansicht der beiden Autoren führt die neue Konfliktlinie im Ergebnis zu einer Verschiebung der Hauptachse der Parteienkonkurrenz, die nun durch sozial-libertäre Politik auf der einen und neoliberal-autoritäre Politik auf der anderen Seite gekennzeichnet sei (Abb. 33).

Der alte Klassenkonflikt zwischen Arbeit und Kapital hätte damit in der heutigen Gesellschaft die Gestalt eines politischen Zielkonfliktes angenommen:

> „Einerseits muß der Modernisierungsprozeß im Interesse der Bedrohten und Verlierer sozialverträglich gesteuert und sozial abgefedert und im Interesse der Menschheit human gestaltet werden, andererseits bedarf die Wirtschaft optimaler Modernisierungsbedingungen, um im sich verschärfenden internationalen Wettbewerb zu bestehen. Die Gewährleistung von Verteilungsgerechtigkeit bedeutet nicht nur sozialstaatliche Umverteilung, sondern eben auch ‚gebremstes' Modernisierungstempo, während ein konsequenter Modernisierungskurs aus der Sicht des Kapitals nur durch eine neoliberale Wirtschaftspolitik zu erreichen ist, die die Wirtschaft weitestmöglich von finanziellen, rechtlichen und politischen Belastungen befreit und ihr größtmöglichen Handlungsspielraum zusichert" (NEUGEBAUER/STÖSS 1996, S. 271).

Dabei dreht sich die Auseinandersetzung um die Frage, welches relative Gewicht jedem der beiden Ziele zukommen soll. Nun behaupten NEUGEBAUER/STÖSS keineswegs, dass ein Mensch entweder nur für soziale Gerechtigkeit oder ausschließlich für Marktfreiheit eintrete, nur libertär oder rein autoritär eingestellt sei. Allerdings ließen sich die Individuen auf Grundlage von Befragungen in einen Werteraum einordnen.

Neue Wettbewerbssituation für die Parteien

Abbildung 32: Konfliktstruktur des deutschen Parteiensystems

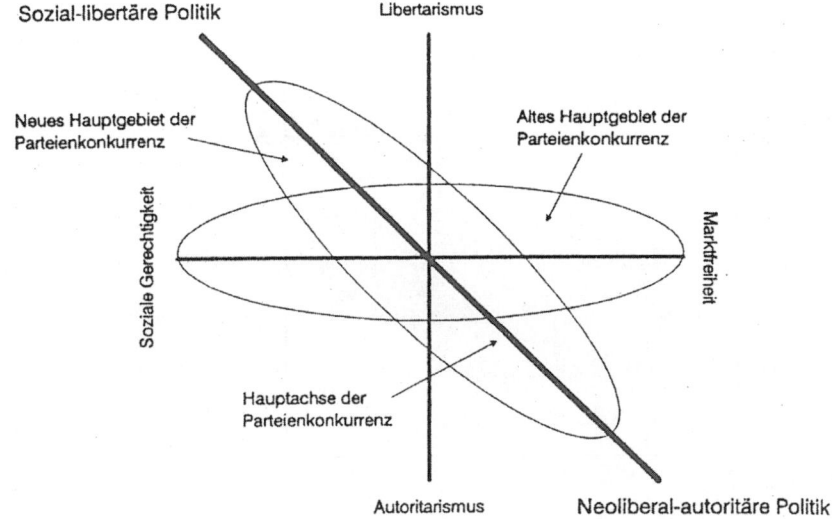

(aus: NEUGEBAUER/STÖSS 1996, S. 270)

Auf diese Weise verortet Abb. 33 die Anhänger verschiedener politischer Partei-
en anhand ihrer Werteorientierungen im Untersuchungsjahr 2003. Folgt man
diesem Modell, so bildet die Wählerschaft der *Grünen* den sozial-libertären Pol
der Konfliktachse, während die NPD den neoliberal-autoritären Pol besetzt.
PDS, SPD, CDU/CSU und FDP nehmen Zwischenpositionen ein. Die Liberalen
sind besonders marktwirtschaftlich orientiert, die SPD tendiert zwar in die sozial-libertäre Richtung, doch als die Partei der sozialen Gerechtigkeit schlechthin
erscheint in diesem Beispiel die PDS. Im Hinblick auf ihre Haltung zum Sozialstaatskonflikt unterscheiden sich die Anhänger der Sozialdemokraten interessanterweise so gut wie überhaupt nicht von denen der *Grünen*. Letztere pflegen aber
offenbar wesentlich freiheitlichere Einstellungen.

Abbildung 33: Parteianhänger nach Wertorientierungen 2003

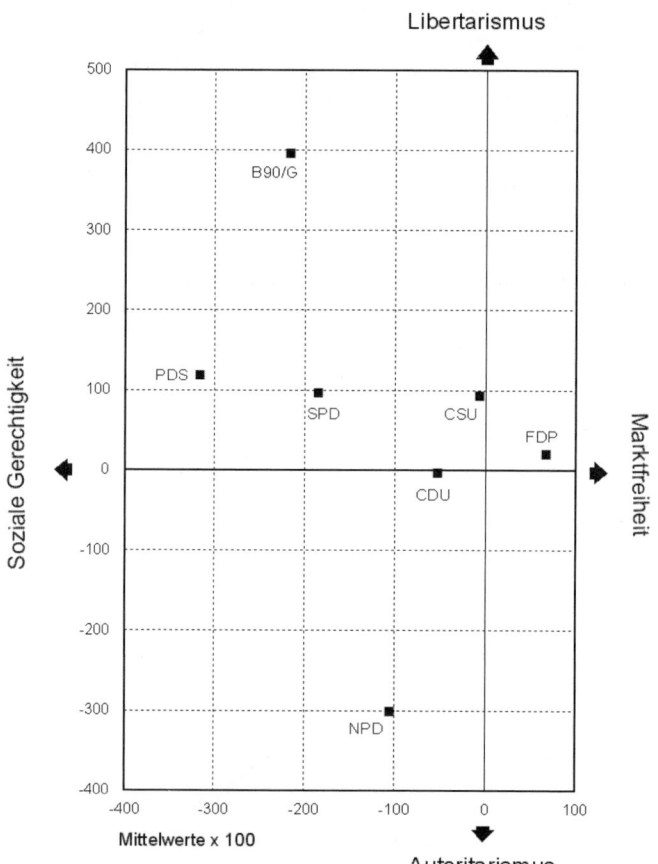

(Quelle: NEUGEBAUER 2007, S. 21, ursprünglich STÖSS)

Die Einordnung der Parteien mag auf den ersten Blick etwas überraschen. Die PDS libertärer als die FDP? Die NPD eine neoliberale Partei? Zu diesen Thesen kann man sicherlich geteilter Ansicht sein. Allerdings sollte man nicht vergessen, dass es sich im vorliegenden Beispiel nicht um die Positionen der Parteien selbst, sondern um die Werteorientierungen ihrer Anhänger handelt. Und diese können durchaus widersprüchlich und heterogen sein. Sie sind jedenfalls nicht zwingend mit den Zielsetzungen ihrer jeweiligen Partei identisch. Trotz dieser kleinen Einschränkung sind solche Darstellungen äußerst hilfreich, um sich die Konfliktstruktur eines Parteiensystems und damit die jeweils aktuelle Wettbewerbssituation der Parteien zu verdeutlichen.

5.1.2 Milieutheorien

Soziale Milieus sind künstliche Konstrukte, die Gruppierungen von Menschen mit jeweils ähnlichen Grundorientierungen und Lebensstilen voneinander abgrenzen. Kurz könnte man auch von „Gruppen von Gleichgesinnten" (Neugebauer 2007, S. 17) sprechen. Als Bezugstheorie für die Wechselwirkung der Parteien mit der Sozialstruktur der Gesellschaft haben wir uns eben die *Cleavage*-Theorie von LIPSET und ROKKAN angesehen. Sie waren an historisch tief verankerten und vergleichend weit ausgreifenden makro-soziologischen Erklärungen interessiert. Eine enger auf die deutsche Parteienentwicklung gezielte Theorie von der Reichsgründung bis zum Ende der Weimarer Republik versuchte M. Rainer LEPSIUS (1966) mit seinem Konzept der „sozialmoralischen Milieus". Im weitesten Sinne handelt es sich auch bei Lepsius' Überlegungen um einen sozialstrukturellen Ansatz, der aber doch eine sehr eigene mikro- oder meso-soziologische Komponente im Begriff des politisch-sozialen Milieus besitzt (kritisch zum Ansatz von LEPSIUS vgl. auch MINTZEL 1984, S. 238 ff.).

Für die Entwicklung und Strukturprobleme des deutschen Parteiensystems bis zur Weimarer Republik sind nach LEPSIUS (1966) folgende Tendenzen charakteristisch: Die Stabilität des deutschen Parteiensystems beruhe auf seiner unmittelbaren Verbindung mit je relativ geschlossenen Sozialmilieus. Die Parteien seien auf die einmal mobilisierten Gesinnungsgemeinschaften fixiert, ritualisierten und verewigten damit die Konfliktlinien. Trotz des Wandels der Milieus blieben die Parteien an die ursprünglichen sozialmoralischen Wertvorstellungen gebunden und hemmten die Ausbildung moderner Normen der Industriegesellschaft. In der Perpetuierung der Bindungen an Sozialmilieus liege die Gefahr, dass das Parteiensystem mehr der Aufrechterhaltung der Autonomie des Milieus als seiner Integration in die Gesamtgesellschaft diene, insbesondere dann, wenn eine homogene Führungsschicht an einer alten Milieubindung festhalte. *(Stabilität des Sozialmilieus)*

Für das Kaiserreich und die Weimarer Zeit kann man laut LEPSIUS vier „politisch-soziale Subkulturen bzw. sozialmoralische Milieus" unterscheiden: *(Vier alte Milieus)*

1. das **katholische Sozialmilieu**, dem als politische Gesinnungsgemeinschaft das Zentrum entsprach,

2. das **konservativ-protestantische Sozialmilieu** (ländlich-bäuerliches Mi-
    lieu/konservativ), das den Konservativen nahestand,
3. das **protestantisch-bürgerliche Sozialmilieu** (städtisch-bürgerlich/liberal),
    das die Liberalen repräsentierte, und
4. das **sozialdemokratische Sozialmilieu** (sozio-kulturelles Arbeitermilieu
    oder sozialistische Subkultur bzw. sozialistisches Arbeiter- und Handwer-
    kermilieu), das die Sozialisten und in Weimar die Kommunisten vertraten.

Jede dieser Gesinnungsgemeinschaften sei mit vorpolitischen sozialen Ord-
nungsgebilden verbunden gewesen und habe eine eigene politisch-soziale Sub-
kultur entwickelt – seien dies Sportvereine, Sparervereine, Zeitungen, Bildungs-
einrichtungen, Gewerkschaften, Kulturvereine oder Baugenossenschaften.

Soweit beschreibt LEPSIUS sicher mehr (Sozialdemokratie, Zentrum) oder
weniger (Liberale, Konservative) zutreffend das, was Sigmund NEUMANN (1974)
den Typus der Integrationspartei genannt hat. Seine These lautet nun, dass schon
die Schlussphase der Weimarer Republik „zur gewaltsamen Liquidierung eines
seit sechzig Jahren relativ stabilen Parteiensystems" (LEPSIUS 1966, S. 380)
geführt hat. Endgültig habe dann der Nationalsozialismus alte Bindungen und
traditionelle politische Milieus zerstört und wie mit einer Planierraupe gerodet.

Milieus als persönlich-politische Kontaktfelder

Trotz dieser bereits zeitig konzedierten „Erosion traditioneller Parteimilie-
us" (GREVEN 1987, S. 124 ff.) blieben zumindest aber klar identifizierbare
Fremdbilder der anderen Parteien und Eigenbilder der eigenen Gruppe bis in die
80er Jahre deutlich unterscheidbar. Anstelle der traditionellen Milieus traten
neue Netzwerke der Kommunikation und der politischen (Sub-)Kultur, wie dies
besonders bei den *Grünen* zutage trat. Es gab manche Versuche, die neuen Milieus zu konzeptionalisieren. GREVEN versuchte es mit dem Begriff „persönlich-
politisches Kontaktfeld". Er beobachtete eine Homogenität dieses Kontaktfeldes
bei CDU- und SPD-Mitgliedern, das bei langjährigen Mitgliedern stärker war als
bei neuen, was die interessante Frage aufwarf, ob „Parteimitgliedschaft auf die
Dauer zu einer Homogenisierung" des eigenen privaten Kontaktfeldes führt.

Abbildung 34: Homogenität des persönlich-politischen Kontaktfeldes in Prozent

| | CDU-Mitglieder | | SPD-Mitglieder | |
	langjährige	neue	langjährige	neue
Bekannte mit gleicher Parteineigung (Mitgliedschaft):				
keiner oder einer	12 (69)	9 (78)	15 (69)	24 (77)
zwei	23 (21)	36 (13)	31 (17)	36 (16)
drei oder vier	66 (11)	56 (9)	55 (15)	41 (7)

(nach: GREVEN 1987, S. 139)

Die „politischen Typen" der Friedrich-Ebert-Stiftung

Nach wie vor sind Milieu-Studien in den Sozialwissenschaften *en vogue*, etwa
zur Erklärung von Wahlverhalten oder zur Erhebung der politischen Einstellungen der Bürger. Diese Art Forschung ist für die Parteien besonders interessant,
da die Ergebnisse im besten Fall dazu beitragen können, die zielgruppenspezifi-

sche Kommunikation mit dem Wähler zu verbessern. So untersuchte zum Beispiel 2006 das Sozialforschungsinstitut TNS Infratest im Auftrag der SPD-nahen
Friedrich-Ebert-Stiftung die Reformbereitschaft der Deutschen und gelangte
hinsichtlich der politischen Wertevorstellungen der Bevölkerung zu neun „politischen Typen", sprich: Milieus. Die Einteilung erfolgte anhand der bereits aus
dem Parteienkonkurrenzmodell von NEUGEBAUER/STÖSS vertrauten Wertekonflikte „Libertarismus versus Autoritarismus", „soziale Gerechtigkeit vs. Marktfreiheit" sowie zusätzlich „Religiosität vs. Säkularität", die Gegenstand einer
Repräsentativbefragung waren (vgl. NEUGEBAUER 2007, S. 68). Im Einzelnen
sahen die ermittelten Gruppen folgendermaßen aus:

1. **Leistungsindividualisten (11 % der Wahlbevölkerung)**
   „sind Gegner staatlicher Eingriffe und wollen eine Gesellschaft, die sich in
   erster Linie am Leistungsprinzip orientiert. Zwei Drittel sind männlich. Politisch bevorzugen sie das bürgerliche Lager und überdurchschnittlich die
   FDP."

2. **Etablierte Leistungsträger (15 %)**
   „repräsentieren vor allem das kleinstädtische gehobene (liberal-)konserva-
   tive Milieu. Sie sind stark leistungsorientiert, elitebewusst und haben eine
   überdurchschnittliche Bindung an die Union."

3. **Kritische Bildungseliten (9 %)**
   „stellen die politisch am weitesten links stehende, jüngste und zugleich qua-
   lifizierteste Gruppe dar. Die Kritischen Bildungseliten haben den höchsten
   Anteil partei- und gesellschaftspolitisch Aktiver. Über vier Fünftel von ihnen wählen eine der drei linken Parteien, die gegenwärtig im Deutschen
   Bundestag vertreten sind."

4. **Engagiertes Bürgertum (10 %)**
   „ist ein weiteres, wenn auch stärker bürgerliches rot-grünes Kernmilieu.
   Frauen sowie qualifizierte Beschäftigte im öffentlichen Dienst sowie sozio-
   kulturelle Berufe sind stark überdurchschnittlich vertreten."

5. **Zufriedene Aufsteiger (13 %)**
   „stehen für eine leistungsorientierte moderne Arbeitnehmermitte. Sie kommen überwiegend aus einfacheren Verhältnissen, nehmen aber nun durch
   ihren eigenen Aufstieg eine Position in der gesellschaftlichen Mitte ein. Politisch neigen sie überproportional zur Union."

6. **Bedrohte Arbeitnehmermitte (16 %)**
   „repräsentiert die vor allem (klein-)städtische und stärker industriell geprägte
   Arbeitnehmerschaft. Hinsichtlich der Parteipräferenz ist eine starke SPD-
   Orientierung festzustellen, allerdings gibt es auch eine Offenheit für die Union und zunehmend (aus Enttäuschung über die SPD) für die Linkspartei."

7. **Selbstgenügsame Traditionalisten (11 %)**
„sind von allen Gruppen am stärksten auf die beiden Volksparteien ausgerichtet. Sie sind stark an Konventionen orientiert und wollen einen regulie-
renden Staat. Der Politik wird wenig Vertrauen entgegengebracht, auch,
weil viele Prozesse nicht mehr verstanden werden."

8. **Autoritätsorientierte Geringqualifizierte (7 %)**
„sind die am stärksten autoritär-ethnozentristisch eingestellte Gruppe. Aus
meist einfachen Verhältnissen kommend, wurde ein ‚Aufstieg im Kleinen'
erreicht. Ihre überdurchschnittliche Zustimmung zur SPD geht einher mit
einer fundamentalistischen Ablehnung der Grünen und ihrer politischen
Vorstellungen."

9. **Abgehängtes Prekariat (8 %)**
„ist geprägt von sozialem Ausschluss und Abstiegserfahrungen. Diese
Gruppe hat einen hohen Anteil berufsaktiver Altersgruppen, weist den
höchsten Anteil an Arbeitslosen auf und ist zugleich ein stark ostdeutsch
und männlich dominierter Typ. Nichtwähler sind ebenso überproportional
vertreten wie Wähler der Linkspartei und rechtsextremer Parteien." (FES-
STUDIE 2006, S. 1 f.)

„Drei-Drittel-
Gesellschaft"
Nach deren Identifizierung fassten die Forscher die neun Milieus in drei Gruppen
zusammen, die rechnerisch jeweils ungefähr einem Drittel der Gesellschaft entsprechen („Drei-Drittel-Gesellschaft"), wobei **Leistungsindividualisten**, **Etablierte Leistungsträger**, **Kritische Bildungseliten** und **Engagiertes Bürgertum**
mit zusammen 45 % das obere Drittel, **Zufriedene Aufsteiger** und **Bedrohte
Arbeitnehmermitte** (29 %) das mittlere und die drei verbleibenden Milieus (26
%) gemeinsam das untere „Drittel" bildeten. Das obere Drittel der Gesellschaft
verfügt demnach über recht gesicherte Chancen und Lebensperspektiven, während im unteren Bereich das Risiko der sozialen und politischen Abkopplung
wächst. In seiner ausführlichen Interpretation der Studie weist NEUGEBAUER
(2007) jedoch ausdrücklich darauf hin, „dass auch die Milieus des mittleren und
teilweise sogar die des oberen Drittels durch den wirtschaftlichen und technologischen Wandel und die damit verbundenen Risiken – jedenfalls gefühlsmäßig –
unter Druck geraten" (S. 68). Die Segmentierung der deutschen Gesellschaft sei
eine für die Ausprägung von Einstellungen und Verhaltensdispositionen unum-
stößliche Tatsache. Dies schlägt sich offenkundig auch im Wahlverhalten der
verschiedenen Milieus nieder (vgl. Abb. 35).

Abbildung 35: Parteianhänger[1] nach politischen Milieus

	CDU/ CSU	SPD	FDP	B90/ Grüne	LP/ PDS	REX[2]	NW[3]
Leistungsindividualisten	12	11	24	8	6	18	12
Etablierte Leistungsträger	22	12	23	6	3	5	10
Kritische Bildungseliten	3	9	6	37	18	-	8
Engagiertes Bürgertum	9	13	4	23	9	-	6
Zufriedene Aufsteiger	18	13	10	9	8	9	10
Bedrohte Arbeitnehmermitte	14	17	13	8	23	10	18
Selbstgenügsame Traditionalisten	13	12	5	6	6	8	13
Autoritätsorientierte Geringqualifizierte	6	7	6	-	4	8	7
Abgehängtes Prekariat	4	5	9	4	23	41	15

[1] Präferenz Bundestagswahl
[2] REX = DVU/NPD/REP
[3] NW=Nichtwähler

(nach: NEUGEBAUER 2007, S. 100)

Die Tabelle betrachtet die Anhänger der einzelnen Parteien und die Nichtwähler nach ihrer Zugehörigkeit zu den genannten neun Milieus. Diese Zahlen lassen einige interessante Rückschlüsse zu (vgl. NEUGEBAUER 2007, S. 100 ff.). Nehmen wir als Beispiel die Unionsparteien: Unter den Anhängern der CDU/CSU sind die **Etablierten Leistungsträger** mit 22 % und die **Zufriedenen Aufsteiger** mit 18 %, gemessen an ihrem Anteil an der Gesamtbevölkerung, weit überdurchschnittlich vertreten. Beide Milieus zusammen machen vier Zehntel der Wählerbasis der Unionsparteien, aber nur 28 % der Bevölkerung aus. Kaum punkten können CDU/CSU dagegen bei den **Kritischen Bildungseliten** (3 %), den **Autoritätsorientierten Geringqualifizierten** (6 %) oder dem **Abgehängten Prekariat** (4 %). Bei der SPD sind in Sachen Wählerschaft keine so eindeutigen Milieuschwerpunkte auszumachen. Ihr Einzugsgebiet ist somit zwar breiter, aber auch weniger scharf profiliert. Ganz anders die Situation bei der FDP, bei der die stark marktwirtschaftlich orientierten **Leistungsindividualisten** und **Etablierten Leistungsträger** mit zusammen 47 % dominieren. Noch eindeutiger fällt das Bild bei den *Grünen* aus, die sogar 60 % ihrer Wähler aus den sozial-libertären Kreisen der **Kritischen Bildungseliten** und des **Engagierten Bürgertums** rekrutieren. Auf zwei Kernmilieus stützt sich auch die *Linkspartei*, deren Anhänger hauptsächlich aus der **Bedrohten Arbeitnehmermitte** und dem **Abgehängten Prekariat** stammen. In diesen beiden Gruppen finden sich aber auch die meisten Nichtwähler. Die rechtsextremen Parteien speisen sich vor allem aus dem **Abgehängten Prekariat**, zu einem nicht geringen Teil aber auch aus **Leistungsindividualisten**.

Ähnliche Untersuchungen stellte das Heidelberger Forschungsinstitut SINUS (heute: SINUS SOCIOVISION) bereits seit den späten 70er Jahren an. Die derart entwickelten und inzwischen urheberrechtlich geschützten *SINUS-Milieus* machten sich in den 80ern zunächst die Sozialdemokraten für maßgeschneiderte Zielgruppenwahlkämpfe zunutze – allerdings mit bescheidenem Erfolg. Im Laufe der

(Randnotizen:) Politische Kernmilieus der Parteien

SINUS-Milieus

Zeit wuchs das Modell indes über die reine Politikforschung hinaus und avancierte zu einem strategischen Instrument der Markt- und Konsumforschung, auf das heute insbesondere Firmen, Werbe- und Medienleute zurückgreifen, um ihre Produkte am Markt passgenau zu „positionieren". Der hier verwendete Milieubegriff unterscheidet sich recht deutlich von herkömmlichen Definitionen. Sozioökonomischen Schichten oder gar Klassen wird für die Milieubildung keine prägende Kraft mehr zugebilligt. Zur Beschreibung der Gesellschaftsstruktur greifen die SINUS-Forscher deshalb nicht länger primär auf ökonomische Unterschiede oder politische Werteorientierungen zurück, sondern gruppieren Menschen anhand ähnlicher Lebenswelten und -stile. So werden Alltagseinstellungen zu Geld, Arbeit, Freizeit und Familie genauso miteinbezogen wie Wünsche, Ängste oder Zukunftserwartungen – alles in allem bis zu 50 Kriterien, wobei das genaue Vorgehen Betriebsgeheimnis bleibt (kritisch dazu PEHRKE 2009). „Oben und unten. Links, rechts und die Mitte" gibt es in Deutschland angeblich nicht mehr (ROSENKRANZ/GERN 2009).

Deutschland – eine „Kartoffelgrafik"?

Stattdessen besteht die Bundesrepublik laut SINUS aus zehn, sich teilweise überlappenden, sozialen Milieus: Traditionsverwurzelte, Konservative, DDR-Nostalgische, Etablierte, Bürgerliche Mitte, Konsummaterialisten, Postmaterielle, Moderne Performer, Hedonisten und Experimentalisten. Größe und Position dieser Milieus in der Gesellschaft veranschaulicht die berühmte „Kartoffelgrafik".

Abbildung 36: Die „Kartoffelgrafik"

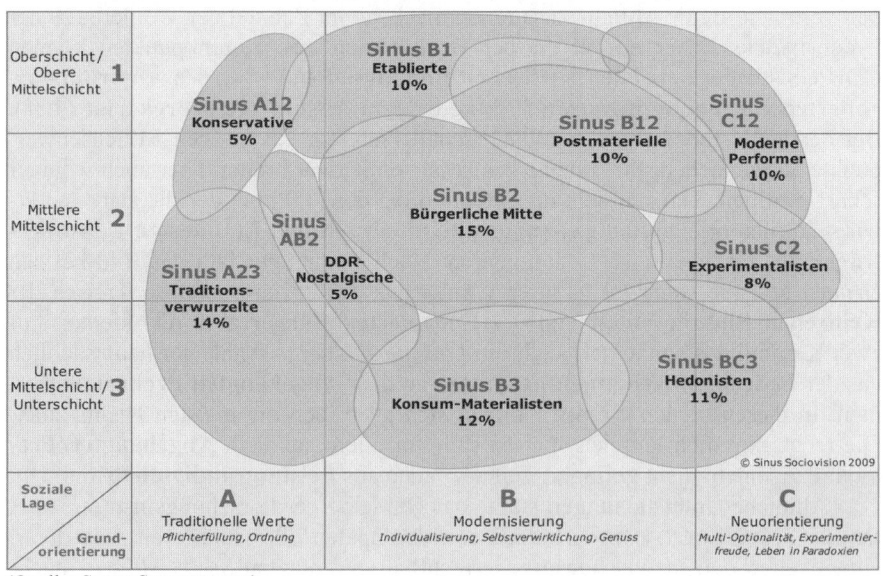

(Quelle: SINUS SOCIOVISION)

Die zehn Milieu-„Kartoffeln" sind in dieser Landkarte hinsichtlich ihrer sozialen Lage und Grundorientierung verortet. Je höher ein Milieu in der Grafik angesiedelt ist, desto höher sind Einkommen, Bildung und Berufsgruppe; je weiter rechts es liegt, desto „moderner" ist die jeweilige Grundorientierung. Die gesellschaftlichen Leitmilieus sind somit im oberen Drittel zu finden. Die traditionellen Milieus befinden sich am linken, die hedonistischen am rechten Rand. In der Mitte liegen die sogenannten Mainstream-Milieus. Eine detaillierte Erläuterung des Forschungsdesigns mit Merkmalsbeschreibungen der einzelnen Typen ist online verfügbar unter: www.sociovision.de.

Heuristisch kann diese Typologie zweifellos ganz fruchtbar sein, wie zuletzt der Göttinger Parteienforscher Franz WALTER (2008) bewies, der mithilfe der *SINUS-Milieus* die „Baustelle Deutschland" ablief. Methodisch aber ist der Ansatz doch recht problematisch, da sehr unterschiedliche Dimensionen und Kategorien (konservativ = politische, bürgerlich = soziodemographische, hedonistisch = moralische Kategorie) durcheinander gewürfelt werden. Es handelt sich wie gesagt auch nicht um „Milieus" im traditionellen Sinne, in denen etwa gemeinsam agiert oder zumindest in Ansätzen kommuniziert würde. Der tatsächliche Nutzwert dieser Art von Milieustudien für Politikwissenschaftler oder Wahlkampfstrategen ist deshalb nicht unumstritten, wenngleich nach Ansicht einiger renommierter Beobachter etwa die „Neue-Mitte"-Kampagne der SPD 1998 als Bestätigung des Konzepts gedeutet werden könnte (vgl. KORTE 2009).

> Tatsächlicher Nutzwert für Parteien umstritten

Ähnlich wie das SINUS-Institut entwickelte auch Peter GLUCHOWSKI (1987) vom Forschungsinstitut der CDU-nahen Konrad-Adenauer-Stiftung eine Typologie von „Lebensstilen" mit dem Ziel, die Wählerpotenziale der Parteien zu ermitteln. Anders als die Heidelberger zog er es jedoch vor, nicht von „Milieus" zu sprechen, da die Einteilung auf der Basis von Individualdaten vorgenommen wurde, Kontextmerkmale also nicht unabhängig von den Einschätzungen der Individuen erfasst wurden. GLUCHOWSKI berücksichtigte ebenfalls ein breites Spektrum von Merkmalen: Grundorientierungen wie Lebensziele, persönliche Wertorientierungen und Persönlichkeitsstärke, Haltungen zu zentralen Lebensbereichen wie Berufswelt, Familie und Freizeit, Einstellungen zu Konsum und Mode, zur Technik, zur Religion und zur Politik. Hinsichtlich der Wertedimension knüpfte der Autor dabei an die Arbeiten von Ronald INGLEHART an und unterschied zwischen Pflicht- und Akzeptanzwerten (materielle Orientierung) sowie Freiheits- und Entfaltungswerten (postmaterielle Orientierung). Insgesamt wurden so neun „Lebensstil-Gruppierungen" ausgemacht (in Klammern Angaben über den Anteil der jeweiligen Gruppe an der Gesamtbevölkerung):

> Lebensstil-Gruppierungen nach GLUCHOWSKI

Abbildung 37: Neun Lebensstil-Gruppierungen

1. der aufstiegsorientierte, jüngere Mensch (10 %)
2. der postmateriell-linksalternativ eingestellte jüngere Mensch (5 %)
3. der linksliberale, integrierte Postmaterialist (10 %)
4. der unauffällige, eher passive Arbeitnehmer (13 %)
5. der pflichtorientierte, konventionsbestimmte Arbeitnehmer (11 %)
6. der aufgeschlossene und anpassungsfähige Normalbürger (25 %)
7. der gehobene Konservative (11 %)
8. der integrierte ältere Mensch (11 %)
9. der isolierte alte Mensch (4 %)

(nach: GLUCHOWSKI 1987, S. 21)

Ordnet man die Gruppen nach den zwei Merkmalen „gesellschaftliche Wertorientierungen" und „soziale Schicht", so zeigt sich bei den traditionsbestimmten Gruppen eine Schichtdifferenzierung, während die entfaltungsorientierten Gruppen sich eher in der oberen Hälfte der Schichtenskala befinden. Lediglich die Gruppe der unauffälligen, eher passiven Arbeitnehmer ist auf beiden Dimensionen nicht eindeutig einzuordnen.

Überlagerung alter und neuer Spannungslinien

An den Parteiidentifikationen der einzelnen Gruppen wird die Überlagerung alter und neuer gesellschaftlicher Spannungslinien deutlich. Vor allem die Anhängerschaft der SPD war schon in den 80er Jahren heterogener geworden, denn die Partei fand damals Anklang sowohl bei den „pflichtorientierten, konventionsbestimmten Arbeitnehmern", die sich zu 38 % mit ihr identifizierten, wie auch bei den „linksliberalen, integrierten Postmaterialisten", von denen sich 31 % zur SPD bekannten. Bei den traditionsbestimmten Gruppen tendierten diejenigen mit höherer Schichtzugehörigkeit zur CDU, die Gruppen mit niedriger Schichtzugehörigkeit dagegen zur SPD, während bei den entfaltungsorientierten Gruppen die Stärke der postmateriellen Wertorientierung zwischen Anhängern der Sozialdemokraten und der *Grünen* differenzierte. Die „unauffälligen, eher passiven Arbeitnehmer" standen sozusagen zwischen den Fronten, sie wurden weder von den alten noch den neuen Konfliktdimensionen sichtlich berührt (vgl. GLUCHOWSKI 1987, S. 28 ff.).

Lebensstile in Ost und West gleichen sich an

Wenngleich die GLUCHOWSKI-Studie einen verdienstvollen Beitrag zum besseren Verständnis der gesellschaftlichen Grundstruktur in Deutschland geleistet hat, können ihre Ergebnisse heute nicht mehr umstandslos auf die aktuelle Lage in der Berliner Republik übertragen werden. Zum einen liegt der Untersuchungszeitraum bereits relativ weit in der Vergangenheit. Die politischen und gesellschaftlichen Rahmenbedingungen haben sich seit den späten 80er Jahren rapide verändert. Soziale Milieus sind nicht statisch, sondern in ständigem Fluss. Zum anderen wurden die hier präsentierten Lebensstil-Gruppierungen aus der westdeutschen Vor-Wende-Gesellschaft heraus erhoben. Auf die Menschen in Ostdeutschland, die unter ganz anderen materiellen und ideologischen Bedingungen sozialisiert wurden, sind diese Kategorien daher kaum anwendbar. In dieser Hinsicht sind heute sicherlich die *SINUS-Milieus* überlegen, die nach der

Wiedervereinigung zunächst separat für die alten und neuen Bundesländer kontinuierlich weiterentwickelt wurden und – nach weitgehend erfolgter Angleichung
der Lebensstile in Ost und West – seit 2001 ein einheitliches Erklärungsmodell
für die gesamtdeutsche Gesellschaftsstruktur bieten.

Sicher ist die intensive Milieubindung, die noch in der Weimarer Republik
bestand, in der Berliner Republik lange nicht mehr gegeben: Durch die hohe
horizontale und vertikale Mobilität in der Gesellschaft, durch die Kommerzialisierung von Freizeit, durch die Konsumdurchdringung aller Lebensbereiche,
durch einheitlichere Bildung und Ausbildung sowie insbesondere infolge der
Durchdringung des Alltags durch die Medien, an der Spitze das Fernsehen und
das Internet, ist die Abkapselung größerer homogener Gruppen und Milieus
heute kaum mehr möglich. Eine „Rückkehr ins Milieu", nach der noch OBER-
REUTER (1984) fragte, ist daher ziemlich unwahrscheinlich, zumindest wenn man
unter „Milieus" die traditionellen soziokulturellen Gemeinschaften versteht.
Kumulative Vorwürfe an den Parteienstaat als „überdehnt und abgekoppelt"
(HENNIS 1983) oder an eine einzelne Partei „Die SPD – staatstreu und jugendfrei" (MICHAL 1988), wie sie bereits seit Jahrzehnten kursieren, bringen da nicht
weiter. Diese Polemiken mögen im Einzelnen jeweils brillant formuliert sein.
Das Glitzern lenkt aber vom nüchternen Betrachten des Gegenstandes ab. Die
Realität ist meist weniger sensationell. Um bei den Milieus der Parteien zu bleiben: Deutlich unterscheidbare „Parteikulturen", politische Kommunikationsfel-
der oder soziopolitische Netzwerke, wie auch immer man sie bezeichnen mag,
bleiben auch nach der Erosion der alten Milieus in den bundesrepublikanischen
Parteien sichtbar und natürlich bleiben sie wandelbar. Aber sie sind zur Enttäuschung vieler Parteistrategen nur begrenzt formbar.

Keine Rückkehr in die alten Milieus

5.1.3 Interessentheorien

Sind historische Konstellationen und Konfliktlinien der Sozialstruktur prägend
für das Verhalten von Parteien und Gesellschaft? Oder sind vielmehr sozialmoralische Milieus die Geburtsstätten und der politische Nährboden für das
Leben der Parteien? So haben wir bisher gefragt. Ein dritter Strang der Parteientheorie bleibt noch aufzuknoten. Es ist die Auffassung von Parteien als Organisationen zur Stimmenmaximierung auf dem Wählermarkt, als Zusammenschlüsse
von Macht- und Mandatsuchern zum eigenen Vorteil, als Vertreter von Interessen, die ideologisch völlig uninteressiert sind. Auch diese Ansätze wurden – wie
die *Cleavage*-Theorie von LIPSET/ROKKAN (1967) oder die Milieutheorie von
LEPSIUS (1966) – ursprünglich in den 60er Jahren formuliert, die für die Parteientheorie offensichtlich ein fruchtbares Jahrzehnt gewesen sind.

Aus der Beobachtung gesellschaftlicher Prozesse in den 50er Jahren entwickelte Otto KIRCHHEIMER (1965) seine Thesen zum „Wandel des westeuropäischen Parteiensystems". Parallel mit Politologen, die vom Ende der Ideologien,
und Soziologen, die vom Sieg der nivellierten Mittelstandsgesellschaft sprachen,
konstatierte KIRCHHEIMER aufgrund von wachsendem Wohlstand für breite
Schichten eine Lockerung traditioneller, sozialstrukturell verankerter Parteibin-

Otto KIRCHHEIMERS catch-all-party

dungen zusammen mit einer Entideologisierung und Entpolitisierung der Wählerschaft. Die Aufhebung der alten Klassenspaltung ließe die traditionellen Klassenparteien obsolet werden. Die alte Massenintegrationspartei, die ihren Wählern und Anhängern eine lebenslange politische Heimat geboten habe, löse sich auf. Wenige große Parteien böten Politik für jeden wie ein großes Warenhaus. Im Idealfall entstehe ein Zweiparteiensystem wie in den USA ohne große weltanschauliche Differenzen. Der Typus der *catch-all-party* oder der Allerweltspartei dominiere, Parteien nennten sich konsequenterweise Volksparteien.

Die politische Partei werde zum Markenartikel, das politische Marketing zum entscheidenden Problem parteipolitischer Strategie auf dem Wählermarkt. KIRCHHEIMER (1965, S. 34) selbst formuliert dies ganz offen:

> „Ihre Rolle muß auf politischem Gebiet das sein, was auf dem wirtschaftlichen Sektor ein überall gebrauchter Marken- und Massenartikel ist."

Ökonomische Theorie der Demokratie von DOWNS
Waren KIRCHHEIMERs Thesen aus einer kritischen Zeitdiagnose erwachsen, so hat wenig früher Anthony DOWNS (zuerst 1957) eine in der Konsequenz ganz ähnliche Konzeption als grundsätzliche und generalisierbare „Ökonomische Theorie der Demokratie" entwickelt. Für die ökonomische Theorie der Politik, heutzutage gewöhnlich *Rational-choice*-Theorie genannt, ist die Übertragung des Modells ökonomischer Rationalität als individuelle Nutzenmaximierung auf die Politik eine Basisannahme (vgl. ARZHEIMER/SCHMITT 2005, LEHNER 1981). Rational ist danach nicht, wer human oder altruistisch agiert, sondern einzig, wer egoistisch seinen Eigennutzen maximiert. Auf Parteien und Bürger übertragen ergeben sich folgende Konsequenzen:

> „1. Politische Parteien – und von diesen getragene Regierungen – handeln in einer Demokratie ausschließlich aus dem Beweggrund, die Regierungsmacht zu erreichen, auszuüben und zu behalten; ihr Handeln ist deshalb durch das Bestreben nach Stimmenmaximierung bei Wahlen bestimmt – zu ihrem eigenen Vorteil der Erlangung von Prestige, Status und Einkommen und nicht aus altruistischen oder humanitären Motiven der Mehrung der Wohlfahrt aller oder eines bestimmten Teils.
>
> 2. Die Bürger in so regierten Demokratien verhalten sich rational und sind ebenfalls in ihrer politischen Aktivität, besonders beim Wahlakt, nur durch die Maximierung ihres individuellen privaten Nutzens motiviert" (DOWNS 1968, S. 289).

Der Trend zur Mitte
Unter der Voraussetzung, dass in einer entideologisierten und nivellierten Mittelstandsgesellschaft die politischen Meinungen etwa normal verteilt sind – d. h., dass eine glockenförmige Kurve links niedrig beginnt, zur Mitte aufsteigt und nach rechts wieder niedrig ausläuft –, werden sich zwei große Parteien bilden, die im Wesentlichen um die Wähler in der Mitte konkurrieren. Die politischen Konzeptionen und Programme der Parteien werden verschwommen, einander ähnlicher und weniger mit Ideologien verknüpft, um maximale Wahlerfolge im wichtigsten Wählersegment der großen Mitte zu erzielen. Der Trend zur Mitte, der heute viele politische Debatten und Parteistrategien bestimmt, ist in den Theorien von KIRCHHEIMER (1965) und – sofern die oben genannte Voraussetzung als gegeben angenommen wird – von DOWNS (1957) schon vorgedacht. Aller-

dings ist diese eindimensionale Denkweise nur scheinbar plausibel, tatsächlich aber viel zu undifferenziert. Die mehrdimensionale Konfliktlinientheorie und die komplexe moderne Milieutheorie sind diesem schlichten Links-Rechts-Schema zur Erklärung der Parteienkonkurrenz sicher überlegen.

Voraussetzungen und Folgerungen der Theorie von DOWNS sind zwar viel kritisiert worden (vgl. z. B. schon VON ALEMANN 1973; MINTZEL 1984), seit Ende der 50er Jahre wiesen allerdings zunächst viele Anzeichen darauf hin, dass die deutschen Parteien den Grundannahmen von DOWNS oder den Tendenzaussagen von KIRCHHEIMER durchaus entsprechen wollten. Die SPD bekannte sich mit ihrem Godesberger Programm 1959 zum Begriff der „Volkspartei", den die CDU schon länger adaptiert hatte. Die ideologische Distanz hatte sich so abgeflacht, dass 1966 eine Große Koalition aus CDU/CSU und SPD möglich wurde. Selbst die FDP reklamierte seit Ende der 60er Jahre, eine sozialliberale Volkspartei sein zu wollen.

Wahlkampfstrategien zur Stimmenmaximierung nach dem Vorbild US-amerikanischer Kampagnen setzten sich durch. Parteiprogramme wurden sich so ähnlich, dass seit den 70er Jahren die Grundwerte Freiheit, Gerechtigkeit und Solidarität wörtlich bei beiden großen Parteien, SPD und CDU, zu finden waren (vgl. VON ALEMANN 1996a). Auch wenn sich keine Partei gerne Allerweltspartei, *catch-all-party* oder Stimmenmaximierungspartei nennen lässt, so ist der in der Wissenschaft so umstrittene, weil verschwommene, ideologisch aufgeladene und das Parteienprofil verunklarende Begriff Volkspartei weiterhin populär, auch wenn derzeit vor allem der vermeintlich unaufhaltsame Untergang dieses Parteitypus' in aller Munde ist (vgl. stellvertretend für viele: WALTER 2009b, ARNIM 2009 und KRONENBERG/MAYER 2009). Allerdings zieht die CDU es vor, sich als „moderne Volkspartei" zu bezeichnen (vgl. SCHÖNBOHM 1985), während die SPD sich als „linke Volkspartei" ansprechen lassen will. Die FDP hatte sich zwischenzeitlich von dem Anspruch verabschiedet, sieht sich nach der jüngsten Bundestagswahl aber wieder im Aufwind. Auch *Die Grünen* experimentieren neuerdings mit dem Zauberwort einer ökologischen oder „metropolitanen" Volkspartei. Die CSU in Bayern und *Die Linke* im Osten Deutschlands kann man als regionale Volksparteien bezeichnen.

In der internationalen Diskussion sorgte in den vergangenen Jahren jedoch ein anderes Kunstprodukt des politikwissenschaftlichen Betriebes für noch weitaus mehr Furore: die sogenannte „Kartellpartei". Dieser neue, von Richard KATZ und Peter MAIR (1995) „entdeckte", Parteitypus stellt in gewisser Weise eine Übertreibung des *Catch-all*-Modells dar. Die zugehörige Kernthese lautet, die politischen Parteien hätten seit den 1970er Jahren als Reaktion auf ihre nachlassende zivilgesellschaftliche Verankerung (vgl. Kapitel 8.2) eine Hinwendung zum Staat vollzogen, um sich somit neue Ressourcen zu erschließen. Gemeint ist damit in erster Linie die Ausweitung staatlicher Subventionierung, aber auch der leichtere Zugang zu Massenmedien spielt eine gewichtige Rolle.

Gleichzeitig sei es aus strategischen Erwägungen zu einer Veränderung des Wettbewerbsverhaltens der etablierten Parteien untereinander gekommen. Anstatt sich weiterhin gegenseitig zu bekämpfen, würden die Alteingesessenen nun miteinander kooperieren und ein regelrechtes Kartell bilden, ähnlich wie in der

Volksparteien setzen auf Stimmenmaximierung

Aufstieg der Kartellpartei?

Wirtschaft. Ziel sei es, Außenseiter und mögliche Aufsteiger von den öffentlichen Fleischtöpfen fernzuhalten, die eigene Machtposition zu stärken sowie die Risiken und negativen Folgen einer möglichen Wahlniederlage zu minimieren. Später wurde die Kartellisierung auch auf die vermeintliche Verringerung des politischen Entscheidungsspielraumes im Zuge der Globalisierung und schrumpfender Staatshaushalte zurückgeführt (vgl. BLYTH/KATZ 2005).

Die tatsächliche Durchsetzung der Kartellpartei hätte nicht zuletzt weitreichende normative Konsequenzen für die Demokratie insgesamt. Wenn der Bürger nur noch aus einem kleinen und relativ festgefügten Zirkel von Eliten auswählen kann, dann verändert sich zum Beispiel der Charakter der Wahl vollkommen. Der Wahlausgang hat nur noch sehr begrenzten Einfluss auf die Politikgestaltung und das verantwortliche Personal. Die Möglichkeit der Bestrafung einzelner Parteien sinkt, die parlamentarische Konkurrenz klingt ab und die Wahl selbst wird zum system- und damit kartellstabilisierenden Akt.

Parteien sind Theorien nicht gefolgt   Obwohl die Wahlkampfstrategien der großen Parteien zweifellos manchen Annahmen der Stimmenmaximierung entsprechen, so kann man heute nicht ernsthaft behaupten, dass die bundesdeutschen Parteien reine entideologisierte politische Maschinen zur Mehrheitsgewinnung wären. Sie sind auch keine Allerweltsparteien oder Volksparteien im KIRCHHEIMERschen Sinne geworden. Ihre soziodemographische Struktur ist nach wie vor geprägt von gesellschaftlichen Konfliktlinien, die sich in neuen soziopolitischen Milieus verdichten. Trotz mancher Angleichungstendenzen fällt es nach wie vor jedem Wähler relativ leicht, die Parteien auf einer Rechts-Links-Skala eindeutig zuzuordnen. Diese Positionen entsprechen im Großen und Ganzen dem Eigenbild, das die Parteien von sich formulieren.

Zwischenfazit   Das komplizierte Geflecht der Beziehungen zwischen Parteien und Gesellschaft, so lautet das Zwischenfazit, ist nicht auf einen einzigen Bezugspunkt zu reduzieren. Auf der Basis von sozialstrukturellen Konfliktlinien (*cleavages*) bestimmen durchaus noch kommunikative soziopolitische Milieus die Parteienrealität. So demonstrierten etwa *Die Grünen* deutlich, wie neue Milieus und Konfliktlinien in Parteistrukturen umgesetzt werden können. Strategien der Stimmenmaximierung gehören dabei zur Austauschlogik in Wahlkämpfen. Politik kann deshalb aber nicht allein auf Stimmenmaximierung reduziert werden, ohne gerade den Kern der *polis*, die Interaktion und kollektive Interessenwahrnehmung im Gemeinwesen, zu verlieren.

5.2 Parteien und Medien

Oftmals werden die Medien als die vierte Gewalt im politischen System eines Landes betrachtet. Dieses Bild von der vierten Gewalt verweist auf die anderen drei Gewalten, die durch die Medien beobachtet, kontrolliert und im Fall von Gesetzesübertretungen oder verfassungswidrigem Handeln öffentlich sanktioniert werden. Auf diesem Wege prägen die Medien die öffentliche Meinung mit und beeinflussen dadurch auch die politischen Akteure.

Die Freiheit der Presse und die Freiheit der Berichterstattung durch Rundfunk und Film sind verfassungsrechtlich in Art. 5 Abs. 1 Satz 2 GG abgesichert. Die Medien sollen folglich frei sein von politischer Beeinflussung. Eigentlich sollte es den Medien aufgrund dieser Staatsfreiheit möglich sein, unabhängig von den politischen Akteuren zu agieren und zu berichten. Die in der Verfassung garantierten Rechte sind eine elementare Säule unseres demokratischen Staatswesens. In Demokratien stellen die Medien daher idealtypischerweise zum einen ein Sprachrohr der politischen Meinungs- und Willensbildung des Volkes und zum anderen eine Kontrollinstanz der politischen Akteure dar.

> „Jeder hat das Recht, seine Meinung in Wort, Schrift und Bild frei zu äußern und zu verbreiten und sich aus allgemein zugänglichen Quellen ungehindert zu unterrichten. Die Pressefreiheit und die Freiheit der Berichterstattung durch Rundfunk und Film werden gewährleistet. Eine Zensur findet nicht statt." (Art. 5 Abs. 1 Grundgesetz)

Parteien und Medien stehen also in einem natürlichen Spannungsverhältnis zueinander, das in der Bundesrepublik in den letzten Jahrzehnten besonders in der Rundfunkpolitik (vgl. KLEINSTEUBER 1982) und im letzten Jahrzehnt in der Konkurrenz des öffentlich-rechtlichen Fernsehens mit neuen (größtenteils privaten) Medien deutlich sichtbar wurde. Aber: „Das Spannungsverhältnis ist uralt" (HABICHT 1987, S. 139). Es gründet auf der Rollenverteilung zwischen politisch Handelnden und politisch Informierenden, die eine gesellschaftliche Kontrollfunktion zu Recht reklamieren können. Beide sind aufeinander angewiesen: die Parteien auf die Medien für jegliche öffentliche Kommunikation, nachdem ihre eigenen Medien auf eine irrelevante Größe geschrumpft sind; und die Medien auf die Parteien, um Information und Hintergrundwissen zu erhalten.

Je mehr die Parteien davon überzeugt sind, dass Wahlen nicht durch milieugebundene Stammwähler, sondern mehr durch bewegliche Wechselwähler entschieden werden, und je mehr sie an unmittelbare Wirkungen der Medien, insbesondere des Fernsehens, auf die Meinungsbildung glauben, desto intensiver versuchen sie, Personal und Inhalte der Medien zu beeinflussen und zu bestimmen. Verstärkte Medienkonkurrenz durch Verkabelung und Kommerzialisierung vervielfältigt noch das Massenkommunikationsangebot und absorbiert mehr Freizeit der Bürger. Eine Entwicklung zur „Informationsgesellschaft" lässt den Einfluss der Medien noch anwachsen.

Parteien instrumentalisieren die Medien

Der Einfluss der Medien auf die öffentliche Meinung ist für die politischen Akteure – und das sind nun mal in erster Linie die politischen Parteien – Anreiz genug, die Staatsferne der Medien zu umgehen. Die Beispiele für solch politische Einflussnahme sind vielfältig. Ein bewährtes Einfallstor für originäre Parteiinteressen bietet beispielsweise die Zusammensetzung der Aufsichtsgremien bei den öffentlich-rechtlichen Rundfunkanstalten. Die Aufsichtsstruktur ist bei allen Rundfunkanstalten im Prinzip einheitlich. Sie bestehen aus drei Organen: Rundfunkrat, Verwaltungsrat und Intendant. Eine rechtliche Staatsaufsicht ist ebenfalls in fast allen Rundfunkgesetzen vorgesehen. Allenfalls nicht erlaubt ist sie im Gesetz des Hessischen Rundfunks (vgl. KAHL 2000, S. 500 ff.). Trotz des Grundsatzes der Staatsfreiheit des Rundfunks ist also nicht jede Beteiligung von staatlichen Vertretern in den Aufsichtsgremien verfassungsrechtlich unzulässig,

solange die Unabhängigkeit des öffentlich-rechtlichen Rundfunks gesichert
bleibt. So jedenfalls das Bundesverfassungsgericht in seinen Entscheidungen zu
Art. 5 GG.

"Causa Brender"   Ein aktuelles Beispiel für einen solchen Eingriff in die Freiheit der Rundfunkanstalten ist die "Causa Brender", die sich über das gesamte Jahr 2009 er-
streckte. Der Vertrag des ZDF-Chefredakteurs Nikolaus Brender lief im März
2010 aus. Da sich der Intendant des ZDF für eine weitere Zusammenarbeit mit
Brender ausgesprochen hatte, standen Anfang 2009 Gespräche hinsichtlich einer
Vertragsverlängerung an. Dem Vorschlag des Intendanten musste jedoch nach dem
Rundfunkstaatsvertrag, der die Rechtsgrundlage des öffentlich-rechtlichen Rundfunks bildet, der Verwaltungsrat des ZDF mit einer 3/5-Mehrheit zustimmen.

Der Verwaltungsrat ist neben dem Fernsehrat und dem Intendanten das dritte Aufsichtsgremium des ZDF und überwacht vor allem die Tätigkeiten des Intendanten. Da die Länder die Träger des ZDF sind, schlägt sich dies auch in der
Zusammensetzung des Verwaltungsrats nieder. Von den 14 Mitgliedern des
Verwaltungsrats sind fünf Vertreter der Bundesländer und ein Mitglied Vertreter
des Bundes. Weitere acht Mitglieder werden vom Fernsehrat gewählt, der seinerseits wiederum ganz überwiegend nach dem Parteiproporz besetzt ist. Denn von
den 77 Mitgliedern des Fernsehrats sind nur fünf ohne jede Mitwirkung des Staates oder der politischen Parteien entsandt. Dies sind die Vertreter der Kirchen
und des Zentralrats der Juden. Da viele Vertreter von Verbänden oder Organisationen zugleich Parteimitglieder sind, haben die beiden Volksparteien deutlich
mehr Vertreter im Fernsehrat, als die Zusammensetzung erahnen lässt.

Dass schon die Zusammensetzung des Verwaltungsrats das Gegenteil der
von der Verfassung geforderten Staatsferne sein könnte, darauf wird seit Langem
hingewiesen (vgl. LUCHT 2006, S. 181 ff.). Dem Gremium gehören zwar, außer
dem Vertreter des Bundes und den Repräsentanten der Länder, auch die nominell
unabhängigen Abgesandten verschiedener gesellschaftlicher Gruppen an. Aber
auch diese können überwiegend einem politischen Lager zugeordnet werden.

Die politischen Akteure können also de facto über ihre Posten im Verwaltungsrat Einfluss auf die Personalpolitik und somit indirekt auch auf die inhaltliche Berichterstattung und politische Leitlinie des Senders nehmen. Dies gilt vor
allem bei der Besetzung des Chefredakteurs, da er als leitender Redakteur verantwortlich ist für den Inhalt der Berichterstattung und für die Distanz zu den
Parteien. Nikolaus Brender selbst ist parteilos und gilt als unabhängiger Journalist. Da 2009 die Mehrheit im Verwaltungsrat bei den Christdemokraten lag, war
es die erklärte Absicht der Unionsvertreter unter Führung des Hessischen Ministerpräsidenten Roland Koch, eine weitere Amtszeit Brenders zu verhindern.

Abbildung 38: Zusammensetzung des ZDF-Verwaltungsrats, 2009

Vertreter der Länder	Parteizugehörigkeit
Kurt Beck, Vorsitzender (MP Rheinland-Pfalz)	SPD
Roland Koch, stellv. Vorsitzender (MP Hessen)	CDU
Peter Müller (MP Saarland)	CDU
Edmund Stoiber (MP Bayern a.D.)	CSU
Matthias Platzeck (MP Brandenburg)	SPD
Vertreter des Bundes	
Bernd Neumann (Kultur-Staatsminister)	CDU
Vom Fernsehrat gewählte Mitglieder	
Hans-Henning Becker-Birck (Landrat a.D.)	CDU
Willi Hausmann (Staatssekretär a.D.)	CDU
Dieter Beuermann (Verleger)	-
Gerd Zimmermann (Rektor Universität Weimar)	-
Hildegund Holzheid (Präsidentin des Bay. VerfGH a.D.)	-
Ilse Brusis (Staatsministerin a.D.)	SPD
Reinhard Scheibe (Staatskretär a.D.)	SPD
Roland Issen (Gewerkschaftler)	SPD

So wurde 2009 die Frage nach der Parteizugehörigkeit zur Gretchenfrage im Verwaltungsrat des ZDF. Bei der geheimen Abstimmung im November 2009 gelang es Koch dann auch, sich mit seinem Vorhaben durchzusetzen. Mit einem Patt von sieben zu sieben Stimmen war es dem Intendanten des ZDF nicht möglich, den Vertrag von Brender um weitere fünf Jahre zu verlängern. Der Hessische Ministerpräsident hatte gesiegt.

Das Grundproblem liegt in diesem Fall weniger in dem Ziel, einen unliebsamen Chefredakteur abzulösen, sondern vielmehr darin, dass Parteipolitiker de iure diejenigen auswählen können, die später über sie berichten sollen. Dass diese Möglichkeit auch noch so offen durch Roland Koch genutzt wurde, löste in der deutschen Öffentlichkeit sowie unter Staats- und Medienrechtlern Empörung aus. In einem Offenen Brief stärkten daher 35 deutsche Staatsrechtler dem Chefredakteur des ZDF, Nikolaus Brender, den Rücken und mahnten im selben Zuge den Erhalt der Rundfunkfreiheit sowie die Staatsferne des Rundfunks an.

Abbildung 39: Offener Brief von 35 deutschen Staatsrechtslehrern

---

Der Fall Brender - ein Prüfstein für die Rundfunkfreiheit

Art. 5 Abs. 1 Satz 2 GG garantiert die Rundfunkfreiheit. Sie ist eine wichtige Säule unseres demokratischen Staatswesens. An dieser Säule wird gerade gesägt, und zwar von einigen Mitgliedern des Verwaltungsrats beim ZDF. Nikolaus Brender soll keine oder eine unüblich kurze Vertragsverlängerung als Chefredakteur erhalten, angeblich weil die Quoten im Informationssegment nicht stimmen.

Um diese Frage aber geht es in Wahrheit nicht. Es geht schlicht darum, wer das Sagen, wer die Macht hat beim ZDF. Es handelt sich um den offenkundigen Versuch, einen unabhängigen Journalisten zu verdrängen und den Einfluss der Parteipolitik zu stärken. Damit wird die Angelegenheit zum Verfassungsrechtsfall und deshalb mischen wir uns ein.

Art. 5 Abs. 1 GG garantiert die Staatsfreiheit des öffentlich-rechtlichen Rundfunks. Auch wenn das gebührenfinanzierte ZDF formal dem Bereich öffentlicher Institutionen zuzurechnen ist, bedeutet Staatsfreiheit, dass der Staat inhaltlich auf seine Arbeit keinen beherrschenden Einfluss ausüben darf. Was geschieht, wenn es die Garantie der Staatsfreiheit nicht gibt, wird uns derzeit am Beispiel anderer europäischer Staaten vor Augen geführt. Zur Garantie der Staatsfreiheit gehört auch eine Begrenzung der Stimmenanteile der staatlichen Vertreter in den Aufsichtsgremien, also auch im Verwaltungsrat. Nun diskutieren Rundfunkrechtler schon lange darüber, ob die im ZDF-Staatsvertrag vorgesehene Machtverteilung zwischen staatlichen und nichtstaatlichen Vertretern mit Art. 5 Abs. 1 GG vereinbar ist. Insbesondere geht es um die Zuordnung der Parteienvertreter und der von den Ministerpräsidenten ausgewählten Vertreter zur staatlichen Ebene. Sollte sich herausstellen, dass letztlich ein Ministerpräsident als Meinungsführer stark genug ist, um einen bestimmten Chefredakteur zu verhindern, so würde dies einen praktischen Beleg dafür liefern, dass die zum Teil geäußerten verfassungsrechtlichen Bedenken gegenüber der Zusammensetzung des Gremiums nicht unbegründet sind. Der Eindruck läge nahe, dass über die Instrumente von staatlicher Einflussnahme und Parteizugehörigkeit politische Mehrheiten in den Aufsichtsgremien organisiert werden. Genau dies will der Grundsatz der Staatsfreiheit verhindern. Staatsfreiheit heißt, dass sich Mehrheiten im Sinne einer autonomen Ausübung der Rundfunkfreiheit nach Sachgesichtspunkten zusammenfinden.

Wir appellieren dringend an die Vernunft und die Sachkompetenz aller Vertreter im Verwaltungsrat. Beteiligen Sie sich nicht an der beabsichtigten staatlichen Einflussnahme auf die Wahl des Chefredakteurs. Qualitätsvoller und unabhängiger Journalismus liegt im Interesse aller.

(aus: FRANKFURTER ALLGEMEINE SONNTAGSZEITUNG vom 22. November 2009)

Die Causa Brender stellt folglich einen Dammbruch dar, da nie zuvor der parteipolitische Einfluss so offen ausgespielt wurde. Das Problem ist nicht, dass ein Ministerpräsident mit der Arbeit eines Journalisten unzufrieden ist. Das Problem ist, dass es in der Macht des Politikers liegt, diesbezüglich seinen Willen durchzusetzen und den Chefredakteur eines öffentlich-rechtlichen Senders abzulösen.

Dass es anders geht, zeigt seit 1991 der Norddeutsche Rundfunk. So ist im NDR-Staatsvertrag geregelt, dass Abgeordnete oder Regierungsmitglieder nicht zugleich Mitglied im NDR-Verwaltungsrat sein dürfen. Die direkte Einflussnahme aktiver Politiker kann so immerhin verhindert werden. Dieser Grundsatz der Staatsferne konnte auch gegen den Vorstoß von Niedersachsens Ministerpräsident Wulff im Jahr 2005 verteidigt werden. Wulff hatte versucht, den Staatsvertrag dahingehend zu ändern, dass künftig sechs der zwölf Mitglieder des NDR-Verwaltungsrats durch die Landesregierungen besetzt werden können.

> „Mitglieder der gesetzgebenden und beschließenden Organe der Europäischen Gemeinschaften, des Europarates, des Bundes oder eines der Länder können dem Rundfunkrat mit Ausnahme seiner Mitglieder nach § 17 Absatz 1 Satz 2 Nummer 1 und dem Verwaltungsrat nicht angehören." (§ 16 Abs. 4 NDR-Staatsvertrag).

Aber nicht nur über die Hintertür versuchen Parteien, Einfluss auf die Medien und ihre Berichterstattung zu nehmen. Als weitaus direkter kann der Versuch der Parteien gewertet werden, Medienbeteiligungen an Zeitungen zu erringen (vgl. MORLOK/ALEMANN/STREIT 2004). Politische Parteien haben sich schon seit ihrer Gründung an Medien beteiligt, zunächst nur in Form parteieigener Publikationen wie etwa dem *Bayernkurier* oder dem *Vorwärts*. Inzwischen versuchen Parteien jedoch auch, sich an fremden Medienunternehmen zu beteiligen. Anders als bei einer parteieigenen Zeitung ist es hier für den Leser jedoch nicht mehr ersichtlich, welche Partei sich als Anteilseigner hinter der Zeitung befindet. Sie können so verdeckt unter dem Namen der Zeitung publizistischen Einfluss auf die Meinungsbildung der Bevölkerung ausüben. Die Parteien beteiligen sich also als staatsnahe Organisationen an einem prinzipiell staatsfernen Medium. Aber nur eine staatsferne und somit auch parteiunabhängige Berichterstattung erlaubt eine kritische Auseinandersetzung mit der Politik.

Medienbeteiligungen politischer Parteien

Ein Beispiel für eine solche Einflussnahme ist die Übernahme der *Frankfurter Rundschau* (FR). Im Jahr 2003 war die FR aufgrund finanzieller Schwierigkeiten dazu gezwungen, einen Investor für ihr verschuldetes Druck- und Verlagshaus zu suchen. Ein solcher Investor wurde auch gefunden. Anfang Mai 2004 übernahm die SPD-eigene Medienholding, die *Deutsche Druck- und Verlagsgesellschaft* (dd_vg.) 90 % an der FR. Diese Gesellschaft ist ihrerseits zu 100 % im Besitz der SPD, die wiederum über die dd_vg. zu einem großen Teil Minderheitsanteile an über 70 Zeitungen hält (vgl. MARSCHALL 2007, S. 89 f.). Die Übernahme der FR durch die dd_vg. bzw. die SPD wurde jedoch von der Öffentlichkeit und den anderen Parteien heftig kritisiert, da dadurch eine überregionale Tageszeitung zu einer der wichtigsten Medienbeteiligungen der SPD wurde. Eine solch massive Übernahme einer Zeitung durch eine Partei sollte sich auch in der Berichterstattung der FR niederschlagen. So kommt Ute VOLKMANN zu dem Schluss, dass sich die FR durch eine Parteiverbundenheit auszeichnet, „die sich so in keiner Weise bei den anderen Qualitätszeitungen findet" (VOLKMANN 2006, S. 262). Im Jahr 2006 übernahm jedoch eine Kölner Verlagsgruppe von der SPD-Medien-Holding insgesamt 50 % der Anteile und eine Stimme, sodass die SPD heute zwar immer noch 40 % an der FR hält, aber nicht mehr Mehrheitsgesellschafter ist. Dennoch bleibt festzuhalten, dass im Falle der FR die Trennung von Medien und Parteien durch das Presseimperium der SPD durchbrochen wurde. Generell stellt sich bei Medienbeteiligungen von Parteien daher immer die Frage, ab wann diese zu Instrumenten der parteipolitischen Mitwirkung werden (vgl. Schindler 2006, S. 75).

Parteien in öffentlich-rechtlichen Medien

Im folgenden Abschnitt wollen wir nun versuchen, die Grundfrage des Verhältnisses von Parteien und Medien durch Modelle abzubilden und zu ordnen. Drei Modelle werden zur Illustration der Diskussion herangezogen, die KLEINNIJENHUIS/RIETBERG ähnlich in einer Studie mit dem Titel „Parties, media, the public and the economy: Patterns of societal agenda-setting" (1995) verwendet haben. Diese beiden niederländischen Autoren stützen sich in ihrem Aufsatz auf eine Fülle von insbesondere US-amerikanischer Literatur zum Thema Agenda-Setting. Pionier dieser amerikanischen Autoren war übrigens schon der legendäre Walter LIPPMANN (1922) mit seinem Klassiker über die Öffentliche Meinung. Die Grundfrage bei KLEINNIJENHUIS/RIETBERG lautet: Wer bestimmt die politische Agenda? Die Parteien, die Medien oder das Publikum selbst? Die drei Ausgangsmodelle lauten deshalb:

Drei Modelle

1. Das **Top-down-Modell** geht davon aus, dass die politischen Akteure in Parteien und Regierungen mit ihren Entscheidungen die reale Welt beeinflussen, die Rückmeldungen aufnehmen und daraus die politische Tagesordnung formen, sie dann an die Medien weitergeben, die sie schließlich an das Publikum vermitteln.

2. Das **Mediokratie-Modell** impliziert, dass die Massenmedien selbst zu einem wesentlichen Teil die öffentliche Meinungsbildung und damit die politische Agenda beeinflussen. Sie nehmen die Rückwirkungen von politischen Entscheidungen der realen Welt auf und spiegeln die Reaktionen zurück auf die Politik einerseits und das Publikum andererseits.

3. Das **Bottom-up-Modell** postuliert, dass das Publikum selbst die Probleme aus der realen Welt aufnimmt und damit die öffentliche Meinung und somit die veröffentlichte Meinung beeinflusst und sowohl direkt als auch indirekt über die Medien die Meinungen und Entscheidungen der Politiker und Parteien prägt.

Diese drei Modelle werden im Folgenden ausführlich dargestellt. Anschließend soll ein eigenes Synthese-Modell, das symbiotische **Biotop-Modell**, entwickelt werden. Zuvor aber noch ein Blick auf weitere Literatur.

📖 *Literaturhinweise*

Eine deutsche Veröffentlichung zur politischen Agenda stammt von Barbara PFETSCH (1994). Generell zusammenfassend zu Politik und politischer Kommunikation liefern Winfried SCHULZ (2008) sowie Markus RHOMBERG (2009) einen guten Überblick. Die Sammelbände von Frank E. BÖCKELMANN (1989) und insbesondere von DONSBACH u.a. (1994) geben zudem einen hervorragenden Einblick in die Gesamtdebatte. Eine prägnante Zusammenfassung der Medienwirkungsforschung liefern Michael SCHENK (2007) sowie Michael JÄCKEL (2008). Die deutsche Rezeption der amerikanischen Debatte um „symbolische Politik", initiiert von Murray EDELMAN (1976), ist stark von Ulrich SARCINELLI (1987a; 1987b; 2009) geprägt, siehe dazu auch Günter BENTELE (1992). Speziell zu dem engeren Thema Parteien und Medien vermittelt Thomas HABICHT (1987) einen ersten Einstieg. Dem Medieneinfluss im Wahlkampf der Bundestagswahl 2005 widmet sich auch der diesbezügliche Sammelband von BRETTSCHNEI-DER/NIEDERMAYER/WEßELS (2007). Empirische Studien zum Verhältnis der Politiker zu den Medien und zur öffentlichen Meinung haben insbesondere Werner J. PATZELT (1991) und Frank BRETTSCHNEIDER (1995) sowie aktuell DYLLA (2008) vorgelegt. Hinsichtlich der juristischen Debatte um die Medienbeteiligung von Parteien liefern MORLOK/ALEMANN/STREIT (2004) einen ersten Überblick. Speziell mit der verfassungsrechtlichen Zulässigkeit von Medienbeteiligungen politischer Parteien beschäftigt sich CORDES (2009).

5.2.1 Das Top-down-Modell

Das **Top-down-Modell** geht von einer Hierarchie oder einer Kaskade des politischen Kommunikationsprozesses aus. Die Parteipolitiker auf der obersten Stufe fällen politische Entscheidungen und geben damit Impulse an die „reale Welt". Sie verabschieden Haushalte, machen Gesetze, geben Subventionen, regeln und steuern in den gegebenen (engen) Spielräumen. Sie erzielen damit Wirkungen, die sie als Rückkoppelung zurückempfangen. So bilden sie eine politische Agenda, die sie an die Medien nach unten weitervermitteln, die ganz von dieser Informationszufuhr abhängig sind. Die Medien wiederum kommunizieren dann diese Agenda weiter nach unten an das allgemeine Publikum.

Dieses Modell ist scheinbar recht schlicht. Dennoch gibt es eine ganze Reihe von empirischen Beobachtungen über den Charakter des Kommunikationsprozesses und von Argumenten aus der Literatur, die dieses Modell unterstützen.

Der wichtigste Grund für eine herausragende Rolle der Parteien und der Politik im Kommunikationsprozess liegt darin, dass sie die handelnden Personen sind. Sie veranstalten Parteitage, sie geben Interviews, sie entscheiden im Parlament und in der Regierung. Das Interesse aller Parteien liegt darin, Themen von hervorragender Relevanz und Brisanz zu finden, um öffentliche Aufmerksamkeit und umfassende Akzeptanz zu erzielen (vgl. PFETSCH 1994, S. 15). Dazu beschäftigen sie eigene Stäbe, beauftragen Demoskopen und beobachten die öffentliche Meinung.

Parteien haben Handlungsvorsprung

Dabei sind Regierungs- und Oppositionsparteien nicht gleichgestellt. Denn bei der Regierungspartei liegen die größeren materiellen Ressourcen, z. B. mit dem wichtigen Presse- und Informationsamt der Bundesregierung. Gleichzeitig verfügen die Regierungsparteien über die größeren personellen Ressourcen, da die Regierungsstäbe zu den Parteistäben hinzugerechnet werden können. Und sie verfügen schließlich insbesondere über den größeren Aktivitätsvorsprung und haben damit eine Überlegenheit bei der Themenwahl.

Regierungsparteien vor Opposition

Abbildung 40: Das Top-down-Modell

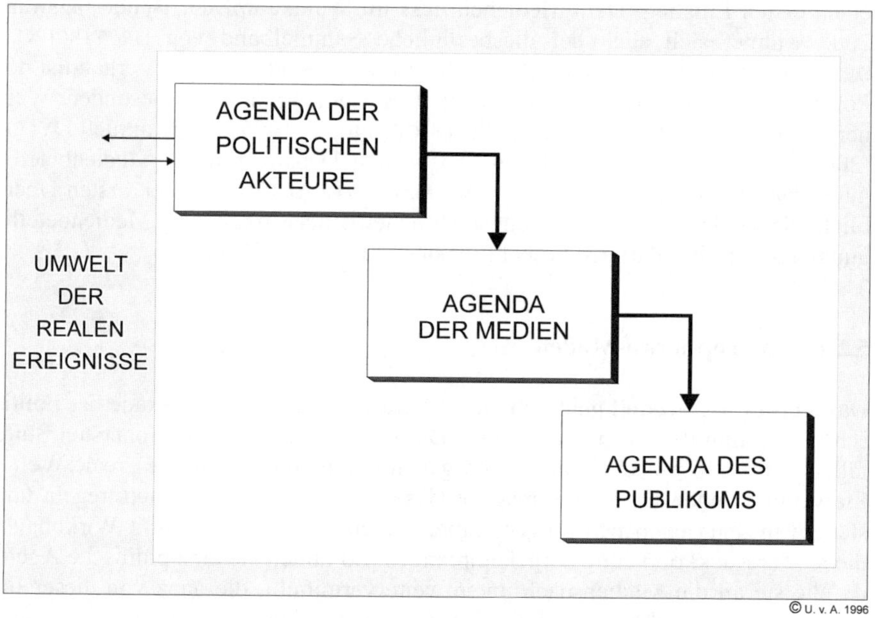

© U. v. A. 1996

Oppositionsparteien haben offensichtlich strategische Nachteile bei der Bestimmung der politischen Agenda, weil sie nur verbale Alternativen formulieren, aber keine Fakten setzen können. Sie weichen deshalb eher in programmatische Polarisierungen aus (mehr Solidarität, Gerechtigkeit und Frieden oder mehr Markt und Freiheit). Eine solche Polarisierung nutzt aber eher kleinen Parteien mit klarerem weltanschaulichem Profil und Impetus wie *Bündnis '90/Die Grünen.*

> „Große Parteien wie die Sozialdemokraten, die einerseits gezwungen sind, sich als Mehrheitspartei zu profilieren und Regierungskompetenz zu demonstrieren, andererseits aber eine Oppositionsrolle ausfüllen sollen, bringt dies in eine prekäre Situation" (PFETSCH 1994, S. 15).

Oppositionsparteien nutzen ihre Chancen

Der strukturelle Vorsprung der Regierung für das „Kommunikations-Management" (JARREN/GROTE/RYBARCZYK 1994) ist aber für die Opposition nicht uneinholbar. Sonst hätte es nie einen Regierungswechsel gegeben. Die Regierungspartei (bzw. der Regierungschef) würde sich einfach als der große Kommunikator etablieren, der die öffentliche Meinung beherrscht – durch Themenbesetzung, Sprachregelung, Ereignissteuerung und informelle Journalistenkontakte. Der Regierungsvorsprung wird nicht nur durch die Unabhängigkeit der Presse konterkariert – darauf werden wir im nächsten Modell zu sprechen kommen –, sondern auch durch die Eigenarten des deutschen politischen Systems und der deutschen politischen Kultur. Dazu gehören insbesondere der Föderalismus und eine Tendenz zur Konkordanz- und Proporzdemokratie. Der Föderalismus erlaubt es, dass die Oppositionsparteien im Bundestag in den Bundesländern die Landesregierung stellen und so rückwirkend über den Bundesrat auch in Berlin das Handeln der Exekutive mitbestimmen können. Von dieser Konstellation haben alle Parteien wechselseitig profitiert, oft sogar – wie am Ende der rot-grünen Regierungszeit – mit einer Bundesratsmehrheit gegen die jeweilige Bundestagsmehrheit.

Diese verfassungsrechtliche Konstellation führt zur Politikverflechtung; sie präferiert und prämiert Konkordanzlösungen statt Konkurrenzdemokratie. Dies potenziert sich in Politikbereichen, die in der Länderprärogative liegen. Das ist der Fall bei der Kulturhoheit der Länder, die die Rundfunkhoheit einschließt. Auch wenn es Versuche gegeben hat und gibt, sich den Rundfunk regierungs-amtlich (wie besonders unter Konrad Adenauer) gefügig zu machen; auch wenn einzelnen Parteien der Vorwurf gemacht wurde, sie schafften sich einen „Rot-funk" – wie der WDR von der CDU genannt wurde – oder einen „schwarzen Kanal" – wie das ZDF von der SPD etikettiert wurde –, so herrscht in der Poli-tik- und Kommunikationswissenschaft doch einhellig der Eindruck vor, mit einer „Parteipolitisierung des Staates" ginge eine „schwindende Autonomie" der öf-fentlich-rechtlichen Rundfunkanstalten einher (SCHATZ 1982).

Politikverflechtung und Konkordanz-lösungen

Die Konkurrenz der privaten Fernsehsender hat die Bedeutung des öffent-lich-rechtlichen Rundfunks geschmälert und damit auch die Aufmerksamkeit der Parteien verschoben. Auch die Medienwissenschaft, die vielleicht zu verbissen die parteipolitische Medienmacht im öffentlich-rechtlichen Rundfunk themati-siert hatte – gab es doch immer daneben die privatwirtschaftliche Presse –, wandte sich verstärkt neuen Themen zu, wenngleich das Segment der öffentlich-rechtlichen Anstalten auch nach der Wende politikgesteuert bliebe: „Vom Partei- zum Parteienrundfunk" (GÖTZE 1992).

Ein zentrales Thema ist darüber hinaus die „symbolische Politik", die In-szenierung von politischer (Schein-)Wirklichkeit durch Parteien und Politiker (vgl. MEYER 2003). Es wachse die Tendenz, Politik als *public relations* zu ver-markten. Nicht die konkreten Politiken (*policies*), sondern ihre Aufmachung bestimmten die Mehrheiten. Dem Bürger würden kommunikative Kunstprodukte durch die Parteien präsentiert. Es bestünde kein Interesse, die politischen Ent-scheidungen transparent zu machen, sondern vielmehr die Oberflächenstruktur und den demonstrativen Schein des Politischen zu vermitteln. Je komplexer die Politik werde, desto anfälliger seien die Akteure für Rituale und symbolische Verdichtungen. Dies führe zu Personalisierungsstrategien, Gefühlskampagnen und ideologischen Scheinfokussierungen (vgl. VON MANNSTEIN 2006).

Symbolische Politik als Inszenierung des Scheins

> „Die zentrale These ist, daß die politische Wirklichkeit durch den kommunikativen Schleier symbolischer Politik oft mehr verhüllt als erhellt wird" (SARCINELLI 1990, S. 161).

In der Wahlkampfkommunikation erreichen die symbolische Politik und die damit zusammenhängende professionelle *public-relations*-Arbeit der Parteien ihren Höhepunkt. Dazu gibt es eine reichhaltige Literatur (z. B. PALETZ/VINSON 1994; JARREN/GROTE/RYBARCZYK 1994; SCHMITT-BECK 1994; JACKOB 2007). Was schon für das Alltagsgeschäft politischer Kommunikation gilt, nimmt im Wahlkampf extreme Züge an:

Wahlkampfkommu-nikation der Parteien

„Personalisierung, Inszenierung, symbolisches Handeln und der Austausch von Verlautbarungen mit Hilfe politischer Rhetorik über die Medien kennzeichnen das politische Marketing" (JARREN/GROTE/RYBARCZYK 1994, S. 19).

Oft wird behauptet, dass sich dadurch eine Amerikanisierung der deutschen
Politik und insbesondere der Wahlkämpfe (siehe Kapitel 7.1 in diesem Buch)
einschleiche. Das ist in einigen Tendenzen sicher richtig. Per saldo aber sind das
US-amerikanische politische System mit seinen Einzelkandidaturen einerseits,
wo fast ausschließlich Personen miteinander konkurrieren, und das dortige Me-
diensystem andererseits, das ganz andere Formen der politischen Werbung zulässt (Flut kommerzieller Werbespots im Fernsehen, Telefonwerbung der Kandidaten etc.), so unterschiedlich von der europäischen politischen Kultur, dass eine
Konvergenz kaum denkbar erscheint (vgl. VON ALEMANN 1989b). Insgesamt
sind die Ergebnisse der Wahlkampfkommunikationsforschung sehr widersprüchlich: Die einen sehen alle Macht bei den PR-Profis der Parteien, die anderen
warnen vor den übermächtigen Medien und politisierenden Journalisten (vgl.
JARREN/GROTE/RYBARCZYK 1994, S. 20).

Schweigespirale   Zusätzlich kompliziert wird die Lage dadurch, dass sich Ergebnisse der ei-
umstritten   nen und der anderen Seite in Munition für die politische Debatte ummünzen
lassen. Dies war besonders der Fall bei der Diskussion über die „Schweigespirale" (NOELLE-NEUMANN 1980; kritisch dazu FUCHS/GERHARDS/NEIDHARDT 1992
und aktuell ROESSING 2009). So verschieben sich die Ebenen und verschwimmen
die klaren Konturen.

Das ist übrigens auch ein Grundproblem bei der so plausiblen und populären Unterscheidung zwischen „nur" symbolischer Politik und eigentlich „richti-
ger" Politik. Wenn die meisten Bürger Politik fast ausschließlich über die Medien wahrnehmen, wo bleibt dann die „reale" Politik? Gibt es sie überhaupt?
Sind die Grenzen nicht fließend? Ist die symbolische Politik schlecht, weil mani-
pulativ, und die reale gut, weil zum Anfassen? Wurden aber nicht auch Ideen
und Visionen der Parteien eingeklagt, die doch auch gute Symbole sind? Und ist
harte Armut oder krasse Korruption nicht eine sehr schlechte politische Realität?
Das führt uns nicht nur zur Streitfrage einer konstruktivistischen Medientheorie,
sondern auch zu noch grundsätzlicheren erkenntnistheoretischen und epistemo-
logischen Problemen. Es gibt noch viel mehr Fragen, die das **Top-down-Modell**
der zentralen Lenkung von Medien und Öffentlichkeit durch die Politik erschüt-
tern. Werfen wir also einen Blick auf das nächste Modell.

5.2.2 Das Mediokratie-Modell

Mediokratie meint, dass die heutigen Massenmedien mindestens als vierte Gewalt mitherrschen, möglicherweise sogar eine Art Übergewalt gewonnen haben.
Sie bestimmen die politische Agenda gegenüber den Politikern nach „oben" und
gegenüber dem Publikum nach „unten". Sie machen aus sachlicher Information
seichte Unterhaltung, sie personalisieren die Politik durch den Zwang des Fernsehens zur Visualisierung prägnanter Personen.

Wo liegen nun die wichtigsten Merkmale eines Medienwandels? Zunächst muss festgehalten werden, dass die Medien schon immer wichtig waren, seit es eine räsonierende bürgerliche Öffentlichkeit gibt. Im Übrigen gab es nicht nur „den" Strukturwandel der Öffentlichkeit vom bürgerlichen Diskurs zur massenmedialen Vermittlung, den HABERMAS (1996) beschrieb. Die Medienwelt war in Deutschland im Vormärz, in der Revolution von 1848, in der folgenden Reaktion im Kaiserreich, Weimar, Nationalsozialismus, Nachkriegszeit, im Kalten Krieg, nach Aufstieg und Expansion der elektronischen Medien immer im Wandel und häufig von starken Umbrüchen gekennzeichnet. Einer dieser Umbrüche liegt in der Expansion und im Wandel von Form und Inhalt. Beispielhaft ist dies abzulesen an der Expansion und Ausdifferenzierung im Printmedienbereich seit den 80er Jahren des vorigen Jahrhunderts (vgl. JARREN 1994, S. 4).

Merkmale des Medienwandels

Abbildung 41: Das Mediokratie-Modell

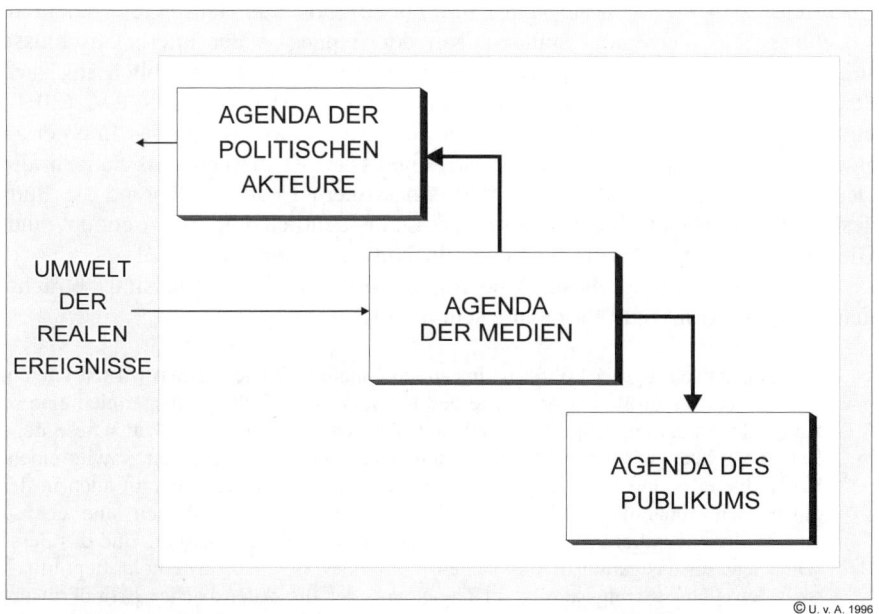

© U. v. A. 1996

Die Printmedien, deren Expansion man neben dem Fernsehen nicht vergessen darf, stehen bewusst an erster Stelle. Bis Mitte der 70er Jahre gab es in Deutschland bekanntlich nur zwei Vollprogramme – also Programme mit vielfältigen Inhalten wie Bildung, Information und Unterhaltung – und je ein regionales drittes Kulturprogramm. 1990 gab es schon über 150 privat-kommerzielle Hörfunkanbieter und über Kabel oder Satellit jeweils 20-30 Fernsehprogramme. Im Jahr 2008 konnten die Bundesbürger durchschnittlich schon zwischen 38 Fernsehprogrammen auswählen (vgl. PLAKE 2004, S.191). Bezüglich des Fernsehkonsums ist davon auszugehen, dass die Sehdauer der deutschen in Zukunft nicht

Expansion des Fernsehens

abnehmen wird. 98 % der Bundesbürger besitzen einen Fernseher, davon über die Hälfte sogar mehr als ein Gerät (vgl. LANTZSCH 2008, S. 86 f.).

Expansion des
Internets

Mit der Expansion des Internets wurde in den letzten zehn Jahren auch eine neue Dimension der Informationsbeschaffung und -verfügbarkeit erreicht. So wurde zum einen die Raum- und Zeitgrenze hinsichtlich der Bereitstellung von Informationen durch den Datenaustausch im *world wide web* aufgehoben und zum anderen stehen den Bundesbürgern nun ungeheure Mengen an Informationen zur Verfügung. Als ursächlich können hierfür die neuen Breitband-Internetanschlüsse mit einer verhältnismäßig hohen Datenübertragungsrate angesehen werden. So war es auch 2009 das erklärte Ziel der schwarz-roten Bundesregierung, den Breitbandausbau gerade im ländlichen Raum massiv voranzutreiben. Die diesbezüglichen Anstrengungen sollten weiter intensiviert werden, um bei der Flächenabdeckung der Breitbandversorgung schneller Fortschritte zu erzielen. Versorgunglücken sollten in den nächsten Jahren geschlossen werden, sodass bis spätestens 2014 für 75 % der Haushalte, bis 2018 für alle Haushalte effizientere Anschlüsse zur Verfügung stünden. Mit der Expansion der Internetanschlüsse stieg auch gleichzeitig die Internetnutzung der Bundesbürger erheblich an. Nach der vierteljährlichen Umfrage der FORSCHUNGSGRUPPE WAHLEN E.V. (2010) nutzten im IV. Quartal 2009 72 % aller deutschen Erwachsenen das Internet zu Hause, am Arbeitsplatz oder anderswo. Interessant ist hierbei, dass nahezu alle Deutschen mit Hochschulreife (zu 93 %) das Internet nutzen, während die Bundesbürger mit Hauptschulabschluss und Lehre deutlich unterrepräsentiert sind. Gleichzeitig steigt insgesamt betrachtet die Nutzungsintensität stetig.

Die Auswirkungen dieser Medienexpansion auf die Politik sind beträchtlich. Bernd GUGGENBERGER meinte schon 1994:

Visualisierung der
Politik

„Die Visualisierung der Politik ist im vollen Gange (…) Die Medien wirken wie ein gigantisches Vergrößerungsglas. Sie bescheren der Politik der Volksparteien eine so zuvor nie gekannte Aufmerksamkeit und Verbreitungsgeschwindigkeit. Diese neue Extensität aber wird bezahlt mit Intensitäts- und Treueverlusten sowie einem Beständigkeits- und Berechenbarkeitsschwund, der sich unter anderem auch in der drastischen Zunahme der Wechselwähler ablesen läßt. Die Medien sind ebenso machtvolle wie unkontrollierbare Beschleuniger und Trendverstärker. Und das Fernsehen setzt als das geradezu klassische Medium des Siegers jene demokratiepolitisch so bedenkliche ‚Erfolgsspirale' in Gang, von der die Allensbacher Erfinderin der ‚Schweigespirale' leider nie spricht. Jetzt gilt es nicht mehr bloß: Nichts ist so erfolgreich wie der Erfolg, sondern: Nichts ist so erfolgreich wie die Suggestion des Erfolgs. Das Medium erschafft die Wirklichkeit, die abzubilden es vorgibt" (GUGGENBERGER 1994, S. 65 f.).

Die Medien haben aber nicht nur zwischen Parteien und Publikum eine starke Stellung erlangt, sie haben weitgehend auch die innerparteiliche Kommunikation übernommen. Eigene Parteivermittlungsformen wie z. B. Parteizeitungen sind eingegangen oder jedenfalls zurückgegangen. Parteiabende vermitteln den Mitgliedern kaum neue Informationen über ihre Politik. Diese erhalten sie fast ausschließlich aus den Medien – ob es nun eine neue Politik ist oder ob es alte Querelen über Personen und Positionen sind.

Das Medium prägt die Botschaft, wobei auch innerhalb der Medien noch
Hierarchien bestehen. Die übergeordneten Tageszeitungen und politischen Wo-
chenzeitungen, d. h. die Qualitätszeitungen oder auch die so genannten „Edelfe-
dern", sprechen nicht nur die politische Elite an, sondern auch die Journalisten
der übrigen Medien. Ein altgedienter *Spiegel*-Redakteur hat in einem Gespräch
mit dem Autor einmal bekannt, dass er und viele seiner Kollegen in allererster
Linie für eine Handvoll respektierter Journalistenkollegen schreiben. Deren Urteil sei ihr Maßstab. Einige empirische Untersuchungen zu politischen Haltungen
der Journalisten, insbesondere von Hans M. KEPPLINGER (1989; 1994), gehen
davon aus, dass deren subjektive Weltsicht die Wirklichkeit bewusst verzerrt
wiedergebe:

> „Aufgrund der skizzierten Befunde muß man davon ausgehen, daß die Journalisten –
> oder zumindest Teile des Journalismus – eine Schlüsselstellung im Prozeß des ge-
> sellschaftlichen Wertewandels einnehmen. Indem sie die Sichtweisen von Minder-
> heiten übernehmen, zu denen sie eine grundlegende Affinität besitzen, und indem sie
> diese Sichtweisen zu einer Grundlage ihrer Berichterstattung machen, verschaffen
> sie den Sichtweisen dieser Minderheiten in weiten Teilen der Gesamtbevölkerung
> Geltung. Dadurch verschieben sie permanent das gesellschaftliche Wertsystem in
> Richtung ihres eigenen Wertsystems bzw. des Wertsystems jener gesellschaftlichen
> Minderheiten, zu denen sie grundlegende Affinitäten besitzen" (KEPPLINGER 1989,
> S. 70).

KEPPLINGERs Befunde sind allerdings methodisch und wissenschaftspolitisch
umstritten (vgl. MERTEN 1992). In seiner kritischen Haltung gegenüber den Medien überhaupt geht OBERREUTER (1989) noch weiter als KEPPLINGER, der besonders die Linkstendenzen der Journalisten immer wieder thematisiert. OBER-
REUTER (1989, S. 36) sagt: „Die Mediatisierung der Politik bedeutet, dass die
Medien, das Fernsehen voran, die Politik weithin ihren Eigengesetzlichkeiten
unterworfen haben." Damit ist das Modell der Mediokratie am konsequentesten
formuliert: Die Medien haben die Politik unterworfen. Schauen wir weiter, ob
diese These haltbar ist.

5.2.3 Das Bottom-up-Modell

Das dritte Modell propagiert das klassische demokratische Credo, dass die Politik von unten durch den Willen der Wähler über das Sprachrohr der Medien
beherrscht sein muss. Das Publikum bestimmt die politische Agenda, die Medien
sind das Sprachrohr, das nur verstärkt, um die Politiker in Parteien und Regierungen zu erreichen. Durch die Wahlen besitzen die Bürger darüber hinaus noch
einen direkten Kanal der politischen Willensbildung. Die demokratisch gewählte
Politik beeinflusst die Ereignisse der realen Außenwelt. Die Rückwirkungen
werden dann wiederum von den Wählern direkt gespürt und aufgenommen.
Damit kann der Regelkreis von vorne beginnen (vgl. Abb. 42).

Das Medium ist die
Botschaft

Abbildung 42: Das Bottom-up-Modell

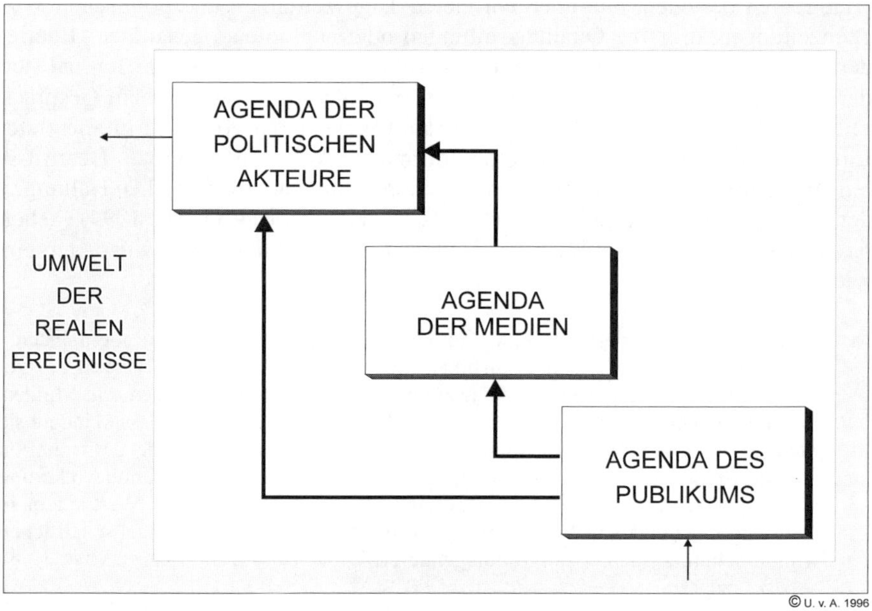

© U. v. A. 1996

Das Bundesverfassungsgericht hat in seinem *Spiegel*-Urteil dieses **Bottom-up-Modell** in einer geradezu anrührenden Bilderbuchhaftigkeit beschrieben:

> „Soll der Bürger politische Entscheidungen treffen, muß er umfassend informiert
> sein, aber auch die Meinungen kennen und gegeneinander abwägen können, die an-
> dere gebildet haben. Die Presse hält diese ständige Diskussion in Gang; sie beschafft
> die Information, nimmt selbst dazu Stellung und wirkt als orientierende Kraft in der
> öffentlichen Auseinandersetzung. In ihr artikuliert sich die öffentliche Meinung; die
> Argumente klären sich in Rede und Gegenrede, gewinnen deutliche Konturen und
> erleichtern so dem Bürger Urteil und Entscheidung" (BVerfGE 20, S. 174 f.).

Die Wirklichkeit ist anders geworden, wie wir aufgrund der Skizze der beiden
anderen Modelle gelernt haben. Die Parteien beeinflussen die Medien durch
Kommunikationsmanagement und professionelle PR; sie dominieren den öffentlich-rechtlichen Rundfunk; sie dosieren ihre Zuwendung an genehme Journalisten; sie erfinden Ereignisse als symbolische Politik, woran die Medien eifrig
mitstricken. Diese drängen ihre Agenda der Politik und den Bürgern auf, expan-
dieren mit Infotainment auf Kosten von sachlicher Information und solider
Nachricht und versuchen endlich, sich die Politik auch noch zu unterwerfen. So
scheint es vielen.

Aus Klassenmedien
wurden Massen-
medien
        Wo bleibt da der Bürger? Sicher gibt es dennoch einige Aspekte, die gegen
die geschilderten Szenarien für das **Bottom-up-Modell** sprechen. So bedeutet
die Kommerzialisierung des Rundfunks – schließlich war die Presse schon immer privatwirtschaftlich dominiert – eine Markt-, Kunden- und Zuschauerorien-

tierung, die man nach Qualitätsmerkmalen beklagen mag, aber durchaus dem Publikumsgeschmack über die Messgröße der Einschaltquote dient. So konstatiert JARREN (1994, S. 6):

> „Aus vormals auf den Staat und die gesellschaftlichen Organisationen festgelegten ‚Klassenmedien' wurden auf die Gesellschaft verpflichtete 'Massenmedien' und werden jetzt zunehmend publikumsorientierte ‚Zielgruppenmedien', die sich als höchst wandlungsfähig erweisen, indem sie von Fall zu Fall ihr Publikum suchen oder die Interessen bestimmter gesellschaftlicher Gruppen verfolgen".

Dabei müsse und dürfe man dieses Publikum auch nicht überfordern. Im Alltag der meisten Menschen spielt Politik doch eine höchst marginale Rolle, er wird von privaten Ereignissen und interpersonaler Kommunikation geprägt. Gerade die Vielseher sind unpolitisch, gleichzeitig gehören sie gesellschaftlich eher zu den unterprivilegierten Schichten. Ob man die Ergebnisse der Medienforscher über Zunahme des Fernsehkonsums nicht viel kritischer gewichten müsste, ist deshalb fraglich. Dann müsste man eingestehen, dass die Politiker und Kommunikationsstrategen das Fernsehen bei Weitem überschätzen (vgl. LANGENBUCHER 1989).

Beim Hörfunk sind immerhin Demokratisierungsansätze mit den zahlreichen Lokalradios zu beobachten, und bei den Printmedien hat sich durch einfache und billigere Kopier- und Satztechniken eine technische Revolution ereignet, die es auch Bürgerinitiativen, Selbsthilfegruppen und Stadtteilforen ermöglicht, attraktive Blätter zu gestalten, zu vervielfältigen und zu verteilen. Die Möglichkeiten der Gegenöffentlichkeit von unten sind durch diese Techniken also deutlich gewachsen. Diese „Kommunikationsrevolution" wird bei uns kaum gewürdigt, ist aber in autoritären Regimen von den Machthabern gefürchtet und deshalb zum großen Teil verboten. Auch intern in den Parteien werden diese neuen Vervielfältigungstechniken genutzt, um eigene Stadtteilblätter und Zielgruppen-Zeitungen herauszugeben.

Demokratisierung der Medien?

Ob sich durch die viel weitergehende „Multi-Media-Revolution" tatsächlich eine elektronische *Grass-roots-Bewegung* von unten via Internet und anderen nicht hierarchischen und unkommerziellen Netzen ergeben wird, mag mancher angesichts der Euphorie, die vorherrscht, noch mit Skepsis betrachten.

Jedenfalls existieren neue Medien und Netze der Kommunikation von unten gegen die Allmacht der Parteipolitiker und Medienkonzerne von oben. Und es gibt auch neue Trägergruppen und neue Inhalte. Es gibt die „Macht der Mutigen. Politik von unten: Greenpeace, Amnesty & Co.", wie der SPIEGEL sein Special-Heft vom November 1995 betitelt. Die Erfolge der *Nongovernmental Organizations* (NGOs) sind weltweit bemerkenswert, wie in den 90er Jahren die Umweltkonferenz in Rio, die Sozialkonferenz in Kopenhagen oder die Frauenkonferenz in Peking gezeigt haben. Insbesondere die Weltkonferenzen der Vereinten Nationen (UN), beginnend mit der Konferenz über Umwelt und Entwicklung (UNCED) im Jahre 1992 in Rio de Janeiro bis hin zur Weltklimakonferenz 2009 in Kopenhagen, führten zu einer neuen Stellung und Akzeptanz der NGOs. Neben ihrer politischen Bedeutung stieg auch ihre Anzahl in den letzten 20 Jahren kontinuierlich an.

Gegenmacht zu Parteipolitik?

Die Aktion von *Greenpeace* gegen den großen Shell-Konzern im Sommer 1994, um durch Mobilisierung der Öffentlichkeit die Versenkung der Ölinsel *Brent Spar* in der Nordsee zu verhindern, war eine bemerkenswerte Leistung. Freilich: War das wirklich *bottom-up*-Kommunikation? War dieser Erfolg nicht nur durch das Zusammenspiel eines Anstoßes von unten, der Veröffentlichung und Verbreitung durch die großen Medien, deren Kameramänner von *Greenpeace* gleich per Hubschrauber mit abgesetzt wurden, und durch die etablierten Politiker, die sich von rechts bis links recht opportunistisch den Boykottaufrufen anschlossen, möglich? In der Tat, es bleibt ein unangenehmer Beigeschmack, wollte man diese Aktion rein als Sieg der Öffentlichkeit von unten feiern. Es war ein Sieg der gesamten Mediengesellschaft.

NGOs wählen in der Regel den Umweg über die Medien, da sie nur Einfluss ausüben können, wenn sie beachtet werden. So versuchen sie über die elektronischen Massenmedien – Fernsehen und Internet – Aufmerksamkeit zu erlangen. NGOs werden somit auch vornehmlich über die Massenmedien wahrgenommen. Daher ist es sinnvoll in diesem Zusammenhang, die Medien als Bindeglied zwischen NGOs und Entscheidungsträgern zu verstehen. Darüber hinaus nutzen NGOs immer mehr das *Web 2.0* – das *Social Web* – und damit die Möglichkeit, über Blogs mit Anhängern und Sympathisanten zu kommunizieren und ihre eigene Organisation darzustellen.

5.2.4 Das Biotop-Modell

Für alle drei bisherigen Modelle – *Top-down*, *Mediokratie* und *Bottom-up* – sprachen plausible Gründe, empirische Fakten und jeweils Protagonisten aus der Literatur. Also liegt das ideale Modell vielleicht einfach in der allgemeinen Symbiose von Alles-hängt-mit-allem-zusammen, irgendwie? Das wäre sicher zu einfach, und es wäre auch unbefriedigend, denn ein solches allseitiges unspezifisches Interdependenz-Modell wäre konturen- und profillos.

Ergebnisse der Holland-Studie zu Parteien und Medien

Die Studie von KLEINNIJENHUIS/RIETBERG (1995), der auch die Idee zu den drei Modellen entstammt, kommt in ihrem empirischen Korrelationstest der Zusammenhänge zu ziemlich überraschenden Ergebnissen. Sie haben dazu für die politische Agenda des Publikums Meinungsumfragen zu ökonomischen Fragen operationalisiert, diese mit Indikatoren einer Inhaltsanalyse zur Medien-Agenda konfrontiert und schließlich zur Agenda der Politik parteiprogrammatische Aussagen mit den beiden anderen Daten korreliert. Sie resümieren:

> „The analyses lead us to reject the model of mediocracy. The top-down model is confirmed. The bottom-up model is confirmed also, since the political agenda is directly influenced by the public agenda" (KLEINNIJENHUIS/RIETBERG 1995, S. 114).

Abbildung 43: Das Biotop-Modell

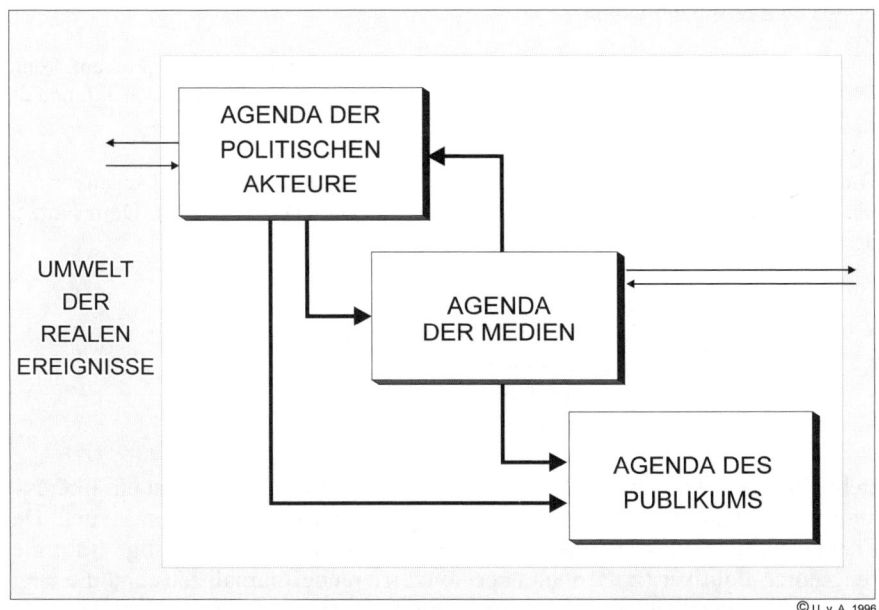

© U. v. A. 1996

Sie beobachten also ein gewisses Zusammenspiel von Parteipolitik einerseits und Publikum andererseits. Die Medien dagegen seien weder zur einen noch zur anderen Seite responsiv, d. h. offen aufnahmefähig.

Die Diskussion in der deutschen Parteien- und Kommunikationsforschung teilt zwar einen Aspekt dieser Sichtweise, nämlich das Zusammenwirken von zwei Partnern in dem Dreieck aus Politik, Medien und Publikum, aber sie ist völlig anderer Ansicht über die beteiligten Allianzen. Fast einhellig wird hier dem Zusammenspiel von Politik und Medien, meist zulasten des Publikums, der Vorzug gegeben, wenn nicht sogar einem der einseitigen Modelle, die die Übermacht einer Seite favorisieren. `Deutsche Situation ist anders`

Die abweichenden Ergebnisse der niederländischen Studie sind vielleicht damit zu erklären, dass mit den geschriebenen Parteiprogrammen wohl ein problematischer Indikator für die politische Agenda gewählt wurde. Tatsächlich tendieren Parteien dazu, in ihre Programme viel Schönes, Gutes und in der Öffentlichkeit Akzeptables hineinzuschreiben, was zum Teil durch Umfragen ermittelt wurde. Insofern könnte hier eine Scheinkorrelation vorliegen. Andererseits referieren die Medien selten die Inhalte der oft wenig spannenden Parteiprogramme, da sie nicht ganz zu Unrecht von einem niedrigen Stellenwert für die praktische Politik ausgehen. Parteiprogramme sind sicher wichtiger für die interne Integration der Parteien als für die externe politische Kommunikation.

Empirische Untersuchungen in Deutschland bestärken eher die These vom Biotop zwischen Politikern und den Journalisten. Werner PATZELT (1991) hat in seinen Intensivinterviews immer wieder das enge Zusammenwirken von Politi- `Biotop-These bevorzugt` kern und Journalisten bestätigt gefunden, wie die typische Äußerung eines Bundestagsabgeordneten belegt:

> „Also, wir spielen auch gut zusammen. Wenn der (Journalist) sagt: ‚Paß auf, könntest du das nicht mal hochfahren?' – ich greife es sofort parlamentarisch auf, und die bespiegeln das wieder" (PATZELT 1991, S. 323).

Nutzen des Journalisten im Tausch mit dem des Politikers

Die Beziehungen von Politikern und Journalisten sind eine „Art Tauschverhältnis mit wechselseitiger Abhängigkeit" (SARCINELLI 1991, S. 477). Dem Nutzen des Politikers, nämlich

- persönliche Publicity,
- Thematisierung eines ihm nützlichen Themas,
- De-Thematisierung eines ihm schadenden Themas,
- Informierung durch Journalisten (z. B. über Konkurrenten),
- Gewogenheit des Journalisten,

steht ein reziproker Nutzen des Journalisten gegenüber. Auch er hat ein Interesse an persönlichem Prestige, Thematisierung eines nützlichen Themas und De-Thematisierung eines Themas, das er nicht favorisiert, die langfristige Informierung durch Politiker (z. B. auch über konkurrierende Journalisten) und die langfristige Gewogenheit von Politikern. Treffend spricht der Journalist Peter Zudeick vom „Schmiergeld namens Nähe". Beide verfolgen insofern ein gemeinsames Ziel, nämlich die Aufrechterhaltung der politischen Kommunikation, trotz partiell unterschiedlicher Intentionen und Interessen (vgl. HOFFMANN 2003).

Politik im „Raumschiff Bonn"

Beide können sich dabei auch in Abhängigkeiten verstricken, sie werden zu interagierenden Akteuren in Verhandlungsnetzwerken (vgl. JARREN 1994). Diese Beziehung kann daher auch als Symbiose bezeichnet werden, in der beide Seiten sich gefangen und auch befangen sehen. Der Journalist muss seine speziellen Quellen pflegen, der Politiker seine vertrauten Diskussionspartner.

In einer Studie zur Responsivität des Deutschen Bundestages gegenüber der Öffentlichkeit resümiert BRETTSCHNEIDER (1995, S. 223 ff.), dass die Responsivität des Deutschen Bundestages gegenüber der öffentlichen Meinung größer sei als vielfach angenommen. Im Übrigen habe sich ihr Grad seit 1949 kaum verändert, sie habe nur in beide Richtungen geschwankt. Bei bedeutsameren Themen sowie bei einem Konsens in der Bevölkerung über einen politischen Streitpunkt sei die Responsivität überdurchschnittlich.

Politische Klasse und Schattenpolitik

Wenn der Begriff der „politischen Klasse" (VON BEYME 1993) überhaupt Sinn macht, dann muss er auf dieses Biotop von Politikern und Medien mit seinem schwer überschaubaren Nebeneinander von offiziellen und informellen Informationskanälen mit Konferenzen, Hintergrundgesprächen und „geheimbundähnlichen Zirkeln", angewandt werden (vgl. JARREN/GROTE/RYBARCZYK 1994, S. 23 f.). Hier ist durchaus der Begriff „Schattenpolitik" (VON ALEMANN 1994b) angebracht. Diese Schattenpolitik begann im „Raumschiff Bonn" und fand ihre beschleunigte Fortsetzung in der Berliner Republik. Mit dem Umzug des Regierungsapparates an die Spree hat sich immer mehr eine politisch-

mediale Klasse herausgebildet, die sich durch eine enge Verzahnung von Politikern und ihren Berichterstattern auszeichnet.

Die ehemalige Vorsitzende der Bundespressekonferenz, Tissy BRUNS, fasst
dies folgendermaßen zusammen:

> „Politik, Publizistik, die neue Kommunikationsbranche stellen sich wechselseitig auf
> die Bühne, beklatschen und kritisieren sich – von den Bürgern werden die öffentli-
> chen Akteure zusehends als eine Kaste wahrgenommen, die sich im Fernsehen zwar
> heftig streitet, tatsächlich aber in einem Boot sitzt, weit entfernt von der Lebens-
> wirklichkeit der Menschen. Unser Berufsstand, grundgesetzlich durch Artikel 5 pri-
> vilegiert und nach unserem eigenen Regelwerk zuerst der Wahrheit verpflichtet, ver-
> ändert sich rasant" (BRUNS 2007, S. 9).

Verursacht wurde diese Entwicklung nicht durch den neuen Regierungssitz,
sondern vor allem durch das Bestreben der Medien nach Exklusivität und durch
die geringere Halbwertszeit ihrer Meldungen. Beides wurde wiederum durch die
Online-Angebote der großen Nachrichtensender und Zeitungen sowie deren
verstärkte Nutzung ausgelöst. Letztendlich besteht auch in der Berliner Republik
das Grundproblem für die Vertreter der Medien darin, die richtige Mischung aus
professioneller Nähe und Distanz zu finden.

6 Struktur: Wie arbeiten die Parteien intern?

Das Recht, das wir im vorletzten Kapitel dargestellt haben, definiert die Parteien, setzt Aufgaben und Pflichten, grenzt Rechte ein. Aber es schweigt darüber, was die Parteien nun tatsächlich tagtäglich tun. Auch die Theorie und Empirie über Parteien und Gesellschaft, die wir im letzten Kapitel betrachtet haben, sagt wenig über den Alltag der Parteien aus. Zunächst einmal sind Parteien große Organisationen, die ein Eigenleben führen wie jede Großorganisation – sei es eine Verwaltung, ein Unternehmen oder ein Verband. Das Innenleben von Organisationen tendiert immer bis zu einem gewissen Grad zur Verselbständigung. Man kennt sich, konkurriert um Posten, wacht eifersüchtig über Kompetenzen, feiert miteinander, kurz: man pflegt eine „Organisationskultur".

Parteien sind Organisationen   So ist es auch in den Parteien. Sie treten an, um miteinander um die Macht zu ringen. Aber im Alltag ist die andere Partei meist weit weg, und die liebsten Machtspiele finden in der eigenen Organisation um Delegiertenstimmen, Beisitzerposten, Resolutionen oder Unterabsätze in Parteiprogrammentwürfen statt. Es geht dort nicht anders zu als z. B. im Unternehmerverband oder in der Gewerkschaft. Auch die haben in erster Linie ein Interesse an sich selbst. Das ist durchaus rational. Denn Karriere können die Mitglieder nur in der eigenen Organisation machen.

Parteien sind besonders komplexe Organisationen wie die meisten Großverbände mit freiwilliger Mitgliedschaft und ohne Profitinteresse: ob Kirchen, Gewerkschaften oder Wohlfahrtsverbände. Andere Organisationen, wie Unternehmen oder Verwaltungen, haben klarere Ziele, rigidere Mitgliedschaftsregeln und härtere Sanktionen gegen abweichendes Verhalten (z. B. Entlassung).

Parteienforschung kann von Organisationsforschung lernen   Trotzdem kann die Parteienforschung von der modernen Organisationsforschung lernen. Denn Organisationen werden längst nicht mehr nach dem rationalen Maschinenmodell, in dem jedes Rädchen eine klar definierte – und nur diese eine – Funktion erfüllt, analysiert. Die Parteienforschung hat sich in der Vergangenheit zu sehr separiert und sich selbstgenügsam ausdifferenziert, statt über den Tellerrand auch einmal auf die Nachbartische der Sozialwissenschaften zu schauen und zu verfolgen, was hier angeboten wird.

Die neuere Organisationsforschung (Näheres in VON ALEMANN/SCHMID 1997) hat besonders eines ins Bewusstsein gerückt: die Vielgestaltigkeit und Unübersichtlichkeit des Objekts, in unserem Falle einen „Wildwuchs" von Gremien und Entscheidungsstrukturen in den Parteien. Im Vergleich dazu geht der traditionelle *mainstream* in der Parteien- und der Verbändeforschung von sehr viel homogeneren Gebilden aus. Zugleich erinnern diese Disziplinen jedoch daran, dass Parteien nicht im luftleeren Raum oder an beliebiger Stelle operieren, sondern in einem bestimmten System – nämlich im politischen System – verankert sind und ein spezifisches Aufgabenspektrum wahrnehmen.

Das Garbage-can-Modell   Um Organisationen zu charakterisieren, kann auf die Metapher von MARCH/ ROMELAER (1987, zuerst 1976) zurückgegriffen werden. MARCH ist Vater des berühmten Bildes von Organisationen als „Mülleimern" (*Garbage-can*-Modell), in die alles Mögliche reingepackt und abgeworfen wird, was dort wie Kraut und Rüben durcheinander liegt. Das *Garbage-can*-Modell ist gerade für Parteien und andere politische Großorganisationen mit freiwilliger Mitgliedschaft attraktiv. MARCH wollte damit die klassische Organisationstheorie provozieren, die vom Idealtypus einer streng formalen, hierarchischen Ordnung nach dem Maschinenmodell lebte. MARCH/ROMELAER veranschaulichen die Mülleimer-Organisation mit einem Fußballgleichnis:

> „Stellen Sie sich einen runden, schräg geneigten Fußballplatz mit vielen Toren vor, auf dem Menschen Fußball spielen. Viele verschiedene Leute (aber nicht jeder) können zu verschiedenen Zeiten mitspielen oder aufhören. Einige Leute können Bälle ins Spiel werfen oder welche wegnehmen. Solange sie mitspielen, versuchen die Spieler jeden Ball, der in ihre Nähe kommt, auf die Tore zu schießen, die sie mögen und weg von den Toren, die sie vermeiden möchten" (MARCH/ROMELAER 1987, S. 276; zitiert nach NEUBERGER 1995, S. 189).

Ein absurdes Spiel, hier herrscht das reine Chaos, werden viele meinen. Nein, die Geschichte ist als ein Gleichnis für die Organisationswirklichkeit zu verstehen: Das runde Spielfeld lässt die gewohnte klare Struktur vermissen; die Schräglage symbolisiert, dass es einen *bias* für bestimmte Traditionen und Werte gibt; die vielen Tore sind die vielen Lösungen, die in der Organisation angepeilt werden können; die Bälle sind die Probleme, die herumgeschoben werden; die vielen Akteure verweisen darauf, dass man alle Interessen der Beteiligten sehen muss (vgl. zur Interpretation NEUBERGER 1995, S. 189). Gerade für „politische" Großorganisationen ist dieses Bild eines Spiels mit Regeln, die von Außenstehenden oft nicht verstanden werden, sicher sehr treffend. Auch hier ist man zunächst verblüfft, wie diese „lose verkoppelte Anarchie" überhaupt funktionieren kann. Diese Bezeichnung stammt von Karl WEICK (1985); sie ist von LÖSCHE/WALTER (1992) auf die SPD umgemünzt worden.

Politische Großorganisationen als kaum durchschaubare Spiele

Die Spielmetapher sollte uns vor allem vor falschen Vereinfachungen warnen. Sie weist nachdrücklich auf die hohe Komplexität des Untersuchungsgegenstandes hin. CROZIER/FRIEDBERG sprechen in diesem Zusammenhang von „Unsicherheitszonen", die von individuellen Akteuren kontrolliert werden und diesen Macht verleihen. Dieser Effekt hängt wiederum von den genauen Strategien und Situationen ab: „Eigentlich existiert die Organisation" – so die beiden Autoren – „nur durch die partiellen Ziele und Rationalitäten der in ihrem Rahmen interagierenden Individuen und Gruppen" (CROZIER/FRIEDBERG 1979, S. 57). Dies hat Anlass gegeben, bei der Analyse von Organisationen dem Faktor interner politischer Spiele einen sehr hohen Stellenwert zu geben. Politik hat eben vor allem mit Macht zu tun und weniger mit Struktur.

Brauchbare Ansätze, eine adäquate Komplexität auch innerhalb der Parteien- und Verbändeforschung abzubilden, haben besonders STREECK (1987) und WIESENTHAL (1993) vorgelegt. Hier wird angesichts der gesellschaftlichen Veränderungen die intermediäre Rolle am Beispiel von Gewerkschaften thematisiert, d. h., es wird die Notwendigkeit betont,

„mit mindestens zwei wichtigen Umwelten zur gleichen Zeit interagieren zu müssen: nach ‚unten‘ mit einer mehr oder weniger ‚freiwilligen‘ Mitgliedschaft oder Klientel – oder allgemeiner: einer der Organisation gegenüber ‚primären‘ Sozial- und Wertestruktur – und nach ‚oben‘ mit einer institutionellen Umgebung, in der sie (mehr oder weniger organisierte) Organisationen unter anderen sind" (STREECK 1987, S. 4).

Dilemma von Einflusslogik und Mitgliedschaftslogik

Diese Konzeption kann von den Gewerkschaften leicht auf die Parteien übertragen werden. Sie erscheint allerdings immer noch zu einfach: Das Lavieren zwischen der Scylla einer Basisorientierung, die politisch keinen Widerhall findet, und einem Folgen der externen Kooperationspartner, das zulasten der Mitgliederinteressen geht – der Charybdis, um im Bild zu bleiben –, stellt die Organisationsführungen vor eine kaum zu lösende Aufgabe. Das Dilemma, sich zwischen der „Mitgliedschaftslogik" einerseits, die Interessen der Organisationsmitglieder in den Vordergrund stellt, und der „Einflusslogik" andererseits, die externe Durchsetzung von Interessen der Organisation prämiert, entscheiden zu müssen, betrifft Parteien genauso wie Gewerkschaften und Unternehmerverbände, für die diese Theorie ursprünglich entwickelt wurde (vgl. STREECK 1994b; LEHMBRUCH 1994).

Repräsentation, Rekrutierung und Administration sind schwer zu optimierende Probleme; sie führen häufig zu Konflikten und zu einer organisatorischen Binnendifferenzierung, um die widersprüchlichen Anforderungen abzupuffern. Viele politische Großorganisationen greifen deshalb zum Mittel der übermäßigen Binnendifferenzierung, die eine Tendenz zum Weiterwuchern hat, um dann regelmäßig wieder zurückgeschnitten werden zu müssen. Damit sind schon einige theoretische Fragestellungen eingeführt und angerissen, auf die später näher eingegangen wird. Zunächst nun zur konkreten Organisationsstruktur der Parteien.

6.1 Innerparteiliche Willensbildung

Keine vergleichbare Verfassung fordert innerparteiliche Demokratie so klar wie das Grundgesetz in Artikel 21:

„(...) Ihre innere Ordnung muß demokratischen Grundsätzen entsprechen. Sie müssen über die Herkunft und Verwendung ihrer Mittel sowie über ihr Vermögen öffentlich Rechenschaft geben".

Innerparteiliche Demokratie doppelt gesichert

Nach überwiegender Verfassungsinterpretation ist die innerparteiliche Demokratie damit doppelt gesichert: nicht nur durch den wörtlichen Auftrag zur demokratischen Regelung der inneren Ordnung, sondern auch durch die Garantie der Mitwirkung der Parteien am Willensbildungsprozess des „demokratischen und sozialen Bundesstaates" (Art. 20 Abs. 1 GG), der seinerseits demokratische Strukturen erfordere und voraussetze.

So bedeutsam der Art. 21 für den Durchbruch der Parteien zu anerkannten Trägern und Vermittlern politischer Willensbildung war, so schwer taten sich die Parteien des Bundestages seit 1949 mit der Einlösung des Verfassungsauftrages, ein Parteiengesetz zu schaffen, wie oben bereits geschildert. Erst 1967 wurde in aller Eile ein Gesetz zusammengestellt, nachdem das Bundesverfassungsgericht

die bisherige Finanzierung der Bundestagsparteien aus dem Haushalt für rechts-
widrig erklärt hatte. Obwohl das Parteiengesetz deshalb eher die notgedrungene
Erfüllung eines Verfassungsauftrages und ein Unternehmen zur Befriedigung der
parteilichen Finanzierungsbedürfnisse ist, enthält es doch materielle Forderungen
an innerparteiliche Demokratie, die alle Parteien zu nicht geringen Statutenände-
rungen zwangen.

Der für unsere Betrachtung wichtigste Abschnitt über die innere Ordnung   Regelungen des Par-
der Parteien regelt in den §§ 6 bis 16 die Grundsätze eines demokratischen Auf-   teiengesetzes: interne
baus.   Bedingungen...

- **Vertikaler Aufbau**: prinzipiell von unten nach oben, von der Mitgliederba-
  sis zur Führungsspitze mit der Kompetenz der Mitglieder- bzw. Delegiertenversammlung als jeweils oberstem Organ für alle Grundfragen der Partei,
  wie Programm, Satzung, Auflösung.
- **Funktionaler Aufbau**: Verantwortlichkeit der regelmäßig zu wählenden
  Vorstände gegenüber Mitglieder- und Delegiertenversammlungen, Abbe-
  rufbarkeit, Gewaltenteilung durch von Vorständen unabhängige Schiedsge-
  richtsbarkeit.
- **Regionaler Aufbau**: gebietliche Aufgliederung der Partei mit gewissen
  Kompetenzen der nachgeordneten Verbände, allerdings starkes Durchgriffs-
  recht der Spitze gegen dissentierende Teilverbände möglich.
- **Rechte der Mitglieder**: Gleichberechtigung und gleiches Stimmrecht für
  alle, grundsätzliche Freiheit der Meinungsäußerung im Rahmen der vitalen
  Parteiinteressen und Schutz vor willkürlichem Ausschluss.

Diese Regeln betreffen interne Bedingungen der innerparteilichen Demokratie.   ... externe
Auf externe Bedingungen sind zwei weitere, nur zum Teil im Parteiengesetz   Bedingungen
geregelte, Komplexe gerichtet:

- Die **Transparenz** der Partei gegenüber der Öffentlichkeit durch Publizitäts-
  pflicht von Satzungen, Programm und Vorstandsbesetzungen und Offenle-
  gung der Parteifinanzen im jährlichen Rechenschaftsbericht, der eine generelle Information über die Finanzquellen erlaubt. Die Parteienfinanzierung
  dominiert nach vielfältigen Änderungen, die oben beschrieben wurden, das
  Gesetz so stark, dass man es auch als Parteienfinanzierungsgesetz bezeichnen könnte.
- Die **Kandidatenaufstellung** nach Bundes- und Landeswahlgesetzen verlangt die demokratische Nominierung durch gewählte Wahlkreis- und Lan-
  desdelegiertenkonferenzen.

Der vertikale Aufbau der Parteien ist im Allgemeinen vierstufig und angelehnt   Vierstufiger Aufbau
an die regionale politische Gliederung in Gemeinden, Kreise, Länder und Bund.
Allerdings gibt es insbesondere bei den beiden großen Parteien einige Besonder-
heiten.

Abbildung 44: Schema der Gliederungen und Organe der Parteien

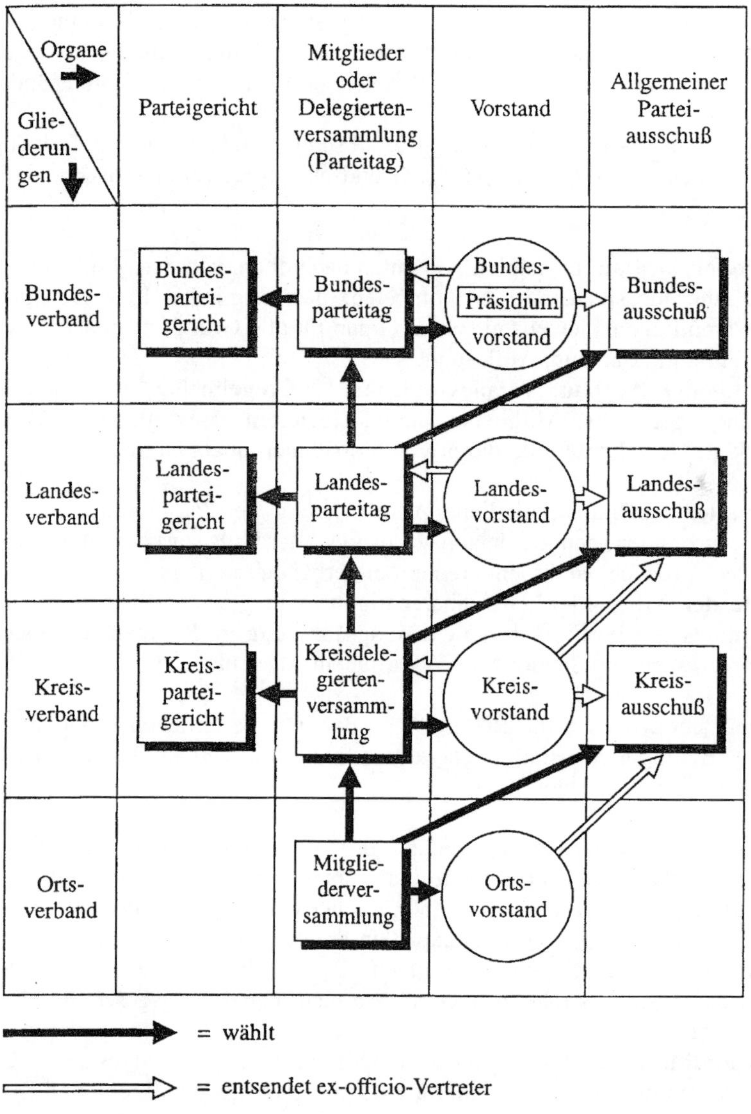

(aus: RUDZIO 2006, S. 139, ursprünglich von ZEUNER 1969)

Ortsebene   Die Basiseinheit auf Ortsebene kennt im Wesentlichen nur zwei Organe: die demokratische Mitgliederversammlung und den gewählten Ortsvorstand. Bei der SPD heißt diese Einheit nicht Ortsverband, sondern Ortsverein. Die Mitgliederzahl schwankt zwischen einigen Dutzend in kleinen Diaspora-Gemeinden bis zu mehreren Tausend in Großstädten.

Auf der Kreisebene ist in fast allen Parteien horizontal die gesamte Palette   Kreisebene
von vier funktional geschiedenen Organen anzutreffen: neben der von den Orts-
verbänden gewählten Delegiertenversammlung der von dieser gewählte Kreis-
vorstand, zusätzlich ein Schiedsgericht für parteiinterne Streitfälle und ein Kreis-
ausschuss, der den Vorstand permanenter kontrollieren kann als die seltener
tagenden Kreisdelegiertenversammlungen.

Bei kleineren Parteien wie FDP und *Grünen* ist die Kreisebene meist die unterste Stufe. Die Besonderheit der SPD besteht darin, dass diese Ebene zwischen
Ortsbasis und Bundesland zweigestuft ist: Zunächst kommt der „Unterbezirk",
der meist eine Stadt umfasst, danach der „Bezirk", der mehrere Kreise oder auch
ein kleines Bundesland repräsentiert. Jedoch ist die SPD nicht in allen Bundesländern in Bezirken organisiert, sondern teilweise nur in Unterbezirken oder
Kreisen; in Rheinland-Pfalz wurden als Ersatz für die Bezirke Regionalverbände
und in Nordrhein-Westfalen „Regionen" eingeführt.

Die Landesebene kennt analog zur Kreisebene wieder vier Organe: Landes-   Landesebene
parteitag, Landesvorstand, Landesparteischiedsgericht und Landesausschuss. Bei
der CDU ist diese Landesebene traditionell recht stark (vgl. SCHMID 1990). Das
Organisationsstatut der SPD ermöglicht es, dass in Ländern mit mehr als einem
Bezirk Landesverbände als regionale Zusammenschlüsse gebildet werden können. Die früher starken Bezirke wurden zugunsten der Landesverbände in ihrer
Macht zurückgestutzt.

Die Bundesebene ist analog aufgebaut. Hier wird allerdings oft noch beim   Bundesebene
Bundesvorstand ein kleineres Präsidium herausgehoben, zum Teil existiert auch
noch eine Kontrollkommission. Bei der SPD sieht der Aufbau demnach so aus:

Abbildung 45: Organisationsschema der SPD

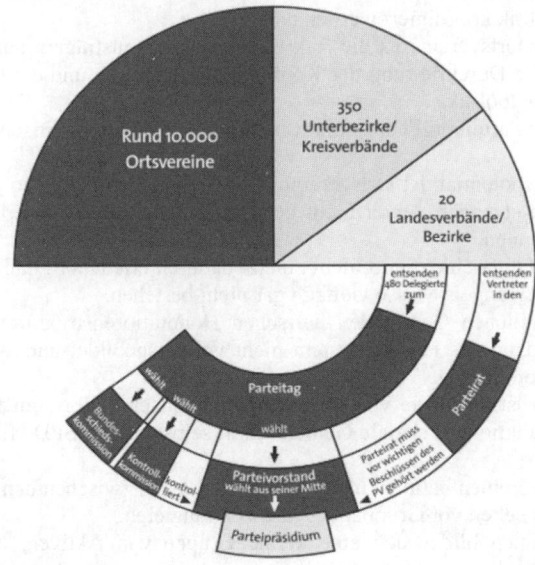

(aus: SOZIALDEMOKRATISCHE PARTEI DEUTSCHLANDS 2009)

Das, was mit dem Parteiengesetz normiert wurde, ist zwar – gemessen an materiellen Kriterien innerorganisatorischer Demokratie – wenig, erreicht aber dennoch ein beachtliches Plateau von Grunderfordernissen, das sichtbar über dem kleinsten gemeinsamen Nenner der damals beteiligten Parteien lag.

> „Das Parteiengesetz hat nicht ‚mehr Demokratie' dekretieren können, aber doch Anstoß zur positiven Regelung mancher Mitgliederrechte gegeben. Es hat die Parteien nicht mehr verstaatlicht, als sie es ohnehin längst waren, und es hat das Strukturprinzip der demokratischen Mitgliederpartei über Reste des Honoratiorentums in den bürgerlichen Parteistatuten und des Zentralismus im SPD-Statut dominieren lassen" (VON ALEMANN 1972, S. 202).

Soweit die formalen Bestimmungen der Aufbauorganisation. Was passiert nun wirklich an der Basis der Parteien, in den Ortsvereinen? Heino KAACK (1971) hat in seinem klassischen Werk vor schon bald 40 Jahren die Arbeitsweise, Struktur und Funktion von Ortsvereinen der großen Parteien so prägnant in 13 Punkten zusammengefasst, dass man dies auch heute noch als realistische Skizze gelten lassen kann:

Merkmale der Ortsvereine

„Zusammenfassend läßt sich zur Struktur und Funktion der Ortsvereine der großen Parteien in der Bundesrepublik folgendes festhalten:

1. Die Ortsvereine sind von höchst unterschiedlicher Größe. Generell muß zwischen Ortsvereinen, die Untergliederungen aufweisen, und Ortsvereinen ohne Untergliederung differenziert werden.
2. In mittleren und kleineren Gemeinden erstrecken sich die Ortsvereine über das gesamte Gebiet der Gemeinde. Hier sind sie im Hinblick auf die Kommunalpolitik nahezu autonom.
3. In Mittel- und Großstädten existieren nicht selten mehrere Ortsvereine, die für die Kommunalpolitik koordiniert werden müssen.
4. Hauptaufgabe der Ortsvereine ist die Rekrutierung von Amtsträgern auf kommunaler Ebene, die Durchführung der Kommunalwahlkämpfe und die Gestaltung der Kommunalpolitik.
5. Die Mehrzahl der Parteimitglieder nimmt nicht aktiv am parteipolitischen Leben teil.
6. Das Rekrutierungspotential der Ortsvereine ist in zahlreichen Fällen so gering, daß für die zu besetzenden Ämter nicht genügend qualifizierte Bewerber gefunden werden können.
7. Die Bildung von Oligarchien wird nicht zuletzt dadurch erleichtert, daß personelle Alternativen mangels Masse vielfach gar nicht bestehen.
8. Vor allem in ländlichen Gemeinden herrschen Honoratiorenstrukturen noch vor. Zumeist ist dann das Parteiensystem nicht voll ausgebildet und Wählergemeinschaften dominieren.
9. Das Vereinsleben ist nach wie vor ein wichtiger politischer Vorraum für die Parteien, deren Funktion als soziale Gemeinschaft selbst bei der SPD erheblich zurückgegangen ist.
10. Konflikte in Ortsvereinen beruhen häufig auf Gegensätzen zwischen den Generationen, die nicht selten vor Gruppengegensätzen rangieren.
11. In allen Ortsvereinen bildet sich eine kleine Gruppe von Aktiven, die die Hauptarbeit leistet, die wichtigsten Positionen inne hat und im Vergleich zu

den einfachen Mitgliedern ein Monopol der Information und des Zugangs zu
den höheren Ebenen besitzt.

12. Das Ausmaß der Mitwirkungsmöglichkeit einfacher Mitglieder, insbesondere
die Chance der politischen Kontrolle, korreliert mit dem Ausmaß der Heterogenität der politisch Aktiven.

13. Die Chancen der innerparteilichen Demokratie in Ortsvereinen sind vor allem
begrenzt durch die geringe Zahl der aktiven Parteimitglieder" (KAACK 1971, S.
481 f.).

Auch heute noch steht die Kommunalpolitik ganz im Mittelpunkt der Ortsver-
einsarbeit. Eine Umfrageanalyse der Ortsvereinsaktivitäten von Horst BECKER
(1997) in der SPD von Nordrhein-Westfalen hat dies bestätigt und auch die Verteilung der sonstigen Tätigkeiten erkundet. Dabei zeigt sich, dass politische Themen dominieren und die unpolitisch-geselligen Anlässe doch eher im Hintergrund
stehen. Trotz mancher Kassandrarufe über den Rückgang der Aktivität ist der
Aktivitätsgrad nach dieser Studie doch noch einigermaßen konstant geblieben.

Abbildung 46: Aktivitäten der Ortsvereine der SPD in NRW

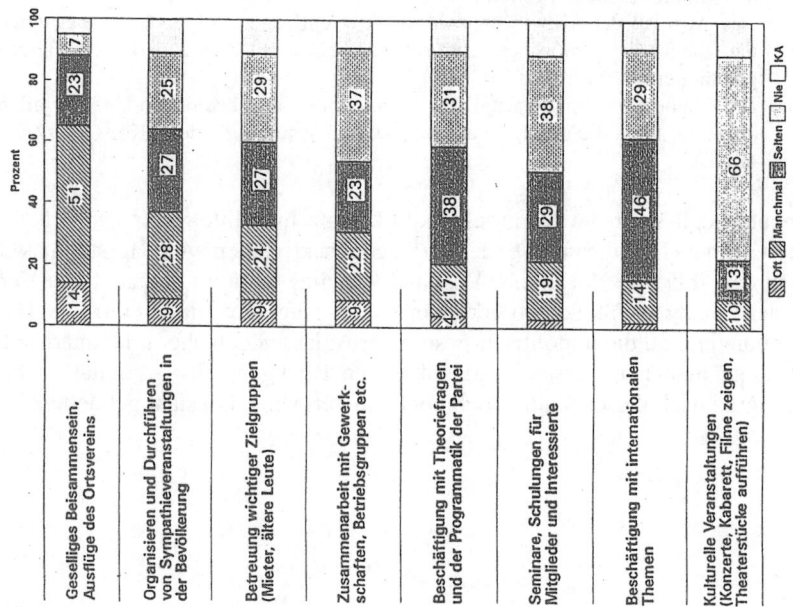

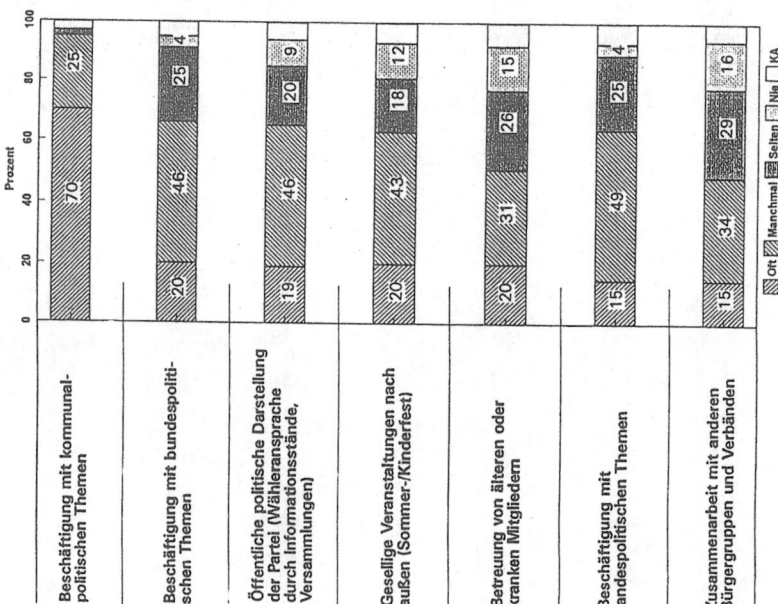

(aus: BECKER 1997, o. S.)

Abbildung 47: Aktivitätsgrad der Mitglieder

	Durchschnittlicher Mitgliederanteil (in %)	
	1981/82	1996
Teilnahme an Mitgliederversammlung	16	16
Teilnahme an Jahreshauptversammlung mit Vorstandswahlen	24	23
Aktiver Kern	12	12
Aktiver Kern und gelegentlich Aktive	25	18

(nach: BECKER 1997, o. S.)

Wie wird nun die innerparteiliche Demokratie in der Wissenschaft eingeschätzt und bewertet? Staatsrechtslehre, Politikwissenschaft und Publizistik sind sich selten so einig wie in dem Punkt, dass innerparteiliche Demokratie eine unerlässliche Notwendigkeit zur Komplettierung allgemeiner Demokratie darstellt. Dass die Meinungen über die eigentliche Ausgestaltung und den Grad innerparteilicher Demokratie weit auseinanderklaffen, z. B. ob sie sich analog zum streng repräsentativen Staatsaufbau oder auch in direktdemokratischer Form realisieren kann und soll, zeigt sich in den täglichen Konflikten in allen Parteien zwischen Basis, Spitze, Fraktionen, Stäben, Arbeitsgemeinschaften, Regionalverbänden usw. Festzuhalten bleibt jedenfalls, dass über das Ziel innerparteilicher Demokratie weitgehende Einigkeit besteht und dank des Parteiengesetzes auch über Grundzüge ihrer Ausgestaltung. *Einigkeit über Ziel innerparteilicher Demokratie*

Dissens besteht über den Begründungszusammenhang und – damit eng zusammenhängend – über den Konkretisierungsgrad. Wird innerparteiliche Demokratie eher gouvernemental abgeleitet aus der Erhebung der Parteien zu Quasi-Verfassungsorganen, so erfordert diese „Verstaatlichung" die Parallele staatlich-repräsentativer Legitimationsstrukturen innerhalb der Parteien. Wird interne Demokratie aber eher partizipatorisch-emanzipatorisch, nämlich aus der Herrschaftsunterworfenheit des (Partei-)Bürgers abgeleitet, so folgt hieraus die Forderung nach enger Bindung von Basis und Führung mit möglichst starken direktdemokratischen Elementen, z. B. mithilfe des *recall*, der Ämterrotation oder des imperativen Mandats. *Dissens über Begründung und Konkretisierung*

Gegentendenzen zu weiterem Ausbau der innerparteilichen Demokratie liegen in dem kaum zu bändigenden Hang aller Parteien in der ganzen Welt, sich zu „hoheitlichen Institutionen" aufzuschwingen, sich quasi zu verstaatlichen. Mit Ausnahme der *Grünen* und zum Teil auch der *Linken*, die mit der erklärten Absicht antraten, dem einen Riegel vorzuschieben, aber vor Versuchungen in dieser Richtung auch nicht ganz gefeit sind, betrifft dies alle Parteien, ob an der Regierung oder in der Opposition. In Deutschland kommt noch der Drang zur Verrechtlichung der Politik dazu, der solchen gouvernementalen Tendenzen der Parteien weiterhin Vorschub leistet.

Die Grundfrage nach innerparteilicher Demokratie ist eine Schlüsselfrage der jungen Parteiensoziologie bereits vor über 100 Jahren gewesen. Sie hat seither die Politikwissenschaft nicht mehr losgelassen. *Die Grundfrage der frühen Parteiensoziologie*

Die zwei Klassiker der Parteientheorie um die Wende zum 20. Jahrhundert sind so zugleich Begründer empirischer Politikforschung geworden und fordern *Michels und Ostrogorski* uns mit ihren Thesen bis heute heraus: In seiner „Soziologie des Parteiwesens" von 1911 thematisierte Robert MICHELS die innerparteiliche Demokratie und spitzte seinen Befund zum „ehernen Gesetz der Oligarchie" zu. Dieses Diktum hat die politische Soziologie und Praxis bis heute nicht losgelassen. Das Werk „Democracy and the Organization of Political Parties" von Moisei OSTROGORSKI (1964; zuerst 1902) behandelte ungleich stärker die systemischen und strukturellen Probleme der Parteiendemokratie seiner Zeit. Erstaunlich, dass OSTROGORSKI bei uns immer im Schatten von MICHELS gestanden hat, denn die wichtigsten Punkte seiner Analyse könnten einem Manifest basisdemokratischer Bewegungen gut anstehen:

A. Diagnose:

Diagnose nach OSTROGORSKI

1. Die politischen und ökonomischen Forderungen und Folgerungen aus der industriellen Revolution und der Erweiterung des Wahlrechts haben die Kapazitäten des Bürgers, diese zu bewältigen, bei Weitem überstiegen.
2. Parteiorganisationen entstehen, um die Bedürfnisse von wachsender Wählerschaft nach einem Bindeglied zwischen Masse und Bevölkerung und politischer Führung zu befriedigen.
3. Die Parteiorganisationen beginnen, Macht und Kontrolle über eine indifferente Bürgerschaft auszuüben.
4. Die Regierung wird abhängig von Parteiorganisationen, um gewählt zu werden, und beginnt so, jenen unterlegen zu werden.
5. Parteiorganisationen denken nur an den eigenen Nutzen: Das Gemeinwohl leidet; Unabhängigkeit und Qualität der Regierungsverantwortlichen sinken; obwohl demokratische Spielregeln eingehalten werden, ist ihre Substanz zunehmend beeinträchtigt.

Therapie nach OSTROGORSKI

B. Therapie:

1. Die Lösung ist die Abschaffung der Parteien.
2. Die Funktionen von Parteien sind auf zeitlich begrenzte Vereinigungen mit eindeutigem Zweck zu übertragen; die Vereinigungen lösen sich auf, wenn der Zweck erreicht ist.
3. Durch diese zukünftige Organisation der Politik würde der korrumpierende Einfluss von Parteien neutralisiert.
4. Die Partizipation einer informierten, aktiven Bürgerschaft an öffentlichen Entscheidungen würde verstärkt.
5. Eine „natürliche Elite", charakterisiert durch Engagement und Fähigkeiten, würde die Macht durch die Führerschaft in politischen Sachfragen übernehmen.
6. Damit ist die Demokratie mit den zwei Grundwerten „Vernunft" und „Freiheit" wiedergewonnen (vgl. OSTROGORSKI 1964).

USA beherzigten Parteienkritik

Die US-Amerikaner um die Jahrhundertwende haben OSTROGORSKIs Parteienkritik beherzigt und die Macht der damaligen übermächtigen Parteiapparate in den Großstädten, der so genannten „Parteimaschinen", eingedämmt – insbesondere durch die Einführung von Vorwahlen, den *primaries*. Die relative Schwäche der amerikanischen Parteien bis heute ist eine Spätfolge dieser Reaktion.

MICHELS (1911) insistierte monoman auf der Unfähigkeit von Organisationen, die für die Verwirklichung von Demokratie ursprünglich angetreten waren, diese auch nur bei sich selbst zu verwirklichen. Er stieg dabei tief in empirische Details der Parteien der Arbeiterbewegung ein, um sie mit theoretischen Fragestellungen zu verbinden. Aber es blieb doch eine deduktive Methodik, die von einigen deterministischen Hypothesen ausging, für die dann zahllose empirische Illustrationen gesucht wurden: Wer Organisation sagt, sagt Tendenz zur Oligarchie. Alle Arbeitsteilung führt zur Spaltung von Masse und Elite, die Elite muss sich abschotten, um zu funktionieren, die Demokratie wird zur Oligarchie (vgl. zu MICHELS Abb. 48). Gerade die pessimistische Grundannahme der Gesellschaftsspaltung von Masse und Elite machte MICHELS dann den Sprung vom frühen Anarcho-Syndikalismus zu seinem späteren faschistischen Credo leicht. Von der methodischen Entwicklung und der tatsächlichen Aussagekraft her gleicht MICHELS' ehernes Gesetz mehr Quasitheorien, wie Parkinsons „Gesetzen der Bürokratie", als einer sozialwissenschaftlichen Theorie (vgl. zur Kritik EBBIGHAUSEN 1969).

MICHELS' ehernes Gesetz

Unter den Versuchen zur Revision von MICHELS' Gesetz ragt die These von Frieder NASCHOLD (1969) heraus, der zu begründen versuchte, dass gerade die Effektivität von Organisationen in komplexeren Gesellschaften nach interner Demokratie verlange. Organisation und Demokratie, Organisationsdemokratie und Effektivität seien nicht widersprüchlich, sondern miteinander vereinbar und geradezu aufeinander angewiesen. Eigene Motivation und Partizipation der Organisationsmitglieder, Dezentralisierung, Identifikation und erhöhte Kommunikation behinderten nicht, sondern stärkten große Organisationen. Gegen MICHELS führt NASCHOLD an: Mehr Effektivität und Demokratie entstünden durch mehr Partizipation in Organisationen. Komplexe Gesellschaften produzierten demnach einen Sachzwang zu mehr Demokratie.

Revision von Michels

Auch diese These macht es sich zu einfach, weil sie zu optimistisch ist; die empirische Organisationswirklichkeit widerspricht ihr. Die sogenannte Teamarbeit in der Wirtschaft, die aus Effektivitätsgründen propagiert wird, um durch mehr Mitverantwortung mehr Motivation, daher mehr Effektivität und Produktivität zu erzielen, geht ja nicht von einer allgemeinen Partizipation der beteiligten Mitarbeiter als Demokratisierungsprozess und Mittel der Selbstverwirklichung aus, sondern von einer in ganz bestimmten und festgelegten Kanälen organisierten sowie begrenzt zugestandenen Mitwirkung an gewissen Entscheidungen.

Sachzwang zu mehr Demokratie zu optimistisch

Abbildung 48: Versuch eines Schemas zur Ätiologie der Oligarchie in den
Parteien der Demokratie

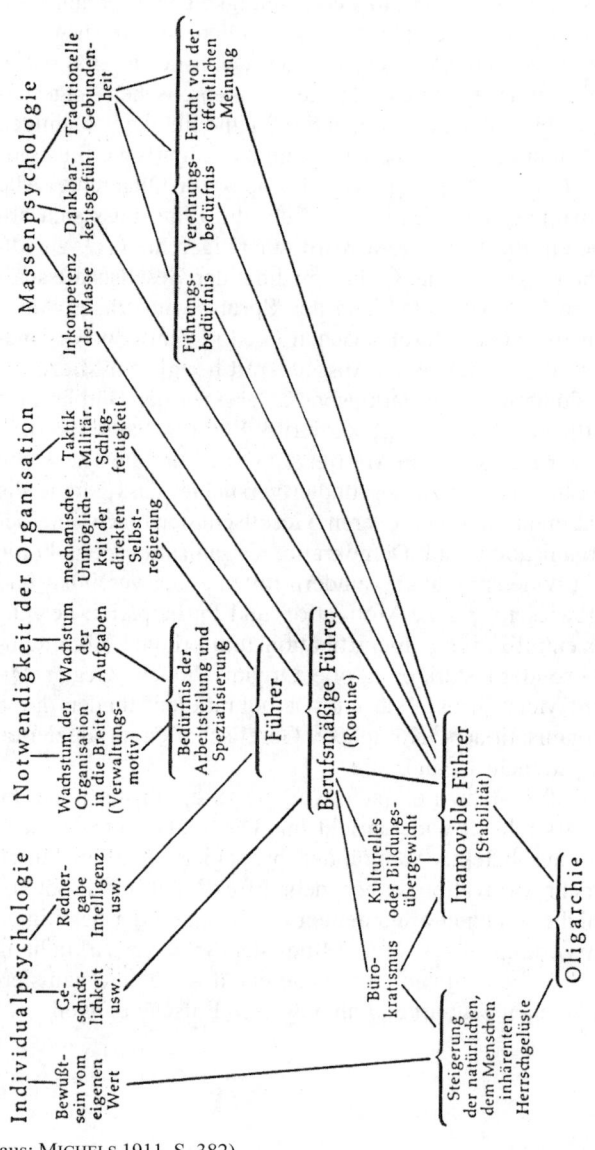

(aus: MICHELS 1911, S. 382)

📖 Literaturhinweise   Die beiden Werke von Robert MICHELS (1911) und Frieder NASCHOLD (1969)
markieren gut fünfzig Jahre Forschung über Organisationsdemokratie, ohne dass
wir bis heute ein abschließendes Resultat formulieren können. Zu einem Klassiker der Organisationsliteratur etwa in der zeitlichen Mitte zwischen den beiden

Autoren ist das einflussreiche Werk der Amerikaner LIPSET/COLEMAN/TROW (1956) zu zählen, das die Bedingungen innerorganisatorischer Demokratie in der amerikanischen Druckergewerkschaft analysiert. Für die allgemeinen Problemstellungen innerparteilicher Demokratie sind immer noch lesenswert Bodo ZEUNER (1969) sowie Helmut TRAUTMANN (1975). Die umfassendste Analyse liefert Oskar NIEDERMAYER (1989). In neuester Zeit sind dazu die Studien von Andreas HALLERMANN (2003), Ulrich von ALEMANN (2005) sowie Markus KLEIN (2006) erschienen.

Seit den 70er Jahren des letzten Jahrhunderts haben sich viele Bürger von der verkrusteten Organisationswirklichkeit in den Parteien abgestoßen gefühlt und einen neuen Anlauf zu spontaner Basisdemokratie unternommen. Die direkte Aktion von Bewegungen und Bürgerinitiativen wurde als Allheilmittel gegen den vermeintlichen Mangel an innerparteilicher Demokratie angepriesen. Die Parteien müssten sich in Aktionsgruppen umwandeln und als Bewegung, Initiativgruppe oder Bürgerinitiative neu konstituieren (vgl. MICHAL 1988; LINNEMANN 1995), wie von *Attac* oder der *Piratenpartei* propagiert wird. *Parteien als Bürgerinitiativen?*

Mit einigem Abstand zu den 70er Jahren und ihrer Bewegungseuphorie zeigt sich nun wieder, dass die neuen sozialen Bewegungen von einem zu engen Feindbild ausgingen: Organisation ist nicht immer nur versteinerte Herrschaft von Apparat und Funktionären, sie schafft auch Stabilisierung der Aktion, der Motivation und der Interventionsmöglichkeit. Darauf hat Joachim RASCHKE in seiner bemerkenswerten Studie über Soziale Bewegungen hingewiesen: Man kann von

> „zwei charakteristischen Schwächen der neuen Bewegungen (ausgehen, d. Verf.): ihrer Instabilität und ihrer Unterkomplexität. Beide stehen im Zusammenhang mit einem problematischen Organisationsverständnis, das in der Organisation primär die Entfremdung und weniger das Stabilisierungs- und Interventionsinstrument sieht. Dadurch wird einer stärkeren Arbeitsteilung die Legitimationsbasis entzogen. Direkte interne Demokratie und direkte Aktion vermögen aber die Ressourcen der Bewegung nicht auszuschöpfen und bleiben hinter der Komplexität der Gesellschaft zurück" (RASCHKE 1985, S. 464).

6.2 Mitgliederstruktur

Parteimitglied wird man freiwillig. Die Parteien müssen also einen Anreiz bieten, um Mitglieder zu werben. Andererseits muss die Partei niemanden aufnehmen, den sie nicht will. Sie kann Antragsteller ohne Angabe von Gründen ablehnen. Sie darf allerdings keinen willkürlichen Aufnahmestopp erlassen, und sie darf auch nur Mitglieder ausschließen oder maßregeln, die sich parteischädigend verhalten haben. Dafür gibt es parteiinterne Schiedsgerichte auf mehreren Ebenen.

Die Gesamtzahl der Parteimitglieder in Deutschland liegt heute unter 2 Millionen (vgl. RUDZIO 2006). Dazu kommen vielleicht noch eine halbe Million Mitglieder von Vorfeldvereinigungen der Parteien wie *Junge Union*, *CDU-Frauen-Vereinigungen* usw., die nicht formelle Parteimitglieder sind. Insgesamt sind also 2,5 Millionen oder ungefähr 4 % der wahlberechtigten Bevölkerung *Mitgliedschaft kein Spiegelbild der Gesellschaft* direkt oder indirekt Parteimitglieder – ist das nun viel oder wenig? Jedenfalls ist die Mitgliedschaft bis in die 70er Jahre zunächst stark angestiegen, in den vergangenen Jahren aber rapide zurückgegangen, wobei die beiden Volksparteien deutlich mehr Mitglieder verlieren als die kleinen Parteien (vgl. Abb. 49). Zwei Millionen sehen zwar auf den ersten Blick viel aus, doch nehmen höchstens 10 bis 15 % der Mitglieder überhaupt aktiv am Innenleben der Parteien teil, durch Ämterübernahme oder regelmäßigen Besuch von Veranstaltungen. Sind die Mitglieder der großen Parteien ein Spiegelbild der Gesellschaft? Wohl kaum – nicht einmal ein Spiegelbild der jeweiligen Wählerschaft:

Altersaufbau • Der Altersaufbau der Parteien zeigt ein Übergewicht der mittleren und älteren Jahrgänge. Bei SPD und den Unionsparteien sind ungefähr 5 % der Mitglieder unter 30 Jahre alt, aber weit über 40 % über 60 Jahre. Extrem überaltert ist *Die Linke*. *Die Linke* hat jedoch mit nur noch 54 % der über 60jährigen im Jahr 2007 erheblich weniger Mitglieder in dieser Alterskohorte als noch die *Linkspartei.PDS*. Diese wies im Jahr 2005 einen Anteil von über 70 % der über 60jährigen auf. Ursache für diesen Rückgang ist vor allem die Fusion von *Linkspartei.PDS* und WASG im Jahr 2007. Doch selbst *Die Grünen* sind keine junge Partei geblieben. 75 % ihrer Mitglieder sind zwischen 30 und 59 Jahre alt (vgl. NIEDERMAYER 2008d).

Berufsgruppen • Bei den Berufsgruppen sind Arbeiter, Hausfrauen und Rentner unterrepräsentiert, der öffentliche Dienst mit Beamten und Angestellten überrepräsentiert. Immer noch sind mehr Arbeiter Mitglied der SPD, während Selbstständige vor allem bei den bürgerlichen Parteien vorzufinden sind.

Bildungsgrad • Der Bildungsgrad der Parteimitglieder liegt deutlich höher als in der Gesamtbevölkerung. Im Durchschnitt ist er bei den *Grünen*, der *Linken* und der FDP am höchsten, es folgen CDU/CSU und dann erst die SPD. Aber auch bei Letzterer sind Akademiker im Vormarsch, insbesondere bei den Aktivisten (vgl. RUDZIO 2006, S. 155 und VON ALEMANN 1995a, S. 37 ff.).

Geschlechterverteilung • Die Verteilung zwischen Männern und Frauen ist völlig unausgewogen: Bei der SPD sind fast 70 % männlich, bei der CDU fast 75 % und bei der Männerpartei CSU gar über 80 %. Aber auch die FDP wird deutlich von männlichen Parteimitgliedern dominiert. Nur bei der *Linken* und den *Grünen* ist das Verhältnis einigermaßen gleich.

Abbildung 49: Die Mitgliederentwicklung der im Bundestag vertretenen
Parteien (in tausend)

Jahr	CDU	CSU	FDP	SPD	GRÜNE	LINKE
1947	400	82	55	875	-	-
1952	200	52	83	627	-	-
1960	255	53	80	650	-	-
1970	329,3	76,7	56,5	820,2	-	-
1975	590,5	132,6	74,0	998,5	-	-
1976	652,0	144,0	79,2	1022,2	-	-
1977	664,2	159,5	79,5	1006,3	-	-
1978	675,3	165,7	80,9	997,4	-	-
1979	682,8	169,2	82,5	981,8	-	-
1980	693,3	172,4	84,9	986,3	18	-
1981	705,1	175,3	86,9	954,1	21	-
1982	718,9	178,5	78,8	926,1	25	-
1983	734,6	185,4	71,5	925,6	31,1	-
1984	730,4	184,6	71,2	916,5	31,1	-
1985	718,6	184,2	65,6	919,5	37,0	-
1986	714,1	182,4	64,6	912,9	38,2	-
1987	705,8	184,3	64,9	910,1	39,5	-
1988	676,7	182,7	64,3	911,9	37,9	-
1989	662,6	185,9	65,2	921,4	38,0	-
1990	777,8	186,2	168,2	949,6	39,9	280,9
1991	751,2	184,5	140,0	919,9	38,1	172,6
1992	713,8	181,8	103,5	886,0	35,8	146,7
1993	685,3	177,3	94,2	861,5	39,3	131,4
1994	671,5	176,3	88,0	849,4	43,4	123,8
1995	657,6	179,6	80,4	817,6	46,4	114,9
1996	645,8	179,3	75,0	793,8	48,1	105,0
1997	631,7	178,5	69,6	775,9	49,0	98,6
1998	625,8	178,9	68,0	775,0	50,2	94,5
1999	638,0	181,9	64,4	755,0	49,5	88,6
2000	616,7	178,3	62,7	734,7	46,6	83,5
2001	604,1	177,0	64,1	717,5	44,1	77,8
2002	594,4	177,7	66,6	693,9	43,9	70,8
2003	587,2	177,0	65,2	650,8	44,1	65,8
2004	579,5	172,9	64,1	605,8	44,3	61,4
2005	571,8	170,0	65,0	590,4	45,1	61,2
2006	553,9	166,9	64,8	561,2	44,7	60,3
2007	536,7	166,4	64,0	539,8	44,3	71,7
2008	528,9	162,5	65,6	520,9	45,2	76,0

(nach: RUDZIO 2006, S. 153; NIEDERMAYER 2009, S. 373)

Abbildung 50: Die Berufsstruktur der Parteimitglieder in Prozent der Mitglieder

	SPD	CDU	CSU [c]	FDP [a]	Grüne [a]	PDS
	1999	1998	1995	1998	1998	2000
Arbeiter	21,2	9,1	17,7	2,0	4,0	8,0
Angestellte	27,5	28,6	31,6	19,0	18,0	18,0
Beamte	11,3	11,4	15,8	22,0 [d]	40,0 [d]	-
Selbstständige [b]	4,8	21,8	35,9	26,0	18,0	5,0
Hausfrauen	10,8	9,9	5,2	3,0	3,0	-
Rentner/Pensionäre	12,1	6,4	3,5	22,0	4,0	60,0
In Ausbildung	8,3	4,5	5,2	-	-	3,0
Arbeitslos	2,1	0,6	-	3,0	5,0	6,0
Sonstige/k.A.	1,9	7,1	-	3,0	8,0	-

[a] Nach Potsdamer Parteimitgliederstudie, deren Vorgaben und Kategorien von denen der Parteien abweichen.
[b] Einschließlich Landwirte und Mithelfende.
[c] Angaben zu Berufstätigen in % der berufstätigen Mitglieder.
[d] Öffentlicher Dienst insgesamt.
(aus: RUDZIO 2006)

Frauenquote

Um die schiefe Geschlechterverteilung in den Parteien auszugleichen, sind von den Organisationen „Frauenquoten" praktiziert oder mindestens diskutiert worden. Am weitesten gehen hier *Die Grünen*, die eine paritätische Quote von 50 % realisiert haben mit der Maßgabe, dass bei Listen der erste Platz stets mit einer Frau besetzt werden muss. So fungieren auch oft zwei SprecherInnen für die Partei und die Fraktion als Vorsitzende. *Die Linke* schreibt ebenfalls eine Parität vor, die aber anscheinend nicht voll durchgesetzt wird. Die SPD hat 1988 eine Frauenquote von 40 % für ihre Listen beschlossen, die nur mit Mühe eingehalten wird. Die CDU hat 1996 nach langer quälender Debatte ein Frauenquorum von einem Drittel eingeführt.

Deutsche Parteimitgliederstudie 2009 (PAMIS)

Neuere Daten zur sozialstrukturellen, psychographischen und aktivitätsbezogenen Zusammensetzung der Mitgliedschaft der deutschen Parteien sowie zu den Motiven des Parteibeitritts und der innerparteilichen Aktivität aber auch des Parteiaustritts wird demnächst die im Jahr 2009 durchgeführte *Deutsche Parteimitgliederstudie* (PAMIS) liefern. Sie ist eine Teilreplikation der Potsdamer Parteimitgliederstudie aus dem Jahr 1998 und wurde vom Arbeitsbereich für Politische Soziologie der Leibniz Universität Hannover und vom PRuF der Heinrich-Heine-Universität Düsseldorf durchgeführt.

Nach der zuvor dargestellten sozialstrukturellen Zusammensetzung der Parteien wäre das typische Parteimitglied Ende 40, männlich, angestellt oder beamtet im öffentlichen Dienst, hätte Abitur und lebte in der Großstadt. Dieses statistische Profil ist aber nicht sehr überraschend, denn in Bürgerinitiativen und Selbsthilfegruppen, in Verbänden und Vereinen sieht das aktive Durchschnittsmitglied nicht viel anders aus; höchstens, dass hier der Frauenanteil höher ist.

Nicht die Parteien kapseln sich also von der Gesellschaft ab, sondern in der Gesellschaft gibt es sozial ähnliche Gruppen, die sich aktiver beteiligen und einmischen als andere.

Dieses typische Parteimitglied ist aber nur eine statistische Durchschnittsgröße. In der Wirklichkeit unterscheiden sich die Parteimitglieder drastisch innerhalb der Parteien nach dem Grad ihrer Aktivität. Sie bilden eine Pyramide mit breiter Basis und schlanker Spitze. Diese Pyramide hat mindestens vier Etagen:

Mitgliederpyramide mit vier Etagen:

1. Das einfache Mitglied. Zwischen 75 % und 85 % der Mitglieder an der Basis sind einfache Beitragszahler ohne nennenswerte Aktivitäten, also regelrechte Karteileichen, die nur den geringsten Basisbeitrag zahlen und nie eine Veranstaltung besuchen. Man kann zu Recht fragen, was diese überhaupt dazu treibt, Mitglied zu werden und zu bleiben. Die einen sind es aus Tradition oder aus politischer Solidarität, fassen ihren Beitrag als Unterstützungsspende auf, wollen aber ansonsten ihre Ruhe haben; die anderen sind es vielleicht aus Opportunismus, weil sie im öffentlichen Dienst oder als Selbstständige Vorteile und Aufträge von ihrem Parteibuch erhoffen. Es ist schon deutlich, dass in Kommunalräten Selbstständige stark vertreten sind. Aber das ist eine unsichere Kalkulation, weil reine Parteibuchbeförderungen oder Parteiaufträge selten sind und außerdem die politischen Mehrheiten wechseln können. Dann hat man aufs falsche Pferd gesetzt. Als Beamter ist es deshalb meist klüger, sich politisch zurückzuhalten. Es sei denn, die Mehrheitspartei verfügt über eine andauernde Dominanz.

1. Basis

2. Die ehrenamtlich Aktiven. Die aktive Parteiarbeit wird nur von den restlichen 15 % bis 25 % der Parteimitglieder getragen. Sie kommen zu den Mitgliederversammlungen in der Basisorganisation, den Ortsvereinen der SPD oder Stadt- oder Gemeindeverbänden der CDU/CSU. Sie stellen die Vorsitzenden, Beisitzer, Kassierer und Delegierten der ca. 11.500 Ortsvereine der SPD, der ca. 11.800 Ortsverbände der CDU, der 2.840 Ortsverbände der CSU, der 2.488 Ortsverbände der FDP und der 1.800 Ortsverbände der *Grünen* sowie der ca. 6.000 Basisorganisationen und Ortsverbände der *Linken* (vgl. RUDZIO 2006, S. 137). Sie kleben die Wahlplakate vor Ort, diskutieren über Politik und wählen Delegierte aus ihren Reihen für die nächsthöheren Ebenen. Politik an der Basis ist durch hautnahe Probleme geprägt: Verkehrsplanung, Kindergärten, Umweltschutz. In der Regel sind diese Ortsparteien keine hermetisch abgeschlossenen Klüngel, Aktive sind rar. Neue Mitglieder können deshalb schnell Mitverantwortung übernehmen, wenn sie wollen.

2. Aktive

3. Die hauptamtlich Aktiven. Dies sind die eigentlichen Parteifunktionäre, d. h. die Parteiangestellten. Auf der Ortsebene gibt es sie in der Regel nicht, hier ist alles ehrenamtlich, sondern erst auf der zweiten Organisationsebene, den Kreisverbänden, die den Städten und Landkreisen entsprechen, bzw. bei der SPD den Unterbezirken. Hier ist die unterste Stufe für hauptamtliches Personal, meist allerdings nur ein Geschäftsführer (Frauen sind auf diesem Posten noch selten) und ein bis drei Personen Büropersonal. Dies sind nach unserer traditionellen Geschlechterungleichheit natürlich meistens Frauen. In den Kreisen und Städten

3. Funktionäre

stellen allerdings die Fraktionen der Kreistage und Stadträte noch hauptamtliche Assistenten und Hilfskräfte an, die auch bei der Partei mitwirken. Insgesamt ist also die Personaldecke auf dieser Ebene der Parteien noch sehr dünn, selten gut ausgebildet und nicht sehr gut bezahlt. Ihre Aufgabe ist es fast ausschließlich, Veranstaltungen, Wahlkämpfe und Gremientätigkeit zu organisieren. Inhaltlich sind sie oft wenig gefordert. Allgemein klagen die Parteien, sie müssten hier mehr für die Qualifikation tun.

Die nächsthöhere Stufe ist die Landes- oder (bei der SPD oft noch) Bezirks-ebene. Während die meisten Parteien als mittlere Ebene die Ländergliederung übernommen haben, hält die SPD aus Tradition in manchen Bundesländern an ihren Bezirken fest. In den Ländern können zudem nach politischer Zweckmä-ßigkeit Landesverbände als regionale Zusammenschlüsse gebildet werden. Das hauptamtliche Personal ist hier stärker vertreten. Eine Bezirksgeschäftsstelle hat durchaus ein gutes Dutzend Angestellte, die auch mehr für die inhaltliche Arbeit, z. B. die Betreuung und Koordination der Arbeitsgemeinschaften und Fachgre-mien der Parteien, zuständig sind. Landesebene und Bezirke sind in den beiden großen Parteien CDU und SPD entscheidende Machtzentren. Der Vorsitz einer Landespartei oder eines Bezirks bedeutet eine gehörige Hausmacht. Es ist ein Mythos, dass die mächtigen Bundesvorsitzenden der Partei ihren Willen diktie-ren könnten und der Parteiapparat zentral beherrscht würde. Eine solche zentrale Beeinflussung funktioniert weder bei der Nominierung der örtlichen Bundes-tagskandidaten oder Landesvorsitzenden noch bei Programmdebatten. Man sieht: Die Parteien sind sehr komplizierte Gebilde, deren Gliederung sehr plastisch den bundesdeutschen Föderalismus mit seiner Politikverflechtung abbildet (vgl. zum Föderalismus in der CDU SCHMID 1990).

Schließlich gibt es die hauptamtlichen Parteiangestellten in den Bundesge-schäftsstellen, die sich bei den beiden großen Parteien auf ungefähr 200 Perso-nen addieren. Ist das viel? Ist das ein mächtiger Apparat? Mitnichten, es ist we-niger als eine große Stadtsparkasse Angestellte hat. Erst recht ist dieser Apparat klein, wenn man ihn mit der Bundestagsverwaltung oder gar mit den Bundesmi-nisterien vergleicht. Schon ein mittleres Ministerium kommt auf über 2.000 Mit-arbeiter! Kurz und gut: Die hauptamtlichen Parteifunktionäre spielen in der bun-desdeutschen Politik eine zahlenmäßig kaum relevante Rolle. Sie werden aller-dings beträchtlich verstärkt durch die hauptamtlich angestellten Mitarbei-ter(innen) von Fraktionen und Abgeordneten, von Land und Bund, in den teil-weise halb unabhängigen Vereinigungen der Parteien, insbesondere auch in den Parteistiftungen und natürlich durch parteipolitisch gebundene Beamte in den Spitzen von Verwaltungen und Ministerien, vom persönlichen Referenten bis zum Abteilungsleiter – dies allerdings immer nur dann, wenn die Partei an der Regierung ist. Die jeweilige Opposition hat hier das Nachsehen.

4. Mandatsträger

4. Die Mandatsträger. Die vierte Gruppe der Parteimitglieder sind diejenigen, die für ein öffentliches Mandat gewählt wurden – als Stadtratsmitglied, Bürger-meister, Kreis- oder Landtagsabgeordneter, Bundes- oder Europaparlamentarier oder Minister. Bedenkt man, dass es 1994 allein 235.000 Mandatsträger (ca. 208.000 Stadt- und Gemeinderatsmitglieder, ca. 6.000 Bezirksvertreter und ca.

21.000 Kreistagsmitglieder, laut Deutscher Städtetag) auf kommunaler Ebene gab sowie 2.000 Landtagsabgeordnete und 672 Bundestagsabgeordnete, so sind das fast eine viertel Million Personen – jedenfalls mehr als die hauptamtlichen Funktionäre. Von denen sitzen allerdings viele ebenfalls in Gemeinde-, Stadt- und Kreistagen. Bei den Mandatsträgern muss man außerdem eine Grundunterscheidung treffen: die nebenamtlichen Abgeordneten in den „Feierabendparlamenten" der Gemeinden, Städte und Kreise einerseits und die doch eher hauptberuflichen, professionellen Parlamentarier in den Ländern, im Bund und in Europa. Auch wenn manche nebenher berufstätig sind, so sind dies doch höchstens Freiberufler oder Verbandsgeschäftsführer. Parlamentarier ist ein Vollzeitberuf, der eine Person vollkommen ausfüllt und deshalb auch über die Diäten entsprechend bezahlt wird.

Die vier Typen der Parteimitglieder – der Beitragszahler, der Aktivist, der Funktionär und der Abgeordnete – sehen sich verschiedenen vertikalen Ebenen der Parteiorganisation gegenüber: Ortsverein, Kreisebene/Unterbezirk, Landesverband, Bezirksebene und Bundesebene. Wie oben schon erwähnt, gibt es auf jeder dieser Ebenen eine demokratische Mitglieder- oder Delegiertenversammlung. Diese wählt den jeweiligen Vorstand mit dem Vorsitzenden und häufig auch Beiräte, Ausschüsse sowie die Delegierten für die nächsthöhere Ebene. Der innere Aufbau der Parteien ist also durchaus demokratisch, wenn auch vielfach abgestuft. Das einfache Mitglied wählt eben nur seinen Ortsvorstand und seinen Delegierten für die nächsten Stufen, nicht aber direkt in den „Bundestag" der Parteien, die Bundesdelegiertenversammlung. Hier gibt es Kritik und Reformreaktionen, über die weiter unten berichtet wird. Soweit die vertikale Parteiorganisation.

Vertikale Parteiorganisation

Es gibt auch noch eine horizontale Ebene der verschiedenen Arbeitsgemeinschaften und Vereinigungen. Diese Sonderorganisationen haben in den beiden großen Parteien einen unterschiedlichen Status. Die SPD nimmt ihre Arbeitsgemeinschaften enger an die Kandare. Sie haben in der Regel keine eigene Mitgliedschaft, Statuten oder Grundsatzprogramme. Trotzdem erreichen sie relative Autonomie, sodass Verselbstständigungstendenzen und Konflikte unvermeidlich sind, wie in den 60er und 70er Jahren besonders bei den *Jungsozialisten*. Das hat sich aber gelegt, weil die Jugendlichen sich politisch sowieso weitgehend zurückgezogen haben. Beide großen Parteien haben demgegenüber typischerweise in den letzten Jahren Seniorengruppen eingeführt.

Horizontale Parteiorganisation

Abbildung 51: Phasenmodell politischer Karrieren

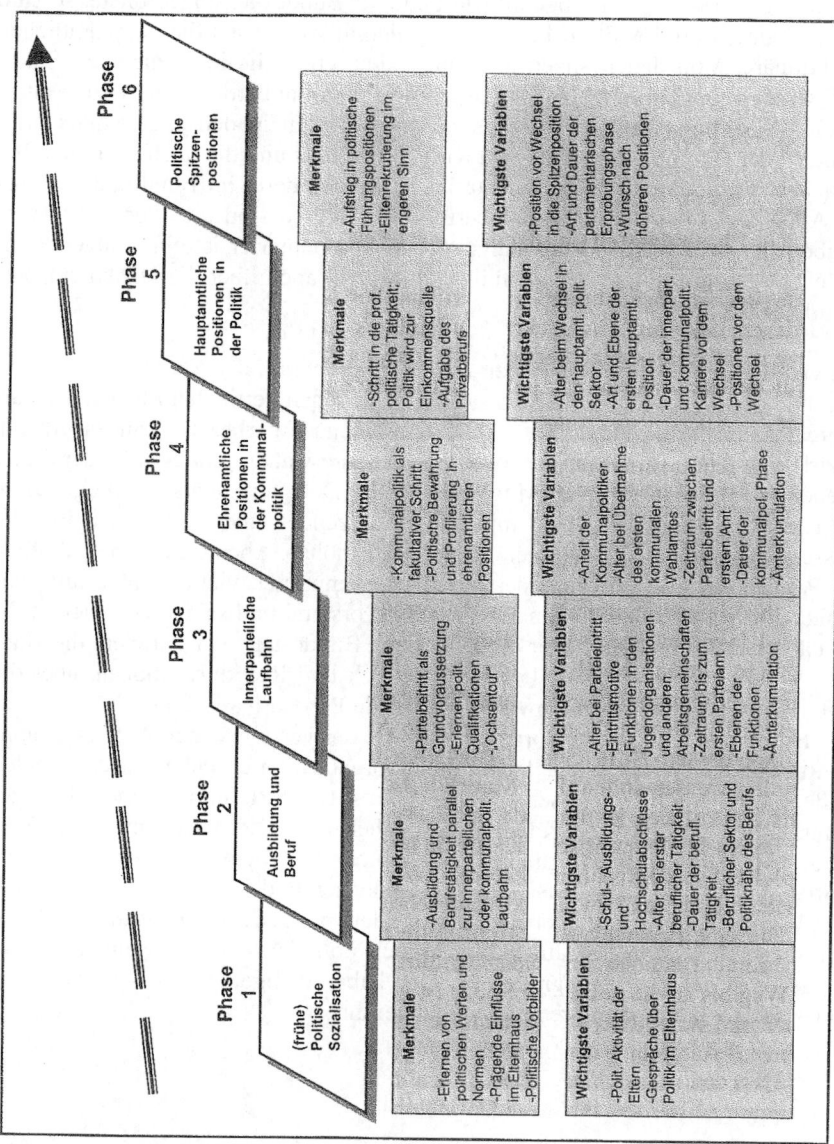

(aus: GRUBER 2009, S. 98)

Abbildung 52: Vereinigungen, Arbeitsgemeinschaften und Arbeitskreise der
beiden großen Parteien

CDU	SPD
Junge Union	Jungsozialisten
Ring Christlich-demokratischer Studenten	Juso-Hochschulgruppen
Schülerunion	Die Falken
Frauenvereinigung	AG sozialdemokratischer Frauen
Sozialausschüsse	AG für Arbeitnehmerfragen
Kommunalpolitische Vereinigung	Kommunalpolitische Gemeinschaft
Seniorenvereinigung	AG für Senioren
Mittelstandsvereinigung	AG für Selbständige
Wirtschaftsrat	AG für Bildung
Ausschuss für Agrarpolitik	AG sozialdemokratischer Juristen
Evangelischer Arbeitskreis	AG Gesundheitswesen
AK Engagierter Katholiken in der CDU/CSU (seit November 2009)	AK Christinnen und Christen
	AG ehemals verfolgter Sozialdemokraten
LSU, Lesben und Schwule in der Union	Schwusos, AK „Lesben und Schwule in der SPD"
Ost- und Mitteldeutsche Vereinigung	
	AK Jüdischer Sozialdemokraten

(nach: VON ALEMANN 1995a, S. 45)

In der CDU sind die Vereinigungen unabhängiger. Sie besitzen nicht nur Satzungsrecht, sondern auch das Recht zu eigenen Verlautbarungen. Sie sind aber in ihrer Bedeutung und Struktur höchst unterschiedlich. Die *Schülerunion* ist inzwischen wieder bedeutungslos geworden, aber auch der Einfluss der Sozialausschüsse ist zurückgegangen. Die *Junge Union* als Karrieresprungbrett ist sicher immer noch wichtig. Neben den formellen Vereinigungen gibt es noch ein kompliziertes Netzwerk von an die 60 Fachausschüssen, Arbeitskreisen und ähnlichen Gremien in der CDU (vgl. VON ALEMANN/GODEWERTH 2005).

Die Bundesrepublik Deutschland verfügt über einzigartige Institutionen: die *Parteinahe Stiftungen* parteinahen Stiftungen. Ihr Tätigkeitsfeld, ihre Größe, ihr Verhältnis zu den politischen Parteien und insbesondere die Finanzkraft durch staatliche Mittel machen sie zu besonderen Institutionen im politischen System der Bundesrepublik Deutschland.

Die Stiftungen sind zwar zum Teil schon in der Weimarer Republik gegründet worden, ihre beachtliche Expansion hängt aber eng mit den Wechselfällen der Parteienfinanzierung in der Bundesrepublik zusammen. Denn die staatliche Parteienfinanzierung für die politische Bildung der Parteien hatte das BVerfG 1966 verboten mit der Folge, dass seitdem nur eine staatliche „Wahlkampfkostenpauschale" gezahlt werden konnte (vgl. Kapitel 4.2). So flossen seit 1967 immer mehr staatliche Mittel für die politische Bildung an die Stiftungen statt an die Parteien. Von 14 Mio. DM 1967 wuchs der Betrag, der den Stiftungen aus dem Bundeshaushalt bis heute zugewendet wird, auf 381,2 Mio. € im

Jahr 2008 an. Die Stiftungen erhalten zur institutionellen Förderung sogenannte Globalzuschüsse als staatliche Grundstockfinanzierung zur Erfüllung ihrer satzungsmäßigen Aufgaben. Den Umfang und die Verteilung der Zuschüsse bestimmt der Bundeshaushaltsplan. Über die Aufnahme der parteinahen Stiftungen in die Globalförderung, die jährliche Festlegung der Zuschüsse und ihre Verteilung auf die einzelnen Stiftungen entscheidet der Deutsche Bundestag. Die Mittelverteilung orientiert sich an den Durchschnittsergebnissen der letzten vier Bundestagswahlen, welche die Parteien, die den Stiftungen nahe stehen, erzielt haben. Eine Anpassung des Verteilungsschlüssels erfolgt nicht unmittelbar nach einer Bundestagswahl, sondern erst im darauf folgenden Jahr.

Neben diesen Globalzuwendungen erhalten die Stiftungen projektbezogene Fördermittel aus dem Bundeshaushalt, die gesondert abgerechnet werden. Auch aus den Landeshaushalten werden die Stiftungen institutionell und projektbezogen gefördert. Nach dem Urteil des BVerfG 1986 ist die Förderung politischer Bildungsarbeit der Stiftungen durch Globalzuschüsse verfassungsrechtlich grundsätzlich zulässig. Voraussetzung der Förderung ist aber, dass es sich bei den Stiftungen um von den Parteien rechtlich und tatsächlich unabhängige Institutionen handelt, die ihre Aufgaben in organisatorischer und personeller Unabhängigkeit erfüllen (BVerfGE 73, 1 ff., vgl. MORLOK 1996, MERTEN 1996).

Abbildung 53: Öffentliche Mittel für die parteinahen Stiftungen

Jahr	Friedrich-Ebert-Stiftung	Konrad-Adenauer-Stiftung	Hanns-Seidel-Stiftung	Friedrich-Nauman-Stiftung	Heinrich-Böll-Stiftung	Rosa-Luxem-burg-Stiftung	Gesamt
1999	205,3	190,0	69,9	70,7	67,5	3,1	606,6
2000	185,6	182,5	66,7	66,7	66,7	9,6	577,9
2001	185,5	182,8	66,9	66,7	66,5	12,3	580,9
2002	102,2	100,9	37,1	36,7	37,0	9,2	323,2
2003	100,6	99,5	36,4	36,3	37,0	11,0	320,9
2004	100,5	94,5	34,5	34,3	34,5	11,7	310,2
2005	106,3	95,2	34,9	34,8	34,7	11,7	317,6
2006	106,5	95,7	34,3	34,4	34,7	13,6	319,3
2007	110,5	99,5	35,4	35,3	35,8	17,2	333,7
2008	117,8	104,5	37,9	36,6	38,0	21,9	356,7
2009 (Soll)	123,7	110,3	40,4	38,9	40,7	27,3	381,2
Beträge bis 2001 in Mio. DM, ab 2002 in Mio. €							

(nach: WISSENSCHAFTLICHER DIENST DES DEUTSCHEN BUNDESTAGES 2009)

Finanzierungs-probleme Allerdings hat das BVerfG 1992 seine bisherige Rechtsprechung korrigiert und nicht nur staatliche Wahlkampfkostenerstattung, sondern nunmehr auch Zuschüsse zur politischen Bildung der Parteien gebilligt. Damit ist für die Zukunft die Frage offen, ob der Staat die Parteistiftungen und die Parteien nun doppelt für ihre politische Bildung finanzieren darf. In der rechtswissenschaftlichen Literatur wird seit Langem beklagt, dass die parteinahen Stiftungen die enormen Geldzuwendungen aufgrund von Haushaltsgesetzen erhalten. Ein in der Wissenschaft gefordertes Gesetz zur Finanzierung der parteinahen Stiftungen existiert bisher nicht (siehe KRETSCHMAR/MERTEN/MORLOK 2000).

Alle Stiftungen der etablierten Parteien unterhalten dezentrale Bildungsstätten für die regionale Arbeit; die zentralen Institute dienen besonders der zeithistorischen, sozialwissenschaftlichen und ökonomischen Grundlagenforschung. Für die Studienförderung werden Stipendien vergeben, die ebenfalls aus dem Bundeshaushalt kommen. Archive übernehmen für die Parteien die Sammlung und Aufbereitung von Akten, Dokumenten und Materialien. Die internationale Arbeit der Stiftungen besteht ebenfalls aus Stipendien, wichtiger aber noch aus Stützpunkten in aller Welt, besonders in der Dritten Welt und neuerdings in Osteuropa, wo Unterstützung und Information für befreundete Organisationen angeboten werden und beim Aufbau von demokratischen Strukturen geholfen wird.

- Die *Friedrich-Ebert-Stiftung* (FES) der SPD ist schon 1925 gegründet worden, benannt nach dem ersten Reichspräsidenten der Weimarer Republik.
- Die *Konrad-Adenauer-Stiftung* (KAS) der CDU wurde 1964 gegründet und ist wie die FES als rechtsfähiger Verein verfasst.
- Die *Hanns-Seidel-Stiftung* (HSS) der CSU ist nach dem CSU-Vorsitzenden von 1946-1961, der sich besonders um die organisatorische Modernisierung gekümmert hatte, benannt worden und wurde 1965 gegründet.
- Die *Friedrich-Naumann-Stiftung für die Freiheit* (FNS) der FDP wurde nach dem großen Liberalen der Jahrhundertwende benannt und wurde 1958 gegründet. Sie ist als Einzige tatsächlich als eine Stiftung privaten Rechts formal verfasst.
- Die *Heinrich-Böll-Stiftung* von *Bündnis'90/Die Grünen* ist 1997 aus dem *Stiftungsverband Regenbogen* hervorgegangen, der 1988 gegründet wurde und Dachverband der drei Stiftungen *Buntstift* (Göttingen), *Frauen-Anstiftung* (Hamburg) und *Heinrich-Böll-Stiftung* (Köln) war.
- Die *Rosa-Luxemburg-Stiftung* (RLS) der Partei *Die Linke* ist aus dem 1990 in Berlin gegründeten Verein *Gesellschaftsanalyse und politische Bildung e.V.* hervorgegangen. Sie wurde 1992 von der PDS als parteinahe, bundesweit tätige Stiftung anerkannt.

Zu den Stiftungen der Parteien liegen neben der „klassischen" Arbeit von Henning VON VIEREGGE (1977) auch neue Studien von Heike MERTEN (1999) und Jörg GEERLINGS (2003) vor. 　　　　　　　　　　　　　　　　　📖 Literaturhinweise

Die Parteiorganisation ist also kompliziert genug. Noch unübersichtlicher 　　　Netzwerk der
wird die Lage dadurch, dass ein informelles Netzwerk politischer Richtungsgrup- 　　internen Richtungen
pen zwischen rechts und links, Modernisierern und Traditionalisten oder auch Seilschaften von Karrieristen in allen Parteien existiert, das dem Außenstehenden als ein fallenreiches Labyrinth erscheinen muss. Dies schreckt auch neue Mitglieder häufig ab, für die zwar die lokale Ebene weit offen steht, die aber schnell von dem komplizierten Gremiengestrüpp und den politischen Beziehungskisten verwirrt und abgeschreckt werden. Eine ähnliche Wirkung erzielen die politischen

Strömungen und Gruppierungen in den einzelnen Parteien bzw. Fraktionen. So fühlen sich beispielweise die Abgeordneten der SPD dem *Seeheimer Kreis*, dem *Netzwerk Berlin* oder der *Parlamentarischen Linken* zugehörig.

Zwischenfazit   Wie ist es also um die innerparteiliche Demokratie bestellt? MICHELS' ehernes Gesetz, das eine Einbahnstraße von der Demokratie zur Oligarchie postulierte, ist nicht haltbar. Dazu sind die heutigen Mitglieder und Funktionäre einfach zu selbstbewusst und kennen kein Verehrungsbedürfnis gegenüber ihren Führern. Die Herrschaft der zentralen Parteiapparate ist ein Mythos, der mit der deutschen Parteienrealität wenig zu tun hat. Aber natürlich herrscht auch keine Bilderbuchdemokratie mit Basisentscheidung aller Sach- und Personalfragen von unten nach oben. Dazu sind die Parteien als Großorganisationen viel zu kompliziert aufgebaut. Zusätzlich erschwert das Neben- und Gegeneinander von ehrenamtlichen und hauptamtlichen Aktivisten und Funktionären eine idealerweise symmetrische Kommunikation.

„Stratarchie-Modell"   Eine differenzierte Zwischenposition wird deshalb wohl der Einschätzung innerparteilicher Demokratie am besten gerecht. Der amerikanische Politologe Samuel ELDERSVELD (1964) hat schon in den 50er Jahren ein „Stratarchie-Modell" entwickelt, also ein Modell der gestuften und geschichteten Herrschaft von pluralen Eliten und Teilgruppen in den Parteien. Keine Gruppe hat die völlige Kontrolle, nicht die Parteiführungen über die Basis und nicht umgekehrt. Besondere Beachtung finden dagegen die mittleren Eliten und Kader, die häufig als Aktivisten besonders ideologische Bannerträger der jeweiligen Parteiideologie sind. Dies wurde durch mehrfache Studien, auch unter der Mitgliedschaft der Parteien, immer wieder erhärtet (vgl. BECKER/HOMBACH 1983; FALKE 1982; GREVEN 1987; NIEDERMAYER 1989).

Anarchie oder   Das Stratarchie-Modell scheint immer noch überzeugender als das soge
Stratarchie?   nannte „Anarchie-Modell". Josef SCHMID (1990) hat in seiner wegweisenden Analyse der föderativen Struktur der CDU herausgefunden, dass die Landesverbände locker verbundene Subsysteme sind, die „lediglich lose gekoppelt und nur begrenzt zentral steuerbar" seien. In dieser „organisierten Anarchie" ermögliche eine postmoderne Widerspruchstoleranz mit einem weitgehenden Verzicht auf eine übergreifende Vereinheitlichung das Überleben der Organisation. SCHMID stützt sich dabei auf die moderne Organisationsforschung (vgl. u.a. WEICK 1988) und die dort entwickelten Konzepte.

LÖSCHE/WALTER (1992) haben den Begriff von der „lose verkoppelten Anarchie" aufgegriffen und popularisiert, ohne allerdings immer die organisationstheoretischen Verankerungen zu bedenken. Problematisch wird der Begriff dann, wenn er ein reines Chaos in den Parteien suggeriert. Dies ist mitnichten der Fall. Parteien sind kompliziert geknüpfte Netzwerke, die an den Rändern der Ortsvereine zwar ziemlich ausfransen und für jeden Neuankömmling weit offen sind, die aber nach innen an komplexer Struktur immer dichter werden. In diesem Sinne ist das Stratarchie-Modell immer noch das treffendere.

7 Strategie: Was tun die Parteien extern?

Die Antwort auf die Titelfrage dieses Kapitels – „Was tun die Parteien extern?" – wird drei Teilantworten umfassen: Parteien organisieren Wahlen, Parteien stellen Kandidaten für politische Ämter zur Wahl und Parteien bewegen sich im gesellschaftlichen Netz ihres Umfeldes.

7.1 Parteien und Wahlen

Wahlkampf hat ein schlechtes Image: „Das ist ja purer Wahlkampf!", „Diese Aktion ist doch nur ein Wahlkampfmanöver!", „Diese lebenswichtige Frage sollte man aus dem Wahlkampf heraushalten!" – so tönt es aller Orten. Gerade zentrale Themen und (Über-)Lebensfragen der Gegenwart und Zukunft gehören also angeblich nicht in den Wahlkampf. Aber: Dass eine Frage zum Wahlkampfthema gemacht wird, kann nicht an sich schlecht sein; im Gegenteil, es belebt die Politik, wenn der Wähler merkt, dass es um etwas geht. Der politischen Kultur in Deutschland merkt man immer noch den Kult des Unpolitischen als des vermeintlich Besseren an.

Es gibt in der deutschen Politikwissenschaft ganze Bibliotheken und Institute voll von Literatur über die Parteien. Und es gibt genauso viele Spezialisten zu und lange Regale mit Büchern über Wahlforschung. Aber über die Schnittfläche beider, also über Wahlkampf, gibt es nur wenig von Praktikern (WOLF 1990; RADUNSKI 1980; GRAFE 1994, MACHNIG 2002 und MACHNIG/RASCHKE 2009) und wenig generelle Überblicke von Wissenschaftlern, sondern nur eine Reihe von Spezialstudien. Sollte auch die Wissenschaft dem populären Vorurteil aufgesessen sein, Wahlkampf sei schmutzig, verlogen, überzogen und eine Schlammschlacht?

Ausnahmen zu dieser Ignoranz der deutschen Politikwissenschaft gegenüber Wahlkämpfen als wissenschaftlichem Gegenstand gibt es: die klassische Studie von Stephanie MÜNKE (1952); speziell zur Wahlwerbung das Buch von Christina HOLTZ-BACHA (2001) und zur Wahlkampf-Sprache von Paul-Hermann GRUNER (1990), Monika TOMAN-BANKE (1996) sowie allgemeiner Monika BETHSCHEIDER (1987) und Ulrich SARCINELLI (1987a), Thomas KREBS (1996), BERTELSMANN-STIFTUNG (1996), Christina HOLTZ-BACHA (1996), Frank BRETTSCHNEIDER (2002), VON ALEMANN/MARSCHALL (2002), Harald SCHOEN (2005) und Nikolaus JACKOB (2007).

📖 Literaturhinweise

Parteien wollen Wahlen gewinnen. Dazu treten sie an, das ist insofern völlig legitim. Die Arbeit der Parteien im Wahlkampf besteht ja nicht nur darin, schlichte Slogans zu erfinden („Sicherheit für alle"), Plakate zu kleben und Großveranstaltungen („Der Kanzler kommt") durchzuziehen. Ein Wahlkampf besteht aus mindestens fünf Stufen:

Parteien wollen Wahlen gewinnen

Fünf-Stufen-Modell 1. Programme entwickeln,
                    2. Kandidaten präsentieren,
                    3. politische Themen bestimmen,
                    4. Anhänger mobilisieren und
                    5. Wähler gewinnen.

Das ist eine sehr umfassende Tätigkeit, die keineswegs auf die letzten acht Wochen vor der Wahl beschränkt ist. Der Wahlkampf beginnt am Wahlabend der vorhergehenden Kampagne.

Programme   **1. Stufe: Programme entwickeln.** Parteien haben politische Ziele, die sie langfristig mit ihren Wählern und Anhängern durchsetzen wollen. In der Vergangenheit waren dies Weltanschauungen und Ideologien, die eine geschlossene Weltsicht und ein festes Menschenbild verkörperten: Liberalismus oder Konservatismus, Sozialismus oder Christentum. Diese Weltbilder wurden in Grundsatzprogrammen niedergelegt, die oft für mehrere Jahrzehnte Bestand hatten.

Weltanschauungs-   Missionarische Weltanschauungsparteien auf unverbrüchlicher ideologiparteien sind out   scher Grundlage gibt es heute kaum mehr – höchstens als skurrile politische Sekten, die glauben, das Patentrezept für alle Probleme dieser Welt zu wissen. Die Parteien sind pragmatischer, pluralistischer geworden. Sie sind selbst Koalitionen vielfältiger Interessen, die sich nur lose an gemeinsamen Leitbildern orientieren. Dazu dienen weiterhin die Grundsatzprogramme als kleinster gemeinsamer Nenner für die interne Integration.

Die CDU verabschiedete am 3. Dezember 2007 ihr drittes Grundsatzprogramm in ihrer über sechzigjährigen Geschichte. Am 28. September 2007 hatte bereits die CSU über ein neues Grundsatzprogramm mit dem Titel „Chancen für alle! In Freiheit und Verantwortung gemeinsam Zukunft gestalten" abgestimmt. Auch die Sozialdemokraten einigten sich nach achtjähriger Diskussion im Oktober 2007 auf das Hamburger Programm, in dem sich die SPD weiterhin für den Gleichklang von Freiheit, Gerechtigkeit und Solidarität einsetzt. Während die FDP bisher an den „Wiesbadener Grundsätzen" von 1997 festhält, beschlossen *Die Grünen* 2002 ihr neues Grundsatzprogramm mit dem Titel „Die Zukunft ist grün." Die neu gegründete Partei *Die Linke* hat über ihren bereits komplett formulierten Programmentwurf noch nicht abschließend abgestimmt.

Parteiprogramme: Christlicher Bezug bei der CDU (das „hohe C") genauso wie Rückgriff auf erst umstritten, dann   den „Demokratischen Sozialismus" bei der SPD haben in der Tagespolitik aber vergessen   keinen Platz. Jahrelang wird auf Parteitagen, in Ausschüssen, Gremien und Arbeitskreisen entworfen und verworfen, beantragt und verändert, bis das Programm fertig ist. Danach vergilbt es in Schubladen und auf den Info-Tischen der Parteien. Überflüssig sind die Grundsatzprogramme trotzdem nicht, sie schweißen die Partei im Streit darüber zusammen und bestimmen den gegenwärtigen Standort.

Unterhalb der Grundsatzebene bieten die Parteien noch Aktionsprogramme, Wahlprogramme, Regierungsprogramme und verschiedene Bereichsprogramme für alle möglichen Teilpolitiken – vom Umweltschutz bis zur Rentenpolitik – an, die sehr viel konkreter benennen, was die Parteien wirklich wollen. Diese Broschüren werden für Wahlen aktualisiert und von den Parteien verteilt. Die Aktionsprogramme sind also nach außen gerichtet, an den Wähler und an die Medien, und werben um Zustimmung. Leere Schlagworte und Gemeinplätze sind leider auch hier zu finden. Die Grundsatzprogramme der Parteien sind hingegen vor allem nach innen gerichtet.

Abbildung 54: Grundwerte der Volksparteien

Aus dem SPD-Grundsatzprogramm 2007:

„Freiheit, Gleichheit, Brüderlichkeit, die Grundforderungen der Französischen Revolution, sind die Grundlage der europäischen Demokratie. Seit das Ziel der gleichen Freiheit in der Moderne zum Inbegriff der Gerechtigkeit wurde, waren und sind Freiheit, Gerechtigkeit und Solidarität die Grundwerte des freiheitlichen, demokratischen Sozialismus. Sie bleiben unser Kriterium für die Beurteilung der politischen Wirklichkeit, Maßstab für eine bessere Ordnung der Gesellschaft, Orientierung für das Handeln der Sozialdemokratinnen und Sozialdemokraten."

Aus dem CDU-Grundsatzprogramm 2007:

„Unser Gemeinwesen lebt von geistigen Grundlagen, die weder selbstverständlich noch für alle Zeiten gesichert sind. Es ist die besondere Selbstverpflichtung der CDU, die christlich geprägten Wertgrundlagen unserer freiheitlichen Demokratie zu bewahren und zu stärken. Sie sind Maßstab und Orientierung unseres politischen Handelns. Aus ihnen leiten sich unsere Grundwerte Freiheit, Solidarität und Gerechtigkeit her. Sie erfordern, begrenzen und ergänzen einander und sind gleichrangig. Ihre Gewichtung untereinander sinnvoll zu gestalten, ist unsere Aufgabe und Kern der politischen Auseinandersetzung. Die Grundwerte als unteilbare Menschenrechte gelten universell und über unsere nationalen Grenzen hinaus."

Problematisch wird es besonders dann, wenn die Parteien vor Wahlen zahlreiche konkrete Forderungen und Vorhaben vorstellen, aber „im Kleingedruckten" einen allgemeinen Finanzierungsvorbehalt formulieren oder Kassensturz fordern. Damit kann der Wähler nicht viel anfangen, denn er will wissen, wofür tatsächlich sein Steuergeld ausgegeben werden soll.

2. Stufe: Kandidaten präsentieren. Politik wird von Personen gemacht, nicht durch Sachzwänge, Strukturen oder anonyme Kräfte. Auch die Parteien bestehen aus Personen, vom einfachen Mitglied über den Funktionär bis zum Spitzenpolitiker – mit allen ihren Stärken und menschlichen Schwächen. Programme sind wichtig, aber sie müssen von Politikern glaubwürdig repräsentiert werden. Konrad Adenauer stand für eine konservative, westorientierte Politik, Ludwig Erhard für Marktwirtschaft, Willy Brandt für mehr Demokratie und Entspannungspolitik nach Osten. Die Personalisierung ist also nichts Neues in der Politik und auch keine amerikanische Erfindung.

In den USA wird in der Politik und erst recht im Wahlkampf zwar mehr personalisiert als bei uns. Das folgt aber aus einem ganz anderen politischen System: Der direkt gewählte Präsident und die einzelnen Senatoren und Abgeordneten in ihren Wahlkreisen bis zu den Gouverneuren, Staatsanwälten und Sheriffs führen alle individuelle Wahlkämpfe mithilfe kommerzieller Politikberater und Werbeagenturen, unterstützt durch ad hoc angeworbene Freiwillige. Die Parteien spielen hier nur eine untergeordnete Rolle. Wenn wir solche durchkommerzialisierten Verhältnisse nicht wollen, sollten wir die deutschen (und europäischen) Parteien nicht zu sehr verteufeln, die ein Gegengewicht zur Amerikanisierung der Politik bieten.

Macht der Basis bei
Nominierung

Die Parteien stellen in Delegiertenversammlungen Kandidaten für alle Ämter auf – vom Stadtrat bis zum Bundestagsabgeordneten. Die lokalen Parteigremien wachen eifersüchtig über ihr Nominierungsrecht und lassen sich ungern von der Parteispitze hineinregieren. Wenn die Parteispitzen so mächtig wären, wie oft kolportiert, dann hätte Andrea Ypsilanti 2008 sicher nicht den Versuch einer von der *Linken* tolerierten rot-grünen Minderheitsregierung in Hessen unternommen.

Seit einiger Zeit wird damit experimentiert, nicht nur wenige Delegierte, sondern alle Parteimitglieder an der Kandidatenauswahl zu beteiligen: So hat 1993 die SPD-Basis Rudolf Scharping als Parteivorsitzenden und Spitzenkandidaten vorbestimmt, so hat es auch seinerzeit die CDU in Nordrhein-Westfalen mit ihrem Spitzenkandidaten gemacht. Mehr Mitwirkungsrechte für alle Parteimitglieder sind sicher ein vernünftiger Reformansatz.

Personalisierung

Der Wahlkampf konzentriert sich immer stärker auf die Spitzenpolitiker. Das ist eine unausweichliche Konsequenz zweier Entwicklungen: Die Welt wird komplizierter, immer „vernetzter" und damit krisenanfälliger. Und die Politik wird immer mehr aus zweiter Hand, nämlich durch die Medien, vermittelt. Beide Trends verlangen nach Vereinfachung und Zuspitzung, die am besten durch Personen gelingt. Aber auch jeder Bundestagsabgeordnete hetzt im Wahlkampf von Termin zu Termin. Eine Illustration solcher „Wahlkampfarbeit" liefert der Terminplan des Mainzer Bundestagsabgeordneten Michael Hartmann (vgl. Abb. 55).

Der Spitzenkandidat muss die Politik seiner Partei personifizieren, also für ein politisches Programm und nicht nur für sich selbst stehen. Dabei gibt es den idealen Politikertyp nicht – ein Glück, denn sonst könnten Werbestrategen ihn klonen. Keiner hätte doch gedacht, dass ein Staatsmann wie Helmut Schmidt 1982 von einem Provinzpolitiker wie Helmut Kohl nicht nur abgelöst, sondern durch seine langfristigen Erfolge sogar überstrahlt werden könnte. Auch der schon bei Amtsantritt zu alte Adenauer war nur als Übergangskandidat gedacht. Amtsinhaber entwickeln oft erstaunliche Fähigkeiten, die man ihnen als Kandidat nie zugetraut hätte. Umgekehrte Beispiele gibt es natürlich ebenfalls.

Themen

3. Stufe: Politische Themen bestimmen. Programme und Personen sind aber noch nicht alles, was die Parteien bei Wahlen präsentieren müssen. Es müssen auch Themen oder, wie die amerikanischen Wahlforscher sagen, *issues* bestimmt werden, um die die Wahl sich dreht. Hier gibt es einen gravierenden Unterschied zwischen Parteien an der Regierung und Oppositionsparteien – ob auf kommunaler, Landes- oder Bundesebene. Die Regierungsparteien können immer auf eine Sachbilanz verweisen, die Opposition nur auf ihre Vorschläge, Forderungen, Pläne und Kritik. Besonders tief klafft die Lücke, wenn es sich auf Landes- oder

Kommunalebene um eine dauerhafte Minderheitsopposition handelt – wie etwa die SPD in Bayern. Dann fällt es erst recht schwer, Themenvorreiter zu spielen, weil auch die Presse, die Verbände und die ganze politische Kultur von der Mehrheitspartei dominiert werden. Die Minderheitsrolle wird zum Teufelskreis, der die kleinere Partei demotiviert, da sie nie ein Bein auf den Boden bekommt.

Abbildung 55: Wahlkampfarbeit

Freitag, den 18. September 2009

Uhrzeit	Beschreibung	Ort	Anfahrt in km
09:00	Veranstaltung „Rechtsextremismus im Alltag" BBS Bingen	Bingen	23
10:30	PK anlässl. des ersten Jubiläums des Bewerbertreffs Mainz	Mainz	37
11:30	Infostand & Tour mit Hausbesuchen in Sprendlingen	Sprendlingen	42
16:00	Treffen mit Betriebsräten in Mainz	Mainz	42
18:00	DGB-Talk „Gute Arbeit"	Mainz	2
21:00	Kulinarische Weinprobe im Rahmen der Kerb Ockenheim	Ockenheim	29

Samstag, den 19. September 2009

Uhrzeit	Beschreibung	Ort	Anfahrt in km
09:00	Infostand SPD-Hechtsheim	Hechtsheim	16
10:00	Infostand Lerchenberg	Lerchenberg	15
11:30	DRK-Malaria Aktion mit Infostand	Bingen	31
12:30	Clean up Day - zwischen Bingerbrück & Trechtingshausen	Bingen	3
14:00	Fußballbenefizspiel in Mainz-Drais	Drais	30
15:00	Kinder- & Jugendfest der Ebersheimer Vereine	Ebersheim	15
16:30	Jubiläumsfeier des TSV Mombach	Mombach	19
19:00	Eröffnung Dorffest in Weiler	Weiler	32
20:00	musikalischer Abend der Ortsvereine Gonsenheim & Finthen	Gonsenheim	30

Sonntag, den 20. September 2009

Uhrzeit	Beschreibung	Ort	Anfahrt in km
08:00	Infostand SPD-Zornheim	Zornheim	25
09:30	Prozession & Patronatsfest Kath. Kirche Wackernheim	Wackernheim	25
11:00	Mehrgenerationenfest Sportverein Ingelheim	Ingelheim	5
11:45	Jazzfrühschoppen Ortsvereine Hechtsheim	Hechtsheim	23
14:00	Großübung der Mainzer Jugendfeuerwehren	Mombach	11
15:00	Gottesdienst und Amtseinführung des Regionalpfarrers	Bretzenheim	7
17:00	Besuch der Kerb Budenheim	Budenheim	10
18:30	Besuch der Kerb Schwabenheim	Schwabenheim	18
20:00	Besuch der Kerb Gensingen	Gensingen	18

Fahrkilometer insgesamt			**508**

(aus dem Terminplan von Michael Hartmann, MdB und SPD-Innenexperte)

Komprimierte
Slogans Wichtige politische Themen werden dann von den Parteien zu Slogans kompri-
miert, um die Sachaussage auf den Punkt zu bringen. Hieran wird in der Öffentlichkeit die meiste Kritik geübt, da die Slogans inhaltsleer und schlagwortartig
seien, ohne wirkliche politische Gegenkonzepte erkennen zu lassen. Schauen wir
die Slogans der letzten Wahlen daraufhin einmal an. Da gibt es tatsächlich eine
Fülle von Friede-Freude-Eierkuchen-Parolen, von denen man nicht weiß, wer sie
vertritt, wenn man den Absender nicht kennt: „Wir sind auf einem guten Weg",
„Es geht um Deutschland", „Sicher ist sicher" usw. Aber es gibt auch die stritti-
gen Polarisierer, bei denen jeder weiß, wer gemeint ist: „Fort mit der Wehr-
pflicht, raus aus der NATO" (1957 SPD) oder „Freiheit statt Sozialismus" (1976
CDU). Kommunikativer Höhepunkt sind Plakate völlig ohne Text, wie 1994
Kanzler Kohl in der Menge badend, die durch ihre Suggestivkraft rein an die
Gefühlswelt des Wählers appellieren – eine problematische Entwicklung.

Abbildung 56: Slogans bei Bundestagswahlen

	CDU	SPD
1972	„Wir bauen den Fortschritt auf Stabilität"	„Willy Brandt muß Kanzler bleiben" „Wer morgen sicher leben will, muß heute für Reformen kämpfen"
1976	„Freiheit statt Sozialismus" „Helmut Kohl – Kanzler für Deutschland"	„Modell Deutschland" „Den Frieden wählen"
1980	„Für Frieden und Freiheit" „Den Sozialismus stoppen"	„Sicherheit für Deutschland – SPD"
1983	„Wir sind auf dem richtigen Weg"	„Im deutschen Interesse – SPD"
1987	„Weiter so, Deutschland. CDU – die Zukunft" „Wir sind auf einem guten Weg. Deshalb CDU"	„Damit Gerechtigkeit regiert, nicht soziale Kälte" „Den Besten für Deutschland: Johannes Rau"
1990	„Kanzler für Deutschland" „Gemeinsam schaffen wir es"	„Der neue Weg SPD – sozial, ökologisch, wirt- schaftlich stark"
1994	(Plakat ohne Text: Helmut Kohl badet in der Menge)	„Freu dich auf den Wechsel Deutschland – SPD"
1998	„Weltklasse für Deutschland" „Keep Kohl"	„Wir sind bereit" „Innovation und soziale Gerechtigkeit"
2002	„Zeit für Taten"	„Wir tun was für Deutschland"
2005	„Deutschlands Chancen nutzen"	„Vertrauen in Deutschland"
2009	„Wir haben die Kraft" „Volkspartei der Mitte"	„Anpacken. Für unser Land"

Medien sind ent-
scheidende Vehikel Die wichtigste Rolle bei der Bestimmung von Themen spielen aber nicht die
Parteien mit ihren Slogans, sondern die Medien. Eine Schlagzeile in der Zeitung
ist wichtiger als ein Plakat. Ein Aufmacher der Fernsehnachrichten oder eine
„Brennpunkt-Sendung" sind wirksamer als eine Broschüre. Deshalb sind die
Parteien dazu übergegangen, die Medien in ihren Wahlkampf einzuplanen. So
werden Anzeigen, Werbespots und Broschüren der Kandidaten-Parteien als *paid*

media (bezahlte Meldungen) und die Nachrichten- und Zeitungsberichterstattung als *free media* (kostenlose Meldungen) bezeichnet. Die Parteien setzen alles daran, Ereignisse zu schaffen, über die von den Medien berichtet wird: Das reicht von den konventionellen Pressekonferenzen über Regierungsberichte, Autobahneröffnungen, Grundsteinlegungen bis zu seltenen Hobbys der Politiker oder Auftritten in Gameshows. Die willkommenste kostenlose Werbung machen die Medien für die Parteien, wenn sie über auffällige oder kontroverse Wahlplakate berichten. So erregte im Bundestagswahlkampf 2009 das Plakat der Berliner CDU-Direktkandidatin Vera Lengsfeld Aufsehen und Öffentlichkeit. Sie hatte das berühmte Dekolleté-Foto von Bundeskanzlerin Angela Merkel kopiert und lächelte nun zusammen mit der Kanzlerin tief dekolletiert vom Wahlplakat.

Auf das Verhältnis von Parteien und Medien ist oben schon näher eingegangen worden. Hier soll nun das Kommunikationsverhalten zwischen Parteien und Bürgern etwas näher beleuchtet werden, vorrangig im Wahlkampf, aber auch darüber hinaus. Dabei steht eine doppelte Fragestellung im Vordergrund: Wie informiert sich der Bürger über die Parteien, wie informieren die Parteien die Bürger? Überblickt man den Gesamtbereich möglicher politischer Erfahrungsfelder der Bürger, so kann man für deren Informationshaushalt zahlreiche Politikvermittlungsquellen unterscheiden. Bürger informieren sich über Politik: *Kommunikation zwischen Parteien und Bürgern*

- „aus Massenmedien, *Informationsquellen der Bürger*
- aus unmittelbaren, politisch relevanten Erfahrungen im persönlichen Umfeld,
- aus dem Umgang mit Behörden aller Art,
- aus der direkten Anschauung von Politik im lokalen Bereich,
- aus direkten Kontakten mit politischen Akteuren,
- aus eigenem Engagement in Parteien, Verbänden, Bürgerinitiativen und anderen gesellschaftlichen Gruppen oder auch
- aus den in der politischen Bildung vermittelten Kenntnissen und Werthaltungen" (vgl. SARCINELLI 1987b, S. 19).

Zuverlässige empirische Daten über die Wirkungsmächtigkeit aller dieser Politikvermittlungsquellen gibt es kaum. Über den Einfluss der Massenmedien streitet die Forschung intensiv – exemplarisch abzulesen am Dissens über die „Schweigespirale" von Elisabeth NOELLE-NEUMANN (1980), die Journalisten vorwirft, durch die Vorspiegelung eines positiven Meinungsklimas (in diesem Fall für die sozial-liberale Koalition vor der Bundestagswahl 1976) die Wählerschaft unzulässig manipuliert zu haben (vgl. kritisch dazu MERTEN 1982).

Eine Untersuchung zur politischen Kommunikation bezogen auf das Land Nordrhein-Westfalen gibt einen Eindruck von den Informationsquellen, die die Bürger nutzen, um sich über Politik zu informieren (vgl. Abb. 57). Die Parteien selber informieren die Bürger durch ein vielfältiges Angebot von Formen und Wegen: *Informationsangebot der Parteien*

- über Massenmedien,
- über parteinahe Zeitungen (z. B. Vorwärts, Bayernkurier),
- über ihre Internetauftritte,

- über Social Networks und Web-Blogs
- über Mitgliederzeitschriften
- über Mitteilungsdienste für Funktionsträger,
- über Großveranstaltungen und Parteitage,
- über direkte Anschauungen von Parteipolitik im lokalen Bereich,
- über direkten Kontakt mit Parteipolitikern (z. B. Bürgersprechstunden),
- über Wahlkampfkommunikation (Anzeigen, Fernsehspots, Plakate, Info-Stände, Hausbesuche, Broschüren),
- über Mitgliederversammlungen der Parteibasis und schließlich
- über in der politischen Bildung der Parteien (und ihrer Stiftungen) vermittelte Kenntnisse.

Abbildung 57: Wichtigkeit elektronischer Printmedien als Informationsquelle nach politischem Interesse

Sagen Sie mir bitte, welches Medium Sie am meisten nutzen, um sich über das aktuelle Geschehen in der nordrhein-westfälischen Politik zu informieren?					
	Total	Politisches Interesse			
		Sehr stark/stark	mittel	wenig	gar nicht
Fernsehen	46,1	40,5	51,8	52,8	50,7
Tageszeitung	39,8	46,8	35,8	22,6	17,4
Radio	8,9	8,4	8,0	16,4	10,1
Zeitschriften	1.9	2,1	1,3	3,1	1,4
Internet	1,4	1,5	1,2	1,3	1,4
Keines der genannten	2,0	0,7	2,0	3,8	18,8
N	100% (2055)	100% (1058)	100% (765)	100% (159)	100% (69)

(nach: MARCINKOWSKI/NIELAND 2002, S. 90)

Politikvermittlung als kommunikatives Kunstprodukt

Hier ist es schwierig, empirisch zu messen, welche Kommunikationsangebote der Parteien die effektivsten in der Breitenwirkung und die intensivsten in der Tiefenwirkung sind. Es ist aber mindestens klar, dass alle Parteien der Kommunikation über die Medien die meiste Bedeutung zumessen. Die Politikvermittlung wird „kommunikatives Kunstprodukt" (SARCINELLI 1987b, S. 24). Dies ist in der Entwicklung der deutschen Parteien nicht immer so gewesen. In den 50er Jahren konnte man noch zwei Kommunikationsmodelle zwischen den großen Parteien unterscheiden: Die CDU/CSU als Kanzlerwahlverein Konrad Adenauers pflegte einen gouvernementalen Kommunikationsstil, der ganz auf den Staatsmann an der Spitze zugeschnitten war; die SPD einen parteilich-integrativen Kommunikationsstil, der auf einer breiten Parteipresse und reger innerparteilicher Kommunikation beruhte.

Seit den 60er und besonders den 70er Jahren konvergierten diese Differenzen zu einem Stil programmatischer Planung, der in der Kommunikation der Parteien intensive Programmarbeiten und Planungspapiere („Orientierungsrahmen-85" der SPD, „Mannheimer Erklärung" der CDU von 1975, „Freiburger Thesen" der FDP von 1972) in den Vordergrund rückte. Seit den 80er und 90er

Jahren tritt nun zunehmend der Stil eines professionellen Kommunikationsmanagements in den Mittelpunkt der Öffentlichkeitsarbeit der Parteien. Dabei heißt Öffentlichkeitsarbeit

> „den Strom von Informationen nicht abreißen lassen, heißt Themen besetzen, Kompetenz demonstrieren, Schlagzeilen liefern, Aufmerksamkeit erzeugen, und dies alles, um nicht zuletzt eine permanente Medienpräsenz zu gewährleisten" (SARCINELLI 1987b, S. 24).

Allerdings sollte außer den Fragen „Wie informiert sich der Bürger über die Parteien?" und „Wie informieren die Parteien die Bürger?" auch die Frage gestellt werden: „Wie informieren sich die Parteien über Wünsche, Interessen und Meinungen der Bürger?" Sie nutzen dazu natürlich die Kanäle der innerparteilichen Kommunikation und Willensbildung. Aber diese sind doch recht verengt auf die Parteistruktur ausgerichtet und nicht weit offen für die Alltagsanliegen der Bürger und Wähler. Wenn ein Parteivorsitzender die Welt nur durch den Spiegel der Anträge seiner Parteigliederungen auf Parteitagen zur Kenntnis nähme, wäre sein Weltbild sicher etwas verzerrt. Der breiteste Strom an Information fließt über den Weg der Massenmedien. Hier sind wieder die bekannten Filter eingebaut, die Interessen auswählen und Meinungen fälschen. Die Filterung wird noch dadurch verstärkt, dass viele Spitzenpolitiker die Massenmedien kaum selbst wahrnehmen, sondern „lesen lassen". Morgendliche Pressedienste verdichten Zeitungsausschnitte zu einem Informationsverschnitt, der oft mehr zur Selbstbespiegelung der Politiker (wer wird wie oft zitiert?) als zur Sammellinse für Bürgermeinungen dient.

Wie informieren sich die Parteien über die Bürger?

Meinungsumfragen sind die dritte Informationsquelle der Politiker über die Wählerschaft. Auch wenn sie repräsentativ ist, bleibt die Demoskopie selektiv auf bestimmte Fragen fixiert. Schließlich nutzen Politiker noch ihr unmittelbares Umfeld für ihr Meinungsbild über die Bedürfnisse der Bevölkerung – sei es der persönliche Referent, die Sekretärin oder auch der Fahrer, der Taxifahrer oder die Putzhilfe, ganz abgesehen von dem privaten Umfeld aus Familie und Bekanntenkreis. Das recht zufällige und nicht repräsentative persönliche Umfeld der Politiker beeinflusst die Entscheidungen von Parteien und Regierungen sicher mehr, als manche systematisch trainierten Politikwissenschaftler zugestehen wollen. Nun aber zurück zu den fünf Stufen der Dramaturgie der Wahlkampfführung von Parteien.

Meinungsumfragen und persönliches Umfeld

4. Stufe: Anhänger mobilisieren. Programme formulieren, Personen nominieren und Politikthemen bestimmen: Dies beschäftigt die Parteien vor den Wahlen zur Mobilisierung ihrer Anhängerschaft. Die Mobilisierung ihrer eigenen Mitglieder ist sehr wichtig, da ja nur höchstens 20 % normalerweise aktiv sind. Die Identifikation der Mitglieder muss gestärkt werden, da nur eine Anhängerschaft mit optimistischer und aktiver Ausstrahlung einen Übertragungseffekt auf die Wählerschaft auslöst. Pessimistische und passive Anhänger könnten die raffinierteste Werbekampagne der Parteien ins Leere laufen lassen. Die Wirkung der Gespräche von Anhängern mit Familie, Freunden, Nachbarn und Arbeitskollegen ist gar nicht hoch genug einzuschätzen. Es handelt sich dabei um eine alte

Mobilisierung

Erkenntnis der Kommunikationsforschung, die von einem „Zweistufenmodell" ausgeht. Erst wenn Meldungen, die man über Medien vermittelt bekommt, in einem zweiten Schritt im persönlichen Gespräch verarbeitet und eingeordnet worden sind, bildet sich eine Meinung. Natürlich wissen die Parteien auch, dass sie in Wahlen nur bestärken und abschwächen, aber kaum das Weltbild eines Wählers umkrempeln und neu erfinden können.

Abbildung 58: Aktionsplan der SPD

Tag	Phase			Veranstaltungen	Sonstige Termine	Materialien / Aktionen
28.7.	Auftaktphase			Wahlkampfkonferenz Hannover		Auslieferung Themenplakate
29.7. 30.7.				Klausur		
31.7.				Landesparteitag Schleswig-Holstein		
1.8. 2.8.						
3.8.				Vortrag Frank-Walter in der Karl-Schiller-Stiftung		
4.8.	Rausgehen!				TV: Portrait Frank-Walter (ZDF)	
5.8 6.8.				Sommerreise Frank-Walter		
7.8.						
8.8.				Bundeskongress der AG 60 plus Erfurt		
9.8.						
10.8.				Vorwärts-Sommerfest		
11.8.					TV: Illner intensiv (ZDF)	
12.8.						
13.8		Wahlkreisbesuche Parteispitze		Sommercamp Junge Teams, Köln (bis 16.8.)		1. Aktionspaket bei den Gliederungen
14.8						
15.8.				Bürgerfest Weimar		Start Großflächenplakatierung
16.8.					TV: Frank-Walter im RTL-Townhall	
17.8.				Öffentliche Würfelvorstellung		
18.8. 19.8. 20.8. 21.8. 22.8.						
3.8.	Zwischenspurt!				TV: Frank-Walter im Sommerinterview (ARD)	
24.8. 25.8. 26.8.						
27.8.				Schlussspurtkundgebung Saarland mit Frank-Walter, Saarbrücken		
28.8.				Schlussspurt a) Thüringen mit Frank-Walter in Jena b) Sachsen mit Frank-Walter in Dresden		
29.8.						
30.8.					Landtagswahl im Saarland, Sachsen und Thüringen und Kommunalwahlen in NRW	2. Klebung Großfläche

LEITFADEN ZUR BUNDESTAGSWAHL 2009

SPD Phasen und Termine

Tag	Phase			Kundgebungen (unter Vorbehalt)	Sonstige Termine	Materialien / Aktionen
31.8.	Heiße Phase	Wahlkreisbesuche Parteispitze	Kundgebungen Frank-Walter Steinmeier – Franz Müntefering	Wahlkampfauftakt Hannover		
1.9.				Karlsruhe		Start TV-Spots
2.9.				Kiel Recklinghausen		
3.9.				Bremerhaven Lüneburg Magdeburg		2. Aktionspaket bei den Gliederungen
4.9.				Husum Rostock		1. Wahlkampfzeitung bei den Gliederungen
5.9				Duisburg Hamburg Potsdam		
6.9.				Konzert: Nazis aus dem Takt bringen, Berlin	CDU-Wahlkampfauftakt Düsseldorf	
7.9.				Aachen Emden		
8.9.				Mainz Marburg Köln	„Reiche Eltern für alle" – Bustour der Juso Hochschulgrup. durch Unistädte (bis 26.9.)	
9.9.				Bielefeld Wiesbaden		
10.9.				Bonn Leipzig Osnabrück		3. Aktionspaket bei den Gliederungen
11.9.				Bremen Düsseldorf Freiburg Mannheim		
12.9.				Celle		
13.9.						
14.9.				Augsburg Cottbus Würzburg		3. Klebung Großflächen
15.9.				Dresden Erfurt Lübeck		
16.9.				Kulmbach München		
17.9.				Münster Stuttgart		Start Anzeigen 4. Aktionspaket bei den Gliederungen
18.9.				Frankfurt/Main Ludwigshafen Ravensburg Rosenheim		2. Wahlkampfzeitung bei den Gliederungen
19.9.				Brandenburg Kassel Velbert		
20.9.	Schlussspurt				FDP-Parteitag	
21.9.				Bochum Nürnberg Schwerin	TV-Format zur Wahl (ARD)	
22.9.				Darmstadt Dortmund Saarbrücken		
23.9.				Essen Hamburg		
24.9.				Braunschweig Trier Regensburg		
25.9.				Schlussspurt Berlin		
26.9.				Dezentraler Schlussspurt		
27.9.					Bundestagswahl und Landtagswahlen in Brandenburg und Schleswig-Holstein	

(aus: Wahlkampf-Leitfaden Bundestagswahl 2009, WILLY-BRANDT-HAUS 2009)

5. Stufe: Wähler gewinnen. Erst die letzte Stufe betrifft den eigentlichen, öf- Wähler gewinnen fentlich sichtbaren Wahlkampf der Parteien. Hier setzen die Parteien nun alle nur denkbaren Ressourcen ein:

- Plakatwerbung und Fernsehspots,
- Anzeigenkampagnen und Werbeschriften,
- aktuelle Internetauftritte mit verschiedenen Online-Angeboten
- Großveranstaltungen und Stadtfeste,
- Kleinwerbemittel vom Luftballon bis zum Kugelschreiber,
- Ansprache von Zielgruppen.

Zielgruppenarbeit ist ein Modewort bei allen Parteistrategen. Gemeint sind Teile der Stammwähler (die Alten, die Arbeiter, die Kirchgänger) oder umgekehrt die umworbenen Wechselwähler (junge Frauen, technische Intelligenz, Ärzte, katholische Facharbeiter). Für sie werden spezielle Broschüren, Briefe und Diskussionsforen angeboten – meist mit zweifelhaftem Erfolg.

Bei diesen Aktionen sind auch die Auswüchse zu beobachten, die den Wahlkampf in der Öffentlichkeit so unpopulär machen. Der Hauptvorwurf lautet, dass die Parteien für leere Sprüche, sinnlosen Schnickschnack und nichtssagende Plakate Millionen zum Fenster hinauswerfen. An diesem Vorwurf ist vieles berechtigt, wenn man beispielsweise Studien zur Wirksamkeit von Wahlplakaten auf die Wahlentscheidung der Wählerinnen und Wähler betrachtet (vgl. HOLTZ-BACHA/LESSINGER 2006).

Abbildung 59: Wahlkampfkosten der Bundesparteien
(in Mio. DM, seit 2002 in Mio. €)

	1990	1994	1998	2002	2005
CDU	51,5[1]	55,9	56,6	21,5	18,3
SPD	61,9	73,7	53,9	26,8	23,7
CSU[2]	31,6[3]	22,7	18,1	8,2	5,3
FDP	13,3	17,5	6,8	6,8	4,0
Grüne	2,7[1]	6,0	5,4	4,7	3,1
Die Linkspartei. PDS	18,5	15,8	8,6	4,7	4,2

[1] nur West
[2] Landesverband
[3] nur Bayern

(nach den Rechenschaftsberichten der Parteien für 1990 ff.)

„Amerikanisierung" der politischen Kultur? Schon seit über 50 Jahren sind es nicht zuletzt die großen Zeitungen, die mit negativem Zungenschlag im deutschen Wahlkampf immer stärker eine Kopie des US-amerikanischen Wahlkampfs sehen. Bereits die Bundestagswahlkämpfe 1998 und 2002 waren Gegenstand der „Amerikanisierungsdebatte". Angestachelt vom innovativen SPD-Wahlkampf 1998 sowie den erstmals ausgetragenen TV-Duellen 2002 sahen die Medien, aber auch Teile der Wissenschaft, eine neue Zeit angebrochen.

Die SPD-Kampagne hatte 1998 neue Maßstäbe gesetzt, die in Deutschland bisher nicht bekannt waren. Bereits im Mai 1997 wurde die Entscheidung getroffen, die Wahlkampftruppe aus dem Parteihaus in eine Kampagnenzentrale auszulagern, die von da an *Kampa* genannt wurde. Die Leitung der Kampagne hatte Franz Müntefering als Bundesgeschäftsführer inne. Zum engsten Führungskreis gehörten sein Büroleiter, Matthias Machnig, und als Vertrauter von Schröder der erfahrene Düsseldorfer Wahlkampforganisator Bodo Hombach. 70 Mitarbeiter aus der Partei, aber auch „eingekaufte" Experten aus Werbung, Veranstaltungsmarketing, Mediaplanung und Meinungsforschung mischten mit.

> „Das Signal an die Öffentlichkeit lautete: Wir lösen uns aus dem alten Trott, wir sind bereit. Den Medien, insbesondere den elektronischen, wurde ein Objekt der Begierde angeboten" (RISTAU 1998, S. 7).

Begnügte sich die SPD 1998 noch damit, eine quasi-amerikanische Parteitagsinszenierung umzusetzen, gingen die deutschen Parteien in den darauffolgenden Wahlkämpfen immer mehr dazu über, auch gezielt US-amerikanische Wahlkampftechniken zu kopieren. Auch im Bundestagswahlkampf 2009 wurde aufgrund solcher Nachahmungseffekte wieder die „Amerikanisierung" der politischen Kultur beschworen.

Aber was ist unter dem Begriff „Amerikanisierung" überhaupt zu verstehen? Sinnvollerweise ist dieses theoretische Konstrukt in drei Begriffe aufzuteilen: in die Personalisierung, die Professionalisierung und die Mediatisierung einer Wahlkampagne (vgl. KORTE 2009). Alle drei Komponenten sind nicht völlig neu für die Bundestagswahlkämpfe, doch ist ihre Bedeutung seit den 90er Jahren erheblich gestiegen.

Unter der Personalisierung einer Wahlkampagne ist die verstärkte Konzentration auf die Spitzenkandidaten der Parteien zu verstehen. Diese Konzentration ist bei den beiden Volksparteien naturgemäß besonders ausgeprägt. Man denke nur an die mediale Inszenierung von Gerhard Schröder in den Bundestagswahlkämpfen 1998 und 2002. Aber auch 2009 bestimmte die Personalie Merkel oder Steinmeier die Wahlkampfkonzeptionen der beiden Volksparteien. Zu einer zunehmenden Personalisierung des Wahlkampfs gehört allerdings auch, dass die Sachthemen immer mehr in den Hintergrund treten, sodass die Spitzenkandidaten eher als Stellvertreter für politische Botschaften agieren. Da sich die Bundesrepublik Deutschland von den USA jedoch nicht nur durch ihre politische Kultur und ihre Medienlandschaft, sondern vor allem auch durch ihre Regierungsform unterscheidet, sind Wahlkämpfe in Deutschland eindeutig weniger personalisiert. Die Kampagnen sind weitaus stärker auf die Parteien als Organisationen politischer Meinungsbildung zugeschnitten. In Deutschland wird nun mal der Kanzler nicht unmittelbar vom Volk gewählt, und schon gar kein Präsident. *Personalisierung*

Die Konzeption eines Wahlkampfes ist zudem weniger allein Sache der Partei oder der Parteizentralen. Die Parteien ziehen Fachleute hinzu, so genannte „Spin Doctors", die ihnen und ihren Kandidaten beratend zur Seite stehen. Diese Entwicklung wird im Allgemeinen unter dem Begriff der Professionalisierung der Wahlkampagne zusammengefasst. Sie führt schlussendlich zur Auslagerung von vormals originären Parteiaufgaben an externe Agenturen. So richteten im Vorfeld der Bundestagswahl 2009 alle großen Parteien Wahlkampfstäbe innerhalb oder in Nähe ihrer Organisationen ein. Für den Bundestagswahlkampf 2009 zogen beispielsweise externe Berater in die „Nordkurve" des Willy-Brandt- *Professionalisierung*

Hauses ein. Also in die zwei Stockwerke im Nordflügel der SPD-Parteizentrale, von wo die Kampagne der SPD gesteuert wurde. Eine externe Wahlkampfzentrale wie die Kampa gab es 2009 nicht mehr.

Mediatisierung

Die Mediatisierung des Wahlkampfs bezieht sich hingegen auf die immer stärkere Ausrichtung der wahlkampfbezogenen politischen Kommunikation an den Selektions- und Aufmerksamkeitsregeln der Massenmedien. Politische Kommunikation wird somit zu einer permanenten Anpassungsleistung an die Vorgaben der Medien. Indikator und Folge dieser Entwicklung ist der zunehmende internetbezogene Wahlkampf der Parteien. So hat sich spätestens seit dem Bundestagswahlkampf 2002 das Internet als neues Wahlkampfmedium der deutschen Parteien entpuppt. Der Internetwahlkampf stellt die Reaktion der Parteien auf einen kommunikativen Wandel der bundesdeutschen Gesellschaft – also auf einen Wandel der medialen Umwelt – dar. Die Parteien zollen damit der Tatsache Tribut, dass das Internet an der Schwelle zum Leitmedium der politischen Kommunikation steht. So nutzte beispielsweise vor der Bundestagswahl 2009 jeder dritte Deutsche die Websites der Parteien. Die Bedeutung des Internets wird von den Parteien unterschiedlich eingeschätzt. Im Wesentlichen stehen für die Parteien selbst die Information über das Parteiprogramm, die Vermittlung aktueller politischer Aktivitäten und die Möglichkeit der politischen Diskussion – durch die Einrichtung von Internetforen – im Vordergrund. In Bezug auf die Werbung von Wählerstimmen verbinden die Parteien mit ihrem Angebot unterschiedliche Ziele. Für die großen Parteien CDU und SPD steht die Gewinnung von Wechselwählern im Vordergrund, während die Bindung von Stammwählern als zweitrangig betrachtet wird (vgl. GELLNER/STROHMEIER 2002).

Internetwahlkampf
2009

Das Internet hat sich im Bundestagswahlkampf 2009 zu einem festen Instrument der politischen Akteure entwickelt. Während die Bedeutung des Internets für die Bundestagswahl 1998 noch eher unter das Motto „Dabei sein ist alles" gestellt werden konnte, wurden bei dieser Bundestagswahl in Anlehnung an das amerikanische Vorbild bewährte Strategien übernommen. Barack Obama revolutionierte im Präsidentschaftswahlkampf 2008 den Einsatz des Internets, weshalb sein Wahlsieg vor allem auch auf seine umfangreiche Internet-Kampagne zurückgeführt werden kann. Ihm gelang es, seine Unterstützer zu vernetzen und so die Kampagne zu verselbstständigen. Das Internet wird zwar schon lange im Wahlkampf eingesetzt, doch griff Obama eine neue Entwicklung auf und konnte diese für sich nutzen: das *Web 2.0*. Genau dieses *Web 2.0*, das Internet zum Mitmachen, hat sich erst in den vergangenen Jahren entwickelt. Viele Internetseiten, die im Wahlkampf eine große Rolle spielten, existierten vor vier Jahren noch gar nicht – wie das Videoportal *YouTube* – oder erreichten nur wenige Nutzer – wie die Internetgemeinschaft *Facebook*.

Web 2.0

Das *Web 2.0* steht allgemein für unterschiedlichste interaktive Elemente des Internets. Dabei kann zwischen sozialen Netzwerken wie *Facebook*, *Twitter* oder *MeinVZ/StudiVZ*, Video-Plattformen wie *YouTube* oder Bilder-Plattformen wie *Flickr* unterschieden werden. Das *Web 2.0* ermöglicht über die sozialen Netzwerke eine direkte Kommunikation zwischen Bürgern und Politikern. So können die Anhänger oder Unterstützer einer Partei von deren Spitzenkandidaten direkt angesprochen werden und selbst ihre Meinung kundtun. Zudem bietet die Video-

Plattform *YouTube* den Parteien die Möglichkeit, eigene Channels einzurichten, wie beispielsweise *CDU.TV*, *SPDvision* oder *Kanal Grün*. Plattformen wie *Twitter* und *Facebook* dienen also in erster Linie dem Austausch von Informationen sowie der Vernetzung von Unterstützern. Über *YouTube* und *Flickr* können die Parteien darüber hinaus bereits generierte TV-Spots und Flyer, aber auch Bilder und Reden von Wahlkampfauftritten verbreiten und auf diese Weise wiederverwerten.

Als die zentralen Kampagnen-Plattformen des Internetwahlkampfs 2009 kristallisierten sich dann auch *Facebook* und *YouTube* heraus. Insgesamt aber waren die Parteien je nach Wählerklientel unterschiedlich stark auf den genannten Plattformen vertreten. Die Parteien nutzen zudem die Möglichkeit, ihren Internet-Auftritt auf den Plattformen mit den eigenen Parteiseiten zu verlinken. Viele Links wurden zudem über *Twitter* an die Anhänger versendet. Die Attraktivität des Internetwahlkampf im *Web 2.0* liegt auf der Hand. Er ist für die Parteien vor allem eines: schnell und günstig. Daher waren im Bundestagswahlkampf 2009 sowohl Angebote der Parteien als auch Angebote ihrer Spitzenkandidaten und deren Unterstützergruppen – „Wir für Frank", „Team Deutschland" – sowie Internet-Auftritte von einzelnen Abgeordneten auf den Plattformen zu finden.

Darüber hinaus hatten die beiden Unionsparteien und auch die SPD ihren Internet-Auftritt und den ihrer Spitzenkandidaten (vgl. Abb. 60) komplett überarbeitet und den US-amerikanischen Vorbildern angepasst. Alles in allem zeichneten sich ihre Internetseiten nun durch weniger Text, mehr Bilder und deutlich mehr interaktive Elemente aus. Die Websites waren mit Videobotschaften, Slideshows und Audioelementen versehen. Zudem waren die Auftritte auf den einzelnen Plattformen zentral mit der Website der Partei verlinkt.

Als Ergebnis des Internetwahlkampfs 2009 bleibt festzuhalten: Die Parteien sind mit der Bundestagswahl 2009 im *Web 2.0* angekommen. Jedoch fand ein politischer Diskurs mit der breiten Masse im Wahlkampf kaum statt. Dies ist beispielsweise an den bescheidenen Unterstützerzahlen der Spitzenkandidaten auf den Plattformen abzulesen (vgl. BECKEDAHL/LÜKE/ZIMMERMANN 2009). Außerdem bleibt zu bedenken, dass trotz der intensiven Bemühungen der Parteien, sich mit Hilfe von *YouTube* und *Facebook* direkt an den Wähler zu wenden, diese Kampagneninstrumente erst dann die Beachtung der Wahlberechtigten gefunden hatten, als sie ein Echo in den klassischen Massenmedien erzeugten. Somit ist nicht zu erwarten, dass das Internet in naher Zukunft die klassischen Massenmedien gänzlich verdrängen wird. Vielmehr scheint das Internet den Parteien nicht als Medium zu nutzen, mit dem unentschlossene Wähler gewonnen werden können, sondern als Instrument zur Mobilisierung von Anhängern und Unterstützern.

Abbildung 60: Internetauftritt des SPD-Spitzenkandidaten Frank-Walter-
Steinmeier

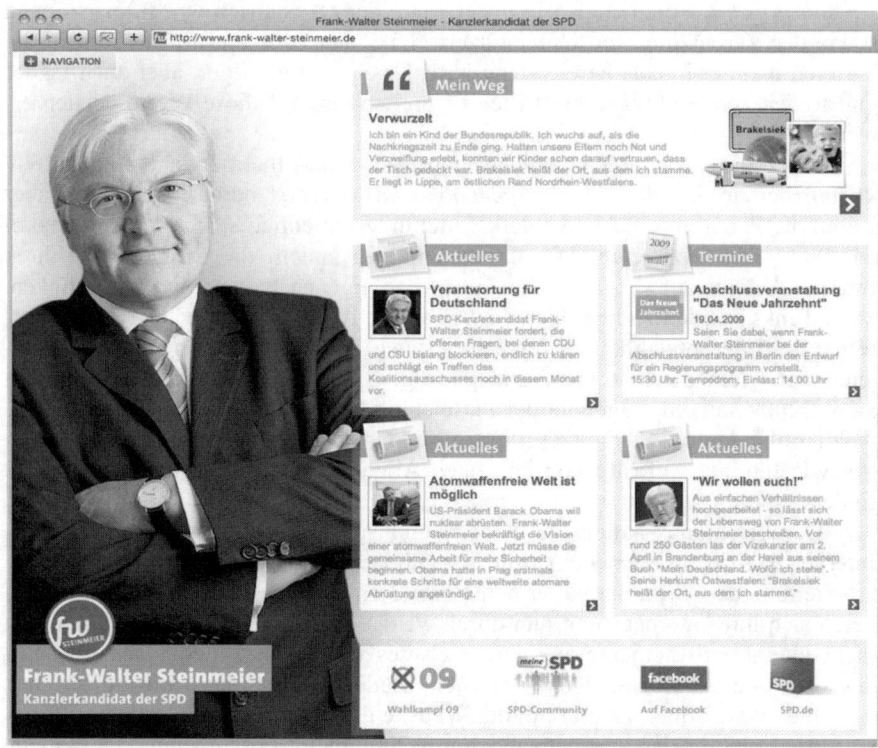

(aus: SPD-INTERN 2009, S. 16)

📖 Literaturhinweise   Weiterführende Literatur zu diesem Thema findet sich bei SIEDSCHLAG/
BILGERI/LAMATSCH (2002), GELLNER/STROHMEIER (2002) und Eike HEBECKER
(2002) sowie MERZ, MANUEL/RHEIN, STEFAN (2009).

Fazit zum   Waschmittelreklame wird den Parteien oft vorgeworfen, nichts anderes
Wahlkampf   machten sie. Wenn man jedoch Produktwerbung nicht gänzlich ablehnt, so lautet
die Alternative nicht „Werbung oder keine Werbung", sondern „gute oder
schlechte Werbung" – wie auch bei Waschmitteln. Politikwerbung unterscheidet
sich trotz aller Parallelen grundsätzlich von Markenartikelwerbung:

- Das Produkt „Partei" erweckt ungeheure Emotionen. Das erkennt man daran, wie Wahlplakate bemalt und zerstört werden. Wer kümmert sich dagegen um ein Waschmittelplakat?
- Das Produkt „Partei" ist diffus. Es hat keinen bestimmten Zweck wie Ziga-
retten oder Bier, sondern ist ein völlig unspezifischer Appell an die Zukunft
– ähnlich wie „Fahr vorsichtig".

- Das Produkt „Partei" soll an einem einzigen Tag, dem Wahltag, durch Ankreuzen eines Zettels „gekauft" werden – nicht bei Gelegenheit und guter
  Stimmung.
- Beim Produkt „Partei" reden dem Werbemanager furchtbar viele Werbelai-
  en, die nichts davon verstehen, herein und wollen ihre Politik richtig ver-
  kaufen – das kann nicht gut gehen.

Der Wahlkampf ist am Vorabend des Wahltages beendet. Die Wahlkämpfer sind
müde und können für 24 Stunden endlich einmal ausspannen und alle Viere von
sich strecken. Um 18.00 Uhr des Wahlabends steigt der Adrenalinspiegel wieder
an, wenn die erste Trendprognose vom Fernsehen verkündet wird. Dann kommen die Hochrechnungen und die gewundenen Kommentare aller Parteien, warum jedes noch so schlechte Ergebnis doch noch irgendwie ein Erfolg gewesen
ist. Die Parteien könnten im öffentlichen Ansehen viel Boden gut machen, wenn
sie dieses Schönreden aufgeben würden und ein schlechtes Ergebnis von guten
Verlierern klar hingenommen und angenommen würde. Leider haben nur wenige
Politiker diese Größe.

7.2 Parteien im Amt

Die gesellschaftliche Kooperation und Konkurrenz der Parteien zeigt sich nicht
nur in der Bundespolitik, die manche Kommunalpolitiker immer noch „die große
Politik" nennen, sondern gerade auch im Kontext der lokalen Bezüge. Die Parteien haben zwar in den letzten Jahrzehnten auch die Kommunalpolitik zunehmend durchpolitisiert und sie ihres vermeintlich unpolitischen Charakters als
lokale Selbstverwaltung entkleidet. Aber sie haben dort nicht die politische Willensbildung monopolisieren können. Obwohl die Durchdringung der Kommunalpolitik durch die Parteien manchen übermächtig erscheint, erwachsen den
Parteien hier andererseits mehr und andere Konkurrenten als auf Landes- und
Bundesebene. Neben den Verbänden und den Medien, die überall mit den Partei-
en arbeiten, kommen auf lokaler Ebene die freien Wählergemeinschaften hinzu,
die lokalen Bürgerinitiativen und in manchen kleineren Gemeinden mit einseitiger Wirtschaftsstruktur Einzelunternehmen mit einer monopolartigen Stellung
auf dem Arbeitsmarkt.

Die Literatur der Kommunal- und Gemeindepolitik ist sehr umfangreich. Ihr   ☐ Literaturhinweise
Stand wird von Ralf KLEINFELD (1996) umfassend präsentiert. An weiteren und
teilweise neueren Überblicksdarstellungen kann auf Oscar W. GABRIEL (1989),
HEINELT/WOLLMANN (1991), ROTH/WOLLMANN (1994), Marion REISE (2006),
Lars HOLTKAMP (2008) sowie Siegfried FRECH (2009) verwiesen werden.

Die jeweilige kommunale Mehrheitspartei ist in dem lokalen Netzwerk von
Kommunikation, Kommerz und politischer Kultur zwar ein Knotenpunkt, eine
zentrale Schaltstelle. Aber sie muss mit der Macht einer Monopolzeitung rechnen, die örtliche Vereinsstruktur respektieren, das Großunternehmen am Platz
und den größten Arbeitgeber im Ort hofieren.

Januskopf der
Ortsparteien

Gerhard LEHMBRUCH (1979) hat deshalb vom „Januskopf der Ortsparteien" gesprochen. Das eine Gesicht sei ganz auf die lokale Politik und die örtliche Kommunikationsstruktur gerichtet. Das andere Gesicht blicke „nach oben" auf die große Politik der Parteien und versuche, diese nach unten zu vermitteln. Dies könne zu einem schwierigen Balanceakt werden und erkläre die defizitäre politische Effizienz vieler lokaler Parteiorganisationen. Der Gegensatz zwischen lokalen und überlokalen Orientierungen könne die außengerichteten Aktivitäten lahmlegen.

> „Die Ortsgruppe macht sich dann nach außen hin unsichtbar und beschränkt sich im wesentlichen darauf, den Mitgliedern das Bewußtsein der Zusammengehörigkeit zu vermitteln und den Binnenkontakt zu stärken. Sie wird gewissermaßen ein Verein unter anderen, der Familienausflüge und Sommerfeste für die Mitglieder organisiert und allenfalls periodisch einen von den oberen Parteigliederungen vermittelten Wahlredner präsentiert, so wie andere Vereine für die Außendarstellung beispielsweise ihre jährliche Kleintierschau veranstalten" (LEHMBRUCH 1979, S. 330).

Patentlösung:
Parteien als
Bürgerinitiativen?

Was LEHMBRUCH für die 70er Jahre beschrieb, persiflierte Wolfgang MICHAL (1988) in bewusster polemischer Überzeichnung. Seine Patentlösung, die Ortsvereine sollten sich in der alten Form auflösen und sich ihren lokalen, organisatorischen Konkurrenten, den Bürgerinitiativen, anpassen und deren Struktur übernehmen, ist freilich Wunschdenken. Es käme der Abdankung einer kontinuierlichen Basisarbeit der Parteien gleich, die dann nur noch Ad-hoc-Projekte, aber keine längerfristigen Programme verfolgen könnten. Im Sinne von innerparteilicher Demokratie fehlte dann im Übrigen eine ständige, kritische Basis für die höheren Parteigliederungen. Auf dieses Problem wurde bereits hingewiesen.

In der Realität lokaler Politik ist es mitnichten leicht zu entscheiden, wer wen bestimmt: die Parteien die lokale Vereinsstruktur oder umgekehrt. Sicher ist zweifellos: „Vereinsarbeit zählt zu den Standardaktivitäten jeder lokalen Partei" (SIMON 1983, S. 241). Vereine können als Forum benutzt werden, um in überschaubaren Gruppen persönliche Kontakte mit sozial aktiven und gesellschaftlich informierten Personen anzuknüpfen.

> „Sie sind Treffpunkte für die Mitglieder der lokalen Elite (nicht nur der lokalen Parteielite ...), an denen Pläne und Strategien diskutiert sowie Absprachen getroffen werden können" (ENGEL 1988, S. 139).

Vorpolitischer
Raum als Parteien-
Reservoir?

Der Streitpunkt in der Forschung, ob der „vorpolitische Raum" das Reservoir für die Parteien personell bereitstellt sowie die politische Sozialisation übernimmt oder ob es umgekehrt ist, kann sinnvollerweise in eine gegenseitige Austauschlogik aufgelöst werden. Kommunale Eliten nutzen beide Kanäle der Mitwirkung an der politischen Willensbildung. Falls durch dauerhafte Hegemonie solcher Netzwerke Verfilzungen entstehen, haben in den letzten Jahrzehnten zunehmend und manchmal erfolgreich Bürgerinitiativen.

Abgeordneten-
soziologie

Der Alltag des Parteipolitikers, der in ein Amt gewählt wurde, ist schwer auf einen Nenner zu bringen. Denn er kann im Stadtrat sitzen oder als Oberbürgermeister die Stadt regieren, seine Wähler im Landtag vertreten oder als Ministerpräsident amtieren, als Bundestagsabgeordneter oder sogar als Bundesminister dienen oder im Europaparlament weit entfernt von der Basis arbeiten. Alles völlig unterschiedliche Rollen, für die es kein gemeinsames Drehbuch gibt. Unsere Leitfrage „Was tun die Parteien in der Politik?" lässt sich also so allgemein kaum beantworten: Jeder tut etwas anderes. Werfen wir einen Blick auf ein einzelnes Segment der Berufspolitiker, den Bundestagsabgeordneten. Mit ihnen beschäftigt sich ein besonderer Zweig der Politikwissenschaft, die „Abgeordnetensoziologie".

An Literatur zur Abgeordnetensoziologie vgl. HERZOG u.a. (1990), Werner J. PATZELT (1993, 1995 und 1999) und Joachim KRIEGER (1998) sowie Jürgen VON OERTZEN (2006); das ältere Standardwerk ist BADURA/REESE (1976); der Klassiker für die internationale Forschung ist WAHLKE u.a. 1962.

    📖 Literaturhinweise

Aus der Fülle der Ergebnisse soll nur das Zeitbudget der Bundestagsabgeordneten herausgegriffen werden, um eine Vorstellung von der tatsächlichen Tätigkeit der Politiker zu gewinnen. Man stellt dabei fest, dass die Abgeordneten in zwei Welten leben: in Berlin (bzw. früher in Bonn) und im Wahlkreis.

    Zeitbudget der Politiker

Das Zeitbudget der Abgeordneten während der Sitzungswochen besteht aus folgenden Bestandteilen:

„I.   (a) Sitzungen im Bundestag: Plenarsitzungen, Fragestunden, Ausschüsse und Arbeitsgruppen des Bundestages, Vorbesprechungen wichtiger Sitzungen;
    (b) Sitzungen in der Fraktion: Fraktionssitzungen, Fraktionsvorstandssitzungen, Sitzungen von Fraktionsarbeitskreisen und -gruppen, Sitzungen sonstiger Fraktionsgruppen, Sitzungen der Landesgruppe, Sitzungen von Parteigremien.

II.   Informations- und Kontakttätigkeiten: Informations- und Kontaktgespräche, Pressegespräche, Betreuung von Besuchergruppen, Empfänge, Telefonate, Tätigkeiten für sonstige politische und gesellschaftliche Ämter, Referate und Diskussionen, Arbeitsessen.

III.   Administrative und Routinetätigkeiten: Sichtung und Bearbeitung der Post, Besprechung mit persönlichen Mitarbeitern, Lesen von Zeitungen, u.ä.

IV.   Innovative Tätigkeiten: Ausarbeitung von Reden, Artikeln, Stellungnahmen etc., fachliche und politische Vorbereitung, Einarbeitung, Weiterbildung, Teilnahme an Kongressen und Seminaren.

V.   Sonstige Tätigkeiten: Reisen, berufliche Tätigkeiten, Mittagessen, soweit nicht Arbeitsessen u.ä." (HERZOG u.a. 1990, S. 85).

Diese lange Liste der Tätigkeiten eines damals Bonner Abgeordneten scheint beeindruckend. Zu überraschenden Ergebnissen gelangt man aber, wenn man die Arbeiten nach ihrem Zeitbedarf sortiert. Nicht die Sitzungen oder gar die innovativen Tätigkeiten, sondern die Bearbeitung der Post ist die zeitraubendste Aktivität überhaupt. Danach erst kommen die Bundestagsausschüsse, gefolgt von Reisen und erst an vierter Stelle die Plenarsitzungen (vgl. Abb. 61). Im heutigen Berliner Parlamentsbetrieb scheint es kaum anders zu sein.

    Die Post raubt die meiste Zeit der Politiker

Manche Abgeordnete zweifeln, ob sie mit dieser Fülle von Tätigkeiten im Bundestag nicht zum „Laufburschen" degradiert werden, oder netter gesagt, zum „Mädchen für alles", das überall einspringen muss. Im Interview antwortete ein Abgeordneter mit einiger Resignation:

    Politiker als Laufburschen?

„Es ist schlicht Teil meiner Aufgabe als Abgeordneter, das zu machen, und deshalb tue ich es. Da werde ich nicht gefragt, ob mir das besonders Spaß macht und ob ich es besonders befriedigend empfinde (...). Aber es ist meine Arbeit. Einen Arzt fragt ja auch keiner, ob es ihm Spaß macht, daß er einen Fußpilz behandelt, sondern das muß er halt, weil er Arzt ist. Ein Abgeordneter ist dafür da. Dafür werde ich gewählt, dafür werde ich bezahlt, das ist meine Aufgabe" (PATZELT 1993, S. 165).

Abbildung 61: Stellenwert einzelner Tätigkeiten eines Abgeordneten im Vergleich

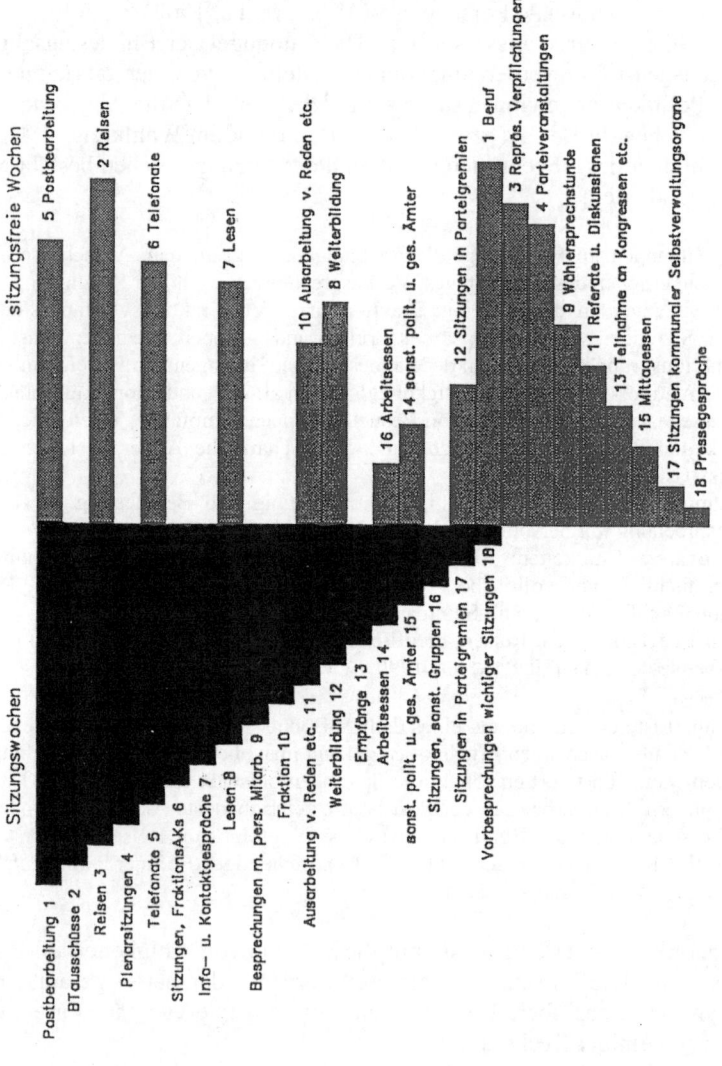

(aus: HERZOG u.a. 1990, S. 93)

Die andere Welt, in der sich der Abgeordnete bewegt, ist sein Wahlkreis, die Wahlkreisarbeit
politische Arbeit an der Basis. Hier sieht die Reihenfolge seiner Aktivitäten völlig anders aus: Zuerst kommt der Beruf, dann Reisen und repräsentative Verpflichtungen (Schützenfeste oder 80. Geburtstage), es folgen Parteiveranstaltungen und dann wieder die unvermeidliche Postbearbeitung. Auch hier wieder fühlen sich die Abgeordneten oft überfordert als Helfer in allen Lebenslagen:

> „Also ich würde zunächst einmal sagen: es gibt nichts, was es nicht gibt. Ich habe in all meinen Sprechstunden die unmöglichsten Punkte – von Nachbarstreiten, Problemen häuslicher Art bis zu Fragen der Renten-, der Versetzungs-, der Beförderungswünsche u. ä. – mit auf den Tisch bekommen. Mir ist eigentlich nicht bekannt, daß es irgendwas nicht gegeben hätte. Und von daher (...) hat man natürlich viele unmittelbare Begegnungen und Informationen. Was sehr, sehr gut ist, weil man mit dem ja Probleme auch der Gesellschaft erfährt. Also es kommen alle Punkte. Oft natürlich sind sich die Bürger nicht über die Zuständigkeit im klaren. Ich würde sagen: Vielleicht hat sich sogar in unserer Gesellschaft ein Wandel vollzogen. Mir hat kürzlich jemand gesagt: ‚Herr Abgeordneter, Sie habe ich gewählt, aber den Oberregierungsrat in der Regierung habe ich nicht gewählt. Der hat mir den und den Bescheid gegeben. Ich komme zu Ihnen: Helfen Sie mir! Sie wähle ich; oder ich wähle Sie nicht, wenn Sie mir nicht helfen. Die Regierung, sprich Verwaltung, kann ich nicht wählen'" (PATZELT 1993, S. 367).

Der Politikerberuf als Abgeordneter der Parteien im Parlament ist aufreibend und Parteipolitiker:
anstrengend. Durch ständige Überarbeitung und Abwesenheit von zu Hause ist er ein Stressberuf
familienfeindlich. Durch permanente Rollenkonflikte ist er persönlichkeitsverschleißend: mal kleiner König im Wahlkreis, mal bloßer Hinterbänkler im Plenum. Auch im Wahlkreis ist er oft frustrierend, da das Ansehen, das man als bloßer Parteiabgeordneter gewinnen kann, nicht hoch ist – ein Landrat oder Bürgermeister wird von den Wählern ungleich mehr respektiert. Oft machen sich die Bürger ein völlig falsches Bild von der Alltagsarbeit des Abgeordneten, weil sie im Fernsehen die leeren Bänke des Bundestages sehen und im eigenen Wahlkreis den Abgeordneten fast nur in ihrer Freizeit erleben – auf Schützenfesten und Jubiläen. Wann und wo arbeitet der eigentlich? – fragt da der Wähler. Man könnte die Berufspolitiker bedauern ob ihrer entsagungsreichen und manchmal sogar selbstzerstörerischen Unrast. Aber das ist natürlich Unsinn, denn die Aufgabe ist freiwillig gewählt, recht gut bezahlt und umfassend abgesichert durch Pensionen. Trotzdem könnten viel Leerlauf und Verschwendung von Arbeitskraft vermieden werden, wenn die Konzentration der Parteipolitiker vom Wahlkreis und von der Verbandspflege weg stärker auf die parlamentarische Haupttätigkeit zurückverlagert würde.

  Über die Rekrutierung von Mitgliedern, Aktivisten und Wählern aus der Ge- Responsivität der
sellschaft in die politischen Parteien haben wir oben im ersten Abschnitt gespro- Parteien
chen. Nun drehen wir die Blickrichtung um und fassen die Rückwirkung der Parteien auf die personelle Ausstattung der politischen Entscheidungsebene ins Auge. Diese Perspektive steht unter der Frage nach der Responsivität: Gibt es einen offenen Austausch (und das heißt Responsivität) oder einseitige Patronage?

Politische Ämterver-
teilung über Parteien
ohne Alternative

In einer repräsentativ-liberalen Demokratie, in der politische Ämter über organisierte politische Richtungsgruppen, also über die Parteien, vergeben werden, mögen manche ihre Allgegenwart in der Politik beklagen. Aber es gibt keine Alternative dazu. Weder der unpolitische Experte noch der überparteiliche Beamte oder der neutrale Fachmann sind ein diskutabler Ersatz. In der Regel ist die vorgebliche politische Neutralität nur eine Bemäntelung von politischer Ideologie und verborgenen Interessen. Denn auch Fachleute entscheiden bei knappen Mitteln nach Interessen.

Aber die Parteien besitzen auch nicht das alleinige Monopol auf Rekrutierung von politischem Personal. Neben dem Parteiensystem bestehen Netzwerke der Information, Kommunikation und des personellen Einflusses. Korporative Kartelle formieren sich in manchen Bereichen von Wirtschafts-, Sozial- oder Technologiepolitik, die an Politik und Parlament vorbei Entscheidungen zu beeinflussen versuchen. Solche Tendenzen und Strategien sind aber kein Anlass, eine korporative Verschwörung an die Wand zu malen. Die Parteien bleiben die wichtigsten Kanäle für politische Karrieren.

Parteien haben
Karriereinteressen

Man kann deshalb mit STEFFANI (1988, S. 559) ganz unbefangen formulieren: „Parteien sind Interessengruppen in eigener Sache, die an politischen Führungsaufgaben interessierten Bürgern Karrierechancen eröffnen". In der Parteienforschung steht dieser Tatbestand nicht im Mittelpunkt, er bestimmt eher die Parteienkritik. Eine der ausführlichsten Darstellungen von Rekrutierung und Struktur der politischen Führungselite hat Heino KAACK (1971) in seinem großen Werk „Geschichte und Struktur des deutschen Parteiensystems" vorgelegt, ein Buch, das leider nie neu aufgelegt wurde. Er trug eine Fülle von statistischem Material und Quellen zusammen, einschließlich hochinteressanter interner Kriterienkataloge der großen Parteien zur Auswahl von Mandatsträgern. Dabei muss man berücksichtigen, dass die Auswahl z. B. eines Bundestagskandidaten unter den mehreren Tausend Parteimitgliedern eines Bundestagswahlkreises sich von vornherein auf eine Handvoll Personen konzentriert. KAACK hat die Eingrenzung des Potentials von Personen sehr anschaulich in einer Modellrechnung illustriert.

Abbildung 62: Eingrenzung des Kandidatenpotentials

3200		Durchschnittl. Mitgliederzahl auf Bundestagswahlkreisebene (SPD)
- 2720	= 85 %	Nicht aktiv
480	= 15 %	Aktive Mitglieder
- 96	= 3 %	Ohne Funktion
384	= 12 %	Funktionäre
- 288	= 9 %	Auf kommunalpolitischen Horizont begrenzt
96	= 3 %	Überlokal aktive Mitglieder
- 64	= 2 %	Infolge mehrstufiger Hierarchie ohne Chance
32	= 1 %	Innerer Kern der Partei
- 16	= 0,5 %	Mit Ämtern saturiert (aus eigener Überlegung, vielleicht mit Nachhilfe der Parteifreunde)
16	= 0,5 %	Ernsthafte Ambitionierte
- 8	= 0,25 %	Ohne Anhang, Hausmacht bzw. Protektion, ohne Ausgangsbasis (Kandidaten der einsamen Illusion)
8	= 0,25 %	Ambitionierte mit Hintergrund
- 4	= 0,125 %	Repräsentanten aussichtsloser Minderheiten
4	= 0,125 %	Ambitionierte, die in engere Wahl kommen können: das effektive Kandidatenpotential

(nach: KAACK 1971, S. 602)

Natürlich kommt durch einen solchen Flaschenhals der Auswahlprozedur für politische Ämter kein repräsentatives Abbild der Bevölkerung zustande. So sind die Angehörigen des öffentlichen Dienstes in allen Fraktionen überrepräsentiert. Das Parlament am Spreeufer ist entgegen idealistischer Parlamentarismus-Theorien kein exaktes Abbild der deutschen Gesellschaft. Allgemein kann man zur Berufsstruktur des Deutschen Bundestages anmerken, dass vor allem Berufsgruppen mit Politiknähe stark vertreten sind, wohingegen politikferne Personen unterrepräsentiert sind. *(Bundestag kein Spiegelbild der Gesellschaft)*

An den Daten von Abb. 63 ist nicht so sehr die Überrepräsentation von öffentlichem Dienst und Freiberuflichen im Bundestag überraschend. Dies zeigt sich ja bereits in der Parteimitgliedschaft. Bemerkenswert ist, dass vor allem die Gruppe der Hausfrauen/Hausmänner und der einfachen Arbeiter nur so marginal vertreten sind. Berufe aus der Produktion sind die Ausnahme im Bundestag. Landwirte gibt es nur wenige und diese allein bei der Union. In allen Fraktionen dominieren die Akademiker und die Fachleute aus der Verwaltung. Fast ein Viertel der Volksvertreter sind Juristen. *(Berufsgruppen im Bundestag)*

Abbildung 63: Die Berufsstruktur des 15. bis 17. Deutschen Bundestages
(2002 bis 2009)

Berufsgruppen	15. Bundestag	16. Bundestag	17. Bundestag
Unselbstständige Tätigkeiten			
Öffentlicher Dienst	230	213	199
Beamte	150	131	114
Angestellte	80	81	83
Sonstiges	-	1	2
Angestellte von politischen und gesellschaftlichen Organisationen	66	81	90
Angestellte in der Wirtschaft	103	95	87
Pfarrer und Diakone	9	9	6
Sonstiges	11	8	10
Selbstständige Tätigkeiten			
Selbstständige in der Wirtschaft	45	47	53
Angehörige freier Berufe	104	120	134
Sonstiges	1	1	-
Andere Tätigkeiten			
Hausfrau/Hausmann	3	2	2
Schüler, Auszubildende, Studierende	2	8	8
Arbeitslos	-	-	-
Nicht verwertbare Angaben	29	28	33
Insgesamt	**603**	**612**	**622**

(nach: KÜRSCHNERS VOLKSHANDBUCH 2003, 2009, 2010)

Frauen unterrepräsentiert

Von Repräsentativität kann hier also kaum die Rede sein: Der Bundestag ist genauso wie die politische Elite (und die ökonomische oder kulturelle) kein Spiegelbild der Sozialstruktur und erst recht nicht der Parität der Geschlechter. Frauen sind, trotz der Bundeskanzlerin Angela Merkel, in allen politischen Führungspositionen eklatant unterrepräsentiert – wie in gesellschaftlichen Führungspositionen überhaupt. Daran hat auch die Frauenquote noch wenig geändert (siehe hierzu weiterführend KINZIG 2007). Trotzdem ist seit den 1980er Jahren eine deutliche Steigerung des Anteils weiblicher Abgeordneter im Deutschen Bundestag zu verzeichnen gewesen. Ausgelöst durch eine innerparteiliche Quotierung bei den Grünen nach der Bundestagswahl 1983, begannen in den darauffolgenden Jahren auch die anderen Parteien qua Quote ihren Frauenanteil in den Bundestagsfraktionen zu steigern. Nach dem Tiefpunkt der Frauenrepräsentation in der Wahlperiode 1972 bis 1976, als der Anteil der weiblichen Bundestagsabgeordneten lediglich 5,8 % betrug, stieg mit der Einführung innerparteilicher Quotenregelungen ihre Zahl immer weiter an. So steigerte sich der Anteil weiblicher Bundestagsabgeordneter von 1983 bis ins Jahr 1998 um 20 Prozentpunkte auf 30,9 %. Seither erlahmte jedoch der Aufwärtstrend. So betrug der Frauenanteil im 16. Deutschen Bundestag 32,0 % und stieg nach der Bundestagswahl

2009 nur leicht auf 32,8 % an. Im europäischen Vergleich liegt der Bundestag heute mit einem knappen Drittel weiblicher Abgeordneter im oberen Bereich. Er wird jedoch von dem Frauenanteil in den Parlamenten der skandinavischen Staaten und der Niederlande deutlich übertroffen. Bezüglich des Frauenanteils im Deutschen Bundestag fällt zudem auf, dass nicht alle im Parlament vertretenen Parteien zu diesem Aufwärtstrend in gleichem Maße beigetragen haben. Er war vielmehr den Sozialdemokraten, den *Grünen* sowie der PDS zu verdanken. So variiert auch im 17. Deutschen Bundestag der Frauenanteil von Fraktion zu Fraktion. Bei *Bündnis'90/Die Grünen* und der *Linken* sind Frauen in der 17. Wahlperiode in der Mehrheit, in der SPD-Fraktion stellen sie 56 von 146 Abgeordneten, in der FDP 23 von 93, in der CDU 42 von 194 und in der CSU-Landesgruppe nur 6 von 45. Insgesamt sind von den 622 Abgeordneten 204 weiblich.

Abbildung 64: Zusammensetzung des 17. Deutschen Bundestages

Fraktion	Frauen	Männer	zusammen
CDU/CSU	48	191	239
SPD	56	90	146
FDP	23	70	93
Die Linke	40	36	76
Bündnis 90/Die Grünen	37	31	68
insgesamt	**204**	**418**	**622**

Es ist allerdings durchaus fraglich, ob der Bundestag ein Spiegelbild der Geschlechterverhältnisse darstellen muss. Dies ist eine umstrittene Thematik der Repräsentationstheorie (vgl. VON ALEMANN 1985; PATZELT 1993). Anerkannt wird jedoch mehr oder weniger, dass eine bessere Gleichberechtigung der Geschlechter verwirklicht werden sollte. Vor allem *Die Grünen* haben demonstriert, dass dies möglich ist. Aber auf die Berufs-, Alters- oder Einkommensstruktur muss die Forderung nach sozialer Repräsentation nicht ausgedehnt werden. Wichtiger bleibt für die Frage politischer Repräsentation: Bildet die Volksvertretung im Parlament die politischen Strömungen und Willensbekundungen in der Bevölkerung angemessen ab? Denn Repräsentation bedeutet keine bloße Widerspiegelung der Wählerinnen und Wähler, sondern die Vertretung ihrer Interessen.

Repräsentation bedeutet Interessenvertretung

7.3 Parteien im gesellschaftlichen Netz

Parteien sitzen in den Parlamenten und Kommunen, Ländern, im Bund und in Europa, in den Regierungen, Verwaltungen und in Justizpositionen. Sie mischen auch mit in sozialen Bewegungen, Bürgerinitiativen, Verbänden und Vereinen oder in den Massenmedien. Wer wen treibt, die organisierten Interessen die Parteien oder umgekehrt, ist nicht ausgemacht. Bestimmen die Bauernverbände die CDU/CSU, die Gewerkschaften die SPD oder umgekehrt? Das ist schwer zu sagen. Jedenfalls sind Parteien und organisierte Interessen eng verknüpft, und die

Parteien sind die Scharniere zwischen Politik und Gesellschaft. Politikverflechtung nennt das die Politikwissenschaft. Sicher haben die Parteien nicht alles im Griff, aber sie können zwischen den vielen Ebenen und Teilsegmenten vermitteln und Blockaden verhindern. Um wie die Spinne im Netz alle Fäden zu ziehen, dazu sind die Parteien auch personell zu schwach. Den ungefähr 1.200 hauptamtlichen Funktionären der Parteien stehen ca. 12.000 hauptamtliche Gewerkschaftsfunktionäre und ca. 120.000 Beschäftigte aller Organisationen der Wirtschaft (Industrie, Handel, freie Berufe, Kammern usw.) gegenüber.

Parteien im Verflechtungsbereich

Die wichtigsten Partner und Impulsgeber für die Parteien sind die Verbände. Fragt man Abgeordnete nach den wichtigsten Rollenpartnern für ihre Wahlkreisarbeit, so rangieren die Verbände obenan, gefolgt vom Kommunalbereich, Vereinen und erst an vierter Stelle dem Parteibereich (vgl. PATZELT 1993, S. 416ff.). PATZELT hat auch nach dem Verflechtungsbereich der Abgeordneten außerhalb der Partei gefragt. Und wieder nehmen die Verbände nach dem Kommunalbereich den prominentesten Platz ein.

Bei der Frage nach dem wichtigsten Partner der Abgeordneten bei der Parlamentsarbeit dominieren die Verbände noch stärker, gefolgt vom Kommunalbereich und erst an dritter Stelle den Ministerien. Das gleiche Bild, wenn man die Abgeordneten nach den wichtigsten Quellen politischer Impulse fragt: wieder die Verbände an erster Stelle, dann der Parteibereich, die Bürger und an vierter Stelle die Presse. Die Vereinslandschaft vor Ort, im Wahlkreis, ist ein besonders beliebter Platz, auf dem sich die Parteien tummeln. Zwei bayerische Abgeordnete haben hierzu allerdings eine entgegengesetzte Meinung. Der eine Abgeordnete meinte in einem Intensivinterview, er wolle einfach Mensch sein im Verein:

Vereine als Basis der Parteien? ...

„Der vorpolitische Raum spielt eine große Rolle, (...) weil Sie damit die Möglichkeit haben, als Mensch, wenn ich das mal so sagen darf, (...) in diese ganzen Institutionen, Organisationen einzudringen. Der Abgeordnete, der nur ‚ex officio' auftritt, wird dort mit Mißtrauen empfangen. Wenn Sie aber selber dort aktiv sind und selber im vorpolitischen Raum tätig sind, haben Sie die Möglichkeit, daß die Leute Sie auch so kennenlernen und sagen: ‚Ja Mensch, schau 'mal an, der macht ja auch 'ne ganz normale Arbeit, ist ja genauso ein Mensch, wie wir auch!' Wenn Sie nur als Abgeordneter kommen zu dem 50jährigen Jubiläum, gut, dann sind Sie hier als Repräsentant, Honoratior, der so empfangen wird. Wenn Sie sich aber wirklich um den vorpolitischen Raum in dem Sinn kümmern, indem sie immer eigentlich anwesend sind, nicht nur zu den Jubiläen, sondern auch zu anderen Veranstaltungen anwesend sind, dann haben Sie die Chance, damit einzubrechen, sozusagen, in gewisse verkrustete Strukturen" (PATZELT 1993, S. 354).

... oder: die Vereinsarbeit als Ballast?

Einem anderen Abgeordneten ist das Vereinsleben viel zu blöd:

„Vorpolitischer Raum – das ist wichtig, der spielt eine Rolle. (...) Ja, die Dinge habe ich weidlich vernachlässigt, weil ich das nicht auch noch kann, da würde ich hin! Außerdem ist mir das oft viel zu blöd, das muß ich Ihnen auch sagen. Nichts gegen das Vereinsleben. Aber die ungeheure Bedeutsamkeit – ich spür 's natürlich dann, wenn mein zweiter Schriftführer vom Ortsverein zugleich beim Karnickelzuchtverein Beisitzer ist, und ich bin bei dem wichtigsten Ereignis nicht da, weil ich grade in Amerika sein muß oder daß in Bonn was ist, dann heißt 's: ‚Das ist natürlich eine

Sauerei, an uns denkt er ja nicht!' Da müßte man eben zusammenhelfen, auch als Parlamentarier, daß man den Schmarrn, der bloß belastet und der nichts bedeutet, ein bißchen fallen läßt, nicht. (...) Sicher darf's nicht vernachlässigt werden. Aber man sollte dem Vereinsleben nicht so den ungeheuren Stellenwert einräumen, der dann in Deutschland überhaupt zur Verflachung aller Individuen noch mehr führt als eh schon es unlieb genug da ist" (PATZELT 1993, S. 354).

Übrigens ist das erste Zitat des „Vereinsmeiers" mitnichten von einem boden- ständigen CSU-Abgeordneten und das zweite des „Vereinsmuffels" von einem kritischen *Grünen*, nein, beide sind brave Sozialdemokraten.

Bei den *Grünen* ist das Verhältnis zu den Verbänden deutlich anders als bei den großen Parteien. Sie sind aus der Anti-Atomkraft-Bewegung entstanden und fühlten sich der Ökologie-, Friedens- und Frauenbewegung eng verbunden. „*Die Grünen* sind eine Partei, die den sozialen Bewegungen gehört", so hieß es sogar besitzanzeigend in ihrem Nürnberger Wahlaufruf von 1986. Das hat sich mitt- lerweile längst abgeschwächt – Hand in Hand mit dem Rückgang und der Ver- änderung der sozialen Bewegungen überhaupt. So haben sich auch enge Kontak- te zu neuen und alten Verbänden entwickelt, zu den Gewerkschaften und zum *Bund für Umwelt- und Naturschutz* (BUND) oder *Greenpeace*, zum *Allgemeinen Deutschen Fahrrad-Club* (ADFC), zu Mietervereinen oder zu *Amnesty Interna- tional*. Es ist ein engmaschiges Netzwerk entstanden, in dem *Die Grünen* nur einer von vielen Knotenpunkten sind. Ja, es gibt sogar ein Netzwerk der Netz- werke: die 1987 gegründete *Bundesarbeitsgemeinschaft der Netzwerke*. Bei so viel Netzwerk kann man sich leicht verheddern. Die Inflation des Begriffes weist darauf hin, dass er einfach zu einer modischen positiven Metapher gegen die alten Hierarchien und Bürokratien geworden ist, der frühere Bedeutungsgehalt hat sich ziemlich verflüchtigt.

Grüne in neue Bewe- gungen eingebunden

Wenn man organisierte Interessen versteht als „freiwillig gebildete soziale Einheiten mit bestimmten Zielen und arbeitsteiliger Gliederung, die individuelle, materielle und ideelle Interessen ihrer Mitglieder im Sinne von Bedürfnissen, Nutzen und Rechtfertigungen zu verwirklichen suchen" (VON ALEMANN 1989a, S. 38), dann fallen darunter nicht nur die klassischen Verbände und Lobbys, die in Berlin die Parteien unter Druck setzen. Auch das gesamte traditionelle Ver- einswesen ist damit gemeint, aber auch neue soziale Bewegungen und Bürgerini- tiativen, die durchaus Organisationen im soziologischen Sinn sein können.

Abbildung 65: Die wichtigsten Verflechtungsbereiche eines Abgeordneten
außerhalb der eigenen Partei

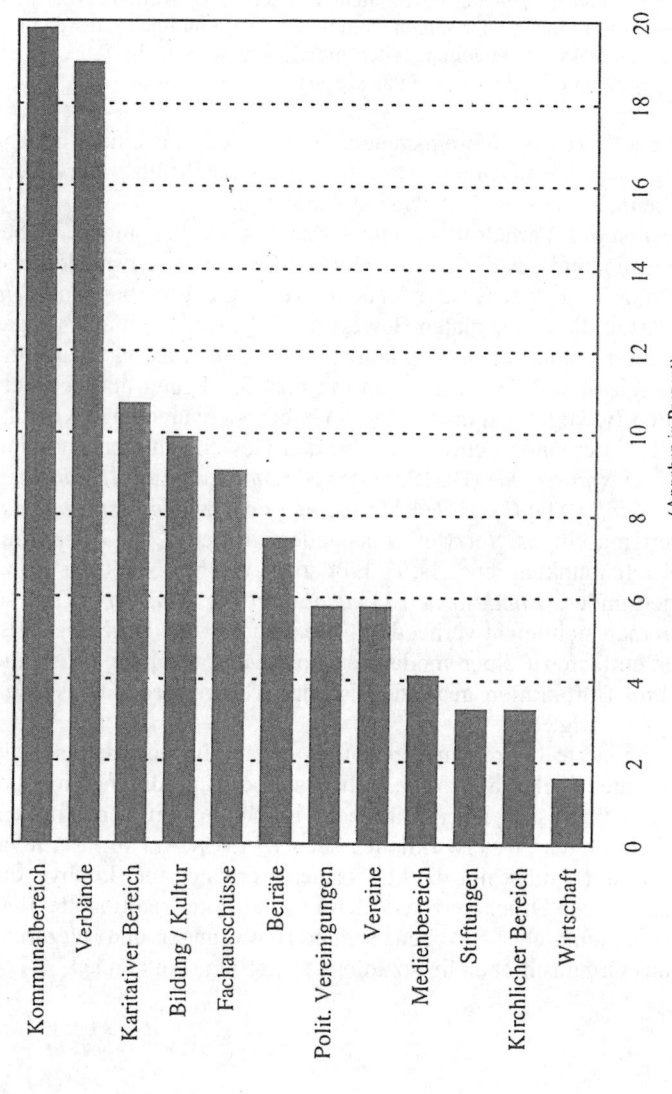

(aus: PATZELT 1993, S. 430)

Abbildung 66: Die wichtigsten Quellen politischer Impulse

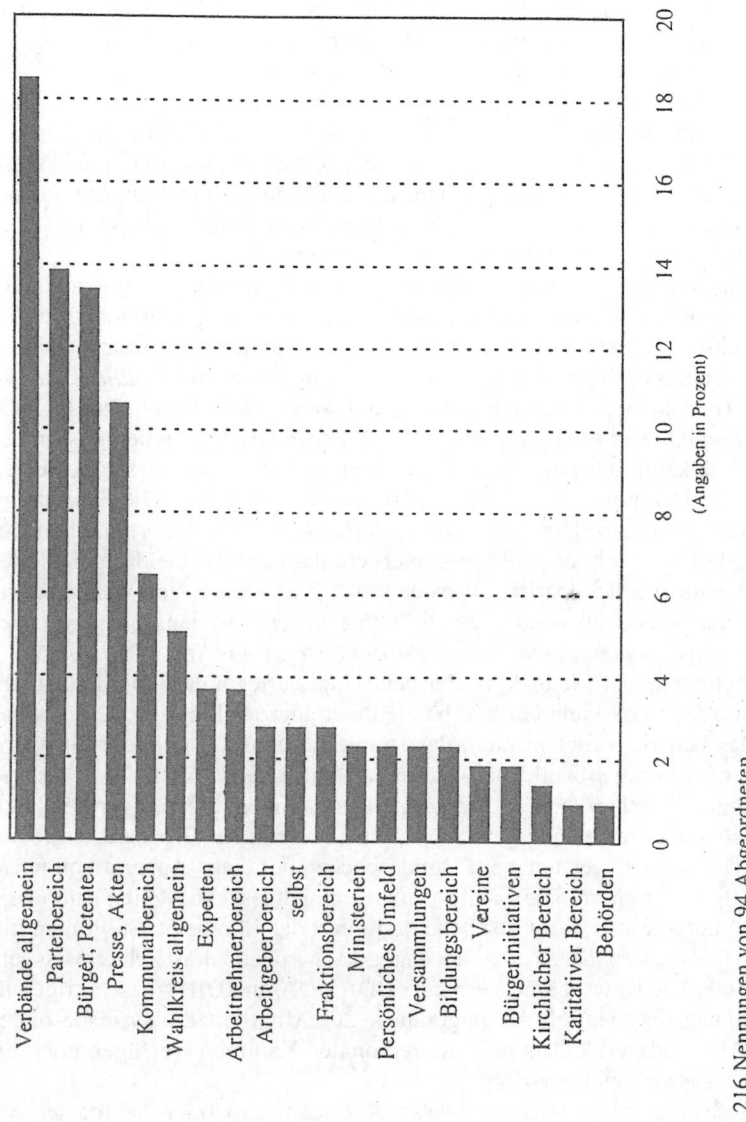

(aus: Patzelt 1993, S. 439)

Die Themen Parteien und Verbände sind viel zu komplex und wechselseitig, um auf einen simplen Nenner gebracht zu werden. Auf die alte Formel von Druck und Lobby lassen sich diese Beziehungen nicht so leicht bringen, hier ist meist ein *push-and-pull*-Verhältnis zu beobachten. Dieses Austauschverhältnis ist

Parteien und
Verbände im
Austauschverhältnis

allerdings nicht so wörtlich zu verstehen, dass die Verbände über die Parteien bestimmte sie interessierende, politische Entscheidungen erreichen und sie dafür im Gegenzug bei anstehenden Wahlen Stimmenpakete ihrer Mitglieder den Parteien überantworten. Zwar versuchen die Kirchen, die Bauern, die Vertriebenen, die Gewerkschaften und auch der ADAC, vor Wahlen ihren Mitgliedern Abstimmungsempfehlungen mehr oder weniger verklausuliert zu geben. Aber bei der individuellen Wahlentscheidung dürfte dies selten der ausschlaggebende Faktor sein. Dafür existieren zu viele überlappende Mitgliedschaften in der Wählerschaft. Die streng katholische, auf dem Land lebende Bauersfrau, die nur die Kirchenzeitung liest und ihre Kinder auf die katholische Schule schickt, ist selten geworden (vgl. zu den Verbänden auch VON ALEMANN 1996b).

Parteienfinanzierung durch Verbände?

Auch ein weiterer Punkt des Verhältnisses von Parteien und Verbänden, der international eine große Rolle spielt, gehört in der Bundesrepublik nicht zu den problematischsten Aspekten. Gemeint ist das Geld. Parteienfinanzierung durch organisierte Interessen und Verbände – sei es mit Hilfe von *Political Action Committees* (PACs) wie in den USA oder durch korporative Mitgliedschaft, wie früher zwischen Gewerkschaften und *Labour Party* in Großbritannien – ist in der Bundesrepublik kaum relevant. Was nicht heißen soll, dass hier alles zum Besten steht. Aber die Hauptquellen der Parteienfinanzen – staatliche Mittel, Beiträge sowie Spenden von Einzelpersonen und Unternehmen – fließen verglichen mit anderen Ländern so reichlich und kontinuierlich, dass auf das Geld organisierter Interessen weniger zurückgegriffen werden muss. Ausnahmen sind wenige Wirtschaftsverbände, die Großspenden an die bürgerlichen Parteien geben, wie der *Verband der Bayerischen Metall- und Elektroindustrie* (vgl. Abb. 28).

Verbände haben mehr Geld

Trotz beträchtlicher Finanzkraft der deutschen Parteien darf allerdings nicht übersehen werden, dass viele Großverbände ihnen hier noch bei Weitem überlegen sind. Das betrifft vielleicht nicht das strategisch einsetzbare Geld für Kampagnen. Aber die Großverbände, ob Industrieverbände, Gewerkschaften, sonstige Berufsverbände, Kirchen oder Automobilclubs, können über unvergleichlich höhere Ressourcen an personellem Sachverstand verfügen. Die beiden großen Parteien SPD und CDU verfügen auf Bundesebene über einen Apparat von je ca. 200 ständigen Mitarbeitern. Die Landes- und Regionalgeschäftsstellen sind überall chronisch unterbesetzt, auf Ortsebene dominiert das Ehrenamt. Stellt man die personellen Ressourcen der Verbände dagegen, wird ein drastisches Missverhältnis deutlich. Die Unternehmerverbände BDI, BDA und DIHT beschäftigen in ihren Zentralen zwar ebenfalls nur ungefähr je 200 Mitarbeiter, aber insbesondere die BDI-Mitgliedsverbände sowie die regionalen Kammern verfügen über ein Vielfaches dieser Personalkapazität.

Großverbände als Kooperationspartner

Die Großverbände sind selbstbewusste Kooperationspartner des Staates geworden, die aus der Rolle des Bittstellers in der Lobby des Parlamentes herausgewachsen sind. Parlament und Parteien werden für manche Interaktion zwischen Exekutive und organisierten Interessen kaum benötigt. Theorien des (Neo-)Korporatismus befassen sich mit diesen Strategien, sich über „Konzertierte Aktionen" des Staates mit Großorganisationen zu arrangieren.

📖 *Literaturhinweise*

Zum Verhältnis von Parteien und Verbänden in der Korporatismustheorie vgl. ursprünglich VON ALEMANN/HEINZE (1981) und VON ALEMANN (1981a);

vgl. ebenso Wolfgang STREECK (1994b) und Roland CZADA (1994) sowie SEBALDT/STRAßNER (2004); international vergleichend VON ALEMANN/WEßELS (1997).

Keineswegs sind aber die Parteien aus solchen neuen Entscheidungsstrukturen völlig ausgeschlossen. Denn schließlich bestimmen sie im „Parteienstaat" über die „Staatspolitik" personell und inhaltlich mit. Eine Konkurrenz zwischen Parteien und organisierten Interessen bleibt auf Spitzenebene aber durchaus bestehen und zeigt sich auf Landes- und Kommunalebene oft noch schärfer, wo die Exekutive noch deutlicher den direkten Kontakt mit Verbänden und Großinvestoren gegenüber dem schwierigen Weg über das Parlament bevorzugt.

Abbildung 67: Mitgliedschaften von Parteimitgliedern nach Vereinsarten

	CDU (N = 492) %	SPD (N = 554) %
Sportvereine	35	31
Hobbyvereine	13	12
Gesellschaftliche und kulturelle Verbände	27	17
Kirchliche Vereine	34	2
Karitative Vereine	14	7
Genossenschaften, Selbsthilfe, Berufsverbände, Berufsvereinigungen	9	7
Wirtschaftliche Interessenverbände	18	7
Gewerkschaften	12	38
Politische Vereinigungen, Vertriebenenverbände	20	14
Durchschnittliche Zahl der Vereinsmitgliedschaften	2,1	1,7
Davon:		
nur Männer	2,1	1,7
nur Frauen	1,8	1,1

(nach: DIEDERICH 1973, S. 45)

Agieren hier Parteien und Verbände als Konkurrenten, so leben sie andererseits mit den organisierten Interessen des eigenen sozio-politischen Milieus in enger Symbiose. Nicht ohne gewisse gebietsherrschaftliche Allüren sehen die Parteien die Organisationen des eigenen Spektrums als ihre politischen „Vorfeldorganisationen" an. Bei der SPD gehören nicht nur Teile der Gewerkschaften, sondern auch die Arbeiterwohlfahrt, der Mieterbund, die Jugendorganisation *Falken* und viele Genossenschaften dazu. Bei CDU/CSU sind dies Teile der katholischen Vereine, Bauernverbände, Mittelstandsvereinigungen oder Flüchtlingsverbände. Durch Arbeitsgemeinschaften der Parteien, Fachausschüsse, besondere Vereinigungen und Unterorganisationen versuchen die Parteien, die Bindungen zu speziellen Gruppen und den dort organisierten Interessen noch enger zu knüpfen. Verlässliche vergleichende Daten über Mitgliedschaften von Parteimitgliedern in Verbänden gibt es wenige. Die Daten in Abb. 67 geben einen Eindruck davon, wie gleichmäßig sich Mitglieder der beiden großen Parteien in Sport- und Hob-

Parteien suchen Einvernehmen mit Verbänden

byvereinen beteiligen, aber welche Unterschiede bei anderen Vereinsarten bestehen. Leider sind keine neueren Daten greifbar, das Grundmuster ist wohl stabil geblieben.

Soziale Bewegungen haben weder Verbände noch Parteien abgelöst

Mit dem Aufkommen der Bürgerinitiativen und der Neuen Sozialen Bewegungen seit Beginn der 70er Jahre wurde allgemein diese neue Konkurrenz als bedrohlich für die Organisationskraft der alten Parteien angesehen. Wird es eine Abstimmung mit den Füßen von den alten Parteien hin zu den Neuen Sozialen Bewegungen geben? Wird die Partizipation über Parteien durch Konkurrenz ausgetrocknet? Diese Befürchtungen waren so nicht gerechtfertigt. Neue Soziale Bewegungen sind nicht losgelöst von Parteien als völlig neue Form der politischen Willensbildung zu betrachten – nicht nur deshalb, weil natürlich mit den *Grünen* ein enger Kontakt zu einer politischen Partei bestanden hat. Mitglieder auch der anderen Parteien, insbesondere der SPD, stellen einen nicht geringen Teil des aktiven Kerns von Bürgerinitiativen und neuen Initiativgruppen. Statt Konkurrenz gibt es auch hier ein komplexeres Arbeitsteilungs- und Austauschverhältnis, wie generell zwischen Parteien und organisierten Interessen.

8 Funktion: Wie sollen die Parteien funktionieren?

In diesem Kapitel wird ein Aspekt aufgriffen, der im ganzen Text immer schon explizit oder implizit angesprochen wurde: Welches sind die Funktionen der Parteien? Ob es um die Gründung von Parteien, ihre Rolle in Politik und Gesellschaft, ihre verfassungsrechtliche Position, ihre Finanzierung oder ihre Aktionsformen in der Praxis geht, immer steht diese Frage im Hintergrund.

Es handelt sich dabei um eine normative Diskussion im politiktheoretischen Sinne. Vielleicht ist das auch ein Grund dafür, warum es auf die Funktionsfrage so viele Antworten gibt. Aber diese Fragestellung schwebt nicht abgehoben in einem politischen Wertehimmel, sondern die Antwort muss auch mit empirischen Fakten kompatibel sein. Idealtypische Funktionskataloge der Parteien, die mit der Wirklichkeit wenig gemein haben, helfen nicht weiter.

Die Ambivalenz zwischen normativem theoretischem Postulat und empirisch-orientierter Theoriebildung wird auch die Darstellung prägen. Zunächst soll die Funktionsdebatte der jüngeren deutschen Parteiensoziologie resümiert werden. Anschließend folgt ein eigener Vorschlag für einen differenzierten Funktionskatalog.

8.1 Die Funktionsdebatte der Parteiensoziologie

Die Aufgaben- und Funktionskataloge von Parteien sind fast so zahlreich, wie es Parteienforscher gibt (vgl. WIESENDAHL 1984; GREVEN 1977; VON BEYME 1984); die Aufgabenlisten fast so vielfältig, wie die Parteien Satzungen und Programme besitzen. Eine einheitliche Vorgabe, wie die Parteien an der politischen Willensbildung mitzuwirken haben, formuliert das Parteiengesetz in § 1. Hier heißt es, und ich wiederhole es ausdrücklich:

Aufgabenkatalog des Parteiengesetzes

„(2) Die Parteien wirken an der Bildung des politischen Willens des Volkes auf allen Gebieten des öffentlichen Lebens mit, indem sie insbesondere

- auf die Gestaltung der öffentlichen Meinung Einfluß nehmen,
- die politische Bildung anregen und vertiefen,
- die aktive Teilnahme der Bürger am politischen Leben fördern,
- zur Übernahme öffentlicher Verantwortung befähigte Bürger heranbilden,
- sich durch Aufstellung von Bewerbern an den Wahlen in Bund, Ländern und Gemeinden beteiligen,
- auf die politische Entwicklung in Parlament und Regierung Einfluß nehmen,
- die von ihnen erarbeiteten politischen Ziele in den Prozeß der staatlichen Willensbildung einführen und
- für eine ständige lebendige Verbindung zwischen dem Volk und den Staatsorganen sorgen".

Das sind hehre Ziele, die über die konkreten Aktionen, wie die Parteien Politik machen, wenig aussagen. Dennoch bestimmen sie die Politik, denn sie sind nicht zuletzt die Messlatte, nach der der Bundeswahlausschuss bei der Prüfung der Wahlzulassung entscheidet, ob junge neue Gruppierungen als Parteien zur Wahl zugelassen werden.

Zweck- und Funktionsmodell der Partei

Die Parteienforschung hat die Handlungsformen der einzelnen Mitglieder, ob an der Basis oder an der Spitze, unterbelichtet gelassen und die Systemleistungen in den Vordergrund gestellt. Neu ist diese Erkenntnis von Ausblendungen der Parteienforschung freilich nicht, denn schon 1984 hat Elmar WIESENDAHL darauf hingewiesen, dass das politologische „Zweck- und Funktionsmodell der Partei" zu eng sei:

> „Indem allerdings der Forscher der Parteiorganisation als verdinglichter Entität Ziele bzw. Funktionen zuschreibt, verdeckt er die Tatsache, daß nicht personifizierte Organisationen, sondern die in ihnen handelnden Individuen und Gruppen Träger von konkurrierenden Zielvorstellungen und Nutzenbestrebungen sind. Die sich hieraus ergebende charakteristische Vielfalt, Unstimmigkeit, Konfliktträchtigkeit und Dynamik der Ziele von Parteien kann das politische Zweck- und Funktionsmodell somit nicht erfassen" (Wiesendahl 1984, S. 79).

Vier Hauptfunktionen der Parteien

Winfried STEFFANI (1988) hat einige nützliche Vorschläge zur politikwissenschaftlichen Parteienforschung unterbreitet. Er unterscheidet vier gesamtgesellschaftliche Hauptfunktionen der Parteien, denen die folgenden vier Sektoren der Parteienanalyse zugeordnet werden:

„1.   Parteien als Ausdruck sozialer Kräfte sowie ideologischer und/oder programmatischer Ziele und Forderungen.
2.   Parteien als Instrumente der Machtausübung (Parteien als Herrschaftsinstrumente).
3.   Parteien als Vermittler demokratischer Legitimation für verbindliche Entscheidungen.
4.   Parteien als Interessengruppen in eigener Sache und als Vermittler politischen Führungspersonals (Parteien als Karrierevehikel)" (STEFFANI 1988, S. 550).

Transmission, Herrschaft, Legitimation, Rekrutierung

Man kann diesen Sektoren die vier Funktionen Transmission (sozialer und ideologischer Kräfte), Herrschaft, Legitimation und Rekrutierung zuordnen. Das Thema „Parteien und Gesellschaft" aus unserem vorletzten Kapitel wird hauptsächlich von zwei Sektoren tangiert, nämlich „Parteien als Ausdruck sozialer Kräfte und programmatischer Ziele" sowie „Parteien als Interessengruppen in eigener Sache und Karrierevehikel". Die übrigen beiden Sektoren gehören eher zu den „Staatsfunktionen" politischer Parteien. Die Abb. 68 zeigt die vier Sektoren in ihrer gesellschaftlichen Verortung.

Diese Systematik von STEFFANI fügt den zahlreichen Funktionskatalogen der politischen Parteien noch eine weitere Variante hinzu – aber es ist eine plausible und interessante. Denn gerade die vierte Funktion von Parteien als Interessengruppe „in eigener Sache" und als Karrierevehikel gerät in Lehrbüchern der politischen Bildung oft zu schamhaft an den Rand. Das wäre einseitige Staatsbürgerkunde, die vor realen Phänomenen wie Patronage oder Parteienfilz die

Augen verschließt oder sie der politischen Skandalpublizistik überlässt. Eine umfassende Darstellung der Rolle von Parteien in der Gesellschaft hat auch die Schattenseiten auszuleuchten.

Abbildung 68: Die vier Sektoren politologischer Parteienanalyse

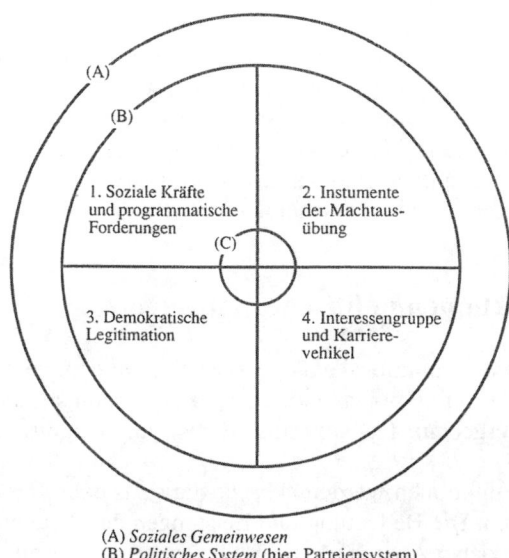

(A) *Soziales Gemeinwesen*
(B) *Politisches System* (hier. Parteiensystem)
(C) *Staatsapparat* (Staatsorgane)

(aus: STEFFANI 1988, S. 550)

WIESENDAHL (1980) hat aus der Parteienforschung der 60er und 70er Jahre nicht weniger als 18 verschiedene Funktionen herausgearbeitet, die als Aufgabe und Aktionsform den Parteien zugeschrieben werden. In der Reihenfolge ihrer Häufigkeit, wie sie in den 28 von ihm untersuchten Quellen auffindbar waren, handelt es sich um:

Sammlung von 18 Parteifunktionen

- „Elitenauslese, -rekrutierung
- Willensbildung, Programm- und Zielformulierung
- Meinungsbildung, Information, Kommunikation
- Regierungsbildung, -steuerung und -koordination
- Stimmenwerbung, Wahlbeteiligung und Wahlkampf
- Interessenartikulation und -repräsentation
- Gruppenintegration
- Interessenaggregation
- Kandidatennominierung und -präsentation
- Erziehung und politische Sozialisation
- Massenmobilisierung und -organisation, Partizipation
- Propaganda, Mobilisierung und Unterstützung

- Legitimation, Konsensbildung
- Bindegliedfunktion
- Interessenmediatisierung und -transformation
- Regierungskontrolle
- Systemerhaltung
- Systemreform und -innovation" (WIESENDAHL 1980, S. 188).

Lebhafte Funktionsdebatte der Parteienforscher

Dies ist natürlich eine völlig unhandliche Materialsammlung. ZEUNER (1969) hatte ursprünglich einen Vorschlag vorgelegt, der die Parteiaufgaben auf drei Funktionen reduziert: Transmission, Selektion und Integration. GREVEN (1977) hat diese Funktionen variiert in Transmission, Selektion und Legitimierung. Wie soll man also vorgehen? Acht Aufgaben laut Parteiengesetz oder drei, vier bzw. achtzehn Funktionen laut Parteienforschung unterscheiden?

8.2 Vorschlag: sieben Funktionen politischer Parteien

Eine Verknüpfung der verschiedenen Funktionskataloge erscheint am sinnvollsten, sodass sich zunächst vier Hauptfunktionen von Parteien in pluralistisch-parlamentarischen Demokratien ergeben: Transmission, Selektion, Integration und Legitimierung.

Diese konventionellen vier Funktionen werden aber zu stark aus einer Systemperspektive „von oben" gesehen. Die Bedeutung und Leistungen der Parteien für den einzelnen Bürger kommen dabei zu kurz. Auch das Interesse der Parteien in eigener Sache gemäß STEFFANIS Vorschlag fällt dabei unter den Tisch. Die Beteiligungschancen, die Parteien bieten, zeigen sich in ihrer Partizipationsfunktion. Die Rückwirkung der Beteiligung auf den Einzelnen bewirkt eine Sozialisation, die prägender sein kann als jede gut gemeinte politische Bildung. Dies kann zum selbstständigen politischen Handeln führen, das Fragen unmittelbar löst, ohne den Umweg des Dienstweges einzuhalten, z. B. wenn ein Parteipolitiker über seine Bürgersprechstunde Probleme direkt erledigt. Dadurch entsteht Selbstregulierung. Zu den vier genannten Funktionen sollten also noch Partizipation, Selbstregulation und Sozialisation hinzukommen.

Parteifunktionen

Damit erhalten wir sieben Funktionen der politischen Parteien:

- Partizipation,
- Transmission,
- Selektion,
- Integration,
- Sozialisation,
- Selbstregulation,
- Legitimation.

Anhand dieser sieben Funktionen werden nun die Aktionsformen von Parteien kurz skizziert.

Zur **Partizipation:**

Partizipation

Politische Beteiligung erschöpft sich auch in der repräsentativen parlamentarischen Demokratie für die Bürger nicht in der Teilnahme am regelmäßigen Wahlakt. Die Mitwirkung in Parteien ist ein ganz wesentliches zusätzliches Partizipationspotential. Sie ermöglicht den Bürgern zunächst einmal die Mitwirkung an allen übrigen Funktionen, d. h. insbesondere auch an der Transmission von Interessen in Programme, Ziele und Aktionen. Parteimitglieder genießen darüber hinaus das Privileg, an der Nominierung aller durch allgemeine Wahlen zu bestimmenden Mandatsträger teilnehmen zu können.

Mehr Partizipation für Parteimitglieder

Während die übrigen Wähler nur ihre Stimme bei den Kandidatinnen und Kandidaten ankreuzen können, haben die Parteimitglieder das Recht, bei der Nominierung der Kandidatenliste mitzubestimmen. Dass auch hier die innerparteiliche Demokratie noch durchgreifender verwirklicht werden könnte, wie oben angesprochen, ändert nichts an dem beträchtlichen zusätzlichen Partizipationspotential für Parteimitglieder.

Die große Bedeutung der Partizipationsfunktion in den unabhängigen intermediären Organisationen von Parteien zeigt gerade ein Vergleich mit den Verhältnissen in der früheren DDR, wo eine freie Willensbildung außerhalb des von der SED vorgegebenen Spielraums kaum möglich war.

Zur **Transmission:**

Transmission

Die Funktion der Transmission bedeutet die Umformung von gesellschaftlichen Interessen in politisches Handeln. Parteien aggregieren gesellschaftliche Interessen durch Bündelung von ökonomischen, sozialen, ökologischen und ideellen Zielen zu Handlungsalternativen, die zu politischen Entscheidungen geführt werden.

Bündelung und Vermittlung von Interessen

Die politischen Parteien bündeln diese Kräfte insbesondere in Wahlkämpfen zu politischen Handlungsalternativen. Dazu werden langfristige Grundsatzprogramme und kurzfristige Aktions-, Wahl- und Regierungsprogramme entwickelt, mit denen die politische Auseinandersetzung geführt wird. Mit diesen Programmen werden die aggregierten Interessen der jeweiligen Partei artikuliert und kommuniziert.

Wahlkämpfe haben nicht nur in Deutschland eine schlechte Presse. Den Parteien wird oft vorgeworfen, hier mit Mitteln der modernen Werbung und des politischen Marketing die Wähler zu manipulieren. Das ist ein schwerer Vorwurf, der zwar auf einige recht reale Erscheinungsformen von „Waschmittelwerbung" bzw. von nichteingelösten Wahlversprechen zurückgeführt werden kann, der aber dann weit überzogen ist, wenn er von einem Bild des „dummen Wählers" als „Stimmvieh", dem die raffinierten Parteimanipulatoren das „Blaue vom Himmel" vorlügen, ausgeht.

Wer Wahlen will, muß Wahlkampf akzeptieren

In den Wahlen der Bundesrepublik gibt es klare Konkurrenz und Alternativen. Wer sich vom Wahlkampf und der Wahlwerbung einer großen Partei abgestoßen fühlt, der kann eine andere wählen; wer sich von allen größeren Parteien falsch angesprochen fühlt, kann kleinere Alternativen auswählen. Die Erfolge der *Grünen* in den 80er Jahren sind nicht nur auf Wertwandel in ökologischen und partizipatorischen Interessen, sondern auch auf das Bedürfnis nach neuen Politikstilen zurückzuführen.

Zur **Selektion:**

Selektion

Die politische Funktion der Selektion durch Parteien meint zwei ganz unterschiedliche Aufgaben: zum einen die Rekrutierung von Personal, zum anderen die Auswahl von Alternativen aus dem gesamtgesellschaftlichen Interessenspektrum.

Personalselektion erscheint manchen Kritikern des deutschen Parteienstaates als hervorstechendes Merkmal schlechthin. Parteien als Karriereleitern, Parteibuchwirtschaft in Staat und Gesellschaft, Patronage für Funktionäre auf allen Ebenen, so lauten die Stichworte (vgl. z. B. Wassermann 1988).

Nominierungs-
monopol der Parteien
unbestritten

Weithin unbestritten ist das Privileg der Parteien, über die Nominierung von Mandatsträgern das politische Regierungspersonal zu stellen. Den Vorschlag, z. B. bei Ministerposten, dem kompetenten Experten oder unpolitischen Fachmann den Vorzug zu geben, hört man mittlerweile seltener, weil der Mythos des unpolitischen, über den Parteien stehenden Fachmanns doch verblasst ist, gerade angesichts eines vorgeblich „unpolitischen" Beamtentums oder Militärs der Weimarer Republik und im Nationalsozialismus. Thomas Mann hat diese Haltung einmal treffend als die „Lüge des Obrigkeitsstaates" bezeichnet. Eine Herrschaft der Sachzwänge, eine Expertokratie hat sich zum anderen in den letzten Jahrzehnten angesichts der ökologischen oder ökonomischen „Risikogesellschaft" endgültig als eine Ideologie entlarvt.

Parteien als
Interessengruppen in
eigener Sache

Unter den vier Funktionen, die STEFFANI (1988) den Parteien zugeordnet hat – Transmission, Herrschaft, Legitimation, Rekrutierung – spricht der letztere Aspekt das Faktum offen und ohne Scheu aus: „Parteien sind Interessengruppen in eigener Sache, die an politischen Führungsaufgaben interessierten Bürgern Karrierechancen eröffnen" (STEFFANI 1988, S. 559). Allerdings trifft dieses Motiv sicher nicht auf alle knapp 2 Mio. Mitglieder aller Parteien (vgl. RUDZIO 2006, S. 152) in der Bundesrepublik zu. Denn davon ist weit über die Hälfte passiv, von den Aktivisten sind die meisten mit lokalen oder regionalen Parteiämtern zufrieden. Öffentliche Mandate in allen Gemeinden, Ländern und im Bund belaufen sich auf vielleicht 10 % der Parteimitglieder, also ca. 200.000. Höchstens eine kleine winzige Spitzengruppe der Parteimitglieder von unter 1 % der Aktivmitglieder, also ungefähr 2.000, kommt für relevante politische Ämter in Frage – also nicht mehr als ein paar Tausend und damit nicht mehr als ein Promille der Parteimitgliedschaft insgesamt.

Kein völliges Rekru-
tierungsmonopol

Aber die Parteien besitzen nicht das alleinige Monopol auf Rekrutierung von politischem Personal. Neben und mit den Parteien bestehen Netzwerke der Durchdringung von Parteien und Interessengruppen bei der Personalselektion. Auch die Verbände wirken an der Stellung des politischen Personals mit, wie sich deutlich an den Fachausschüssen des deutschen Bundestages ablesen lässt. In den Ausschüssen für Landwirtschaft, Arbeit und Soziales, Wirtschaft, Umwelt, Technologie agieren besonders deutlich Verbandsvertreter, die allerdings nur mithilfe der Parteien in das Parlament gelangen können.

Zur **Integration:**

Die Funktion der Integration durch Parteien ist in gewisser Weise die Kehrseite der drei bisher skizzierten Funktionen Partizipation, Transmission und Selektion. Denn gerade die Partizipationschancen in und durch Parteien bewirken eine Integration in Strukturen und Prozessen, die für Gruppenzusammenhalt und auch für die Anerkennung des Systems an sich wichtig sind.

Auch Transmission als Artikulation und Bündelung von Interessen führt zu einer Integration. Die zentripetalen Kräfte, die in einer pluralistischen Gesellschaft mit konfligierenden Teilinteressen notwendigerweise bestehen und die sich in Interessenselektivität ausdrücken, werden durch die Gruppenintegration wieder zurückgebunden. Gerade die größeren politischen Parteien, die allein oder mit Koalitionspartnern in der Lage sind, handlungsfähige Mehrheiten zu bündeln, erbringen diese Integrationsleistungen, indem sie die Interessen verschiedener sozioökonomischer Gruppen verknüpfen.

Die Integration ist dabei immer eine Gratwanderung. Ein Übermaß an Integration schafft in Großorganisationen eine zu starke Rigidität, sodass sie sich entweder abschließen oder in Teilgruppen und Strömungen auseinanderfallen. Zu geringe Integration andererseits öffnet der Unverbindlichkeit Tür und Tor.

Innerparteilicher Demokratie kommt deshalb gerade auch bei der Integrationsfunktion eine entscheidende Bedeutung zu, um intern für einen offenen Kommunikationsprozess aufnahmefähig zu bleiben. Die Integration führt zu einer Form der politischen Kultur, die maßgeblich von den spezifischen Konturen des Parteien- und Verbändesystems eines Landes geprägt wird. Man kann mit großem Recht davon ausgehen, dass weniger die Verfassungen und Institutionen die entscheidenden Differenzen zwischen den Industriestaaten in Europa ausmachen, sondern vielmehr die politische Kultur des intermediären Sektors in den unterschiedlichen Formen der Integrationsfähigkeit des Parteien- und Verbändesystems.

Zur **Sozialisation:**

Im Grunde ist die Funktion der Sozialisation ein besonders herausragender Bestandteil der Integration. Denn das Lernen von Politik findet mehr im Alltag als in Veranstaltungen der politischen Bildung oder der Staatsbürgerkunde statt. Ein wesentlicher Faktor sind dabei die Massenmedien, deren Inhalt allerdings wiederum durch die Aktivität des intermediären Bereiches von Parteien und Verbänden geprägt wird. Dies ist aber eine rezeptive bis passive Form der Sozialisation.

Die wirksamste politische Sozialisation überhaupt besteht immer in *learning by doing*. Dies gilt zwar stärker und breitenwirksamer für die Verbände und Vereine als für die politischen Parteien. Sicher ist aber auch deren Sozialisationsfunktion keineswegs zu vernachlässigen. Ein Parteimitglied lernt Politik von der Pike auf: Anträge formulieren, Versammlungen leiten, Personalpakete schnüren, Verhandlungen führen. Es lernt durch die Praxis in der Organisation, aber auch durch die Schulungsmöglichkeiten, die die Parteien selbst und ihre assoziierten politischen Stiftungen anbieten.

Aber nur knapp 3,5 % der Wahlbevölkerung sind Mitglied in einer politischen Partei. Insofern ist deren Beitrag zur politischen Sozialisation doch be-

Integration

Integration im Pluralismus notwendig

Gratwanderung

Sozialisation

Politische Sozialisation als *learning by doing*

Mittelschicht-bias

grenzt, gerade bei sinkendem Anteil der jüngeren Mitgliedschaft. Die breite Mitgliedschaft in fast allen Organisationen – ob Parteien oder lokale Vereine – bleibt nur an wenigen Leistungen der Organisation interessiert und verbleibt im Übrigen passiv. Die Aktivisten, ehrenamtlichen Funktionäre, professionellen Mandatsträger gleichen sich in fast allen Organisationsformen in Hinblick auf ihre Schichtzugehörigkeit. Die recht gut ausgebildete Mittelschicht, besonders auch die Beamten und Angestellten im Öffentlichen Dienst sowie die Selbstständigen, tragen in fast allen Organisationen die meisten Aktivitäten. Im Grunde treffen sich in Bürgerinitiativen, Friedensgruppen, Vereinen, Verbänden und auch in den politischen Parteien immer dieselben Mittelschichten der Gesellschaft, um ihre Bedeutung für die Politische Kultur dadurch ständig zu verstärken und zu vervielfältigen.

Zur **Selbstregulation:**

Selbstregulation

Die Funktion der Selbstregulation scheint auf den ersten Blick eher auf das Verbändesystem gemünzt und weniger auf die Parteien zu passen, da diese doch immer Vehikel für politische Ziele von Einzelnen und Gruppen sind in Konkurrenz zu alternativen politischen Gruppierungen.

Selbstbezüglichkeit der Parteien

Schaut man den Alltag politischer Parteien genauer an, so überrascht manche Beobachter, in wie starkem Maße sie auf sich selbst bezogen sind. Wie jede größere komplexe Organisation dominiert auch bei Parteien ein „Interesse an sich selbst". Sie sind überaus ausdifferenzierte Gebilde mit eigenen Vorfeldorganisationen, Parteistiftungen, Wirtschaftsunternehmen, Kulturvereinen und Beratungsgremien, die einen großen Teil ihrer Zeit der Eigenbeschäftigung widmen. Sie sind deshalb zwar nicht wie Wohlfahrtsverbände oder Kammern selbstregulativ tätig, zumindest aber sind sie selbstreflexiv. Obwohl gerade Wahlkämpfe die große Zeit der Auseinandersetzung mit dem politischen Gegner sind, ist es höchst überraschend, wie auch hier bei wichtigen Entscheidungen über Slogans, Plakate, Personen und Programme die Fixierung auf die eigene Organisation, die Beobachtung des „politischen Gegners" in der konkurrierenden internen Strömung oder Fraktion, die Konkurrenz unter Landesverbänden und funktionalen Untergruppen das Feld beherrscht, während der politische Gegenpart in der Konkurrenzpartei die große Unbekannte bleibt.

Zur **Legitimation:**

Legitimation

Die Funktion der Legitimation hat ähnlich wie die Funktion der Integration einen zusammenfassenden Charakter: Weil die Parteien einen wesentlichen Beitrag zur Partizipation, Transmission, Selektion, Integration und Sozialisation leisten, erfüllen sie damit Aufgaben der Legitimation des Systems insgesamt. Sie tragen – insofern die Funktionen tatsächlich wahrgenommen werden – zur Anerkennung und damit zur Systemstabilisierung bei.

exit and *voice*

Sie tun dies insbesondere, wenn bei dysfunktionalen Erscheinungen – Verkrustungen und Verstaatlichung der Parteien – die Optionen von *exit* und *voice* für frustrierte Mitglieder offen bleiben, d. h., wenn sie entweder ihre Stimme in der Organisation bei abweichender Meinung erheben können (*voice*), um Abhilfe bei Missständen zu schaffen, oder wenn die freie Möglichkeit des Austritts (*exit*) gegeben ist, einschließlich einer Neugründung von alternativen Organisationen (vgl. HIRSCHMAN 1974). Die jüngste Geschichte Deutschlands zeigte, wie das Fehlen beider Optionen in der alten DDR zu deren Verkrustung und schließlichem Ende beitrug, während in der alten Bundesrepublik soziale Bewegungen (Umwelt, Frieden, Frauen) Defizite des etablierten Parteiensystems auffangen konnten.

Diese sieben Parteienfunktionen haben bereits Pate gestanden bei der Definition von Parteien im ersten Kapitel dieses Textes, die hier abschließend noch einmal wiederholt wird. Zu Anfang war der Sinn dieser Definition vielleicht noch etwas kryptisch. Jetzt wird er hoffentlich mehr einleuchten.   Definitionsvorschlag

Parteien sind auf Dauer angelegte, freiwillige Organisationen, die politische Partizipation für Wähler und Mitglieder anbieten, diese in politischen Einfluss transformieren, indem sie politisches Personal selektieren, was wiederum zur politischen Integration und zur Sozialisation beiträgt und zur Selbstregulation führen kann, um damit die gesamte Legitimation des politischen Systems zu befördern.

9 Ausblick: Krise oder Wandel der Parteien?

Welche Funktionen kommen Parteien in der Gesellschaft zu? So haben wir im letzten Kapitel gefragt. Nun drehen wir diese Frage um: Gelingt es den Parteien heute noch, angesichts vielfach gewandelter Rahmenbedingungen, diese Funktionen tatsächlich auszuüben?

Mit dieser Frage befinden wir uns mitten in der Debatte um Krise oder Wandel der Parteien. Hier ist in den vergangenen beiden Jahrzehnten viel Abgesang auf die Parteien gehalten worden. So ist schon die bloße Tatsache, dass Parteien ihre Interessen wahrnehmen, immer wieder Gegenstand erbitterter Kritik geworden. Von Politikverdrossenheit, von Parteienverdrossenheit ist allenthalben die Rede. Dabei ist die Feststellung, dass Parteien ihre Interessen wahrnehmen, nichts weiter als die einfachste Formel, die manche hehren Ziele – ob selbst formuliert oder zugeschrieben – auf ihren Kern reduziert.

Doch auch wenn einige Auswüchse der parteienkritischen Debatte sicherlich überzogen sind, sollen die Probleme keineswegs verharmlost oder die Situation verniedlicht werden. Vielmehr wollen wir versuchen, die Debatte kritisch zu reflektieren. In Kapitel 9.1 kommen deshalb zunächst die normativen Kritiker der Parteien zu Wort. Anschließend werden in Kapitel 9.2 eine Reihe von bedenkenswerten empirischen Befunden diskutiert, die zumindest nach Ansicht einiger Forscher Symptome einer wirklichen Parteienkrise darstellen. In Kapitel 9.3 folgt die Suche nach den Ursachen der Parteienprobleme. Schließlich (Kapitel 9.4) gehen wir auf die Reaktionen der Parteien ein, die mit verschiedenen Reformideen versuchen, den neuen Herausforderungen zu begegnen.

📖 Literaturhinweise

Die kritische Hinterfragung der Parteien blieb nicht begrenzt auf politikwissenschaftliche Fachliteratur, wie in den 70er Jahren, als man das „Parteiensystem in der Legitimationskrise" (DITTBERNER/EBBIGHAUSEN 1973) sah, oder in den 80ern, als ein Buch nach dem anderen die „Parteien in der Krise" (KROCKOW/ LÖSCHE 1986; zumindest noch in Frage gestellt bei HAUNGS/JESSE 1987) verstrickt glaubte. Seit den 90er Jahren sind die Parteien frontal auch aus Kreisen der etablierten politischen Eliten angegriffen worden, so vom damaligen Bundespräsidenten Richard von Weizsäcker in dem Buch von HOFMANN/PERGER (1992a), generalisiert in dem Sammelband HOFMANN/PERGER (1992b); von Hans Herbert VON ARNIM (1993a) sowie von SCHEUCH/SCHEUCH (1992). Abgewogenere wissenschaftliche Einschätzungen der Debatte finden sich bei WIESENDAHL (1992, 1993), STARKE (1993), VON ALEMANN (1996c) sowie neuerdings auch bei GABRIEL/HOLTMANN (2009) und LIEDHEGENER (2009).

Erfreulicherweise erschöpft sich die aktuelle Diskussion zumeist nicht mehr in reiner Krisenrhetorik. Wo dies doch der Fall ist, stehen derartige Diagnosen häufig im Zusammenhang mit dem vermeintlichen Niedergang oder Versagen der Volksparteien (VON ARNIM 2009, BRUNNEMANN 2009, JESSE 2006). Stärker im Blickpunkt stehen heute jedoch die veränderten gesellschaftlichen, institutionellen, organisatorischen und strategischen Rahmenbedingungen, mit denen sich die Parteien auseinandersetzen müssen (VON ALEMANN/SPIER 2009). An die Stelle der Rede von einem allgemeinen *decline of parties* ist folglich das Stichwort *party change* getreten. Art, Ausmaß und Richtung der Veränderungen wie auch deren Ursachen sind jedoch heftig umstritten (PANEBIANCO 1988, HARMEL/JANDA 1994, MAIR 1997, VON BEYME 2002, Poguntke 2000 oder WIESENDAHL 2006b).

9.1 Parteienkritik: die normative Debatte

Die politische Debatte in Deutschland hatte in den vergangenen beiden Jahrzehnten wahrhaftig keinen Mangel an Stoff: die unabsehbaren Folgen der Deutschen Einheit, die dunklen ökonomischen Zukunftsszenarien für Deutschland, Europa und die Welt, die unkalkulierbaren Probleme der europäischen Einigung, die internationalen Krisenherde auf dem Balkan, in Afrika, im Kaukasus, im Irak, Iran oder in Afghanistan.

Angesichts dieser handfesten Probleme erscheint es fast wie ein Luxus, dass sich die Deutschen so intensiv mit ihren Parteien und Politikern beschäftigen. Haben sie denn keine anderen Sorgen? Vor allem in den 90ern waren die Medien voll mit Artikeln über die Krise der Parteien. Was ist los mit den deutschen Parteien? Ist das deutsche Parteiensystem nicht immer noch um ein Vielfaches stabiler als in Frankreich oder Italien, von Osteuropa und der Dritten Welt ganz zu schweigen? Vom Ausland her betrachtet erscheinen die Deutschen wie immer ein bisschen hysterisch und so, als würden sie ihre Probleme maßlos übertreiben. Was haben Amerikaner, Franzosen oder Italiener dagegen für Sorgen mit ihrem politischen Personal!

In der Debatte um die Parteienverdrossenheit kann man im Grunde bereits seit Anfang der 90er Jahre zwei Szenarien unterscheiden: *Zwei Szenarien:*

> „Allumfassende Kraken umklammern die Gesellschaft – sagen die einen. Die Parteien nehmen alles in Griff und in Besitz, was in der Gesellschaft Macht, Einfluß und Pfründe verspricht, so die Thesen des Staatsrechtlers Hans Herbert von Arnim oder des Oberlandesgerichtspräsidenten Rudolf Wassermann. Funkhäuser und Kreiskrankenanstalten, Lottogesellschaften und Wasserwerke, Schuldirektorien und Landeszentralbanken, Bundesligavereine und Goetheinstitute und natürlich die ganze staatliche Bürokratie sowieso – kein Bereich entkommt ihrem vielarmigen Zugriff. Und dabei bedienen sie sich noch ungeniert aus der Staatskasse für die Parteienfinanzierung, durch Spendenabzüge, über Stiftungen und mit fetten Diäten. Schlägt man eine Hand ab, wachsen schnell andere nach, wo man sie noch nicht vermutete. Haut man ihnen aufs Haupt, schreien sie Politikverdrossenheit, Parteienfeindschaft wie bei Weimars Untergang oder gleich Verfassungswidrigkeit. Schließlich haben sie doch durch das Parteienprivileg laut Art. 21 des Grundgesetzes die legitime Pflicht, die politische Willensbildung des Volkes zu gestalten. Staat und Gesellschaft zappeln hilflos im Schwitzkasten der Parteien – so das eine Szenario.
>
> Die Dinosaurier werden immer trauriger – klagen die anderen. Als ‚ratlose Riesen‘, so der Politologe Rudolf Wildenmann, tapern die Großparteien durch die politische Landschaft, in der sie fremd geworden sind. Verkrustet sind ihre inneren Strukturen, verhärtet ihre Strategien, humorlose Funktionäre die meisten Akteure.

Selbst die fröhlichen Mitglieder der Toskana-Fraktion können davon nicht ablenken. Die Parteien merken nicht, wie überflüssig sie geworden sind: mobilisieren können die organisierten Interessen, die Verbände und Bewegungen, besser und aktiver; artikulieren und Öffentlichkeit simulieren können die Medien effektiver; integrieren können die Sinnstifter in den Feuilletons, in den evangelischen Akademien und der gute Mensch in der Villa Hammerschmidt besser und würdiger; regieren wollen die Bürokratien am liebsten ganz allein; wirtschaften – das wichtigste – tut der Markt ganz von selbst, so macht man uns glauben; und überhaupt die ganze Zukunft gestalten kann sowieso keiner. Wozu also Parteien? Die Parteien sind die letzten wirklichen Selbsthilfegruppen: sie machen nur Bewegung für sich selbst, für ihre Karriere, ihre Macht, ihre Posten, ihre Politik. Sie glauben, sie haben alles besetzt, wie die Kraker in Holland die Abbruchhäuser. Aber sie merken nicht, daß sie auf Ruinen sitzen. Das Leben geht woanders weiter. Das ist das zweite Szenario" (VON ALEMANN/TÖNNESMANN 1992, S. 15f.).

Kraken oder Dinosaurier?

Kraken oder Dinosaurier? Die Diskussion ist fast unüberschaubar geworden, und es fällt schwer, die Argumente zu bündeln. Natürlich haben sich auch Parteipolitiker zu Wort gemeldet, um sich zu verteidigen. Aber auch von ihnen kam doch keiner umhin, gravierende Probleme zuzugestehen. Lassen wir also zunächst stellvertretend die damals meistgelesenen Kritiker der Parteien zu Wort kommen: Erwin und Ute SCHEUCH, Richard von Weizsäcker und Hans Herbert VON ARNIM plädieren für das Szenario „Kraken".

Filz in der Kölner CDU als Ausgangspunkt der Kritik

Der Kölner Soziologe Erwin K. SCHEUCH und seine Frau Ute SCHEUCH veröffentlichten im Frühjahr 1992 ein Taschenbuch, das Furore machte: „Cliquen, Klüngel und Karrieren. Über den Verfall der politischen Parteien – eine Studie". Es handelte sich im Kern ursprünglich um ein Gutachten für die Wirtschaftsvereinigung der CDU von Nordrhein-Westfalen, also um eine Auftragsarbeit zur innerparteilichen Auseinandersetzung. Das merkt man vielen Argumenten noch an, haben sich die Autoren doch selbst im innerparteilichen Clinch der Kölner CDU oft wund gerieben. Um was geht es? Es geht um innerparteilichen Filz und zwischenparteilichen Klüngel in Köln, den die Autoren mit zahlreichen Beispielen über Seilschaften und kommunale Karrieren von Kölner Lokalpolitikern anhand von Zitaten aus der Lokalpresse illustrieren. Ihr Fazit:

> „Die Politik in der Bundesrepublik [wird] inzwischen von Berufspolitikern beherrscht. Für deren Erfolg ist dreierlei bestimmend: Zunächst und vor allem die Unterstützung in einer Seilschaft, um die Wiedernominierung als Kandidat zu erreichen. Ein Verfehlen der Kandidatur ist meist gleichbedeutend mit Existenzvernichtung. An zweiter Stelle ist das über die Medien vermittelte Ansehen wichtig. An dritter Stelle ist ein Kapital von Gefälligkeiten wichtig, vor allem erwiesen den politischen Gegnern und einflußreichen Bürgern" (SCHEUCH/SCHEUCH 1992, S. 116 f.)

Auf der Basis von Insiderkenntnissen und intensiver Auswertung von Zeitungsmeldungen skizzieren sie mit groben Strichen ein erschreckendes Bild des „Kölschen Klüngels": Lukrative Posten werden von Cliquen in den Parteien langfristig verschoben, Proporz-Absprachen zwischen den Parteien ausgemauschelt, die innerparteiliche Demokratie ausgehebelt. Die Absprachen werden teilweise in Geheimpapieren niedergelegt, die ausnahmsweise nur deshalb ans Licht kamen,

weil sie veröffentlicht wurden, um der jeweils anderen Seite Vertragsbruch vor-
zuwerfen (vgl. Abb. 69).

Abbildung 69: Geheimabsprache über Posten in der Kölner CDU

Geheim-Dokument Nr. 1 zur CDU-Spitze
(Abschrift eines handschriftlichen Konzeptes)

Vereinbarung

Zur Vorbereitung der Wahlen zum Parteivorstand am 7.3.88 treffen die Unterzeichnenden
nach ausführlichen Beratungen in ihren jeweiligen Gremien folgende Vereinbarung:

1. Es werden gewählt:
a) zum Parteivorsitzenden
Dr. Ottmar Pohl

b) zum stellvertretenden Vorsitzenden
aa) Dr. Rolf Bietmann
bb) Josef Fink
cc) Marie-Th. Ley

c) Zum Schatzmeiser Dr. Fritz Gläser sowie zu seinen Stellvertretern Axel Rodert und Victor
Hensel oder ersatzweise ein von Herr Dr. Bietmann zu benennender anderer Kandidat

d) zu Beisitzern
12 Kandidaten auf Vorschlag von Dr. Bietmann
12 Kandidaten auf Vorschlag von R. Blömer
sowie Dr. H. Blens

Beide Seiten verpflichten sich, über die Zahl der vorgenannten Kandidaten hinaus keine
Nominierung vorzunehmen und darauf hinzuwirken, daß auch von dritter Seite weitere
Nominierungen nicht erfolgen. (...)

Köln, den 06.03.88
(9 Unterschriften)

Zusatzabkommen

1.   Die anstehenden personellen Entscheidungen in Fraktion und Partei sollen in den
     nächsten 5 Jahren einvernehmlich und ohne öffentliche Auseinandersetzungen ge-
     troffen werden.
2.   Das gilt auch für die Wahl des nächsten Parteivorstandes.
3.   Die Entscheidung des PV über die Vorschläge der Kölner Kreispartei für die Reihen-
     folge der Listenplätze für den Landtag ist endgültig und wird nicht problematisiert.
     (Sie ist auch kein Thema auf dem nächsten Kreisparteitag.) (...)

Bietmann   Blömer   Pohl

(nach: SCHEUCH/SCHEUCH 1992, S. 82 ff.)

Ist Köln überall, wie die Autoren unterstellen? Ähnliche Ansätze gibt es sicher- Ist Köln überall?
lich in deutschen Großstädten häufig, ob Berlin oder München, Frankfurt oder
Hamburg. Andererseits hat in Köln die Presse die Zustände ans Licht gebracht

und aufgeklärt. So kann der Wähler reagieren, z. B. mit satten 15 % Wählerstimmen für *Die Grünen* bei der Kommunalwahl 1994.

Weizsäckers
Parteienschelte

Auch der frühere Bundespräsident Richard von Weizsäcker, um eine zweite
Stimme zu Wort kommen zu lassen, hat sich 1992 in die Parteienkrisendebatte
eingeschaltet. In einem langen Gespräch mit zwei Bonner Journalisten, das als
Buch erschien, sagte er unter anderem:

> „Die Parteien haben sich zu einem ungeschriebenen sechsten Verfassungsorgan
> entwickelt, das auf die anderen fünf einen immer weitergehenden, zum Teil völlig
> beherrschenden Einfluß ausübt" (HOFMANN/PERGER 1992a, S. 140).

Weiter führt er in dem Interview aus, und das hat seine Kritiker besonders aufge-
bracht:

> „Bei uns ist ein Berufspolitiker im allgemeinen weder ein Fachmann noch ein Dilet-
> tant, sondern ein Generalist mit dem Spezialwissen, wie man politische Gegner be-
> kämpft. (...) Man lernt, wie man die Konkurrenz der anderen Parteien abwehrt und
> sich gegen die Wettbewerber im eigenen Lager durchsetzt. Doch wo bleibt der poli-
> tische Wille des Volkes?" (ebd., S. 150 f.).

Und er setzt wenig später den Satz drauf, der ihm am meisten angekreidet wurde:

> „Nach meiner Überzeugung ist unser Parteienstaat von beidem zugleich geprägt,
> nämlich machtversessen auf den Wahlsieg und machtvergessen bei der Wahrneh-
> mung der inhaltlichen und konzeptionellen politischen Führungsaufgabe" (ebd., S.
> 164).

Ob der damalige Bundespräsident hiermit nun wirklich den amtierenden Bundeskanzler und Parteifreund Helmut Kohl persönlich treffen wollte oder nicht, ist
sekundär. Noch unerheblicher erscheint der Vorwurf, der Bundespräsident habe
seine engen Kompetenzgrenzen überschritten. Wichtig ist allein die Frage: Hat er
recht?

Kritik der Kritik

Er hat recht mit der Forderung, dass die Parteien eine inhaltliche und konzeptio-
nelle Führungsaufgabe haben sollen, damit sie den gewaltigen Orientierungsbe-
darf in unserer Zeit befriedigen helfen können. Und er hat recht darin, dass diese
Orientierungsaufgabe von den Parteien in ihrem emsigen Tagesgeschäft sträflich
vernachlässigt wird. Dass der Machtkampf mit dem politischen Gegner, ob innerhalb einer Partei oder der Parteien untereinander, alle anderen Aufgaben zu
sehr beiseite drängt, ist ebenfalls richtig. Problematisch ist aber Weizsäckers
Kritik an den Berufspolitikern generell. Politik als Beruf mit kompetenten Personen, die ihr Geschäft verstehen und die um die Konzeptionen miteinander konkurrieren, ist nicht pauschal abzulehnen. Man darf nicht gleichzeitig mehr Kompetenz und weniger Professionalität fordern, denn wir leben in einer Konkurrenzdemokratie, in der die bessere politische Konzeption und politische Kompetenz eine Mehrheit erhalten soll.

Problematisches Lob
der Überparteilichkeit

Noch weitaus problematischer ist aber von Weizsäckers Hang zur politischen Harmonie, sein Lob der Überparteilichkeit, seine Neigung zum Unpoliti-

schen, wie viele Wendungen in dem Gespräch zeigen: „Da wirkt das (Bundes-
verfassungs-)Gericht wie eine ersehnte überparteiliche Oase ...". Politik ist parteilich, wenn sie in der Demokratie konkurrierende Konzepte durchsetzen will.
Parteien sollen einzelne Interessen in der Gesellschaft bündeln und sie gegenüber
anderen vertreten. Parteien haben deshalb zwangsläufig unterschiedliche Konzeptionen, weil sie auch Partikularinteressen vertreten. Natürlich reklamiert jede
Partei, die bessere Konzeption für das Gemeinwohl zu haben. Das übergeordnete
Gemeinwohl, das es allen recht macht und nur Gutes tut, gibt es nur als Mainzer
Karnevalsmotto: Allen wohl, niemand weh. Politik muss Prioritäten setzen, dazu
müssen die Parteien den Mut haben. Wenn der damalige Bundespräsident dies
bekräftigen wollte, so ist ihm zuzustimmen.

Manche Kritik der Parteienkrise erinnert allerdings fatal an die Verachtung
der Parteien gegen Ende der Weimarer Republik. Dies ist am stärksten bei der
dritten und letzten Stimme aus dem großen Chor der Parteienkritiker der Fall, die
exemplarisch herausgegriffen wird, weil sie sicherlich zu den lautesten gehört.
Hans Herbert VON ARNIM hat sich in den 70er und 80er Jahren Verdienste bei
der Aufdeckung von überhöhter Parteienfinanzierung, zu üppigen Abgeordne-
tendiäten und unangemessenen Politikerpensionen erworben. Meist als Gutachter
des Bundes der Steuerzahler hat er unermüdlich Skandale aufgedeckt und Vertu-
schungen publik gemacht. In seinen neueren Büchern („Demokratie ohne Volk",
„Staat ohne Diener", beide 1993, „Der Staat als Beute", 1998 neu aufgelegt und
„Volksparteien ohne Volk" 2009) scheint er allerdings über das Ziel hinauszu-
schießen und das Kind Parteiendemokratie mit dem Bade auszuschütten.

(Randnotiz: Reminiszenz an Weimarer Parteienverachtung)

Was sind seine Argumente? Im Schlusskapitel seines Buches „Staat ohne
Diener" listet er die folgenden Defizite unseres politischen Systems auf:

(Randnotiz: VON ARNIMS Argumentation)

> „Die Auswüchse im Wirken der politischen Parteien, die sich zu Herren des Volkes
> aufgeschwungen haben, aber ihre eigentlichen Aufgaben im Dienst des Volkes nicht
> mehr befriedigend erfüllen; das Krebsgeschwür der Ämterpatronage, durch welche
> die letzten verbliebenen Gegengewichte gegen Fehlentwicklungen im Parteienstaat
> allmählich gleichgeschaltet und die Gewaltenteilung unterlaufen wird; eine staatli-
> che Politikfinanzierung wie im Schlaraffenland, welche die politische Klasse in ei-
> gener Sache und zum eigenen Nutzen beschließt; die mangelnde institutionelle Ge-
> rüstetheit der Politiker, dem Druck organisierter Partikularinteressen standzuhalten
> und das Gemeinwohl zu wahren; das Auseinanderfallen von Entscheidung und Ver-
> antwortung in vielen Bereichen und zahlreiche Schieflagen im Föderalismus und in
> der Verfassungsordnung der Bundesländer.
>
> Alle diese Defizite hängen letztlich mit der fehlenden Verantwortung der Reprä-
> sentanten gegenüber dem entmündigten Volk zusammen. Umgekehrt ist die Aktivie-
> rung des Volkes durch Schaffung und Nutzung von Institutionen, die es zu Wort
> kommen lassen, letztlich das zentrale Gegengewicht, mit dem Fehlentwicklungen
> sich wirksam bekämpfen lassen. Die Abtrennung der demokratischen Wurzeln hat
> die Politiker zu einer isolierten, abgehobenen Kaste gemacht, die ihre Kraft nicht
> mehr aus der Verankerung im Volke bezieht, sondern sich aus sich selbst rekrutiert"
> (VON ARNIM 1993b, S. 336 f.).

Natürlich werden hier viele wichtige Missstände angesprochen. Aber seine Kernthese ist einfach überzogen:

(Randnotiz: Parteien als Alleinherrscher?)

> „Die Parteien haben im politischen Leben der Bundesrepublik Deutschland alle Fä-
> den in der Hand. Kehrseite ihrer alles beherrschenden Stellung ist die völlige Ent-
> machtung des Volkes" (VON ARNIM 1993b, S.105).

Wo bleibt da Platz für die Macht von Bürokratie und Wirtschaft, die Macht der
Medien und der Verbände? All das wird bei ihm ausgeblendet, da er allein auf
die Allmacht der Parteien einerseits und die Ohnmacht des Volkes andererseits
fixiert ist. Dies führt ihn zu Überzeichnungen wie dieser:

> „Weil das Volk entmündigt ist, kann es nichts Wertvolles ausbilden, bleibt es dump-
> fe Masse, politisch apathisch und uninteressiert. Unsere Demokratie ist kritikwürdig,
> weil sie in Wahrheit keine Demokratie ist. Die Pseudodemokratie muß erst zur wirk-
> lichen Demokratie gemacht werden. (...) Nur Verantwortung erzieht. Ein Volk ohne
> Verantwortung muß fast notwendig politisch uninteressiert und eigensüchtig blei-
> ben" (VON ARNIM 1993b, S. 59 f.).

Überzogene Kritik
Eine solche überzogene Parteienkritik könnte eher den Kritikern der Demokratie
überhaupt in die Hände arbeiten. So krass wie VON ARNIM formulieren nur wenige der anderen Parteienkritiker (für eine Übersicht vgl. GABRIEL/HOLTMANN
2009). Aber bei vielen von ihnen schimmert die alte deutsche Parteienfeindschaft
durch. Der Unterschied zu altkonservativer Polemik besteht hauptsächlich darin,
dass die heutigen Kritiker zumindest immer wieder versichern, dass wir Parteien
grundsätzlich brauchen.

9.2 Krise oder Wandel: die empirischen Befunde

Gäbe es nur eine sozialwissenschaftliche Krisendebatte, wie weitgehend bis in
die 80er Jahre, oder die publizistische und normative Debatte seit den 90ern, die
wir eben zusammengefasst haben, könnte man achselzuckend zur Tagesordnung
übergehen. Es gibt aber zahlreiche Symptome, die über die Parteienverdrossenheit auf allgemeinere Politikverdrossenheit und wachsende Zukunftsängste verweisen. Für Deutschland kann man diese Symptome in acht Punkten zusammen-
fassen:

Schmelzende
Mitgliedschaft
1. Die **Mitgliedschaft** der (Volks-)Parteien schmilzt. Die SPD als lange Zeit
    größte deutsche Partei hatte in ihrem Spitzenjahr 1976 über 1 Mio. Mitglie-
    der. 1980 lag sie knapp darunter. Noch kurz nach der Wende betrug die
    Zahl ihrer Mitglieder um die 900.000. Vor allem in den Jahren ihrer Regie-
    rungsbeteiligung ab 1998 hatte die Partei dann zum Teil dramatische Ver-
    lustraten zu beklagen (vgl. Abb. 49). Heute liegt ihre Mitgliederzahl bei
    knapp 521.000 (Stand 2008). Besonders dünn ist die Personaldecke in den
    fünf neuen Bundesländern, wo die SPD zusammen gerade einmal 22.000
    Mitglieder zählt. Die CDU erreichte ihren Höchststand 1983 mit über
    700.000 Mitgliedern und verlor seitdem ebenfalls stetig, aber nicht ganz so
    rapide wie die Sozialdemokratie. In diesem „race to the bottom" hat die
    CDU die SPD nach neuesten Berechnungen inzwischen sogar als mitglie-

derstärkste Partei Deutschlands „überholt" (vgl. Abb. 49). Etwas differenzierter ist die Lage bei den kleinen Parteien zu bewerten. Die FDP hat sich nach massiven Verlusten zu Beginn der 90er Jahre inzwischen gefangen und steht seit Längerem relativ stabil bei 65.000 Mitgliedern. Ähnlich ist die Lage bei den *Grünen*, die sich bei ca. 45.000 Mitgliedern eingependelt haben. *Die Linke* konnte zuletzt sogar kräftig zulegen und zählt momentan knapp 72.000 Genossen.

2. Die **Wahlbeteiligung** sinkt. Sie ist bei Bundestagswahlen von erstaunlich hohen 91,1 % (1972) über 88,6 % (1980) auf 77,8 % (1990) gefallen, erholte sich 1998 leicht auf 82,2 % und fiel seitdem kontinuierlich auf ihren bisherigen Tiefstand von 70,8 % bei der Wahl 2009. Zwar sind auch 70 % im internationalen Vergleich durchaus kein dramatisch tiefer Wert, etwa mit Blick auf die USA, wo man sich – abgesehen von der Rekordwahl Barack Obamas 2008, als zwei Drittel der Wahlberechtigten von ihrem Stimmrecht Gebrauch machten – gewöhnlich mit 50 % zufriedengeben muss. Aber der Verlust von fast zwölf Prozentpunkten in den letzten elf Jahren ist schon bedenkenswert. Bei Landtagswahlen in Deutschland lag die Wahlbeteiligung zuletzt bei um die 60 %, bei Kommunal- und Europawahlen noch deutlich darunter.

Sinkende Wahlbeteiligung

3. Der **Konzentrationsgrad** der Parteien lässt nach. Die großen Volksparteien konnten in den 70er Jahren über 90 % der gültigen Stimmen auf sich vereinigen, bei den Bundestagswahlen in den 90er Jahren noch gut 75 %, aber bei der letzten Wahl 2009 sage und schreibe nur noch 57 %. Seit den 80er Jahren mussten die etablierten Parteien Mandate an *Die Grünen* abgeben. Mit Beginn der 90er Jahre bedrohten zeitweise rechtsradikale Parteien die Stabilität. Am linken Rand punktete die PDS zunächst als regionale Volkspartei im Osten. Sie ist mittlerweile unter dem Logo *Die Linke* in ganz Deutschland etabliert. Die FDP, in der Geschichte der Bundesrepublik häufig als Juniorpartner an Regierungen beteiligt, legte zuletzt bei drei Bundestagswahlen in Folge auf nunmehr fast 15 % zu. Konkurrenz erfahren die Alteingesessenen zusätzlich durch kleine Parteien und *Freie Wähler*.

Nachlassender Konzentrationsgrad

4. Der **Stammwähleranteil**, d. h. der Prozentsatz der Wähler, die stets die gleiche Partei wählen, ist beträchtlich gesunken. Bei Bundestagswahlen lag die Quote derjenigen, die wenigstens zweimal hintereinander ihr Kreuz an derselben Stelle machten, zuletzt nur noch zwischen 50 und 60 %. Und dies gilt nur für Westdeutschland. In den neuen Bundesländern macht dieser verhältnismäßig treue Wählertypus nicht einmal mehr die Hälfte des Elektorats aus. Betrachtet man gar einen längeren Untersuchungszeitraum und bezieht auch den Wechsel von und zur Nichtwahl mit ein, muss man ganz klar zu dem Ergebnis kommen, dass der Stammwähler in Deutschland eine Minderheit darstellt (vgl. RATTINGER/SCHOEN 2009, S. 91 f.). Spiegelbildlich zu diesem Befund stieg der Anteil der Wechselwähler, also der Personen, die zeitweise gar nicht zur Wahl gehen oder immer wieder einmal einer anderen Partei das Vertrauen schenken. Bemerkenswerterweise finden sich in dieser Gruppe nicht wenige, die von einer Wahl zur anderen sogar komplett das politische Lager wechseln.

Rückläufiger Stammwähleranteil

Mehr Berichte über
politische Skandale

5. Die Anzahl der **politischen Skandale**, die von den Medien berichtet wer-
    den, steigt: Korruption, illegale Spenden, Patronage, Filz, Dienstwagen und
    Bonusmeilen; man muss nur die Zeitung aufschlagen, schon springt eine
    neue Affäre in den Blick. Natürlich hat es Korruption und Skandale schon
    immer gegeben, aber die Berichterstattung darüber nimmt heute einen un-
    gleich größeren Raum ein. Ob dies an einer offeneren Berichterstattung
    oder am wirklichen Anstieg der Missstände liegt, ist zunächst einmal zweit-
    rangig, denn die Tatsache der breiteren Debatte zählt für den Leser und den
    Wähler.

Entfremdung von
Jugendlichen

6. Die **Entfremdung der Jugendlichen von der Politik** nimmt erschreckende
    Ausmaße an (vgl. DEICHMANN 2009, S. 271 ff.). Empirische Untersuchun-
    gen im Rahmen der politischen Kulturforschung zeigen langfristige Trends.
    Demnach schätzen immer mehr junge Leute zwischen 15 und 24 Jahren ihr
    politisches Interesse selbst als gering ein. 2006 bezeichneten sich nur noch
    39 % als politisch interessiert, 1984 waren es noch 55 %. Zieht man als Fak-
    tor die Beteiligung bei Wahlen mit heran, so sinkt gleichzeitig die tatsächli-
    che politische Partizipation. Bei Jungwählern liegt die Wahlbeteiligung
    meist mehr als 20 % unter dem Durchschnitt der Gesamtwählerschaft. Ge-
    nerell kann man von einer sehr großen Distanz der Jugendlichen zu traditio-
    nellen Politikbereichen sprechen. Darunter leiden ähnlich wie die Parteien
    etwa auch Kirchen und Gewerkschaften.

Schwindendes
Vertrauen

7. Auch das **Vertrauen in die Parteien** und die Politiker schwindet. Laut
    einer Umfrage des Meinungsforschungsinstituts Forsa vom Mai 2009 glau-
    ben 58 % der Bürger, dass keine Partei in Deutschland die Kompetenz hat,
    die Probleme des Landes zu lösen. Folgt man einer anderen Erhebung, sa-
    gen rund 70 % der Menschen, den Parteien gehe es nur um die Macht. Un-
    gefähr die Hälfte meint, die Parteien betrachteten den Staat als Selbstbedie-
    nungsladen und immerhin ein gutes Drittel vertritt die Ansicht, wonach die
    meisten Parteien und Politiker korrupt seien (vgl. GABRIEL/HOLTMANN
    2009, S. 201). Die zuletzt genannten Autoren haben aber andererseits auch
    positive Einstellungen gegenüber Parteien festgestellt, etwa als funktionie-
    rende Einrichtungen der Interessenvermittlung. Auch WEßELS (2009) rät zu
    etwas mehr Gelassenheit. Die Bürger vertrauten zwar nicht „den" Parteien
    im Allgemeinen, ihrer präferierten Partei aber durchaus. Durchschnittlich
    niedriges Vertrauen in Parteien sei deshalb kein Krisensymptom der Partei-
    endemokratie, sondern ein Ergebnis von Parteilichkeit.

Schwäche der
Opposition

8. Anders, als dies früher die Regel war, profitiert heute die jeweilige Volks-
    partei in der **Opposition** nicht mehr automatisch von wachsender Unzufrie-
    denheit mit der Regierung. So verloren sowohl die SPD als auch die Uni-
    onsparteien bei den Bundestagswahlen seit 2002 dreimal in Folge Stimmen.
    Ein Teil dieser Verluste kann sicherlich mit Verweis auf die Große Koaliti-
    on erklärt werden, von der traditionell die kleinen Parteien profitieren. Al-
    lerdings verlor die Union ebenfalls 2005, also am Ende der rot-grünen Ära
    und dem Beginn der Kanzlerschaft Angela Merkels, an Unterstützung. Und
    auch die SPD kann bei der „Sonntagsfrage" im Frühjahr 2010 kaum Kapital
    aus dem schwachen Start der schwarz-gelben Regierung schlagen.

Sind diese empirischen Befunde Symptome einer tiefen Krise der hiesigen Parteiendemokratie, wie einige Forscher glauben (vgl. LANDFRIED 2004, VESTER 2003)? Oder werden durch die skizzierten Entwicklungen lediglich die außerordentlichen deutschen Verhältnisse auf Normalmaß zurückgestutzt? Brauchen die Parteien überhaupt Millionen Mitglieder, von denen ohnehin die meisten inaktiv sind? Müssen die Stammwähleranteile so hoch sein, sind Wechselwähler nicht politisch beweglicher? Ist die Wahlbeteiligung in anderen Demokratien nicht viel niedriger? Inwiefern stellt es ein Problem für die Demokratie dar, wenn die Großparteien abspecken?

Tatsächlich gibt es in der deutschen Parteienforschung einen gewissen Hang, jeglichen Wandel des Parteiensystems als krisenhafte Erscheinung zu thematisieren. Bei einer kritischen Bestandsaufnahme der einschlägigen Diskussion in Medien und Wissenschaft konnte man so bereits Anfang der 80er Jahre auf zehn als gravierend empfundene „Parteienkrisen" kommen (vgl. VON ALEMANN 1981b, S. 111). Deren Quantität und wahrgenommene Intensität dürften in den vergangenen Jahren noch deutlich zugenommen haben. Aber woher kommt dieser Alarmismus? **Krise oder Wandel der Parteiendemokratie?**

GEHNE/SPIER (2010) haben kürzlich drei Faktoren herausgearbeitet, die eine Deutung von Wandlungstendenzen als Krisen in der Debatte begünstigen. Demnach seien (1) in der politischen Kultur Deutschlands Ressentiments gegen Parteien historisch tief verwurzelt. Das ist völlig richtig. Die Deutschen haben die Parteien nie geliebt. Den ablehnenden Äußerungen von Bismarck, Treitschke und Goethe, die wir bereits aus der Einleitung kennen, ließen sich für das 19. und 20. Jahrhundert fast beliebig weitere Zitate hinzufügen. Und auch in Publikationen neueren Datums ist der alte Anti-Parteien-Affekt häufig noch spürbar. Die Krisenrhetorik werde – so GEHNE/SPIER weiter – (2) durch die innere Funktionslogik unserer Medienlandschaft begünstigt. Die alte Journalistenweisheit bringt es auf den Punkt: „Only bad news is good news!" Der Nachrichtenwert einer Entwicklung steigt also, je mehr negative oder dramatische Implikationen sich mit ihr verknüpfen. Wir werden diesen Aspekt als eine mögliche Ursache der Parteienprobleme unter dem Stichwort „Medienwandel" im nächsten Abschnitt noch genauer beleuchten. Und (3) spiele für die Charakterisierung von Wandlungstendenzen als Krisenphänomene auch eine gewisse nostalgische Perspektive eine Rolle. Auch diese Erklärung scheint plausibel. Wer kennt nicht die Klagen: Die Politiker werden immer schlechter, jedenfalls aber immer blasser. Es fehlen kantige, unverwechselbare Persönlichkeiten, es gibt nur noch die stromlinienförmigen Geschäftsführertypen, die allein nach ihrem kurzfristigen Vorteil handeln usw. Politik erscheint in dieser Sichtweise als bloßes Aufstiegsverhalten in der Dienstleistungsgesellschaft. Aber das Argument vermag nicht recht zu überzeugen; es klingt zu sehr nach ebenjener Nostalgie, die in jedem gesellschaftlichen Teilbereich gern artikuliert wird, wie etwa beim Fußball, wo es angeblich auch keine Spielerpersönlichkeiten mehr gibt.

Interessanterweise scheint die Öffentlichkeit in nahezu allen westlichen Ländern davon überzeugt, dass gerade in ihrem Land die Politiker, die Parteien und die Medien besondere Probleme haben, ob in den USA, Frankreich, England oder Italien. Vergleicht man die Umfrageergebnisse, so ist das Ansehen der Par- **Internationale Diskussion**

teien in fast allen Ländern bescheiden. In Frankreich gibt es traditionell starke
Affekte und Aversionen gegen die politischen Parteien (vgl. KIMMEL 2009). In
der Schweiz sieht sich das dortige, einstmals so stabile Parteiensystem mit dem
wachsenden Rechtspopulismus vor eine schwierige Bewährungsprobe gestellt
(vgl. von SCHRÖTTER 2009). In Belgien belastet aktuell wieder einmal der Nati-
onalitätenkonflikt zwischen Flamen und Wallonen das dortige Parteiensystem
schwer. In Italien sind die Parteien durch anhaltende Bestechungsaffären und
Korruptionsvorwürfe, denen sich nicht zuletzt Ministerpräsident Silvio Berlus-
coni ausgesetzt sieht, völlig desavouiert. In den USA wurden die Parteien lange
als „empty bottles" regelrecht veralbert (vgl. DREYER 2009). Schon Anfang der
70er Jahre publizierte der Journalist David S. BRODER dort ein einflussreiches
Buch mit dem Titel „The Party's over" (1972). Ist die Party, die Partei, tatsächlich vorbei? Über *party decline*, also den Niedergang der Parteien, forschen seitdem Politologen in aller Welt. Aber auch die Gegenthese wird vertreten: „The
Party's just begun" nannte Larry J. SABATO sein Buch (1988), das eine Wieder-
belebung der amerikanischen Parteien propagiert, für die es seit Bill Clintons
Wahlsiegen von 1992 und 1996 und erst recht seit der fulminanten Kampagne
Barack Obamas auch handfeste Indizien gibt.

Wenn die etablierten Parteien europaweit, ja weltweit, in die Defensive geraten, dann kann es sich jedenfalls nicht allein um hausgemachte Probleme handeln. Es muss ein allgemeiner Trend in den Industriegesellschaften dahinter
stecken. Es kann sich weder um das Versagen bestimmter Parteien oder einzelner
Politiker handeln, noch um Strukturmängel nur des deutschen politischen Systems. Denn die Symptome treten in allen vergleichbaren Parteiensystemen in
ähnlicher Stärke auf. Mit drei Wandlungstendenzen werden die Veränderungen
des Parteiensystems am häufigsten erklärt: mit dem Wertewandel, dem Medienwandel und dem Politikwandel.

9.3 Parteienprobleme: die Ursachensuche

9.3.1 Wertewandel

Moderne Gesellschaften sind dynamische Systeme, in denen permanente Verän-
derung eingebaut ist – im Gegensatz zu statischen, traditionellen Gesellschaften.
Typisches Beispiel für Letztere ist das alte China mit eingefrorenen Traditionen,
die seine Kultur, Wirtschaft und Politik über Jahrhunderte prägten. Moderne
Industriegesellschaften leben von ökonomischem Wachstum, wirtschaftlicher
Expansion und hoher Mobilität, also Faktoren, die einhergehen mit sozialem
Wandel. Eine Folge davon ist die relativ schnelle Veränderung von moralischen
und sozialen Werten, die von der Mehrheit der Gesellschaft akzeptiert werden –
ein Phänomen, das nicht erst seit gestern zu beobachten ist. Solchen Wandlungs-
prozessen mussten sich auch die Parteien seit ihrer Entstehung stellen und immer
wieder anpassen: Wer zu spät kommt, den bestraft der Wähler.

Materialismus und   Obwohl es Wandel also seit Beginn der Moderne gegeben hat, gibt es doch
Postmaterialismus   erst seit den 70er Jahren eine spezielle Debatte um den „Wertewandel", die

schnell über die engen Zirkel der Sozialwissenschaften hinaus populär geworden ist. Angestoßen wurde sie vom amerikanischen Politikwissenschaftler Ronald INGLEHART (1977) mit seiner These einer „Silent revolution", einer stillen Revolution durch Wertewandel in den Industriestaaten. Die Kernaussage, die wir bereits kurz im Zusammenhang mit der Sozialstruktur des deutschen Parteiensystems skizziert haben (vgl. Kapitel 5.1.1), lautet, dass alte „materialistische" Werte – wie hohes Einkommen, Wachstum, aber auch Sicherheit und Ordnung – von neuen „postmaterialistischen" Werten abgelöst werden. INGLEHART hat sich doppelt abgesichert: Er begründete seine These mit einer sozialpsychologischen Theorie und testete sie durch langjährige empirische Forschung, indem er die westeuropäische Bevölkerung nach ihren Werthaltungen befragte. Nach seiner Theorie sind die menschlichen Bedürfnisse pyramidenhaft geschichtet: Zuerst und zuunterst kommen die materiellen Bedürfnisse (Nahrung, Kleidung, Sicherheit, Wohlstand). Dann erst kommen die immateriellen (soziale, kulturelle, intellektuelle) Bedürfnisse der Selbstverwirklichung und Mitwirkung. Diese nennt er postmaterialistisch. Im Übrigen geht INGLEHARTs Theorie davon aus, dass alle Werte in der Jugendphase erworben werden (Sozialisation in der formativen Phase des Lebens) und dann stabil bleiben.

Abbildung 70: Dimensionen des Wertewandels

Einfachheit, Genügsamkeit, Sparsamkeit	⟶ Genussorientierung, Konsumorientierung
Religiosität und Selbstdisziplin	⟶ Weltliche Orientierung, Schrankenlosigkeit
Abhängigkeit, Konformität	⟶ Unabhängigkeit
Unterordnung unter Autoritäten	⟶ Selbstbestimmung, Selbstverwirklichung
Soziale Kontrolle, Selbstkontrolle	⟶ Verhaltensfreiheit, Selbstentfaltung

(nach: BÜRKLIN 1994, S. 41)

In den Nachkriegsjahrzehnten stieg der materielle Wohlstand an, und die Jugend wuchs seit den 60er Jahren in Sicherheit auf, so dass nach INGLEHARTs Theorie postmaterialistische Werte immer wichtiger wurden. Tatsächlich konnte er mit seinen Umfragen nachweisen, dass zwischen 1970 und 1990 in den meisten Staaten der Europäischen Gemeinschaft der Anteil an Materialisten ab- und der an Postmaterialisten zunahm. Die meisten Postmaterialisten gab es Ende der 80er Jahre in den Niederlanden. Die Bundesrepublik folgte gleich darauf. Allerdings wuchs in anderen Ländern wie Belgien, Italien und Dänemark eher die Gruppe der Materialisten. In Deutschland waren die Postmaterialisten am stärksten bei jungen Leuten, die Materialisten bei den älteren zu finden. Mischtypen, die entweder stärker zur einen oder zur anderen Seite tendieren, sind allerdings insgesamt die stärkste Gruppe (vgl. zu den aktuellen Entwicklungen auch die Darstellung der verschiedenen Milieutheorien in Kapitel 5.1.2).

Steigender Anteil an Postmaterialisten

Auch wenn Inglehart also nur zum Teil recht hatte, fand ein Wertewandel statt, mit unübersehbaren Folgen für die Politik: Gerade in Ländern mit vielen Postmaterialisten wuchsen politische und ökologische Protestbewegungen. Die Studentenbewegung Ende der 60er Jahre mündete in die außerparlamentarische Opposition (APO) gegen Große Koalition, Notstandsgesetzgebung und Vietnam-Krieg. Bürgerinitiativen forderten die etablierten Parteien heraus, und schließlich entstand die neue Partei *Die Grünen*, die sich als dauerhafte Kraft im deutschen und in vielen anderen europäischen Parteiensystemen verankern konnte.

Kritik an Wertewandeltheorie

Wie in der Wissenschaft nicht anders zu erwarten, fand die Theorie des Wertewandels aber auch schnell ihre Kritiker. Ob die Menschen sich wirklich so simpel von materiellen zu immateriellen Bedürfnissen bewegen, wurde genauso in Frage gestellt wie die These, eine einmal erworbene Werteorientierung bleibe das ganze Leben lang unverändert. Wachsende Wechselwählerzahlen wären dann nicht erklärbar. Auch müssten junge „Besserverdienende", statt nach Porsche, Villa und Weltreise zu schielen, sich scharenweise *Amnesty International* und sanften Selbsterfahrungsgruppen anschließen. Ein weiteres Grundproblem ist, dass die Befriedigung von Bedürfnissen höchst relativ und subjektiv bleibt: Was der Eine für materiell abgesichert hält, erscheint dem Anderen noch recht unsicher.

Individualisierung wichtiger als Post-materialismus

In jüngeren Theorien des Wertewandels tritt deshalb die Materialismus-Postmaterialismus-Entwicklung in den Hintergrund. Stattdessen wird die Individualisierung betont. Bis weit in die Moderne haben sich starke kollektive Bindungen erhalten – die Arbeiterklasse entwickelte einen solchen Zusammenhalt und nannte ihn Solidarität, den die dörflich-kirchliche Gemeinschaft schon immer kannte. Die alten Klassen lebten in fest gefügten sozialen Milieus, die auch das politische Verhalten prägten. Die Auflösung der Klassengesellschaft vereinheitlichte jedoch die Lebenslagen und verwischte die alten Unterschiede. Daraus entstand aber keine nivellierte Mittelstandsgesellschaft, in der alle immer gleicher werden, wie man in den 50er Jahren annahm, sondern es traten neue Unterschiede in den Vordergrund: zwischen Regionen, Konsumstilen, Aktivitätsmustern.

Pluralisierung, Fragmentierung, Entstrukturierung

Soziologen beschreiben diese Tendenzen mit den Schlagworten Individualisierung, Pluralisierung, Fragmentierung und Entstrukturierung. Einfacher ausgedrückt: Die Gesellschaft zerfällt nicht mehr in wenige Klassen, sondern zersplittert sich in tausend Facetten. So tritt z. B. an die Stelle der traditionellen Ehe eine Vielzahl von sozialen Lebensformen, die der Einzelne im Laufe seines Lebens „durchprobieren" kann. Ebenso wechselhaft und vielfältig können die Motive werden, eine bestimmte Partei zu unterstützen.

Der Münchner Soziologe Ulrich BECK (1997) meint, je weiter der Modernisierungsprozess fortschreite, desto stärker pulverisierten sich die alten Milieus, bis schließlich nur noch individualisierte Existenzformen und Lebenslagen übrig blieben. Er prognostiziert für die deutsche Gesellschaft eine radikale Individualisierung des Lebenslaufs. Losgelöst von Traditionen und Bindungen der Herkunftsfamilie und der sozialen Schicht gestalte und verantworte jeder Mensch seine Biographie in Zukunft selbst. Konkret auf die Parteien bezogen schreibt er:

„Die Individualisierung destabilisiert das Großparteiensystem von innen her, weil sie Parteibindung enttraditionalisiert, entscheidungsabhängig oder, von der Parteiseite her betrachtet, herstellungsabhängig macht, was bei der Zersplitterung der Interessen, Meinungen und Themen dem Versuch gleichkommt, einen Sack Flöhe zu hüten" (BECK 1997, S. 223).

Kein Wunder also, dass junge Leute sich immer weniger dauerhaft an Parteien (aber auch an Kirchen oder Gewerkschaften) binden wollen. Das erscheint zunächst als eine durchaus positive Entwicklung. Die Menschen werden kritischer: Sollen sich die Parteien doch um jeden Einzelnen immer aufs Neue bemühen. „Mehr Individualität" hat einen guten Klang, jedenfalls besser, als Mitläufer in der Masse zu sein. Problematisch wird aber Individualisierung, wenn sie in Richtung Egozentrik und individuelle Nutzenmaximierung ausschlägt. „Jeder ist sich selbst der Nächste" und „Unterm Strich zähl' ich" wird zur beliebten Rechtfertigung von Verhaltensweisen vom Schummeln bei der Steuererklärung bis zum Versicherungsbetrug mit dem Reisegepäck, vom privaten Abzweigen des Büromaterials bis zum Ausspielen von Beziehungen zum Beamten in der Baubehörde. Wenn dieses Verhalten von vielen „gelernt" und sogar akzeptiert ist, muss man sich nicht wundern, dass es mit der Moral von Politikern und Beamten auch nicht immer zum Besten steht, denn sie sind Menschen wie andere auch.

(Randnotiz: Bindungskraft sinkt)

Eine neue „Betroffenheitskultur" verlangt nach einer Politik unmittelbar vor der eigenen Haustür. Martin und Sylvia GREIFFENHAGEN haben in ihrem Buch „Ein schwieriges Vaterland. Zur politischen Kultur im vereinigten Deutschland" (1993), diese Tendenz gut herausgearbeitet:

(Randnotiz: Betroffenheitskultur)

> „Das Urteil des ‚Autozentrikers' über die Parteien richtet sich ausschließlich danach, welche Partei den Problemen am ehesten gerecht wird, die bei ihm selbst jeweils Priorität genießen. Dabei bewertet er weniger die Programme als die ihnen zugesprochene Kompetenz auf dem Feld seines Interesses. Fatal ist, daß er dabei von vornherein allen mißtraut: Er empfängt Mißtrauenssignale und -aufforderungen, die von überall herkommen und nach allen Seiten gerichtet sind. In seinen Ohren schrillt es dissonant, wenn er den Politikern zuhört, und seine Neigung, alle Parteien gleichermaßen suspekt zu finden, wächst. So wird sein Wechselwählerverhalten zunehmend erratisch und ‚irrational'" (GREIFFENHAGEN/GREIFFENHAGEN 1993, S. 182).

Kaum anderswo zeigt sich Wertewandel so deutlich wie in den veränderten Erziehungszielen. Galten noch zu Beginn der 50er Jahre Ordnungsliebe und Fleiß vor Gehorsam und Unterordnung und dann erst Selbstständigkeit und freier Wille als oberste Tugenden der Kindererziehung, so ist es heute gerade umgekehrt.

(Randnotiz: Erziehungsziele als Indikator)

Eine weitere wichtige Form des Wertewandels nach dem Trend zum Postmaterialismus und zur Individualisierung hat der Bamberger Soziologe Gerhard SCHULZE auf den Begriff der „Erlebnisgesellschaft" gebracht:

(Randnotiz: Erlebnisgesellschaft)

> „Seit der Nachkriegszeit hat sich die Beziehung der Menschen zu Gütern und Dienstleistungen kontinuierlich verändert. Wohin die Entwicklung gegangen ist, wird am Wandel der Werbung besonders offensichtlich. Wurde zunächst der Gebrauchswert der Produkte in den Mittelpunkt der Präsentation gestellt – Haltbarkeit, Zweckmäßigkeit, technische Perfektion –, so betonen die Appelle an den Verbraucher inzwischen immer stärker den Erlebniswert der Angebote. Produkte werden nicht mehr als Mittel zu einem bestimmten Zweck offeriert, sondern als

Selbstzweck. Sie sollen an sich zufriedenstellen, unabhängig von ihrer Verwendbarkeit für irgendetwas. (...)

All diese Ästhetisierung und Pseudo-Entästhetisierung von Produkten ist Teil eines umfassenden Wandels, der nicht auf den Markt der Güter und Dienstleistungen beschränkt bleibt. Das Leben schlechthin ist zum Erlebnisprojekt geworden. Zunehmend ist das alltägliche Wählen zwischen Möglichkeiten durch den bloßen Erlebniswert der gewählten Alternative motiviert: Konsumartikel, Eßgewohnheiten, Figuren des politischen Lebens, Berufe, Partner, Wohnsituationen, Kind oder Kinderlosigkeit" (SCHULZE 1993, S. 13).

Rückwirkung auf Parteien

Kein Wunder, dass diese Erlebnisgesellschaft massive Rückwirkungen auf die Politik und die Parteien hat. Auch hier will man was erleben, statt Statuten zu novellieren oder Delegiertenwahlen zu absolvieren.

9.3.2 Medienwandel

Schon die Erlebnisgesellschaft ist weitgehend ein Medienphänomen, wie die Bedeutung der Werbung für den Erlebniswert von Produkten zeigt. Wir leben in einer radikal anderen Medienwelt als etwa 1950. Es gibt viel mehr und viel breiter gestreute Medien – neue Fernsehprogramme, Videoangebote oder interaktive Medien und *Social Networks*, die außerdem von immer Jüngeren genutzt werden. Alte Medien sind darum aber nicht untergegangen, entgegen den kulturkritischen Kassandrarufen. Auch Zeitungen werden neu gegründet, Musikangebote verstärkt, nicht einmal das traditionelle Buch ist ausgestorben, im Gegenteil, das Angebot steigt. In Kapitel 5.2, bei der Frage nach dem Agenda-Setting in der Politik, wurden diese Probleme bereits angesprochen und sollen hier noch einmal pointiert skizziert werden.

Wandel durch Kommerzialisierung

Die Kommerzialisierung der Medien ist durch die privaten TV-Anbieter angestiegen und damit die Konkurrenz um Zuschauer. Und das Angebot hat sich drastisch verändert in Richtung Unterhaltung und Werbung. „Wir amüsieren uns zu Tode", hat der amerikanische Publizist Neil POSTMAN (1985) mit seinem damals viel zitierten Buch gewarnt. Politische Information kommt nicht mehr an, also wird sie mit Unterhaltung (Entertainment) zum „Infotainment" verkoppelt oder auch verkuppelt. Kaum ein Fernsehzuschauer sieht noch eine Sendung kontinuierlich von Anfang bis Ende, das Zapping mit der Fernbedienung ermöglicht, jeder langatmigen Sentenz oder der ärgerlichen Werbung zu entfliehen. Hasten von Aktion zu Aktion kennzeichnet gerade das Medienverhalten und auch den Lebensstil von vielen Jugendlichen. Wie kann da politische Stabilität gedeihen? Die Parallelen zwischen dem Zapping und dem Wechselwählerverhalten sind unübersehbar.

Was sich aber insbesondere geändert hat, ist unsere Kommunikations- und Informationsstruktur. Der politische Meinungsjournalismus hat sich radikal gewandelt. In den 50er/60er/70er Jahren hatte man nicht unbedingt ein Parteibuch, aber eine politische Botschaft, eine konsistente Linie, der man sich verpflichtet fühlte. *Spiegel, Stern, Die Zeit, Panorama* waren sozialliberal, *FAZ*, Springers Blätter, *ZDF-Magazin* waren bürgerlich-konservativ. Das hat sich geändert: Das

„Lager" links der Mitte ist zersprengt, und auch rechts der Mitte ist man nicht mehr so linientreu.

Es ist ein Journalismus der Postmoderne entstanden, der sich progressiv gibt. „Dekonstruktivismus" und fortwährende Ironie sind angesagt. Exemplarisch zeigt sich das an der Kommentierung der SPD-Kanzlerkandidaten nach dem Sturz von Helmut Schmidt 1982 bis zur Bundestagswahl 2009. Was man bei dem einen Kandidaten gestern kritisiert hat, ist morgen vergessen, und übermorgen wirft man dem dritten vor, dass er so ist, wie man den vorletzten gerne gehabt hätte. Vogel war zu pedantisch und streng, Rau zu harmonistisch und unernst, Lafontaine zu machtverliebt, Engholm zu machtvergessen, Scharping zu langweilig, Schröder ist zu machtversessen und Steinmeier zu bürokratisch. *(Journalismus der Postmoderne)*

Die Wahlforscher reden gerne von der „elektoralen Volatilität" und meinen damit den Wechselwähler, der von Wahl zu Wahl unterschiedlich votiert. Es scheint, dem entspricht eine mediale Volatilität, ein Fliegen und Flüchten von einem Trend zum anderen. Die Bindungsbereitschaft der Wähler sinkt, das Nichtwählen ist keine demokratische Todsünde mehr. Die Bereitschaft der Journalisten, eine längerfristige politische Linie zu entwickeln und durchzuhalten, sinkt ebenfalls. Der neue Individualismus triumphiert. „Living apart together" ist das neue Beziehungsmodell auch in den Medien. Man mag sich und trifft sich, aber fürchtet wie der Teufel das Weihwasser eine dauerhafte Bindung.

Politik und Parteien und insbesondere die Parteipolitiker werden verwundbar durch Medienkampagnen. Wenn diese einem klaren Missstand gelten, der enthüllt werden soll, ist dagegen nichts einzuwenden. Die Flick-Affäre mit ihren jahrelangen illegalen Parteispenden oder der Skandal um die korrupten Praktiken von Gewerkschaftsbossen um die „Neue Heimat" in den 80er Jahren, die CDU-Spendenaffäre in den 90er Jahren oder die Sponsoring-Affäre der nordrhein-westfälischen CDU 2010 wären ohne solche Hartnäckigkeit nicht ans Licht gekommen. Wenn aber durch Kampagnen nur die Auflage oder die Einschaltquote hochgetrieben werden sollen, wird es problematisch. Was dann mit einer Enthüllung nicht gelingt, kann ein paar Wochen lang weiter durchgespielt werden. Immer noch und immer noch eins draufgelegt, und mag das neue Indiz noch so schwach sein. Hauptsache, das „Opfer" bleibt im Gerede. Kampagnenjournalismus ist Kampfjournalismus. *(Kampagnen-Journalismus)*

Skandale enthüllen gehört zur vornehmsten Aufgabe des politischen Journalismus. Aber jeden Tag ein Skandälchen macht müde und abgestumpft. Jede Reisekostenabrechnung, jeder Dienstwagen, jede Eheaffäre, jeder dubiose Freund als Risiko des Scheiterns von Politikerkarrieren – das wird die Qualität der politischen Klasse nicht erhöhen. Welcher brillante Kopf soll denn in Zukunft noch Lust haben, sich dem auszusetzen? „Die Mafia im Staat", „die verlotterte Republik", „die Bananenrepublik Deutschland": Zustände wie im alten Rom herrschen hier, sollte man allen Buchtiteln und Zeitschriftenartikeln glauben.

9.3.3 Politikwandel

Wertewandel und Medienwandel verändern das Umfeld der Parteien und sie verändern die Parteien selbst. Denn auch die Menschen in den Parteien sind vom Wertewandel betroffen. Die Medien der Parteien selbst sind andere geworden, die alte Parteipresse ist tot. Die Parteimitglieder werden nicht mehr in internen Schulungen getrimmt oder vom Ortsvereinsvorsitzenden über die Weltläufe aufgeklärt. Die Beschlüsse der Parteivorstände erfahren sie meist aus der Zeitung.

Wachsende Konkurrenz um Aufmerksamkeit

Die Medien dringen insofern nicht nur in die Kommunikationsstruktur der Parteien ein, sie machen ihnen auch Konkurrenz: Einerseits in Bezug auf politische Wirkung und Einfluss, aber das hat es schon immer gegeben. Neu ist andererseits die Konkurrenz im Lebensalltag, im Zeitbudget der Bürger und der Parteimitglieder. Die Erlebnisgesellschaft lässt weniger Zeit für politische Arbeit und dieses ohnehin knappere Zeitbudget müssen die Parteien auch mit einer Vielzahl unkonventioneller politischer Beteiligungsmöglichkeiten teilen. Parteien stehen also heute unter einem ungleich höheren Konkurrenzdruck als früher. Gerade die Großparteien hinken oft hinter den agilen Bewegungen hinterher, kommen ewig zu spät, weil sie die neuen Themen nach ihren alten Regeln verarbeiten: in Gremien, Arbeitsgemeinschaften, Antragskommissionen, Vorständen und auf Parteitagen.

Parteien vermitteln keine Gemeinschaft mehr

Die Parteien vermitteln in diesen rituellen Formen auch keine Gemeinschaftserlebnisse wie politische Bewegungen mit machtvollen Großdemonstrationen oder intensiver Basisarbeit mit den unmittelbar Betroffenen. Wer Gemeinschaft will, sucht sie woanders, lokale Parteiorganisationen sind da scheinbar der falsche Ort. Obwohl diese versuchen, dem Trend entgegen zu wirken: mit Stadtteilfesten, Ortszeitungen, Skatabenden. Damit entpolitisieren sie aber die Politik noch mehr und verstärken unfreiwillig genau das, wogegen sie angehen.

Schwieriges Agenda-Setting

Gegenüber den Medien haben die Parteien ihre Rolle als „Agenda-Setter" verloren. Die großen Themen werden nicht von ihnen bestimmt. Das liegt auch daran, dass in den Parteien zu Viele gleichzeitig etwas sagen wollen, Botschaften absenden, die sich oft widersprechen. Wenn in der CDU die Sozialausschüsse mehr Kindergeld fordern, meldet sich sogleich die CDU-Mittelstandsvereinigung, die eine Senkung der Lohnnebenkosten fordert. Wenn in der SPD der Gewerkschaftsflügel mehr Wirtschaftswachstum fordert, um Lohnzuwächse zu erzielen, meldet sich sicher ein Umweltarbeitskreis der SPD, der für eine Drosselung des Wachstums zugunsten der Ökologie plädiert. Auch dies ist eine Folge der zunehmenden Individualisierung der Bedürfnisse und Interessen, die eine Parteidisziplin wie etwa in den 50er Jahren nicht mehr zulässt.

Politikverflechtungsfalle schnappt zu

Auch die „Politikverflechtung" zwischen Bund, Ländern und Gemeinden mit ihren tausend Querverbindungen über Kommissionen und Ausschüsse macht den Parteien zu schaffen. Dadurch kann leicht die Verantwortung versickern. Großparteien sind immer dabei, immer dafür und immer dagegen. Die Politikverflechtung zwischen Bund, Land und Gemeinde (Europa und die Welt sind mittlerweile mitverflochten) entzweit die Parteien innerlich: Politisches Überleben auf der einen Ebene erfordert Distanzierung auf der anderen Ebene. Was hier richtig ist, wird dort falsch. Die Opposition im Bund lehnt eine Mehrwertsteuer-

erhöhung ab, die Landesregierungen der gleichen Partei fordern sie als finanziel-
le Überlebensnotwendigkeit.

Die „Politikverflechtungsfalle schnappt zu", wie der Politologe Fritz W.
Scharpf schon früh formulierte, ein Netz, in dem sich alle Parteien gefangen
finden (vgl. SCHARPF/REISSERT/SCHNABEL 1976). Denn alle sind sie irgendwie
mitverantwortlich, regieren irgendwo in Bund, Land und Gemeinden mit. Dem
Wähler fehlen so klare Alternativen zwischen den *ins* und den *outs*, zwischen
Regierung und Opposition. Auch dieser Aspekt kann Entfremdung und Verdrossenheit erzeugen.

Die Parteien sind also, das haben die letzten Ausführungen deutlich ge-   Zwischenfazit
macht, mit vielfältigen Wandlungstendenzen konfrontiert. Auf diese veränderten
Rahmenbedingungen können sie entweder mit Anpassung oder mit Verharrung
reagieren. Sie können ihrerseits aber auch – und dieser Umstand wird in der
Parteienforschung häufig übersehen – auf viele Rahmenbedingungen selbst Einfluss nehmen und diese aktiv gestalten. Sie sind also nicht lediglich reagierendes
Objekt, sondern auch handelndes Subjekt der Veränderung (MAIR 1997, S. 9).
Eine besonders augenfällige Möglichkeit besteht zum Beispiel darin, über die
Gesetzgebung und das administrative Handeln der durch Parteien besetzten Exe-
kutive die institutionellen Rahmenbedingungen des Parteienwettbewerbs zu
modifizieren. Als nach wie vor wichtige politische Akteure gestalten sie natür-
lich auch die gesellschaftlichen Rahmenbedingungen mit. Weiterhin ist eine
Änderung der strategischen Rahmenbedingungen durch das Erschließen neuer
Koalitionsoptionen möglich (vgl. ALEMANN/SPIER 2009, S. 34).

Im folgenden Abschnitt wollen wir uns jedoch vor allem den organisatorischen Änderungs- und Anpassungsmechanismen der Parteien zuwenden. Wie
werben sie um Mitglieder? Wie reorganisieren sie ihre Strukturen?

9.4 Parteienreaktionen

9.4.1 Parteienreformansätze

Natürlich ist die Debatte um die Parteienverdrossenheit nicht spurlos an den
Parteien selbst vorbeigegangen. Sie beschäftigen sich ja generell gerne mit sich
selbst. Zwar gab es auch die Meinung, die massive Kritik sei ein reines Medienphänomen und die Journalisten würden Skandale und Missstände nur hochju-
beln, um Auflagen und Einschaltquoten zu steigern. Doch die selbstkritischen
Töne in den Parteien als Reaktion auf die Kritik überwiegen.

Die Parteien begannen also, Kommissionen und Arbeitskreise zu gründen
nach dem beliebten Motto: „Wenn du nicht mehr weiter weißt, gründe einen
Arbeitskreis". Am weitesten ging die SPD, die, angetrieben von ihrem ehemaligen Bundesgeschäftsführer Karl-Heinz Blessing, schon 1992 eine hochrangige
Kommission *SPD 2000* gründete, die 1993 ihre Ergebnisse vorlegte (BLESSING
1993). Die zahlreichen Vorschläge waren einerseits recht konventionell („Aktivierung der Mitgliedschaft"), andererseits geriet das Papier in den Strudel des

Rücktritts von Björn Engholm als Parteivorsitzender und damit seines Bundesge-
schäftsführers Blessing.

Der neue Bundesgeschäftsführer der SPD, Günter Verheugen, hatte in der
Vorbereitung der Bundestagswahl 1994 Wichtigeres zu tun, als Parteireformen
zu betreiben, und so versickerten die Aktivitäten zunächst. Nur ein Element
wurde sofort umgesetzt: die plebiszitäre Auswahl des neuen Parteivorsitzenden
Rudolf Scharping durch Mitgliederbefragung. Sie war 1993 mit überraschenden
56 % Wahlbeteiligung ein voller Erfolg für die Mobilisierung der Partei und
stärkte die Position des neugewählten Vorsitzenden gegenüber seinem Konkurrenten Gerhard Schröder nachhaltig.

Nur symbolische Aktionen?

Diese insgesamt eher seltene Form der Mitgliederbeteiligung bei Personal-
entscheidungen ist auf Bundesebene mehr als symbolische Aktion zu verstehen,
die weit hinter einer durchgreifenden Reform zurückbleibt. In der Debatte befinden sich aber seit Langem drei Reformvorschläge, die man radikal so zuspitzen
kann:

- alle Macht den Wählern,
- alle Macht den Mitgliedern,
- alle Macht den Profis.

Alle Macht den Wählern

Alle Macht den Wählern, so fordern viele, die sich an den amerikanischen Vorwahlen, den *primaries*, orientieren. Dort hat man seit der Jahrhundertwende die
korrupten Parteimaschinen zerschlagen, indem man die Wähler selbst die Kandidaten nominieren lässt. Eingetragene Parteimitglieder gibt es deshalb in den
USA kaum noch. Jeder Sympathisant einer Partei lässt sich in Wahllisten eintra-
gen und beteiligt sich an der Vorwahl der Kandidaten. In manchen Bundesstaaten kann man sich sogar frei an dem Nominierungsverfahren auch der Partei, die
man nicht unterstützt, beteiligen. Aus Sicht der Parteiorganisationen ist dies
überaus problematisch, weil sie damit ziemlich überflüssig werden.

Alle Macht den Mitgliedern

Alle Macht den Mitgliedern, so lautet der zweite Vorschlag. Die Parteien
müssten von den sozialen Bewegungen lernen: Basisdemokratie durch Partizipation aller Mitglieder sei die Devise. Wolfgang MICHAL, der mit seinem Buch
„Die SPD – staatstreu und jugendfrei" (1988) kurzzeitig für Furore sorgte, vertritt diese These. Alle Übel stammten von den Parteiapparaten, den Funktionären
– eine alte These aus der Parteientheorie seit Robert MICHELS und Moisei
OSTROGORSKI. Die Parteien müssten sich lokal nicht nach Wohnbezirken, sondern nur noch nach Themen orientieren. Sie müssten zu Bürgerinitiativen werden, zu themenorientierten sozialen Bewegungen. MICHAL und mit ihm viele
andere vergaßen aber, dass Bürgerinitiativen kommen und gehen (oder aber zu
Sekten verkrusten) und dass auch *Die Grünen* mit ihrer ursprünglichen Parteiorganisation Schiffbruch erlitten haben. Die radikale partizipatorische Basisdemokratie ist auch kein Allheilmittel für die Parteien.

Alle Macht den Profis

„Alle Macht den Profis", so lautet der Untertitel eines Buches von dem
Journalisten und Politikberater der SPD, Peter GRAFE (1991). Er plädiert dafür,
die SPD zu einer politischen Dienstleistungsfirma zu machen, die ihr Produkt
perfekt anbietet. Und dieses Produkt bestehe in kompetenten und exzellenten

Führungspersonen. In das gleiche Horn stößt Peter RADUNSKI (1991), langjähriger Wahlkampfmanager der CDU. Er fordert eine „Fraktionspartei", in der Profis aus den gewählten Gemeindeparlamenten bestimmen und nicht die Amateure, das heißt die einfachen Mitglieder. Auf die alte Vereinsmeierei in den Parteien, die dem 19. Jahrhundert als Organisationstypus angehöre, könne man getrost verzichten. Die Finanzierung durch Mitgliedsbeiträge, die zurzeit noch den Parteien einen beträchtlichen Teil ihres Etats bringt, könne man komplett durch Spenden ablösen.

Aber auch von „rot-grüner" Seite wurde dem alten Modell der Mitglieder-   Die Rahmenpartei
partei der Totenschein ausgestellt (kritisch hierzu WIESENDAHL 2006). So plädierte Joachim RASCHKE schon in seinem monumentalen Werk „Die Grünen. Wie sie wurden, was sie sind" (1993 b) für das Modell einer professionellen „Rahmenpartei". Dieses Modell empfiehlt er auch mit Thomas LEIF in seinem Buch „Rudolf Scharping, die SPD und die Macht":

> „Die Rahmenpartei kann auf vier Kreisen aufbauen:
> - den aktiv-professionellen Kernen aus Abgeordneten, Hauptamtlichen, Ehrenamtlichen sowie dem Reservoir mehr oder weniger Aktiver, aus dem die Funktionsträger erneuert werden;
> - Menschen, die sich mit der Partei identifizieren und als Förderer das in der Regel schlecht zahlende sowie – manchmal mit schlechtem Gewissen – inaktive Mitglied ersetzen;
> - den sozialen Milieus, mit denen die Partei verbunden, teilweise auch verflochten ist, und aus denen sie einen Teil ihrer Vitalität bezieht;
> - den Wählern. (...)
>
> Dies ist das Modell einer führungszentrierten Rahmenpartei mit einem professionellen, kontinuierlichen Rahmen, der in den Wellen gesellschaftlicher Probleme und Bewegungen durch neue Aktive aufgefrischt wird. Der Parteiführer trägt die letzte Verantwortung für den Wahlerfolg, den wichtigsten Bezugspunkt der Partei. Deshalb hat er auch das letzte Wort über die Richtung der Partei. Im Konfliktfall kann er sich auf die Wähler berufen und sich dabei gegen seine eigene Partei stellen. Neben den Abgeordneten spielen aber auch Parteiaktive eine Rolle. So wird die Partei als widersprüchliche Einheit von Gefolgschaft, Mobilisierung und Diskurs entworfen" (LEIF/RASCHKE 1994, S. 202 ff.).

Ob eine solche Professionalisierung der Parteien durch Stärkung der Führung – der Mandatsträger und Hauptamtlichen – mit Reduzierung der Vereinselemente und der Konzentration auf politische Dienstleistungen wirklich der Königsweg ist, mag bezweifelt werden. Die Unverbindlichkeit der „Rahmenpartei" gegenüber den Wählern oder eine neue Abschließung der Professionellen könnten die Folge sein.

Das Modell Rahmenpartei nimmt die klassische Parteiorganisation zurück und will stattdessen die Personalisierung der Politik nutzen, um den Parteien der Zukunft ein Profil zu geben. Liegt aber wirklich in der Personalisierung der Politik (und der Parteien) eine vernünftige Zukunftsentwicklung? Sicher weisen Tendenzen der Mediengesellschaft in diese Richtung. Aber es ist doch sehr zweifelhaft, ob man diese unterstützen soll. Wenn man manche Leitartikel oder Titelstorys der Wochenblätter liest, so scheinen die Kämpfe der Gladiatoren wie zwischen Schröder und Lafontaine, Westerwelle und Möllemann oder Merkel und Steinmeier den politischen Alltag zu dominieren. Parteireformer sollten mit diesem Trend zwar realistisch rechnen, aber ihn nicht stützen, sondern abbauen oder umlenken. Denn es geht doch auch in Zukunft um Probleme, um Programme, also um Politik, und erst danach um Personen.

Was ist also zu tun? Führen alle drei Wege – Wähler-, Mitglieder- und Profi-Partei – in die falsche Richtung? Der richtige Pfad liegt wohl in keiner dieser drei radikalen Lösungen, sondern in einer Kombination von zahlreichen Aktivitäten. Das Handeln der Parteien bzw. der verantwortlichen Parteispitzen ist allen Abgesängen auf die Mitgliederpartei zum Trotz im ersten Jahrzehnt des 21. Jahrhunderts davon geprägt, möglichst viele Mitglieder zu rekrutieren und die Mitgliederpartei als solche zu erhalten. Dabei beschränken sich die deutschen Parteien vor allem auf vier Reformmaßnahmen: Die Parteien versuchen durch materielle Anreize, die Aufnahme direktdemokratischer Elemente, die Öffnung für Nichtmitglieder und die Nutzung des *Social Web* auf Parteienverdrossenheit und sinkende Mitgliederzahlen zu reagieren.

Rekrutierung über materielle Anreize

Um für Nichtmitglieder attraktiv zu werden, verbinden die deutschen Parteien immer häufiger die Mitgliedschaft mit materiellen Anreizen. So bekommen SPD-Neumitglieder seit dem Jahr 2000 bei einem Beitritt auch die *SPD-Card*, über die sie Rabatte und andere Vergünstigungen erhalten. Die Mitgliedschaft in einer Partei ist also mit einer Reihe von Vorteilen verbunden, so jedenfalls das Konzept der Parteistrategen. Auch in anderen Parteien haben diese neuen Mitgliedsausweise Einzug gehalten (vgl. WIESENDAHL 2006, S. 152). Selbst wenn Parteien auf eine solche Mitgliederwerbung verzichten, verfügen doch vor allem die beiden großen Parteien über eine Vielzahl an Rahmenverträgen, die es dem einzelnen Mitglied ermöglichen, Sonderkonditionen zu erzielen. Unter demokratietheoretischen Gesichtspunkten ist es jedoch bedenklich, wenn die Rekrutierungsmaßnahmen der Parteien dazu führen, dass demokratisches Engagement über einen „Treuebonus" erkauft wird.

Integration direktdemokratischer Elemente

Neben diesen Rekrutierungsversuchen beziehen sich die anderen Parteireformen vor allem auf die innere Parteiorganisation. Durch die Aufnahme direktdemokratischer Elemente in den Prozess der parteiinternen Entscheidungsfindung versuchen Parteien, die Partizipation ihrer Mitglieder sowie potentieller Neumitglieder zu steigern. Die Sozialdemokraten versuchten beispielsweise, im Februar 2007 ihre Mitglieder mit einer Befragung zum Entwurf des neuen Grundsatzprogramms an der Programmdiskussion zu beteiligen. Schlussendlich nahmen 40.000 Parteimitglieder an der Befragung teil, davon 54 % ohne Amt und Funktion. *Die Grünen* kennen schon lange einen Sachentscheid ihrer Mitglieder. Nach § 24 Abs. 1 der Satzung des Bundesverbandes kann „über alle Fragen der Politik von *Bündnis '90/Die Grünen*, insbesondere auch der Programme, des Grundkonsenses und der Satzung" eine Urabstimmung herbeigeführt werden. In beispielhafter Weise offen für die Entscheidung ihrer Mitglieder zeigt sich aktuell *Die Linke*. Deren Mitglieder können zurzeit entscheiden, ob ein Parteitag oder die Mitglieder selbst den Entwurf ihres ersten Grundsatzprogramms beschließen sollen. Zudem stimmten die Mitglieder der *Linken* im Frühjahr 2010 nach dem Rückzug von Lothar Bisky und Oskar Lafontaine darüber ab, dass eine Doppelspitze dauerhaft in ihrer Satzung verankert werden soll.

Aber nicht nur über Sachfragen lassen die Parteispitzen ihre Mitglieder entscheiden. So ermittelte nach der Mitgliederbefragung der SPD 1993 die CDU in Nordrhein-Westfalen ihren Spitzenkandidaten für die Landtagswahl 1995 ebenfalls qua Mitgliederbefragung. In jüngster Zeit wurde diese Form der Mitgliederbeteiligung vor allem in Rheinland-Pfalz und Baden-Württemberg eingesetzt: 2004 entschied die rheinland-pfälzische CDU auf diese Weise über ihren Spitzenkandidaten, im selben Jahr die CDU in Baden-Württemberg über die Nachfolge von Ministerpräsident Teufel. Im Jahr 2009 führte dann auch der baden-württembergische Landesverband der SPD eine konsultative Mitgliederbefragung über den zukünftigen Landesvorsitzenden durch.

Auch wenn der ehemalige Ministerpräsident Günther Oettinger sich 2004 – nach dem positiven Votum der CDU-Mitglieder für seine Person – für Mitgliederbefragungen bei der Entscheidung der Kanzlerkandidatur aussprach, konnte sich diese Form der Mitgliederbeteiligung auf Bundesebene bislang nicht durchsetzen. Spitzenkandidaten und Parteivorsitzende der Bundesparteien werden weiterhin brav von den Parteitagsdelegierten gewählt. Selbst *Die Grünen* bzw. ihre Parteispitze widerstanden 2009 gegen alle basisdemokratischen Gepflogenheiten der Forderung nach einer Mitgliederbefragung zur Auswahl ihrer Spitzenkandidaten und schlugen stattdessen Renate Künast und Jürgen Trittin als Führungsduo für die Bundestagswahl vor.

Neben diesen unmittelbaren Partizipationsformen setzen die Parteien immer mehr auf die Öffnung ihrer Organisation für Nichtmitglieder und Sympathisanten. Gegenüber Nichtmitgliedern zielt dies darauf ab, die Partei als Bestandteil der Zivilgesellschaft darzustellen und es anderen bürgerschaftlichen Interessengruppen beispielsweise zu ermöglichen, Anfragen und Anträge an innerparteiliche Gremien zu stellen. Schlussendlich können parteilose Bürger ihren Sachverstand in den Entscheidungsfindungsprozess einer Partei mit einbringen. Die Öffnung für Sympathisanten im Rahmen einer „Schnuppermitgliedschaft" bietet hingegen interessierten Bürgern die Möglichkeit, sich befristetet – etwa für die Dauer einer Kampagne – in einer Partei zu engagieren.

Öffnung der Parteistrukturen

So sprechen sich beispielsweise *Die Grünen* in Nummer 67 ihres Grundkonsenses für die Mitarbeit von Nichtmitgliedern aus:

> „Auch der Sachverstand und das Engagement derjenigen, die sich nicht parteipolitisch binden wollen, soll voll eingebracht werden können. Freie Mitarbeit sowie die Berücksichtigung auch von Nichtmitgliedern bei der Aufstellung von Wahlvorschlägen sind Beispiele dafür."

Es ist jedoch zu bezweifeln, ob eine solche Maßnahme von den lokalen Entscheidungs- und Funktionsträgern der Parteien auch wirklich begrüßt wird. Denn die Partizipation von neuen Akteuren am Entscheidungsprozess gefährdet auch immer Machtpositionen und eingespielte Machtkonstellationen innerhalb der Parteien. Umstritten ist zudem unter Parteimitgliedern, inwieweit Nichtmitglieder beispielsweise bei der Kandidatenaufstellung berücksichtigt werden sollen.

Nach Wiesendahl „sind die tatsächlichen innerparteilichen Demokratisierungs- und externen Öffnungserfolge mehr als ernüchternd" (WIESENDAHL 2006, 159).

Erweiterung der Online-Angebote

Neben der Öffnung der Parteiorganisation kommt dem Online-Auftritt der Parteien eine zunehmende Bedeutung im Rahmen der Reformbemühungen zu. Die Parteien begannen im letzten Jahrzehnt, die Möglichkeiten und Chancen der Online-Kommunikation zu nutzen. So stellen die Parteien ihren Mitgliedern zur innerparteilichen Kommunikation ein zu meist exklusives – also an die Mitgliedschaft gebundenes – Online-Angebot zur Verfügung. In *Social Networks* wie *meineSPD*, *CDUnet* oder *my.FDP* versuchen die Parteien, die Kommunikation mit den Mitgliedern sowie der Mitglieder untereinander zu erleichtern. Mitglieder können so über Entscheidungen mitdiskutieren, sich engagieren und die Arbeit der Partei gestalten. Zugleich wird die Informationsversorgung erleichtert und beschleunigt.

Allerdings kann dieses Medium trotz virtueller Ortsvereine (SPD), virtueller Landesverbände (FDP) und virtueller Parteitage (CDU, *Die Grünen*) die direkte Kommunikation mit den Mitgliedern nicht ersetzen. Darüber hinaus stellt sich die Frage, wie sich solche *Social Networks* in die innerparteilichen Kommunikationsstrukturen einordnen lassen und auf welcher Legitimation sie beruhen. So können sich Mitglieder, die nicht über einen Internetzugang oder die nötigen PC-Kenntnisse verfügen, an dieser Art der Kommunikation nicht beteiligen. Ein Problem für die innerparteiliche Kommunikation erwächst daraus vor allem dann, wenn Parteien in der Mehrzahl aus Mitgliedern bestehen, die dieses Medium nicht oder nur eingeschränkt nutzen.

Abschließend muss festgehalten werden, dass der Mitgliederschwund zumindest bei den beiden großen Volksparteien dennoch bis heute nicht gestoppt werden konnte. Das Innenleben der Parteien hat sich trotz der angeführten Beispiele nicht zu einer basisdemokratischen Beteiligungskultur verändert. Auch die Öffnung der Parteien ist nicht auf die gewünschte Resonanz gestoßen. Wiesendahl kommt diesbezüglich zu dem Schluss, dass es nicht „die fehlenden innerparteilichen Beteiligungsmöglichkeiten, sondern mentale Vertrauens- und Entfremdungsprobleme sind, die Eintrittswillige vom Parteibeitritt abhalten" (WIESENDAHL 2006, S. 162).

Eine durchgreifende Parteienreform muss daher wohl auf breiter Front antreten, sie kann nicht auf kleine Organisationskosmetik beschränkt bleiben. Sie muss auch das Wahlrecht und die Parteienfinanzierung sowie das Verhältnis von Parteien und Gesellschaft thematisieren.

9.4.2 Alternativen zu den etablierten Parteien?

Wenn die beiden Volksparteien die „Dinosaurier der Demokratie" sind, wie der Titel eines Buches von Jürgen RÜTTGERS (1993) lautet, dann können sie entweder, wie zuvor dargestellt, durch tief greifende Reformen reanimiert werden oder sie verlieren immer mehr an Bindekraft, und es treten andere Parteien und Gruppierungen an ihre Stelle.

So ist nicht zuletzt auch bei der Bundestagswahl 2009 die Dekonzentration des Parteiensystems weiter fortgeschritten. Protestparteien, Rechtsparteien, Regionalparteien und spezielle Interessenparteien stellen für immer mehr Wähler Alternativen zu den etablierten Parteien dar. Die abnehmende gesellschaftliche Verankerung der beiden Volksparteien führt immer häufiger zu komplizierten Mehrfachbündnissen (z. B. Ampel- oder Jamaika-Koalition) oder zur unliebsamen Großen Koalition.

Dekonzentration

Menetekel für solche unsicheren Aussichten, etwa durch das Auftreten von Protestparteien, war die Wahl zur Hamburger Bürgerschaft im September 1993. Das Hamburger Verfassungsgericht hatte überraschend die vorherige Bürgerschaftswahl wegen schwerer formaler Verstöße bei der Kandidatenaufstellung der CDU für ungültig erklärt. Das frühere CDU-Mitglied Markus Wegener hatte zusammen mit vier weiteren CDU-Mitgliedern gegen seine Partei vor Gericht erstritten, was er parteiintern vergeblich durchsetzen wollte: eine demokratischere Form der Kandidatenaufstellung. Für die Neuwahl gründete er als neue Gruppierung die *STATT-Partei*, zog auf Anhieb mit 5,6 % der Stimmen in die Bürgerschaft ein und konnte nach der Wahl sogar eine Kooperation mit der SPD-Stadtregierung erreichen.

Schneller Aufstieg der STATT-Partei...

Die *STATT-Partei* erlangte durch diesen Sieg überraschende Popularität. Hektisch wurden in anderen Städten, Bundesländern und auf Bundesebene Neugründungen vorgenommen, die sich allerdings heftig in Personal-, Politik-, Programm- und Satzungsquerelen verstrickten. Das führte zu konkurrierenden Landesverbänden und mehreren sich rechtlich bekämpfenden Bundesvorsitzenden, so dass die neue Kraft bei keiner folgenden Wahl mehr nennenswerte Erfolge erzielen konnte. Obwohl die *STATT-Partei* als eine bürgerliche Protestpartei der Mitte so schnell wieder unterging, wie sie aufgestiegen war, müssen solche Bewegungen für die Zukunft durchaus nicht chancenlos bleiben.

...und abrupter Untergang

Ein weiteres Beispiel dafür ist auch der Erfolg der rechtspopulistischen *Partei Rechtsstaatlicher Offensive* oder auch *Schill-Partei* genannt, die bei den Hamburger Bürgerschaftswahlen im September 2001 aus dem Stand spektakuläre 19,5 % erreichte. Der Durchmarsch des Parteigründers Ronald Schill, der sich ganz auf „Law and Order" als Hauptwahlkampfthema konzentrierte, führte in der traditionell sozialdemokratisch regierten Hansestadt zu einem Regierungswechsel. Es kam zu einer Koalitionsbildung von CDU, *Schill-Partei* und FDP. Ole von Beust wurde Erster Bürgermeister und Ronald Schill Innensenator. Nach diesem Wahlerfolg wurden weitere landes- und bundespolitische Ambitionen der Partei laut. Mehrere Landesverbände wurden gegründet, die sich dann den Wahlen stellten. Allerdings verpasste die Partei den Einzug in weitere Landesparlamente (z. B. Sachsen-Anhalt), und auch bei der Bundestagswahl 2002 blieb ihr Ergebnis mit 0,8 % der Stimmen bedeutungslos. Im Jahr 2004 war dann auch in Hamburg der Spuk vorbei. Nachdem Ole von Beust am 9. Dezember 2003 die Regierungskoalition mit der FDP und der *Schill-Partei* aufgelöst hatte, fanden im Februar 2004 Neuwahlen für die Hamburger Bürgerschaft statt. Bei dieser Wahl erreichte die CDU erstmals die absolute Mehrheit in Hamburg.

Schill-Partei

Die Tendenzen des Werte-, Medien- und Politikwandels machen kurzfristige Erfolge solcher Gruppierungen wie der *STATT-Partei* oder der *Schill-Partei* eigentlich wahrscheinlicher. Allerdings kranken diese Gruppen notorisch daran, dass sie zunächst Frustrierte und Querulanten aller Schattierungen magisch anziehen, die sich dann schnell selbst paralysieren. Die Kombination aus einem plötzlichem Erfolg, vielen unerfahrenen Parteimitgliedern und verstärkter medialer Beobachtung führt in der Regel zum Niedergang solcher Gruppierungen.

Selbstblockade auch bei Rechtsextremen

Diese Tendenz zur Selbstblockade gilt zum großen Teil auch für die rechtsextremen Parteien. In der Forschung ist es umstritten, ob es berechtigt ist, die Rechtsparteien nur als kurzatmige Protestparteien zu bezeichnen. Denn immerhin handelt es sich bei den aktuellen Wahlerfolgen der *Nationaldemokratischen Partei Deutschlands* (NPD) schon um die vierte Welle des Rechtsextremismus in der Nachkriegszeit. Die erste Welle erhob sich nach dem Aufkommen der *Sozialistischen Reichspartei* (SRP), die im Mai 1951 in Niedersachsen 11 % der Stimmen auf sich vereinigen konnte, aber 1952 vom Bundesverfassungsgericht verboten wurde. Mitte der 60er Jahre setzte mit den Erfolgen der NPD bei Landtags- und Kommunalwahlen die zweite Welle ein, in deren Verlauf die NPD 1968 bei der Landtagswahl in Baden-Württemberg mit 9,8 % ihren höchsten Stimmenanteil erreichen konnte. Die dritte Welle des Rechtsextremismus folgte in den 80ern mit den Wahlerfolgen der 1983 von CSU-Dissidenten in Bayern gegründeten *Die Republikaner*. Bei den Europawahlen von 1989 erhielten sie 7,1 %, also umgerechnet etwa 2 Mio. Stimmen. Bei der Landtagswahl in Baden-Württemberg 1992 gelang den *Republikanern* zudem mit 10,9 % einer ihrer größten Triumphe. Allerdings blieben weitere Wahlerfolge – mit Ausnahme des Wiedereinzugs 1996 in den Baden-Württembergischen Landtag – aus.

Gegen Ende der 90er Jahre setzte dann die vierte, bis heute andauernde, Welle ein. Die Wahlerfolge werden diesmal nicht von einer Partei allein, sondern gemeinsam von NPD und *Deutscher Volksunion* (DVU) errungen. Zudem weisen die Wahlerfolge der beiden Parteien eine höhere Kontinuität als in den vorangegangenen Wellen auf. Die DVU erhielt 1998 bei der Landtagswahl in Sachsen-Anhalt 12,9 % der Stimmen und konnte im darauffolgenden Jahr in das brandenburgische Landesparlament einziehen. Bei den Landtagswahlen 2004 gelang ihr zudem der Wiedereinzug in den Landtag von Brandenburg. Dieser erneute Einzug kann als direkte Folge einer Vorwahlabsprache zwischen den Parteivorständen von NPD und DVU angesehen werden. Beide Parteien hatten vereinbart, bei den Landtagswahlen 2004 in Brandenburg und Sachsen nicht gegeneinander anzutreten. So reüssierte die DVU 2004 bei der Landtagswahl in Brandenburg und die NPD in Sachsen. Im Januar 2005 wurde dann diese Vorwahlabsprache im sogenannten „Deutschlandpakt" von DVU und NPD institutionalisiert. Dieser wahlstrategische Pakt hat den beiden rechtsextremen Parteien jedoch nicht den gewünschten Erfolg gebracht. So ist der DVU bis dato nicht der Einzug in ein weiteres Landesparlament gelungen, während die NPD nur bei der Landtagswahl 2006 in Mecklenburg-Vorpommern erfolgreich gewesen ist. Nachdem die NPD 2009 bei der Landtagswahl in Sachsen nur knapp in den Landtag einziehen konnte, trat sie bei der darauffolgenden Landtagswahl in Brandenburg erstmals wieder gegen die DVU an und kündigte so de facto den „Deutschlandpakt" auf. Während die NPD in letzter Zeit wieder Wahlerfolge feiern konnte (siehe BACKES 2010), ist die Entwicklung der DVU nach einer anfänglichen Konsolidierung von Auflösungserscheinungen gekennzeichnet. Hatte die Partei 2006 noch 8.500 Mitglieder, so sind es vier Jahre später nur noch 4.500.

Solche rechtsextremen Parteien gehen in der Regel mit einem zentralen Thema und mit einfachen Erklärungen auf Stimmenfang. Ihr bevorzugtes Wählerklientel sind die sogenannten „Protestwähler". Protestwähler sind mehrheitlich nicht ideologisch festgelegt. In ihrer Wahlpräferenz schwanken sie zwischen Rechtspopulisten und Linkspopulisten sowie der Nichtwahl. Sie reagieren mit ihrer Wahlentscheidung auf reale oder scheinbare landes- oder bundesspezifische Missstände. Obwohl die rechtsextremen Parteien in Deutschland keine kontinuierlichen Erfolge halten konnten, sondern lediglich auf Landesebene vorstießen – nur 1989 errangen sie im Europaparlament Sitze, im Bundestag jedoch noch nie –, steht doch ein langfristig problematisches Potential von Personen und Gruppen dahinter, mit dem man immer wieder rechnen muss. Denn autoritäre Werte sowie rechtsextreme Gesinnungen mit Ausländerhass und deutschem Chauvinismus sind nach verschiedenen Untersuchungen bei 5 bis 15 % der Bevölkerung vorhanden. Besonders erschreckend ist dieses Potential bei Jugendlichen, wenn es sich in ausländer- und minderheitenfeindlichen Gewaltakten entlädt. Die Mischung aus rechter Gesinnung und sozialer Perspektivlosigkeit ist explosiv, wie sich bei hasserfüllten Aktionen Jugendlicher nicht nur in Ostdeutschland gezeigt hat. So unterstreicht auch der Blick ins europäische Ausland, dass die Gefahr des Erfolges von rechtsextremistischen Parteien auch in sehr fortgeschrittenen Industriegesellschaften weiterbesteht.

Protestwähler oder autoritärer Bodensatz?

Als dritte mögliche Bedrohung der etablierten Großparteien neben Protest- und Rechtsparteien können Regionalparteien gelten. In der alten Bundesrepublik war es besser als in vielen anderen Staaten gelungen, regionale politische Bewegungen zu integrieren. In den 50er Jahren hatte es noch regionale Schwerpunktparteien gegeben, so die *Deutsche Partei* in Niedersachsen oder die *Bayernpartei*. Das immer schon ausgeprägte Sonderbewusstsein der Bayern, das auch in der Weimarer Zeit eigene Parteien hervorrief, ist durch den – man kann schon fast sagen genialen – Trick einer „eigenen" Unionspartei, der CSU, domestiziert worden. Genial deshalb, weil sie eine urbayerische Partei ist, aber auf Bundesebene aufgrund des gegenseitigen Konkurrenzverzichts mit der CDU eben doch keine „richtige" Einzelpartei. Bis zur deutschen Einigung schienen andere Regionalbewegungen ohne jede politische Erfolgschance. Verhältnisse wie in Italien, wo die *Lega Nord* aus der Lombardei spektakuläre Erfolge erzielte, oder auch in Spanien, wo Basken und Katalanen, in Frankreich, wo Basken, Bretonen, Okzitanier und Korsen, in England, wo Schotten und Waliser wichtige regionale Faktoren sind, schienen in Deutschland undenkbar.

Bedrohung durch Regionalparteien?

Mit den Erfolgen der PDS bei den Bundestagswahlen 1994 und 1998 hielten jedoch weitere regionale Faktoren in das deutsche Parteiensystem Einzug. Zwar war die PDS programmatisch eigentlich keine Regionalbewegung, aber faktisch wurde sie zu einer regionalen Interessenpartei von großen Wählergruppen in den neuen Bundesländern. Die PDS wurde offensichtlich als eine spezifische „Ost-Partei" von ihren Wählern unterstützt, die durch die übrigen „westdeutschen" Parteien ihren sozialen und ökonomischen Schutz nicht gewährleistet

Erfolge der PDS

sahen. Zu einem guten Teil verkörperte die PDS als Nachfolgepartei der SED wohl auch vom Lebensgefühl und von der politischen Kultur her ein Stück der eigenen Identität der ostdeutschen Wähler. Mit dem Erfolg der Wahlallianz aus *Linkspartei.PDS* und WASG bei der Bundestagswahl 2005 und der Neugründung der Partei *Die Linke* im Jahr 2007 entwickelte sich diese regional determinierte Partei zu einer gesamtdeutschen Partei. Mit dem Gewinn neuer Wählerschichten in Westdeutschland ging auch ein Wandel ihres Images von der nostalgischen Ostpartei zum sozialen Gewissen Deutschlands einher (vgl. WALTHER 2010).

„Partei der Nichtwähler" als Alternative?

Weitere Alternativen zu den etablierten Parteien können hingegen in der „Partei der Nichtwähler" sowie in den „Nicht-Parteien" gefunden werden. So sinkt die Wahlbeteiligung bei Bundestagswahlen seit 2002 kontinuierlich. Bei der Bundestagswahl 2009 lag die Wahlbeteiligung nur noch bei 70,8 %, während sie bei der Bundestagswahl 1998 noch 82,2 % betragen hatte. Die Wahlbeteiligung von 2009 erreichte damit den mit deutlichem Abstand niedrigsten Wert bei einer Bundestagswahl. Die Gruppe der Nichtwähler wuchs somit auf 29,2 % der stimmberechtigten Deutschen an. Rekurriert man auf alle Wahlberechtigten, so bedeutet dies, dass die „Partei der Nichtwähler" zahlenmäßig die beiden Volksparteien SPD und CDU übertrifft. Dies heißt auch, dass die gesellschaftliche Verankerung der beiden Volksparteien ein neues Rekordtief erreicht hat. Konnte die SPD bei ihrem zweitschlechtesten Bundestagswahlergebnis von 1949 noch 22,2 % aller Wahlberechtigten für sich gewinnen, waren es 2009 nur noch 16,1 %. Die „Partei der Nichtwähler" ist erst seit Beginn der 90er Jahre als Problemgruppe entdeckt worden – auch wenn die Bezeichnung natürlich falsch ist, denn es handelt sich hier eher um eine ganz diffuse Ansammlung unterschiedlichster Motivgruppen. Dennoch sind die Nichtwähler zu einem politischen Faktor der Zukunft geworden. Vor allem seitdem ihr Anteil größer ist, als die jeweils größte Partei bei manchen Wahlen Stimmen erhält.

Abbildung 71: Wie haben sich die Nichtwähler verändert?

„*Phase 1* von 1953 bis 1983 zeigt die Nichtwähler alten Typs, politisch nicht interessiert, geringe formale Bildung, kaum zu mobilisieren.

In *Phase 2*, die Mitte der 80er Jahre einsetzt, kommen parteipolitisch weniger gebundene Nichtwähler hinzu, die durchaus zufrieden mit dem System-Output, lieber privatisieren als sich staatsbürgerlichen Pflichten am Wahltag zu unterwerfen. Die Phase der Normalisierung in der Demokratie hat begonnen.

In *Phase 3* nach 1990 wird Nichtwahlverhalten von neuen Gruppen zum Protest gegenüber Parteien benutzt, insbesondere gegenüber den alten Parteien. Frühere Wähler setzen Zeichen der Unzufriedenheit, ohne den großen Schritt zu den extremen, den systemoppositionellen Parteien zu vollziehen. Diese letzte Phase ist für die politische Öffentlichkeit, die Medien und die Parteien, die interessanteste."

(Aus: HOFFMANN-JABERG/ROTH 1994, S. 157)

Mögen sich die Parteien im Wahlkampf noch so abstrampeln, mag der Bundes- Vier Nichtwählertypen
tagspräsident noch so eindringlich an die staatsbürgerlichen Pflichten appellieren: Der Nichtwähler bleibt zu Hause sitzen. Warum tut er das? Laut HOFF-
MANN-JABERG/ROTH gibt es vier Typen:

- Die **technischen Nichtwähler** erhalten keine Wahlberechtigung wegen Umzugs oder Verwaltungsfehlern oder sind bereits verstorben.
- Die **grundsätzlichen Nichtwähler** haben kein politisches Interesse, sind schlecht integriert und haben meist wenige Kontakte, häufig geringe Bildung und geringen Berufsstatus. Frauen sind überproportional vertreten. Außerdem gehören dazu die Angehörigen von Sekten und weltanschaulichen Minderheiten, die es grundsätzlich ablehnen zu wählen.
- Die **konjunkturellen Nichtwähler** entscheiden je nach Bedeutung der Wahl über ihre Beteiligung: Kommunal- und Europawahlen gelten ihnen am wenigsten. Sie haben durchaus Interesse an Politik und favorisieren eine Partei – sie müssen aber besonders mobilisiert werden, um aktiv zu werden. Ihre Zahl ist in letzter Zeit deutlich gewachsen.
- Die **bekennenden Nichtwähler** sind eine neue Erscheinung. Sie sind politisch interessiert, aber höchst unzufrieden mit „ihrer" Partei und strafen sie mit Wahlabstinenz; sie gehen aber nicht so weit, eine andere Partei zu wählen. Möglicherweise lehnen sie auch alle etablierten Parteien als unfähig ab, ohne allerdings eine Protestpartei zu wählen.

Wenn man von einer „Partei der Nichtwähler" spricht, so impliziert dies, dass die Wahlenthaltung als bewusst gewählte Form des Wahlverhaltens akzeptiert wird. Der Fokus richtet sich dabei auf die Gruppe der „bekennenden Nichtwähler". Für die Zukunft ist diese Gruppe sicherlich die wichtigste. Nur wenn es den Parteien gelingt, deutlich zu machen, dass der Wähler zu einer wichtigen Entscheidung aufgerufen ist, dass die Wahl einen Unterschied macht und es nicht völlig egal ist, welche Partei regiert, wird der langfristige Trend zur wachsenden „Partei der Nichtwähler" gestoppt werden können. Es bleibt jedoch grundsätzlich die Frage, ob die Entwicklung der Wahlbeteiligung in Deutschland eine Krise oder eine Normalisierung und Angleichung an westeuropäische Verhältnisse darstellt bzw. ob Wahlenthaltung gleichbedeutend ist mit Protest gegen die Parteien und das politische System als Ganzes.

Neben der Zunahme von Nichtwählern dürfte schließlich auch die wach- Konkurrenz durch „Nicht-Parteien"
sende Bedeutung von „Nicht-Parteien" ein Trend der Zukunft sein. Damit sind
neue, bereits existierende Konkurrenten der politischen Parteien gemeint, wie:

- freie Wählergemeinschaften, besonders auf kommunaler Ebene
- Bürgerinitiativen, soziale Bewegungen, NGOs
- Verbände und Lobbyisten auf Landes- und Bundesebene, insbesondere aber in der Europapolitik.

Das größte Potential, ein Gegenmodell zu den etablierten Parteien zu bilden, besitzen die *Freien Wähler* und andere freie Wählergemeinschaften (siehe Kapitel 3.5). Von ihrem Anspruch und ihrem Selbstgefühl her können sie ebenso wie *Die Grünen* der 80er als „Anti-Parteien-Partei" bezeichnet werden. Die *Freien Wähler* stellen als Einzige ein funktionales Äquivalent zu den etablierten Parteien dar, da sie sich ebenfalls, wenn auch vor allem auf kommunaler Ebene, an Wahlen beteiligen. Ihr Ziel ist es, der scheinbaren Übermacht der etablierten Parteien entgegenzuwirken. Sie verstehen sich als bürgerliche Alternative zu den Parteien und versuchen als Gruppe von nicht parteipolitisch Engagierten, Einfluss auf die politische Willensbildung zu nehmen.

Mehrere Landesverbände bzw. Landesvereinigungen der *Freien Wähler* haben sich in den letzten Jahren zum Bundesverband *Freie Wähler Deutschland e.V.* zusammengeschlossen (vgl. DECKER/NEU 2007). Nachdem sie in Teilen ihr ursprüngliches Wirkungsfeld – die Kommunalpolitik – um die Landespolitik ergänzt haben, ist es fraglich, ob die *Freien Wähler* nicht doch in absehbarer Zeit zu einer ganz normalen Partei werden. Nichtsdestotrotz sind die *Freien Wähler* zu einem Machtfaktor im politischen System geworden und mehr als eine alternative Beteiligungsform wie etwa Bürgerinitiativen oder NGOs.

Auch direkte Demokratie braucht Organisationen

Gerade wenn in Reaktion auf die Kritik an Parteien und am streng repräsentativen Parlamentarismus direktdemokratische Elemente verstärkt werden – wie Volksabstimmungen, Bürgerbegehren oder Referenden –, kann die Bedeutung von Initiativgruppen und Verbänden, die solche Aktionen stützen, weiter zunehmen. Das Beispiel der Schweiz und der USA, wo diese direktdemokratischen Elemente zum Alltag gehören, zeigt, dass dort gleichzeitig die Parteien schwächer und Verbände und Aktionsgruppen stärker werden. In der Bundesrepublik waren allerdings in der Vergangenheit, nur solche Volksabstimmungen erfolgreich, bei denen ein Bündnis einer großen (meist Oppositions-)Partei mit einem großen Verband für die Initiative und die Mobilisierung sorgte: so z. B. in Nordrhein-Westfalen, als CDU und katholische Kirche die geplante kooperative Schule zu Fall brachten, oder in Bayern, wo SPD und Gewerkschaften zusammen mit anderen Gruppen ein geplantes Rundfunkgesetz der CSU kippten. Auch eine Verstärkung der direkten Demokratie würde demnach die Parteien durchaus nicht arbeitslos machen, denn sie würden sich sicher ebenfalls dieses Instrumentes bedienen.

Fazit

Die Überlegungen in diesem Kapitel haben deutlich gemacht, dass eine reine Krisenrhetorik im Hinblick auf die Entwicklung der deutschen Parteien nicht überzeugen kann. Zugegeben, manch mahnendes Wort der normativen Parteienkritik mag seine Berechtigung haben. Und auch die geschilderten empirischen Befunde machen nachdenklich. Sie sprechen alles in allem für eine nachlassende Verankerung der Parteien in der Gesellschaft. Angesichts dieser unübersehbaren Wandlungstendenzen besteht die Aufgabe der Parteienforschung aber nicht in schlagzeilenträchtigem Alarmismus, sondern in unaufgeregter Analyse. Die Parteien selbst, so haben wir zudem festgehalten, stehen den sich ständig weiter ändernden Rahmenbedingungen nicht passiv oder gar hilflos gegenüber. Sie können diese selbst verändern oder sich gegebenenfalls anpassen. Nicht zuletzt müssen diejenigen, die die Parteien für überholt halten, sich die Frage nach den politischen und organisatorischen Alternativen in der parlamentarischen Demokratie gefallen lassen.

Abkürzungsverzeichnis

ADAC	Allgemeiner Deutscher Automobil-Club
ADFC	Allgemeiner Deutscher Fahrrad Club
ADGB	Allgemeiner Deutscher Gewerkschaftsbund
APO	Außerparlamentarische Opposition
BDA	Bundesvereinigung der Deutschen Arbeitgeberverbände e.V.
BDI	Bundesverband der Deutschen Industrie e.V.
BHE	Block (Bund) der Heimatvertriebenen und Entrechteten
BP	Bayernpartei
BUND	Bund für Umwelt und Naturschutz
BVerfG	Bundesverfassungsgericht
BVerfGE	Bundesverfassungsgerichtsentscheidungen
BVP	Bayerische Volkspartei
CDU	Christlich Demokratische Union Deutschlands
CDVP	Christlich-demokratische Volkspartei
CSU	Christlich-Soziale Union in Bayern e.V.
CVP	Christliche Volkspartei
DA	Demokratischer Aufbruch
DBD	Demokratische Bauernpartei Deutschlands
DDP	Deutsche Demokratische Partei
DHP	Deutsch-Hannoversche Partei
DIHT	Deutscher Industrie- und Handelstag
DKP	Deutsche Kommunistische Partei
DNVP	Deutschnationale Volkspartei
DP	Deutsche Partei
DRP	Deutsche Reichspartei
DSU	Deutsche Soziale Union
DVP	Demokratische Volkspartei
DZP	Deutsche Zentrums-Partei
FDGB	Freier Deutscher Gewerkschaftsbund
FDJ	Freie Demokratische Jugend
FDP	Freie Demokratische Partei (F.D.P.)
FES	Friedrich-Ebert-Stiftung
FNS	Friedrich-Naumann-Stiftung
FVP	Freie Volkspartei
GB	Gesamtdeutscher Block
GDP	Gesamtdeutsche Partei
GG	Grundgesetz
GVP	Gesamtdeutsche Volkspartei
HSS	Hanns-Seidel-Stiftung
K-Gruppen	kommunistische Gruppen
KAS	Konrad-Adenauer-Stiftung

KB	Kulturbund
KBW	Kommunistischer Bund Westdeutschland
KPD	Kommunistische Partei Deutschlands
KPD/ML	Kommunistische Partei Deutschlands/ Marxisten-Leninisten
KPdSU	Kommunistische Partei der Sowjetunion
LDP	Liberal-Demokratische Partei
LDPD	Liberal-Demokratische Partei Deutschlands
MSPD	Mehrheitssozialdemokratische Partei Deutschlands
NGOs	Nongovernmental Organizations
NLP	Niedersächsische Landespartei
NPD	Nationaldemokratische Partei Deutschlands
NSDAP	Nationalsozialistische Deutsche Arbeiterpartei
PACs	Political Action Committees
PDS	Partei des demokratischen Sozialismus
PRuF	Institut für Deutsches und Europäisches Parteienrecht und Parteienforschung
PV	Parteivorstand
REP	Die Republikaner
SBZ	Sowjetische Besatzungszone
SED	Sozialistische Einheitspartei Deutschlands
SPD	Sozialdemokratische Partei Deutschlands
SRP	Sozialistische Reichspartei
SSW	Südschleswigscher Wählerverband
STATT	STATT Partei, Die Unabhängigen
USPD	Unabhängige Sozialdemokratische Partei Deutschlands
VdgB	Vereinigung der gegenseitigen Bauernhilfe
WAV	Wirtschaftliche Aufbauvereinigung
Z	Zentrum(s-Fraktion)

Literaturverzeichnis

ABENDROTH, Wolfgang (1997): Einführung in die Geschichte der Arbeiterbewegung. Von den Anfängen bis 1933. 3. Aufl. Heilbronn.

ABT, Gottlieb Christian (1848): Parteien. In: ROTTECK, Carl von/WELCKER, Theodor (Hrsg.): Das Staats-Lexikon. Encyklopädie der sämmtlichen Staatswissenschaften für alle Stände, in Verbindung mit vielen der angesehensten Publicisten Deutschlands. Bd. 10. 2. Aufl. Altona, S. 479-496.

ALEMANN, Ulrich von (1972): Mehr Demokratie per Dekret? Innerparteiliche Auswirkungen des deutschen Parteiengesetzes von 1967. In: Politische Vierteljahresschrift, Jg. 13, H. 2 (1972), S. 181-204.

ALEMANN, Ulrich von (1973): Parteiensysteme im Parlamentarismus. Eine Einführung und Kritik von Parlamentarismustheorien. Düsseldorf.

ALEMANN, Ulrich von (Hrsg.) (1981a): Neokorporatismus. Frankfurt a.M.

ALEMANN, Ulrich von (1981b): Parteiendemokratie und Bürgermitwirkung. In: Landeszentrale für politische Bildung NRW (Hrsg.): Demokratie als Teilhabe. Köln, S. 107-118.

ALEMANN, Ulrich von (1982): Parteiendemokratie und Willensbildung der Bürger. In: Landeszentrale für politische Bildung des Landes NRW (Hrsg.): Ziele für die Zukunft – Entscheidungen für morgen. Köln, S. 137-152.

ALEMANN, Ulrich von (1985): Repräsentation. In: NOHLEN, Dieter/SCHULTZE, Rainer-Olaf (Hrsg.): Pipers Wörterbuch zur Politik. Bd. 1: Politikwissenschaft. München, S. 863-868.

ALEMANN, Ulrich von (1986): Verdorrte Wurzeln. Das „Ahlener Programm" der CDU: Ein Mythos der Parteigeschichte. In: Deutsches Allgemeines Sonntagsblatt vom 12. Januar 1986, S. 5.

ALEMANN, Ulrich von (1989a): Organisierte Interessen in der Bundesrepublik. 2. Aufl. Opladen,

ALEMANN, Ulrich von (1989b): Wahlkampf in den USA: All Politics is Local. In: Jahrbuch der Gesellschaft der Freunde der FernUniversität e.V (1989), Hagen, S. 80-88.

ALEMANN, Ulrich von (1992): Parteien und Gesellschaft in der Bundesrepublik. Rekrutierung, Konkurrenz und Responsivität. In: MINTZEL, Alf/OBERREUTER, Heinrich (Hrsg.): Parteien in der Bundesrepublik Deutschland. 2. Aufl. Opladen, S. 89-130.

ALEMANN, Ulrich von (1994a): Parteien und Interessenorganisationen in der pluralistischen Demokratie. In: DERS./LOSS, Kay/VOWE, Gerhard (Hrsg.): Politik. Eine Einführung. Opladen, S. 255-317.

ALEMANN, Ulrich von (1994b): Schattenpolitik. In: LEGGEWIE, Claus (Hrsg.): Wozu Politikwissenschaft? Über das Neue in der Politik. Darmstadt, S. 135-144.

ALEMANN, Ulrich von (1995a): Parteien. Reinbek.

ALEMANN, Ulrich von (Hrsg.) (1995b): Politikwissenschaftliche Methoden. Grundriß für Studium und Forschung. Opladen.

ALEMANN, Ulrich von (1996a): Solidarier aller Parteien – verschont uns! Eine Polemik. In: Gewerkschaftliche Monatshefte, Jg. 47, Nr. 11/12 (1996), S. 756-761.

ALEMANN, Ulrich von (1996b): Interessenverbände (=Bundeszentrale für politische Bildung (Hrsg.): Informationen zur politischen Bildung, H. 253).

ALEMANN, Ulrich von (1996c): Die Parteien in den Wechsel-Jahren? Zum Wandel des deutschen Parteiensystems. In: Aus Politik und Zeitgeschichte, Bd. 6 (1996), S. 3-8.

ALEMANN, Ulrich von (1997): Parteien und Medien. In: GABRIEL, Oscar W./NIEDERMAYER, Oskar/STÖSS, Richard (Hrsg.): Parteiendemokratie in Deutschland. Opladen, S. 478-494.

ALEMANN, Ulrich von (1999): Der Wahlsieg der SPD von 1998: Politische Achsenverschiebung oder glücklicher Ausreißer? In: NIEDERMAYER, Oskar (Hrsg.): Die Parteien nach der Bundestagswahl 1998. Opladen, S. 37-62.

ALEMANN, Ulrich von (2000): Die Parteien und das Geld oder: Sind alle Politiker korrupt? In: Gewerkschaftliche Monatshefte, Jg. 51, Nr. 2 (2000), S. 68-77.

ALEMANN, Ulrich von (2005): Neue Bürgergesellschaft, alte Parteien? Zur Notwendigkeit einer partizipativen Parteireform. In: DETTLING, Daniel (Hrsg.): Parteien in der Bürgergesellschaft. Zum Verhältnis von Macht und Beteiligung. Wiesbaden, S. 43-48.

ALEMANN, Ulrich von (2009): Das deutsche Parteiensystem: Transformation statt Erosion. Ein Essay in sieben Thesen. In: RÜTTGERS, Jürgen (Hrsg.): Berlin ist nicht Weimar. Zur Zukunft der Volksparteien. Essen.

ALEMANN, Ulrich von/ALEMANN, Florian von (2007): Staatsrecht für die Politik. Baden-Baden.

ALEMANN, Ulrich von/BÄCKER, Alexandra/SCHMIDT Christian K. (2008/09): Politische Korruption im staatlichen Bereich der Mitgliedstaaten der Europäischen Union. In: Mitteilungen des Instituts für Deutsches und Europäisches Parteienrecht, Jg. 15 (2008/09), S. 16-40.

ALEMANN, Ulrich von/GODEWERTH, Thelse (2005): Die Parteiorganisation der SPD. Erfolgreiches Scheitern? In: SCHMID, Josef/ZOLLEIS, Udo (Hrsg.): Zwischen Anarchie und Strategie. Der Erfolg von Parteiorganisationen. Wiesbaden. S. 158-171.

ALEMANN, Ulrich von/HEINZE, Rolf G. (Hrsg.) (1981): Verbände und Staat. Vom Pluralismus zum Korporatismus. Analysen, Positionen, Dokumente. 2. Aufl. Opladen.

ALEMANN, Ulrich von/MARSCHALL, Stefan (Hrsg.) (2002): Parteien in der Mediendemokratie. Wiesbaden.

ALEMANN, Ulrich von/SCHMID, Josef (1997): „Und sie bewegt sich doch!" Die ÖTV: Innenansichten einer politischen Großorganisation. Projektendbericht, Hagen.

ALEMANN, Ulrich von/TÖNNESMANN, Wolfgang (1992): Die Dinosaurier werden immer trauriger: Ein kleiner Essay über große Parteien. In: Perspektiven DS H. 1 (1992), S. 15-23.

ALEMANN, Ulrich von/WEßELS, Bernhard (Hrsg.) (1997): Verbände in vergleichender Perspektive. Berlin.

ALEMANN, Ulrich von/SPIER, Tim (2008): Doppelter Einsatz, halber Sieg? Die SPD und die Bundestagswahl 2005. In: Niedermayer, Oskar (Hrsg.): Die Parteien nach der Bundestagswahl 2005. Wiesbaden, S. 37-65.

ALEMANN, Ulrich von/SPIER, Tim (2009): Die deutschen Parteien unter veränderten Rahmenbedingungen, in: ANDERSEN, Uwe (Hrsg.): Parteien – Parteiensystem – Parteienforschung, Schwalbach/Ts., S. 32-49.

ALLEMANN, Fritz René (1956): Bonn ist nicht Weimar. Köln.

ANDERSEN, Uwe (2009): Parteien in Deutschland. Krise oder Wandel? Schwalbach.

ARNIM, Hans Herbert von: (1993a) Demokratie ohne Volk. Plädoyer gegen Staatsversagen, Machtmißbrauch und Politikverdrossenheit. München.

ARNIM, Hans Herbert von (1993b): Staat ohne Diener. München.

ARNIM, Hans Herbert von (1996): Die Partei, der Abgeordnete und das Geld. Parteienfinanzierung in Deutschland. Überarbeitete Neuausgabe. München.

ARNIM, Hans Herbert von (1998): Der Staat als Beute. 5. Aufl. München.

ARNIM, Hans Herbert von (2009): Volksparteien ohne Volk. Das Versagen der Politik. München.

ARZHEIMER, Kai (2008): Die Wähler der Extremen Rechten 1980-2002. Wiesbaden.

ARZHEIMER, Kai/Schmitt, Annette (2005): Der ökonomische Ansatz. In: FALTER, Jürgen W./SCHOEN, Harald (Hrsg.): Handbuch Wahlforschung. Wiesbaden, S. 243-303.

BACKES, Uwe (2000): Liberalismus und Demokratie – Antinomie und Synthese. Zum Wechselverhältnis zweier politischer Strömungen im Vormärz. Düsseldorf.

BACKES, Uwe/MLETZKO Matthias/STOYE, Jan (2010): NPD-Wahlmobilisierung und politisch-motivierte Gewalt. Sachsen und Nordrhein-Westfalen im kontrastreichen Vergleich. Köln.

BACKES, Uwe/STEGLICH, Henrik (Hrsg.) (2007): Die NPD. Erfolgsbedingungen einer rechtsextremistischen Partei. Baden-Baden.

BADURA, Bernhard/REESE, Jürgen (1976): Jungparlamentarier in Bonn. Ihre Sozialisation im Deutschen Bundestag. Stuttgart.

BAER, Christian-Claus/FAUL, Erwin (Hrsg.) (1953): Das deutsche Wahlwunder. Frankfurt a.M.

BATTIS, Ulrich/KERSTEN, Jens (2003): Regelungsdefizite des neuen Parteispendenrechts. In: Juristenzeitung, 13 (2003), 655-662.

BECK, Ulrich (1997): Die Erfindung des Politischen. Zu einer Theorie reflexiver Moderne. Nachdruck der Originalausgabe. Frankfurt a.M.

BECKEDAHL, Markus/LÜKE, Falk/ZIMMERMANN, Julian (2009): Politik im Web 2.0. Welche Parteien und Spitzenpolitiker nutzen das Social Web für sich? Kurzstudie 5. Berlin.

BECKER, Horst (1997): NRW-SPD von innen 1996 (Beratungspapier). München.

BECKER, Horst/HOMBACH, Udo (1983): Die SPD von innen. Bestandsaufnahme an der Basis der Partei. Bonn.

BENTELE, Günter (1992): Symbolische Politik im Fernsehen. Ein Analysemodell. In: HESS-LÜTTICH, Ernest W. B. (Hrsg.): Medienkultur – Kulturkonflikt. Massenmedien in der interkulturellen und internationalen Kommunikation. Opladen, S. 215-232.

BERGSTRÄSSER, Ludwig (1965): Geschichte der politischen Parteien in Deutschland (= Deutsches Handbuch der Politik, Bd. 2). 11. Aufl. München/Wien.

BERTELSMANN-STIFTUNG (Hrsg.) (1996): Politik überzeugend vermitteln. Wahlkampfstrategien in Deutschland und den USA. Analysen und Bewertungen von Politikern, Journalisten und Experten. Gütersloh.

BETHSCHEIDER, Monika (1987): Wahlkampfführung und politische Weltbilder. Eine systematische Analyse des Wahlkampfes der Bundesparteien in den Bundestagswahlen 1976 und 1980. Frankfurt a.M.

BEYME, Klaus von: (1978) Partei, Faktion. In: BRUNNER, Otto/CONZE, Werner/KOSELLECK, Reinhart (Hrsg.): Geschichtliche Grundbegriffe. Historisches Lexikon zur politisch-sozialen Sprache in Deutschland. Bd. 4. Stuttgart, S. 677-733.

BEYME, Klaus von (1984): Parteien in westlichen Demokratien. 2. Aufl. München 1984.

BEYME, Klaus von (1993): Die politische Klasse im Parteienstaat. Frankfurt a.M.

BEYME, Klaus von (2002): Parteien im Wandel. Von den Volksparteien zu den professionalisierten Wählerparteien.

BEYME, Klaus von (2004): Das politische System der Bundesrepublik Deutschland. Eine Einführung. 10. Aufl. Wiesbaden.

BLESSING, Karl-Heinz (Hrsg.) (1993): SPD 2000. Die Modernisierung der SPD. Marburg.

BLYTH, Mark/KATZ, Richard S. (2005): From Catch-all Politics to Cartelisation: The Political Economy of the Cartel Party. In: West European Politics, Jg. 28, H. 1 (2005), S. 33-60.

BÖCKELMANN, Frank E. (Hrsg.) (1989): Medienmacht und Politik. Mediatisierte Politik und politischer Wertewandel. Berlin.

BOYKEN, Friedhelm (1998): Die neue Parteienfinanzierung. Entscheidungsprozeßanalyse und Wirkungskontrolle. Baden-Baden.

BRACHER, Karl-Dietrich/FUNKE, Manfred/JACOBSEN, Hans-Adolf (Hrsg.) (1983): Die nationalsozialistische Diktatur 1933-1945. Eine Bilanz. Bonn.

BRANDENBURG, Erich (1919): Zum älteren deutschen Parteiwesen. Eine Erwiderung, in: Historische Zeitschrift, Bd. 119, H. 1 (1919), S. 63-84.

BRANDSTETTER, Marc (2006): Die NPD im 21. Jahrhundert. Eine Analyse ihrer aktuellen Situation, ihrer Erfolgsbedingungen und Aussichten. Marburg.

BREMER, Helmut (2006): Soziale Milieus und Wandel der Sozialstruktur. Die gesellschaftlichen Herausforderungen und die Strategien der sozialen Gruppen. Wiesbaden.

BRETTSCHNEIDER, Frank (1995): Öffentliche Meinung und Politik. Eine empirische Studie zur Responsivität des deutschen Bundestages zwischen 1949 und 1990. Opladen.

BRETTSCHNEIDER, Frank (2002): Spitzenkandidaten und Wahlerfolg. Personalisierung – Kompetenz – Parteien. Ein internationaler Vergleich. Wiesbaden.

BRETTSCHNEIDER, Frank/NIEDERMAYER, Oskar/WEßELS, Bernhard (Hrsg.) (2007): Die Bundestagswahl 2005. Analysen des Wahlkampfes und der Wahlergebnisse. Wiesbaden.

BRODER, David S. (1972): The Party's over. New York.

BROSZAT, Martin (1984): Die Machtergreifung. Der Aufstieg der NSDAP und die Zerstörung der Weimarer Republik. München.

BRUNNEMANN, Daniel (2009): Auslaufmodell Volkspartei. Wie die Volksparteien sich selbst das Grab schaufeln. Marburg.

BRUNS, Tissy (2007): Geleitwort. In: WEICHERT, Stephan/ ZABEL, Christian (Hrsg.): Die Alpha-Journalisten. Deutschlands Wortführer im Portrait. Köln, S. 9-12.

BUCHHEIM, Karl (1966): Geschichte der christlichen Parteien in Deutschland. München.

BUNDESMINISTERIUM DES INNEREN (Hrsg.) (1996): Verfassungsschutzbericht 1995. Bonn.

BUNDESPRÄSIDIALAMT (Hrsg.) (2001): Bericht der Kommission Unabhängiger Sachverständiger zu Fragen der Parteienfinanzierung (=Schriften zum Parteienrecht, Bd. 27). Baden-Baden.

BÜRKLIN, Wilhelm (1994): Verändertes Wahlverhalten und der Wandel der Politischen Kultur. In: DERS./ROTH, Dieter (Hrsg.): Das Superwahljahr. Deutschland vor unkalkulierbaren Regierungsmehrheiten? Köln, S. 27-53.

BÜRKLIN, Wilhelm/ROTH, Dieter (Hrsg.) (1994a): Das Superwahljahr. Deutschland vor unkalkulierbaren Regierungsmehrheiten? Köln.

BÜRKLIN, Wilhelm/ROTH, Dieter (1994b): Perspektiven für das Superwahljahr 1994. In: DIES. (Hrsg.): Das Superwahljahr. Deutschland vor unkalkulierbaren Regierungsmehrheiten? Köln, S. 308-315.

CROZIER, Michel/FRIEDBERG, Erhard (1979): Macht und Organisation. Die Zwänge kollektiven Handelns. Königstein.

CZADA, Roland (1994): Konjunkturen des Korporatismus. Zur Geschichte eines Paradigmenwechsels in der Verbändeforschung. In: STREECK, Wolfgang (Hrsg.): Staat und Verbände (=Sonderheft der Politischen Vierteljahresschrift, Bd. 25). Opladen, S. 37-64.

DECKER, Frank (2007): Parteiendemokratie im Wandel, in: DERS./NEU, Viola (Hrsg.): Handbuch der deutschen Parteien. Wiesbaden, S. 19-61.

DECKER, Frank/NEU, Viola (Hrsg.) (2007): Handbuch der deutschen Parteien. Wiesbaden.

DEICHMANN, Carl (2009): Parteien-, Politik- und Demokratieverdrossenheit – eine Herausforderung für die politikdidaktische Forschung und für die Praxis der politischen Bildung. In: LIEDHEGENER, Antonius/OPPELLAND, Torsten (Hrsg.): Parteiendemokratie in der Bewährung. Festschrift für Karl Schmitt. Baden-Baden, S. 271-286.

DIEDERICH, Nils (1973): Zur Mitgliederstruktur von CDU und SPD. In: DITTBERNER, Jürgen/EBBIGHAUSEN, Rolf (Hrsg.): Parteiensystem in der Legitimationskrise – Studien und Materialien zur Soziologie der Parteien in der Bundesrepublik Deutschland. Opladen, S. 35-55.

DITTBERNER, Jürgen/EBBIGHAUSEN, Rolf (Hrsg.) (1973): Parteiensystem in der Legitimationskrise – Studien und Materialien zur Soziologie der Parteien in der Bundesrepublik Deutschland. Opladen.

DONSBACH, Wolfgang/JARREN, Otfried/KEPPLINGER, Hans M./PFETSCH, Barbara (1994): Beziehungsspiele – Medien und Politik in der öffentlichen Diskussion. 2. Aufl. Gütersloh.

DOWE, Dieter/KOCKA, Jürgen/WINKLER, Heinrich A. (Hrsg.) (1999): Parteien im Wandel vom Kaiserreich zur Weimarer Republik. Rekrutierung – Qualifizierung – Karrieren. München/Wien.

DOWNS, Anthony (1968): Ökonomische Theorie der Demokratie. Tübingen.

DREYER, Michael (2009): Empty bottles no more. Parteien und Verfassung in den USA. In: LIEDHEGENER, Antonius/ OPPELLAND, Torsten (Hrsg.): Parteiendemokratie in der Bewährung. Festschrift für Karl Schmitt. Baden-Baden, S. 365-379.

EBBIGHAUSEN, Rolf (1969): Die Krise der Parteiendemokratie und die Parteiensoziologie. Eine Studie über Moisei Ostrogorski, Robert Michels und die neuere Entwicklung der Parteienforschung. Berlin.

EBBIGHAUSEN, Rolf et al. (1996): Die Kosten der Parteiendemokratie. Studien und Materialien zu einer Bilanz staatlicher Parteienfinanzierung in der Bundesrepublik Deutschland. Opladen.

EDELMAN, Murray (1976): Politik als Ritual. Die symbolische Funktion staatlicher Institutionen und politischen Handelns. Frankfurt a.M.

EISENMANN, Peter/HIRSCHER, Gerhard (Hrsg.) (1992): Die Entwicklung der Volksparteien im vereinten Deutschland. Bonn.

ELDERSVELD, Samuel J. (1964): Political Parties. A Behavioural Analysis. Chicago.

ENGEL, Andreas (1988): Wahlen und Parteien im lokalen Kontext. Eine vergleichende Untersuchung des Basisbezugs lokaler Parteiakteure in 24 nordhessischen Kreisparteiorganisationen von CDU, FDP und SPD. Frankfurt a.M.

ERBENTRAUT, Philipp (2009): Karl Rosenkranz als Parteienforscher. In: Jahrbuch zur Liberalismus-Forschung, Bd. 21 (2009), S. 121-142.

FALKE, Wolfgang (1982): Die Mitglieder der CDU. Eine empirische Studie zum Verhältnis von Mitglieder- und Organisationsstruktur der CDU 1971-1977. Berlin.

FALTER, Jürgen W. (1981): Kontinuität und Neubeginn: Die Bundestagswahl 1949 zwischen Weimar und Bonn. In: Politische Vierteljahresschrift, Jg. 22, H. 2 (1981), S. 236-263.

FALTER, Jürgen W. (1994): Wer wählt rechts? Die Wähler und Anhänger rechtsextremistischer Parteien im wiedervereinigten Deutschland. München.

FALTER, Jürgen W./JASCHKE, Hans-Gerd/WINKLER, Jürgen R. (Hrsg.) (1996): Rechtsextremismus. Ergebnisse und Perspektiven der Forschung (= Sonderheft der Politischen Vierteljahresschrift, Bd. 27). Opladen.

FALTER, Jürgen W./SCHOEN, Harald (Hrsg.) (2005): Handbuch Wahlforschung. Wiesbaden.

FAUL, Erwin (1964): Verfemung, Duldung und Anerkennung des Parteiwesens in der Geschichte des politischen Denkens. In: Politische Vierteljahresschrift, Jg. 5, H. 1 (1964), S. 60-80.

FEHR, Helmut (1989): Korporatistische Interessenpolitik am Beispiel des Verhältnisses von Staat und Kirche in Polen und der DDR. In: RYTLEWSKI, Ralf (Hrsg.): Politik und Gesellschaft in sozialistischen Ländern (= Sonderheft der Politische Vierteljahresschrift, Bd. 20). Opladen, S. 309-334.

FES-STUDIE (2006): Gesellschaft im Reformprozess, URL: http://www.fes.de/inhalt/ Dokumente/061017_Gesellschaft_im_Reformprozess_komplett.pdf [Stand: 08.03. 2010].

FLANAGAN, Scott C. (1987): Value Change in Industrial Societies. In: American Political Science Review, Bd. 81, Nr. 4 (1987), S. 1303-1319.

FLEMMING, Lars (2005): Das NPD-Verbotsverfahren. Vom „Aufstand der Anständigen" zum „Aufstand der Unfähigen", Baden-Baden.

FRECH, Siegfried (Hrsg.) (2009): Handbuch Kommunalpolitik. Stuttgart.

FRICKE, Dieter et al. (Hrsg.) (1983-1986): Lexikon zur Parteiengeschichte. Die bürgerlichen und kleinbürgerlichen Parteien und Verbände in Deutschland 1789-1945, 4 Bde. Köln/Leipzig.

FUCHS, Dieter/GERHARDS, Jürgen/NEIDHARDT, Friedhelm (1992): Öffentliche Kommunikationsbereitschaft. Ein Test zentraler Bestandteile der Theorie der Schweigespirale. In: Zeitschrift für Soziologie, Jg. 21, H. 4 (1992), S. 284-295.

GABRIEL, Oscar W. (Hrsg.) (1989): Kommunale Demokratie zwischen Politik und Verwaltung. München.

GABRIEL, Oscar W./NIEDERMAYER, Oskar/STÖSS, Richard (Hrsg.) (2002): Parteiendemokratie in Deutschland. 2. Aufl. Wiesbaden.

GABRIEL, Oscar W./HOLTMANN, Everhart (2009): Der Parteienstaat – Gefahrengut für die Demokratie? Ideologiekritische und empirische Anmerkungen zu einer aktuellen Debatte. In: LIEDHEGENER, Antonius/OPPELLAND, Torsten (Hrsg.): Parteiendemokratie in der Bewährung. Festschrift für Karl Schmitt. Baden-Baden, S. 189–209.

GEERLINGS, Jörg (2003): Verfassungs- und verwaltungsrechtliche Probleme bei der staatlichen Finanzierung parteinaher Stiftungen. Berlin.

GEHNE, David/SPIER, Tim (2010): Krise oder Wandel der Parteiendemokratie? In: Krise oder Wandel der Parteiendemokratie? Festschrift für Ulrich von Alemann, Wiesbaden 2010, i. E.

GELBERG, Theresia Anna (2009): Das Parteiverbotsverfahren nach Art. 21 Abs. 2 GG am Beispiel des NPD-Verbotsverfahrens. Göttingen.

GELLNER, Winand/STROHMEIER, Gerd (2002): Parteien in Internetwahlkämpfen. In: ALEMANN, Ulrich von/MARSCHALL, Stefan (Hrsg.): Parteien in der Mediendemokratie. Wiesbaden, S. 189-209.

GLAEßNER, Gert-Joachim (1977): Herrschaft durch Kader. Leitung der Gesellschaft und Kaderpolitik in der DDR. Opladen.

GLUCHOWSKI, Peter (1987): Lebensstile und Wandel der Wählerschaft in der Bundesrepublik Deutschland. In: Aus Politik und Zeitgeschichte, Bd. 12 (1987), S. 18-32.

GÖTZE, Frank (1992): Rundfunk in den neuen Bundesländern: Vom Partei- und Parteienrundfunk. In: Kritische Justiz, Jg. 25, H. 4 (1992), S. 463-472.

GRAFE, Peter (1991): Tradition und Konfusion – SPD. Alle Macht den Profis. Frankfurt a.M.

GRAFE, Peter (1994): Wahlkampf. Die Olympiade der Demokratie. Frankfurt a.M.

GREBING, Helga (2007): Geschichte der deutschen Arbeiterbewegung. Von der Revolution 1848 bis ins 21. Jahrhundert. Berlin.

GREIFFENHAGEN, Martin/GREIFFENHAGEN, Sylvia (1979): Ein schwieriges Vaterland – Zur politischen Kultur Deutschlands, München.

GREIFFENHAGEN, Martin/GREIFFENHAGEN, Sylvia (1993): Ein schwieriges Vaterland – Zur politischen Kultur im vereinigten Deutschland. München.

GREVEN, Michael Th (1977): Parteien und politische Herrschaft. Zur Interdependenz von innerparteilicher Ordnung und Demokratie in der BRD. Meisenheim a. G.

GREVEN, Michael Th. (1987): Parteimitglieder. Ein empirischer Essay über das politische Alltagsbewußtsein in Parteien. Opladen.

GROH, Dieter (1973): Negative Integration und revolutionärer Attentismus. Die deutsche Sozialdemokratie am Vorabend des Ersten Weltkrieges. Frankfurt a.M.

GROTZ, Florian: Bundestagswahl 2005. Kontext, Ergebnisse, absehbare Konsequenzen, in: Zeitschrift für Staats- und Europawissenschaften, Jg. 3, H. 3 (2005), S. 470-495.

GRUBER, Andreas K. (2009): Der Weg nach ganz oben. Karriereverläufe deutscher Spitzenpolitiker. Wiesbaden.

GRUNER, Paul-Hermann (1990): Die inszenierte Polarisierung. Die Wahlkampf-Sprache der Parteien in den Bundestagswahlkämpfen 1957 und 1987. Frankfurt a.M.

GUGGENBERGER, Bernd (1994): Das Verschwinden der Politik. In: DIE ZEIT, Nr. 41, vom 7. Oktober 1994, S. 65 f.

HAAS, Melanie (2008): Statt babylonischer Gefangenschaft eine Partei für alle Fälle? Bündnis 90/Die Grünen nach der Bundestagswahl 2005. In: Oskar NIEDERMAYER (Hrsg.): Die Parteien nach der Bundestagswahl 2005. Wiesbaden, S. 101-133.

HABERMAS, Jürgen (1996): Strukturwandel der Öffentlichkeit. Untersuchungen zu einer Kategorie der bürgerlichen Gesellschaft. Frankfurt a.M.

HABICHT, Thomas (1987): Medien und Parteien. Ein gespanntes Verhältnis. In: HAUNGS, Peter/JESSE, Eckhard (Hrsg.): Parteien in der Krise? In- und ausländische Perspektiven. Köln, S. 139-142.

HALLERMANN, Andreas (2003): Partizipation in politischen Parteien. Vergleich von fünf Parteien in Thüringen. Baden-Baden.

HARMEL, Robert/JANDA, Kenneth (1994): An Integrated Theory of Party Goals and Party Change. In: Journal of Theoretical Politics, Jg. 6, H. 3 (1994), S. 259-287.

HAUNGS, Peter/JESSE, Eckhard (Hrsg.) (1987): Parteien in der Krise? In- und ausländische Perspektiven. Köln.

HEBECKER, Eike (2002): Experimentieren für den Ernstfall. Der Online-Wahlkampf 2002. In: Aus Politik und Zeitgeschichte, Bd. 49/50 (2002), S. 48-54.

HEINELT, Hubert/WOLLMANN, Hellmut (Hrsg.) (1991): Brennpunkt Stadt. Stadtpolitik und lokale Politikforschung in den 80er und 90er Jahren. Basel u.a.

HEINSOHN, Kirsten (2009): Konservative Parteien in Deutschland 1912-1933. Demokratisierung und Partizipation in geschlechterhistorischer Perspektive. Düsseldorf.

HENKE, Wilhelm (1972): Das Recht der politischen Parteien. 2. Aufl. Göttingen.

HENNIS, Wilhelm (1983): Überdehnt und abgekoppelt. An den Grenzen des Parteienstaates. In: KROCKOW, Christian Graf von (Hrsg.): Brauchen wir ein neues Parteiensystem? Frankfurt a.M., S. 28-46.

HENNIS, Wilhelm (1992): Der „Parteienstaat" des Grundgesetzes. Eine gelungene Erfindung. In: Der Spiegel, Dokument Nr. 5, Hamburg Oktober.

HERMENS, Ferdinand Alois (1968): Demokratie oder Anarchie? Untersuchung über die Verhältniswahl. 2. Aufl. Köln/Opladen.

HERZOG, Dietrich/REBENSTORF, Hilke/WERNER, Camilla/WEßELS, Bernhard (1990): Abgeordnete und Bürger. Ergebnisse einer Befragung der Mitglieder des 11. Deutschen Bundestages und der Bevölkerung. Opladen.

HESSE, Konrad (1959): Die verfassungsrechtliche Stellung der politischen Parteien im modernen Staat (= Veröffentlichungen der Vereinigung deutscher Staatsrechtslehrer, Bd. 17). Berlin.

HILMER, Richard/MÜLLER-HILMER, Rita (2006): Die Bundestagswahl vom 18. September 2005. Votum für Wechsel in Kontinuität. In: Zeitschrift für Parlamentsfragen, Jg. 37, H. 1 (2006), S. 183-218.

HIRSCHER, Gerhard (Hrsg.) (1995): Parteiendemokratie zwischen Kontinuität und Wandel. Die deutschen Parteien nach den Wahlen 1994. München.

HIRSCHMAN, Albert O. (1974): Abwanderung und Widerspruch. Reaktionen auf Leistungsabfall bei Unternehmungen, Organisationen und Staaten. Tübingen.

HOFFMANN, Jochen (2003): Inszenierung und Interpenetration. Das Zusammenspiel von Eliten aus Politik und Journalismus. Wiesbaden.

HOFFMANN-JABERG, Birgit/ROTH, Dieter (1994): Die Nichtwähler. Politische Normalität oder wachsende Distanz zu den Parteien? In: BÜRKLIN, Wilhelm/ROTH, Dieter (Hrsg.): Das Superwahljahr. Deutschland vor unkalkulierbaren Regierungsmehrheiten? Köln, S. 132-159.

HOFMANN, Robert (1993): Geschichte der deutschen Parteien. Von der Kaiserzeit bis zur Gegenwart. München.

HOFMANN, Gunter/PERGER, Werner A. (1992a): Richard von Weizsäcker im Gespräch. Frankfurt a.M.

HOFMANN, Gunter/PERGER, Werner A. (1992b): Die Kontroverse. Weizsäckers Parteienkritik in der Diskussion. Frankfurt a.M.

HOLTKAMP, Lars (2008): Kommunale Konkordanz und Konkurrenzdemokratie. Wiesbaden.

HOLTMANN, Everhard (2002): Die angepassten Provokateure. Aufstieg und Niedergang der rechtsextremen DVU als Protestpartei im polarisierten Parteiensystem Sachsen-Anhalts. Opladen.

HOLTMANN, Everhard (2006): Voller Einsatz, halber Machtwechsel. Die vorgezogene Bundestagswahl vom 18. September 2005, in: Gesellschaft – Wirtschaft – Politik, 55, H. 1 (2006), S. 13-24.

HOLTZ-BACHA, Christina (Hrsg.) (1996): Wahlen und Wahlkampf in den Medien. Untersuchungen aus dem Wahljahr 1994. Opladen.

HOLTZ-BACHA, Christina (Hrsg.) (2001): Wahlwerbung als politische Kultur. Parteienspots im Fernsehen 1957-1998. Wiesbaden.

HOLTZ-BACHA, Christina/LESSINGER, Eva-Maria (2006): Politische Farbenlehre. Plakatwahlkampf 2005. In: HOLTZ-BACHA, Christina (Hrsg.): Die Massenmedien im Wahlkampf. Die Bundestagswahl 2005. Wiesbaden, S. 80-125.

HRADIL, Stefan (2006): Die Sozialstruktur Deutschlands im internationalen Vergleich. 2. Aufl. Wiesbaden.

HUBER, Ernst Rudolf (1988): Deutsche Verfassungsgeschichte seit 1789, Bd. 2: Der Kampf um Einheit und Freiheit, 3. Aufl., Stuttgart.

INGLEHART, Ronald (1977): The Silent Revolution: Changing Values and Political Styles among Western Publics. Princeton.

INGLEHART, Ronald (1983): Traditionelle politische Trennungslinien und die Entwicklung der neuen Politik in westlichen Gesellschaften. In: Politische Vierteljahresschrift, Jg. 24, H. 2 (1983), S. 139-165.

IPSEN, Jörn (Hrsg.) (2008): Parteiengesetz. Gesetz über die politischen Parteien. Kommentar. München.

JACKOB, Nikolaus (Hrsg.) (2007): Wahlkämpfe in Deutschland. Fallstudien zur Wahlkampfkommunikation 1912-2005. Wiesbaden.

JÄGER, Wolfgang (Hrsg.) (1973): Partei und System. Eine kritische Einführung in die Parteienforschung. Stuttgart u.a.

JARREN, Otfried (1994): Politik und politische Kommunikation in der modernen Gesellschaft. In: Aus Politik und Zeitgeschichte, Bd. 39 (1994), S. 3-10.

JARREN, Otfried/GROTE, Thorsten/RYBARCZYK, Christoph (1994): Medien und Politik – eine Problemskizze. In: DONSBACH, Wolfgang/JARREN, Otfried/KEPPLINGER, Hans

M./PFETSCH, Barbara: Beziehungsspiele – Medien und Politik in der öffentlichen Diskussion. 2. Aufl. Gütersloh, S. 9-44.

JASCHKE, Hans-Gerd (1994): Die Republikaner. Profile einer Rechtsaußen-Partei. 3. Aufl. Bonn.

JASCHKE, Hans-Gerd (1998): Fundamentalismus in Deutschland. Hamburg.

JESSE, Eckhard (1992): Parteien in Deutschland. Ein Abriß der historischen Entwicklung. In: MINTZEL, Alf/OBERREUTER, Heinrich (Hrsg.): Parteien in der Bundesrepublik Deutschland. Opladen, S. 41-88.

JESSE, Eckhard (2006): Die Volksparteien in der Krise. In: Das Parlament vom 25.09.2006.

KAACK, Heino (1971): Geschichte und Struktur des deutschen Parteiensystems. Opladen.

KAHL, Wolfgang (2000): Die Staatsaufsicht. Tübingen.

KATZ, Richard S./MAIR, Peter (1995): Changing Models of Party Organisation an Party Democracy: The Emerge of the Cartel Party. In: Party Politics, Jg. 1, H. 1 (1995), S. 5-28.

KEPPLINGER, Hans Matthias (1989): Voluntaristische Grundlagen der Politikberichterstattung. In: BÖCKELMANN, Frank E. (Hrsg.): Medienmacht und Politik. Mediatisierte Politik und politischer Wertewandel. Berlin, S. 59-83.

KEPPLINGER, Hans Matthias (1994): Am Pranger: Der Fall Spaeth und der Fall Stolpe. In: DONSBACH, Wolfgang/JARREN, Otfried/KEPPLINGER, Hans M./PFETSCH, Barbara: Beziehungsspiele – Medien und Politik in der öffentlichen Diskussion. 2. Aufl. Gütersloh, S. 159-220.

KERSTEN, Jens/RIXEN, Stephan (Hrsg.) (2009): Parteiengesetz (PartG) und europäisches Parteienrecht. Kommentar. Stuttgart.

KIEßLING, Andreas (2004): Die CSU. Machterhalt und Machterneuerung. Wiesbaden.

KIMMEL, Adolf (2009): Die V. französische Republik – eine Parteiendemokratie? In: LIEDHEGENER, Antonius/OPPELLAND, Torsten (Hrsg.): Parteiendemokratie in der Bewährung. Festschrift für Karl Schmitt. Baden-Baden, S. 415-432.

KINZIG, Silke (2007): Auf dem Weg zur Macht? Wiesbaden.

KIRCHHEIMER, Otto (1965): Wandel des westeuropäischen Parteiensystems. In: Politische Vierteljahresschrift, Jg. 6, H. 1 (1965), S. 20-41.

KITSCHELT, Herbert (1992): The Formation of Party Systems in East Central Europe. In: Politics & Society, Jg. 20, Nr. 1 (1992), S. 7-50.

KLEIN, Hans Hugo (2005): Art. 21. In: MAUNZ, Theodor/DÜRIG, Günter (Hrsg.): Grundgesetz Kommentar, Bd. 3, München, S. 1-248.

KLEIN, Markus (2006): Partizipation in politischen Parteien. Eine empirische Analyse des Mobilisierungspotenzials politischer Parteien sowie der Struktur innerparteilicher Partizipation in Deutschland. In: Politische Vierteljahresschrift, Bd. 47, H. 1 (2006), S. 35-61.

KLEIN, Markus/FALTER, Jürgen (2003): Der lange Weg der Grünen. Eine Partei zwischen Protest und Regierung, München.

KLEINERT, Hubert (1992): Aufstieg und Fall der Grünen. Analyse einer alternativen Partei. Bonn.

KLEINFELD, Ralf (1996): Kommunalpolitik. Eine problemorientierte Einführung. Opladen.

KLEINNIJENHUIS, Jan/RIETBERG, Ewald M. (1995): Parties, Media, the Public and the Economy: Patterns of Societal Agenda-Setting. In: European Journal of Political Research, Bd. 28, H. 1 (1995), S. 95-118.

KLEINSTEUBER, Hans J. (1982): Rundfunkpolitik in der Bundesrepublik. Der Kampf um die Macht über Hörfunk und Fernsehen. Opladen.

KLUGE, Friedrich (1995): Etymologisches Wörterbuch der deutschen Sprache. 23. Aufl. Berlin/New York.

KOLB, Eberhard (Hrsg.) (1997): Demokratie in der Krise. Parteien im Verfassungssystem der Weimarer Republik. München.

KORTE, Karl-Rudolf (2009): Wahlen in der Bundesrepublik Deutschland. 6. Aufl. Bonn.

KOß, Michael (2008): Staatliche Parteienfinanzierung und politischer Wettbewerb. Die Entwicklung der Finanzierungsregimes in Deutschland, Schweden, Großbritannien und Frankreich. Wiesbaden.

KREBS, Thomas (1996): Parteiorganisation und Wahlkampfführung. Eine mikropolitische Analyse der SPD-Bundestagswahlkämpfe 1965 und 1986/87. Wiesbaden.

KRETSCHMAR, Gustav/MERTEN, Heike/MORLOK, Martin (2000): Wir brauchen ein „Parteistiftungsgesetz". In: Zeitschrift für Gesetzgebung, Bd. 15, Nr. 1 (2000), S. 41-62.

KRIEGER, Joachim Eduard (1998): Rollenorientierungen, Rollenerwartungen und Rollenverhalten von Ost-Abgeordneten im Deutschen Bundestag. Frankfurt a.M.

KROCKOW, Christian Graf von/LÖSCHE, Peter (Hrsg.) (1986): Parteien in der Krise. Das Parteiensystem der Bundesrepublik und der Aufstand des Bürgerwillens. München.

KRONENBERG, Volker/MAYER, Tilman (Hrsg.) (2009): Volksparteien: Erfolgsmodell für die Zukunft? Konzepte, Konkurrenten und Konstellationen. Freiburg.

KÜRSCHNERS Volkshandbuch Deutscher Bundestag (2003): 15. Wahlperiode. Berlin.

KÜRSCHNERS Volkshandbuch Deutscher Bundestag (2009): 16. Wahlperiode. Berlin.

KUHN, Axel (2004): Die deutsche Arbeiterbewegung, Stuttgart.

KÜHNL, Reinhard et al. (1969): Die NPD. Struktur, Programm und Ideologie einer neofaschistischen Partei. 2. Aufl. Berlin 1969.

LANDFRIED, Christine (1994): Parteifinanzen und politische Macht. Eine vergleichende Studie zur Bundesrepublik Deutschland, zu Italien und den USA. 2. Aufl. Baden-Baden.

LANDFRIED, Christine (2004): Die Krise der Parteiendemokratie in Deutschland. In: TSATSOS, Dimitris Th./VENIZELOS, Evangelos/CONTIADES, Xenophon I. (Hrsg.): Political Parties in the 21st Century. Berlin u. a., S. 67-78.

LANG, Anne-Katrin (2008): Demokratieschutz durch Parteiverbot? Die Auseinandersetzung um ein mögliches Verbot der Nationaldemokratischen Partei Deutschlands. Marburg.

LANG, Jürgen P./MOREAU, Patrick/NEU, Viola (1995): Auferstanden aus Ruinen ...? Die PDS nach dem Super-Wahljahr 1994 (=Konrad Adenauer Stiftung, Interne Studien, Nr. 111). Bonn.

LANGE, Hans-Jürgen (1994): Responsivität und Organisation. Eine Studie über die Modernisierung der CDU von 1973-1989, Marburg/Berlin.

LANGENBUCHER, Wolfgang R. (1989): Grenzen (fernseh-)mediatisierter Politik. In: BÖCKELMANN, Frank E. (Hrsg.): Medienmacht und Politik. Mediatisierte Politik und politischer Wertewandel. Berlin, S. 87-96.

LEES, Charles (2006): The German Party System(s) in 2005. A Return to Volkspartei Dominance. In: German Politics, Jg. 15, H. 4 (2006), S. 361-375.

LEGGEWIE, Claus (1990): Die Republikaner. Ein Phantom nimmt Gestalt an. Berlin.

LEGGEWIE, Claus (Hrsg.) (2002): Verbot der NPD oder mit Rechtsradikalen leben? Die Positionen. Frankfurt a.M.

LEHMBRUCH, Gerhard (1979): Der Januskopf der Ortsparteien. Kommunalpolitik und das lokale Parteiensystem. In: KÖSER, Helmut (Hrsg.): Der Bürger in der Gemeinde. Kommunalpolitik und politische Bildung. Bonn, S. 320-334.

LEHMBRUCH, Gerhard (1994): Dilemmata verbandlicher Einflußlogik im Prozeß der deutschen Vereinigung. In: STREECK, Wolfgang (Hrsg.): Staat und Verbände (= Sonderheft der Politischen Vierteljahresschrift, Bd. 25). Opladen, S. 370-392.

LEHNER, Franz (1981): Einführung in die Neue Politische Ökonomie. Königstein/Ts.

LEIBHOLZ, Gerhard (1932): Die Wahlrechtsreform und ihre Grundlagen. In: Entwicklung und Reform des Beamtenrechts. Die Reform des Wahlrechts (= Veröffentlichungen der Vereinigung der Deutschen Staatsrechtslehrer, H. 7), Berlin/Leipzig, S. 159-188. [Neu abgedruckt als: Die Grundlagen des modernen Wahlrechts. In: LEIBHOLZ, Gerhard: Strukturprobleme der modernen Demokratie. 3. Aufl. Karlsruhe, S. 9-40.]

LEIBHOLZ, Gerhard (1973): Verfassungsstaat – Verfassungsrecht. Stuttgart u.a.

LEIF, Thomas/RASCHKE, Joachim (1994): Rudolf Scharping, die SPD und die Macht. Reinbek.

LEPSIUS, Rainer M. (1966): Parteiensystem und Sozialstruktur: Zum Problem der Demokratisierung der deutschen Gesellschaft. In: ABEL, Wilhelm et al. (Hrsg.): Wirtschaft, Geschichte und Wirtschaftsgeschichte. Festschrift zum 65. Geburtstag von F. Lütge. Stuttgart, S. 371-393.

LIEDHEGENER, Antonius (2009): Krise der Parteien und kein Ende? Zur zivilgesellschaftlichen Verankerung der bundesdeutschen Parteiendemokratie. In: DERS./OPPELLAND, Torsten (Hrsg.): Parteiendemokratie in der Bewährung. Festschrift für Karl Schmitt. Baden-Baden, S. 211–230.

LIEDHEGENER, Antonius/OPPELLAND, Torsten (Hrsg.) (2009): Parteiendemokratie in der Bewährung. Festschrift für Karl Schmitt. Baden-Baden.

LINNEMANN, Rainer (1994): Die Parteien in den neuen Bundesländern. Konstituierung, Mitgliederentwicklung, Organisationsstrukturen. Münster/New York.

LINNEMANN, Rainer (1995): Die Parteiorganisation der Zukunft. Innerparteiliche Projektarbeit. Münster/New York.

LIPPMANN, Walter (1922): Public Opinion. New York. [Ins Deutsche übersetzt als: Die öffentliche Meinung, München 1990]

LIPSET, Seymour M. (1981): Political Man. The Social Bases of Politics. Garden City.

LIPSET, Seymour M./COLEMAN, James/TROW, Martin (1956): Union Democracy: The internal Politics of the international Typographical Union. Garden City.

LIPSET, Seymour M./ROKKAN, Stein (Hrsg.) (1967): Party Systems and Voter Alignements: Cross-National Perspectives. New York.

LÖBLER, Frank/SCHMID, Josef/TIEMANN, Heinrich (Hrsg.) (1991): Wiedervereinigung als Organisationsproblem: Gesamtdeutsche Zusammenschlüsse von Parteien und Verbänden. Bochum.

LORENZ, Christian (2007): Schwarz-Grün auf Bundesebene – politische Utopie oder realistische Option? In: Aus Politik und Zeitgeschichte Bd. 35/36 (2007), S. 33-40.

LÖSCHE, Peter/WALTER, Franz (1992): Die SPD: Klassenpartei – Volkspartei – Quotenpartei. Zur Entwicklung der Sozialdemokratie von Weimar bis zur deutschen Vereinigung. Darmstadt.

LÖSCHE, Peter (1994): Kleine Geschichte der deutschen Parteien. 2. Aufl. Stuttgart u.a.

LOTH, Wilfried (1984): Katholiken im Kaiserreich. Der politische Katholizismus in der Krise des wilhelminischen Deutschlands. Düsseldorf.

LUCHT, Jens (2006): Der öffentlich-rechtliche Rundfunk: ein Auslaufmodell. Grundlagen – Analysen – Perspektiven. Wiesbaden.

LUDZ, Peter Christian (Hrsg.) (1979): DDR-Handbuch. 2. Aufl. Köln.

MACHNIG, Matthias (Hrsg.) (2002): Politik – Medien – Wähler. Wahlkampf im Medienzeitalter. Opladen.

MACHNIG, Matthias/RASCHKE, Joachim (Hrsg.) (2009): Wohin steuert Deutschland? Bundestagswahl 2009. Ein Blick hinter die Kulissen. Hamburg.

MAIER, Jürgen (2003): Der CDU-Parteispendenskandal im Spiegel der Massenmedien, Bamberg.

MAIR, Peter (1997): Party System Change. Approaches and Interpretations. Oxford u.a.

MANNSTEIN, Coordt von (2006): Die politische Marke. Alles bleibt anders. In: BALZER, Axel/GEILICH, Marvin/RAFAT, Shamim (Hrsg.): Politik als Marke. Politikvermittlung zwischen Kommunikation und Inszenierung. 2. Auflage. Berlin, S. 121-133.

MARCH, James G./ROMELAER, Pierre J. (1987): Position and Presents in the Drift of Decisions. In: MARCH, James G./OLSEN, Johan P. (Hrsg.): Ambiguity and Choice in Organisations. 2. Aufl. Bergen, S. 251-276.

MARCINKOWSKI, Frank/NIELAND, Jörg-Uwe (2002): Medialisierung im politischen Mehrebenensystem – Eine Spurensuche im nordrhein-westfälischen Landtagswahlkampf. In: ALEMANN, Ulrich von/MARSCHALL, Stefan (Hrsg.): Parteien in der Mediendemokratie. Wiesbaden, S. 81-115.

MARSCHALL, Stefan (2007): Das politische System Deutschlands. Konstanz.

MATTHIAS, Erich/MORSEY, Rudolf (Hrsg.) (1960): Das Ende der Parteien 1933. Düsseldorf.

MEINECKE, Friedrich (1917): Zur Geschichte des älteren deutschen Parteiwesens, in: Historische Zeitschrift, Jg. 118, H. 1 (1917), S. 46-62.

MERTEN, Heike (1996): Die Genehmigung einer sog. parteinahen Stiftung. In: Mitteilungen des Instituts für Deutsches und Europäisches Parteienrecht, Jg. 6 (1996), S. 14-28.

MERTEN, Heike (1999): Parteinahe Stiftungen im Parteienrecht. Baden-Baden.

MERTEN, Heike (2007): Rechtliche Grundlagen der Parteiendemokratie. In: Decker, Frank/Neu, Viola (Hrsg.): Handbuch der deutschen Parteien. Wiesbaden, S. 79-113.

MERTEN, Klaus (1982): Der wahlentscheidende Einfluß des Fernsehens auf die Bundestagswahl 1976 – oder Alchimie in der empirischen Sozialforschung. In: SCHATZ, Heribert/LANGE, Klaus (Hrsg.): Massenkommunikation und Politik. Aktuelle Probleme und Entwicklungen im Massenkommunikationssystem der Bundesrepublik Deutschland. Frankfurt a.M., S. 121-139.

MERTEN, Klaus (1992): Mainzer Köche. Kommunikationsforschung als Fortsetzung der Politik mit anderen Mitteln. In: Medium, 1 (1992), S. 63-65.

MERZ, Manuel/RHEIN, Stefan (Hrsg.) (2009): Wahlkampf im Internet. 2. Auflage. Münster.

MEYER, Thomas (2003): Die Theatralität der Politik in der Mediendemokratie. In: Aus Politik und Zeitgeschichte, Bd. 53 (2003), S. 12-19.

MICHAL, Wolfgang (1988): Die SPD – staatstreu und jugendfrei. Wie altmodisch ist die Sozialdemokratie? Reinbek.

MICHELS, Robert (1911): Zur Soziologie des Parteiwesens in der modernen Demokratie. Untersuchungen über die oligarchischen Tendenzen des Gruppenlebens. Leipzig.

MIELKE, Gerd (2006): Auf der großen Baustelle. Anmerkungen zur Lage der SPD in der Großen Koalition, in: Forschungsjournal Neue Soziale Bewegungen, 19, H. 2 (2006), S. 7-21.

MILLER, Susanne (1974): Burgfrieden und Klassenkampf. Die deutsche Sozialdemokratie im Ersten Weltkrieg, Düsseldorf.

MINTZEL, Alf (1977): Geschichte der CSU. Ein Überblick. Opladen.

MINTZEL, Alf (1978): Die CSU: Anatomie einer konservativen Partei 1945-1972. Opladen.

MINTZEL, Alf (1984): Die Volkspartei. Typus und Wirklichkeit. Ein Lehrbuch. Opladen.

MINTZEL, Alf/OBERREUTER, Heinrich (Hrsg.) (1992): Parteien in der Bundesrepublik Deutschland. 2. Aufl. Opladen.

MORLOK, Martin (1996): Die Rechtsprechung des Bundesverfassungsgerichts zur staatlichen Stiftungsfinanzierung. In: Mitteilungen des Instituts für Deutsches und Europäisches Parteienrecht, Jg. 6 (1996), S. 7-13.

MORLOK, Martin (2003): Was kümmern den Staat die Parteifinanzen? Leitlinien einer Verfassungstheorie der Parteienfinanzierung. In: Jahrbuch der Heinrich-Heine-Universität Düsseldorf 2002, S. 427-437.

MORLOK, Martin (2007): Kommentar zum Gesetz über die politischen Parteien. In: Das deutsche Bundesrecht. Systematische Sammlung der Gesetze und Verordnungen mit Erläuterungen. Baden-Baden.

MORLOK, Martin (2009): Parteienfinanzierung im demokratischen Rechtsstaat. Reformmöglichkeiten der Gewährung staatlicher Leistungen an politische Parteien. Berlin (unter Mitarbeit von Julian Krüper und Sebastian Roßner).

MORLOK, Martin/ALEMANN, Ulrich von/STREIT, Thilo (Hrsg.) (2004): Medienbeteiligungen politischer Parteien. Baden-Baden.

MORLOK, Martin/ALEMANN, Ulrich von/STREIT, Thilo (2006) Sponsoring – ein neuer Königsweg der Parteienfinanzierung? Baden-Baden.

MÜLLER, Markus (2001): Die Christlich-Nationale Bauern- und Landvolkpartei 1928-1933. Düsseldorf.

MÜNKE, Stephanie (1952): Wahlkampf und Machtverschiebung. Geschichte und Analyse der Berliner Wahlen vom 3. Dezember 1950. Berlin.

NASCHOLD, Frieder (1969): Organisation und Demokratie. Stuttgart.

NAßMACHER, Karl-Heinz (1992): Parteifinanzen im westeuropäischen Vergleich. In: Zeitschrift für Parlamentsfragen, Jg. 23, H. 3 (1992), S. 462-488.

NEUBERGER, Oswald (1995): Mikropolitik. Der alltägliche Aufbau und Einsatz von Macht in Organisationen. Stuttgart.

NEUGEBAUER, Gero (2007): Politische Milieus in Deutschland. Die Studie der Friedrich-Ebert-Stiftung. Bonn.

NEUGEBAUER, Gero/STÖSS, Richard (1996): Die PDS. Geschichte, Organisation, Wähler, Konkurrenten. Opladen.

NEUGEBAUER, Gero/STÖSS, Richard (2008): Die Partei Die Linke. Nach der Gründung in des Kaisers neuen Kleidern? Eine politische Bedarfsgemeinschaft als neue Partei im deutschen Parteiensystem. In: Niedermayer, Oskar (Hrsg.): Die Parteien nach der Bundestagswahl 2005. Wiesbaden, S. 151-199.

NEUMANN, Sigmund (1986): Die Parteien der Weimarer Republik. 5. Aufl. Stuttgart. [Zuerst erschienen als: Die politischen Parteien in Deutschland. Berlin 1932.]

NEUMANN, Sigmund (1974): Parteiensysteme und Integrationsstufen. In: LENK, Kurt/NEUMANN, Franz (Hrsg.): Theorie und Soziologie der politischen Parteien. Bd. 1. Darmstadt/Neuwied, S. 102-112.

NICLAUß, Karlheinz (1995): Das Parteiensystem des Bundesrepublik Deutschland. Eine Einführung. Paderborn u.a.

NIEDERMAYER, Oskar (1989): Innerparteiliche Partizipation. Opladen.

NIEDERMAYER, Oskar/STÖSS, Richard (Hrsg.) (1993): Stand und Perspektiven der Parteienforschung in Deutschland. Opladen.

NIEDERMAYER, Oskar/STÖSS, Richard (Hrsg.) (1994): Parteien und Wähler im Umbruch. Parteiensystem und Wählerverhalten in der ehemaligen DDR und den neuen Bundesländern. Opladen.

NIEDERMAYER, Oskar (Hrsg.) (1996): Intermediäre Strukturen in Ostdeutschland. Opladen.

NIEDERMAYER, Oskar (Hrsg.) (1999a): Die Parteien nach der Bundestagswahl 1998. Opladen.

NIEDERMAYER, Oskar (1999b): Die Bundestagswahl 1998: Ausnahmewahl oder Ausdruck langfristiger Entwicklungen der Parteien und des Parteiensystems. In: DERS. (Hrsg.): Die Parteien nach der Bundestagswahl 1998. Opladen, S. 9-35.

NIEDERMAYER, Oskar (Hrsg.) (2003): Die Parteien nach der Bundestagswahl 2002. Opladen.

NIEDERMAYER, Oskar (2006): Der Wahlkampf zur Bundestagswahl 2005 (= Arbeitspapiere des Otto-Stammer-Zentrums, Nr. 8). Berlin.

NIEDERMAYER, Oskar (Hrsg.) (2008a): Die Parteien nach der Bundestagswahl 2005. Wiesbaden.

NIEDERMAYER, Oskar (2008b): Das fluide Fünfparteiensystem nach der Bundestagswahl 2005. In: DERS. (Hrsg.): Die Parteien nach der Bundestagswahl 2005. Wiesbaden, S. 9-35.

NIEDERMAYER, Oskar (2008c):Wertorientierungen in der Parteien- und Wahlforschung. In: Politische Studien, Jg. 59, Nr. 417 (2008), S. 34-40.

NIEDERMAYER, Oskar (2008d): Parteimitglieder in Deutschland: Version 2008 (= Arbeitspapiere des Otto-Stammer-Zentrums, Nr. 13). Berlin.

NIEDERMAYER, Oskar (2009): Parteimitgliedschaften im Jahre 2008. In: Zeitschrift für Parlamentsfragen, Jg. 40, H. 2 (2009), S. 370-382.

NIEMANN, Laura (2008): Die NPD im Landtag von Mecklenburg-Vorpommern. Ihre Parlamentsarbeit im ersten Jahr. Greifswald.

NIETHAMMER, Lutz (1969): Angepaßter Faschismus. Politische Praxis der NPD. Frankfurt a.M.

NIPPERDEY, Thomas (1961): Die Organisation der deutschen Parteien vor 1918. Düsseldorf.

NOELLE-NEUMANN, Elisabeth (1980): Die Schweigespirale. Öffentliche Meinung – unsere soziale Haut. München. [Neu erschienen als: Öffentliche Meinung: Die Entdeckung der Schweigespirale. Frankfurt a.M./Berlin 1996.]

OBERREUTER, Heinrich (1984): Parteien – Zwischen Nestwärme und Funktionskälte. 2. Aufl. Osnabrück.

OBERREUTER, Heinrich (1989): Mediatisierte Politik und politischer Wertwandel. In: BÖCKELMANN, Frank E. (Hrsg.): Medienmacht und Politik. Mediatisierte Politik und politischer Wertewandel. Berlin, S. 31-41.

OBERREUTER, Heinrich (1992): Politische Parteien: Stellung und Funktion im Verfassungssystem der Bundesrepublik. In: MINTZEL, Alf/OBERREUTER, Heinrich (Hrsg.): Parteien in der Bundesrepublik Deutschland. 2. Aufl. Opladen, S. 15-40.

OERTZEN, Jürgen von (2006): Das Expertenparlament. Abgeordnetenrollen in den Fachstrukturen bundesdeutscher Parlamente. Baden-Baden.

OPPONG, Marvin (2009): Freiwilliger Zwang, in: liberal. Vierteljahreshefte für Politik und Kultur, 51, H. 2 (2009), S. 33-36.

OSTROGORSKI, Moisei (1964): Democracy and the Organization of Political Parties. 2 Bde. Chicago (zuerst 1902).

PALETZ, David C./VINSON, C. Danielle (1994): Mediatisierung von Wahlkampagnen. In: Media Perspektiven, 7 (1994), S. 362-368.

PANEBIANCO, Angelo: Political Parties. Organisation and Power. Cambridge 1988.

PAPPI, Franz Urban (1977): Sozialstruktur, gesellschaftliche Wertorientierungen und Wahlabsichten. Ergebnisse eines Zeitvergleichs des deutschen Elektorats 1953 und 1976. In: Politische Vierteljahresschrift, Jg. 18, H. 2/3 (1977), S. 195-229.

PATZELT, Werner J. (1991): Abgeordnete und Journalisten. In: Publizistik, 36 (1991), S. 315-329.

PATZELT, Werner J. (1993): Abgeordnete und Repräsentation. Amtsverständnis und Wahlkreisarbeit. Passau.

PATZELT, Werner J. (1995): Abgeordnete und ihr Beruf. Interviews – Umfrage – Analysen. Berlin.

PATZELT, Werner J. (1999): Parlamentarische Rekrutierung und Sozialisation. Normative Erwägungen, empirische Befunde und praktische Empfehlungen. In: Zeitschrift für Politik, Bd. 46, Nr. 3 (1999), S. 243-282.

PFETSCH, Barbara (1994): Themenkarrieren und politische Kommunikation. Zum Verhältnis von Politik und Medien bei der Entstehung der politischen Agenda. In: Aus Politik und Zeitgeschichte, Bd. 39 (1994), S. 11-20.

POGUNTKE, Thomas (2000): Parteiorganisation im Wandel. Gesellschaftliche Verankerung und organisatorische Anpassung im Vergleich. Wiesbaden.

POSTMAN, Neil (1985): Wir amüsieren uns zu Tode. Urteilsbildung im Zeitalter der Unterhaltungsindustrie. Frankfurt a.M.

POTTHOFF, Heinrich/MILLER, Susanne (2002): Kleine Geschichte der SPD 1848-2002. Bonn.

RADUNSKI, Peter (1980): Wahlkämpfe. Moderne Wahlkampfführung als politische Kommunikation. München/Wien.

RADUNSKI, Peter (1991): Fit für die Zukunft? Die Volksparteien vor dem Superwahljahr 1994. In: Die Sonde, Jg. 24, Nr. 4 (1991), S. 3-8.

RASCHKE, Joachim (1985): Soziale Bewegungen. Ein historisch-systematischer Grundriß. Frankfurt a.M./New York.

RASCHKE, Joachim (1993a): Krise der Grünen. Bilanz und Neubeginn. 2. Aufl. Marburg.

RASCHKE, Joachim (1993b): Die Grünen. Wie sie wurden, was sie sind. Köln.

RASCHKE, Joachim (2001): Die Zukunft der Grünen. „So kann man nicht regieren". Frankfurt a.M.

RATTINGER, Hans/SCHOEN, Harald (2009): Ein Schritt vorwärts und zwei zurück? Stabiles und wechselndes Wahlverhalten bei Bundestagswahlen 1994 bis 2005. In: GABRIEL, Oskar W. /WEßELS, Bernhard/FALTER, Jürgen W. (Hrsg.): Wahlen und Wähler. Analysen aus Anlass der Bundestagswahl 2005. Wiesbaden, S. 78-102.

REISE, Marion (2006): Zwischen Ehrenamt und Berufspolitik. Professionalisierung der Kommunalpolitik in deutschen Großstädten. Wiesbaden.

RICHTER, Ludwig (2002): Die Deutsche Volkspartei 1918-1933. Düsseldorf.

RISTAU, Malte (1998): Wahlkampf für den Wechsel. Die Wahlkampagne der SPD 1997/1998. Bonn.

RITTER, Gerhard A. (1985): Die deutschen Parteien 1830-1914. Parteien und Gesellschaft im konstitutionellen Regierungssystem. Göttingen.

RITTER, Gerhard A. (Hrsg.) (1997): Wahlen und Wahlkämpfe in Deutschland. Von den Anfängen im 19. Jahrhundert bis zur Bundesrepublik. Düsseldorf.

RÖMMELE, Andrea (1995): Unternehmensspenden in der Parteien- und Wahlkampffinanzierung. Die USA, Kanada, die Bundesrepublik Deutschland und Großbritannien im internationalen Vergleich. Baden-Baden.

ROHMER, Friedrich (1885): Die vier Parteien (1844). In: SCHULTHESS, Heinrich (Hrsg.): Friedrich Rohmer's Wissenschaft und Leben. Bd. 4. Nördlingen.

ROßNER, Sebastian (2008): Der Parteiausschluss als Entzug verfassungsrechtlich geformter Statusrechte. In: Zeitschrift für Gesetzgebung, Jg. 23, H. 4 (2008), S. 335-354.

ROßNER, Sebastian (2010): Spenden, nicht investieren. Parteispenden durch Unternehmen. In: Legal Tribune Online vom 22.04.2010 (URL: http://www.lto.de/de/html/ nachrichten/28 /Spenden-nicht-investieren/).

RÖSSEL, Jörg (2007): Sozialstruktur Deutschlands: Strukturierte soziale Ungleichheit, Lebensstile und Milieus. Wiesbaden.

ROTH, Dieter/JUNG, Matthias (2002): Ablösung der Regierung vertagt: Eine Analyse der Bundestagswahl 2002. In: Aus Politik und Zeitgeschichte, Bd. 49-50 (2002), S. 3-17.

ROTH, Roland/WOLLMANN, Hellmut (Hrsg.) (1994): Kommunalpolitik. Opladen.

RUDZIO, Wolfgang (1982): Die organisierte Demokratie. Parteien und Verbände in der Bundesrepublik. 2. Aufl. Stuttgart.

RUDZIO, Wolfgang (2006): Das politische System der Bundesrepublik Deutschland. 7. Aufl. Opladen.

RUGE, Arnold (1842): Kritik und Partei. In: Deutsche Jahrbücher für Wissenschaft und Kunst, Jg. 5 (1842), S. 1175-1182.

RÜTTGERS, Jürgen (1993): Dinosaurier der Demokratie. Wege aus der Parteienkrise und Politikverdrossenheit. Hamburg.

RÜTTGERS, Jürgen (Hrsg.) (2009): Berlin ist nicht Weimar. Zur Zukunft der Volksparteien. Essen.

RÜTHER, Günter (Hrsg.) (1989): Geschichte der christlich-demokratischen und christlich-sozialen Bewegungen in Deutschland. Bonn.

SABATO, Larry J. (1988): The Party's just begun. Boston.

SARCINELLI, Ulrich (1987a): Symbolische Politik. Zur Bedeutung symbolischen Handelns in der Wahlkampfkommunikation der Bundesrepublik Deutschland. Opladen.

SARCINELLI, Ulrich (Hrsg.) (1987b): Politikvermittlung. Beiträge zur politischen Kommunikationskultur. Bonn.

SARCINELLI, Ulrich (1990): Krise des Vermittlungssystems? Parteien, neue soziale Bewegungen und Massenmedien in der Kritik. In: CREMER, Will/KLEIN, Ansgar (Hrsg.): Umbrüche in der Industriegesellschaft. Herausforderungen für die politische Bildung. Opladen, S. 149-168.

SARCINELLI, Ulrich (1991): Massenmedien und Politikvermittlung – ein Problem – Forschungsskizze. In: Rundfunk und Fernsehen, Jg. 39, H. 4 (1991), S. 469-486.

SARCINELLI, Ulrich (2009): Politische Kommunikation in Deutschland. Zur Politikvermittlung im demokratischen System. 2. Aufl. Wiesbaden.

SCHÄFER, Gert/NEDELMANN, Carl (Hrsg.) (1972): Der CDU-Staat. Analysen zur Verfassungswirklichkeit der Bundesrepublik. 3. Aufl. Frankfurt a.M.

SCHARPF, Fritz W./REISSERT, Bernd/SCHNABEL, Fritz (1976): Politikverflechtung. Theorie und Empirie des kooperativen Föderalismus in der Bundesrepublik. Kronberg/Ts.

SCHATZ, Heribert (1982): Interessen- und Machtstrukturen im Interaktionsfeld von Massenmedien und Politik. In: DERS./LANGE, Klaus (Hrsg.): Massenkommunikation und Politik. Aktuelle Probleme und Entwicklungen im Massenkommunikationssystem der Bundesrepublik Deutschland. Frankfurt a.M., S. 6-20.

SCHATZ, Heribert/LANGE, Klaus (Hrsg.) (1982): Massenkommunikation und Politik. Aktuelle Probleme und Entwicklungen im Massenkommunikationssystem der Bundesrepublik Deutschland. Frankfurt a.M.

SCHEUCH, Erwin K./SCHEUCH, Ute (1992): Cliquen, Klüngel und Karrieren. Über den Verfall der politischen Parteien – Eine Studie. Reinbek.

SCHINDLER, Alexandra (2006): Die Partei als Unternehmer. Baden-Baden.

SCHMID, Josef (1990): Die CDU. Organisationsstrukturen, Politiken und Funktionsweisen einer Partei im Föderalismus. Opladen 1990.

SCHMID, Josef (2008): Die CDU nach 2005: Von Wahl zu Wahl – und doch kein Wandel? In: NIEDERMAYER, Oskar (Hrsg.): Die Parteien nach der Bundestagswahl 2005. Wiesbaden, S. 67-82.

SCHMIDT, Ute (1983): Die Christlich Demokratische Union Deutschlands. In: STÖSS, Richard (Hrsg.): Parteien-Handbuch. Die Parteien der Bundesrepublik Deutschland 1945-1980. Bd. 1. Opladen, S. 490-660.

SCHMITT, Hermann (1987): Neue Politik in alten Parteien. Zum Verhältnis von Gesellschaft und Parteien in der Bundesrepublik. Opladen.

SCHMITT-BECK, Rüdiger (1994): Eine „vierte Gewalt"? Medieneinfluß im Superwahljahr 1994. In: BÜRKLIN, Wilhelm/ROTH, Dieter (Hrsg.): Das Superwahljahr. Deutschland vor unkalkulierbaren Regierungsmehrheiten? Köln, S. 266-292.

SCHMITTER, Phillip C./LEHMBRUCH, Gerhard (Hrsg.) (1979): Trends Towards Corporatist Intermediation. London/Beverley Hills.

SCHOEN, Harald (2005): Wahlkampfforschung. In: FALTER, Jürgen W./SCHOEN, Harald (Hrsg.): Handbuch Wahlforschung. Wiesbaden, S. 503-542.

SCHÖNBOHM, Wulf (1985): Die CDU wird moderne Volkspartei. Selbstverständnis, Mitglieder, Organisation und Apparat 1950-1980. Stuttgart.

SCHRÖTTER, Dieter von (2009): Nachbar Schweiz: Rechtspopulismus als Bewährungsprobe für die Konkordanzdemokratie. In: LIEDHEGENER, Antonius/OPPELLAND, Torsten (Hrsg.): Parteiendemokratie in der Bewährung. Festschrift für Karl Schmitt. Baden-Baden, S. 433-451.

SCHULTZE, Rainer-Olaf: Partei (1985). In: NOHLEN, Dieter (Hrsg.): Pipers Wörterbuch zur Politik, Bd. 1. München, S. 656-660.

SCHULZE, Gerhard (1993): Die Erlebnisgesellschaft. Frankfurt a.M. 1993

SCHUMACHER, Martin (Hrsg.) (2004): Annotierte Bibliographie 2004. Die Veröffentlichungen der Kommission für Geschichte des Parlamentarismus und der politischen Parteien seit 1952. Düsseldorf.

SEBALDT, Martin/STRAßNER, Alexander (2004): Verbände in der Bundesrepublik Deutschland. Eine Einführung. Wiesbaden.

SEIFERT, Jürgen (1966): Die Spiegel-Affäre. 2 Bde. Olten.

SELL, Friedrich C. (1981): Die Tragödie des deutschen Liberalismus. 2. Aufl. Baden-Baden.

SIEDSCHLAG, Alexander/BILGERI, Alexander/LAMATSCH, Dorothea (Hrsg.) (2002): Kursbuch Internet und Politik 2002. Bd. 1: Wahlkampf im Netz. Opladen.

SIMON, Klaus (1983): Lokale Vereine – Schule der Demokratie? Zum Einfluß lokaler Freizeitvereinigungen auf die politische Beteiligung in der Gemeinde. In: GABRIEL, Oscar W. (Hrsg.): Bürgerbeteiligung und kommunale Demokratie. München, S. 241-269.

SIMONIS, Georg et al. (1996): Das Modell Deutschland in der neuen Weltordnung. Kurs-Nr. 04672 der FernUniversität, Hagen.

SINUS (1984): Planungsdaten für die Mehrheitsfähigkeit der SPD. Ein Forschungsprojekt des Vorstands der SPD. Bonn.

SOLAR, Marcel (2010): Klarmachen zum Ändern? Aufstieg und Perspektiven der deutschen Piratenpartei, in: Mitteilungen des Instituts für Deutsches und Europäisches Parteienrecht und Parteienforschung, Jg. 16 (2010), S.106-109.

SOZIALDEMOKRATISCHE PARTEI DEUTSCHLANDS (2009): SPD-Intern. Richtungsweisend – Sozial und demokratisch. Nr. 4 (2009).

SPIER, Tim et al. (Hrsg.) (2007): Die Linkspartei. Zeitgemäße Idee oder Bündnis ohne Zukunft? Wiesbaden.

STANG, Joachim (1994): Die Deutsche Demokratische Partei in Preußen 1918-1933, Düsseldorf.

STARKE, Frank Christian (1993): Krise ohne Ende? Parteiendemokratie vor neuen Herausforderungen? Köln.

STARZACHER, Karl/SCHACHT, Konrad (Hrsg.) (1995): Rechtsextremismus. Ursachen, aktuelle Entwicklungen, Auseinandersetzungen. Wiesbaden.

STEFFANI, Winfried (1988): Parteien als soziale Organisationen. Zur politologischen Parteienanalyse. In: Zeitschrift für Parlamentsfragen, Jg. 19, H. 4 (1988), S. 549-560.

STEFFANI, Winfried (1997): Gewaltenteilung und Parteien im Wandel. Opladen.

STEPHAN, Cora (1977): „Genossen, wir dürfen uns nicht von der Geduld hinreißen lassen!" Aus der Urgeschichte der Sozialdemokratie 1862-1878. Frankfurt a.M.

STEPHAN, Gerd-Rüdiger (Hrsg.) (2002): Die Parteien und Organisationen der DDR. Ein Handbuch. Berlin.

STÖSS, Richard (Hrsg.) (1983/84): Parteien-Handbuch. Die Parteien der Bundesrepublik Deutschland 1945-1980. 2 Bde. Opladen.

STÖSS, Richard (1989): Die Extreme Rechte in der Bundesrepublik. Entwicklungen – Ursachen – Gegenmaßnahmen. Opladen.

STÖSS, Richard/NEUGEBAUER, Gero (1998): Die SPD und die Bundestagswahl 1998. Ursachen und Risiken eines historischen Wahlsiegs unter besonderer Berücksichtigung der Verhältnisse in Ostdeutschland. Berlin.

STREECK, Wolfgang (1987): Vielfalt und Interdependenz. Überlegungen zur Rolle von intermediären Organisationen in sich ändernden Umwelten. In: Kölner Zeitschrift für Soziologie und Sozialpsychologie, Jg. 39, H. 3 (1987), S. 471-495.

STREECK, Wolfgang (Hrsg.) (1994a): Staat und Verbände (= Sonderheft der Politischen Vierteljahresschrift, Bd. 25). Opladen.

STREECK, Wolfgang (1994b): Staat und Verbände. Neue Fragen. Neue Antworten? In: DERS. (Hrsg.): Staat und Verbände (= Sonderheft der Politischen Vierteljahresschrift, Bd. 25). Opladen, S. 7-34.

STREIT, Thilo (2005): Parteispenden – Skandal oder zivilgesellschaftliche Bürgerbeteiligung? In: Mitteilungen des Instituts für Deutsches und Europäisches Parteienrecht und Parteienforschung, Jg. 12 (2005), S. 74-80.

STRICKER, Gregor (1998): Der Parteienfinanzierungsstaat. Baden-Baden.

STROH, Kassian (2009): Zahltag vor dem Wahltag. Großspenden für die CSU. In: Süddeutsche Zeitung vom 29.01.2009.

TOMAN-BANKE, Monika (1996): Die Wahlslogans der Bundestagswahlen 1949-1994. Wiesbaden.

TORMIN, Walter (1966): Geschichte der deutschen Parteien seit 1848. Stuttgart.

TRAUTMANN, Helmut (1975): Innerparteiliche Demokratie im Parteienstaat. Berlin.

TREITSCHKE, Heinrich von (1897/98): Politik. 2 Bde. Leipzig.

TRIPPE, Christian F. (1995): Konservative Verfassungspolitik 1918-1923. Die DNVP als Opposition in Reich und Ländern. Düsseldorf.

TSATSOS, Dimitris Th. (Hrsg.) (1992): Parteienfinanzierung im europäischen Vergleich. Die Finanzierung der politischen Parteien in den Staaten der Europäischen Gemeinschaft. Baden-Baden.

TSATSOS, Dimitris Th./MORLOK, Martin (1982): Parteienrecht. Eine verfassungsrechtliche Einführung. Heidelberg.

ULLMANN, Hans-Peter (1978): Bibliographie zur Geschichte der deutschen Parteien und Interessenverbände, Göttingen.

VEEN, Hans-Joachim/GLUCHOWSKI, Peter (1983): Tendenzen der Nivellierung und Polarisierung in den Wählerschaften von CDU/CSU und SPD von 1959 bis 1983. Eine Fortschreibung. In: Zeitschrift für Parlamentsfragen, Jg. 14, H. 4 (1983), S. 545-555.

VEEN, Hans-Joachim/HOFFMANN, Jürgen (1992): Die Grünen zu Beginn der neunziger Jahre. Profil und Defizite einer fast etablierten Partei. Bonn/Berlin.

VESTER, Michael (2003): Die Krise der politischen Repräsentation. Spannungsfelder und Brüche zwischen politischen Eliten, oberen Milieus und Volksmilieus. In: HRADIL, Stefan/ IMBUSCH, Peter (Hrsg.): Oberschichten – Eliten – Herrschende Klassen. Opladen, S. 237-270.

VIEREGGE, Henning von (1977): Parteistiftungen. Zur Rolle der Konrad-Adenauer-, Friedrich-Ebert-, Friedrich-Naumann- und Hanns-Seidel-Stiftung im politischen System der Bundesrepublik Deutschland. Baden-Baden.

VOLKMANN, Ute (2006): Legitime Ungleichheiten. Journalistische Deutungen vom „sozialdemokratischen Konsens" zum „Neoliberalismus". Wiesbaden.

VOLMER, Ludger (2009): Die Grünen. Von der Protestbewegung zur etablierten Partei –
   Eine Bilanz. München.

WAHLKE, John C./EULAU, Heinz/BUCHANAN, William et al. (1962): The Legislative System. Explorations in Legislative Behaviour. New York/London.

WALTER, Franz (2008): Baustelle Deutschland. Politik ohne Lagerbindung. Frankfurt a.M.

WALTER, Franz (2009a): Die SPD. Biographie einer Partei, Reinbek.

WALTER, Franz (2009b): Im Herbst der Volksparteien. Eine kleine Geschichte von Aufstieg und Rückgang politischer Massenintegration. Bielefeld 2009.

WALTHER, Jens (2010): Zwischen Kooperation und Blockade – Entwicklung und Strate-
   gie der Oppositionsparteien während der Großen Koalition 2005-2009. In: BUKOW,
   Sebastian/SEEMANN, Wenke (Hrsg.): Die Große Koalition. Eine Bilanz. Wiesbaden,
   S. 317-333.

WASSERMANN, Rudolf (1988): Die Zuschauerdemokratie. Düsseldorf/Wien.

WEBER, Herrmann (1971): Die Sozialistische Einheitspartei Deutschlands 1946-1971.
   Hannover.

WEBER, Herrmann (Hrsg.) (1982): Parteiensystem zwischen Demokratie und Volksdemo-
   kratie. Dokumente und Materialien zum Funktionswandel der Parteien und Massenorganisationen in der SBZ/DDR 1945-1950. Köln.

WEBER, Max (1976): Wirtschaft und Gesellschaft. Grundriß der verstehenden Soziologie.
   5. Aufl. Tübingen. [Zuerst erschienen Tübingen 1922.]

WEICK, Karl (1985): Der Prozeß des Organisierens. Frankfurt a.M.

WELSKOPP, Thomas (2000): Das Banner der Brüderlichkeit. Die deutsche Sozialdemokratie vom Vormärz bis zum Sozialistengesetz. Bonn.

WENDE, Peter (1975): Radikalismus im Vormärz. Untersuchungen zur politischen Theorie
   der frühen deutschen Demokratie. Wiesbaden.

WEßELS, Bernhard (2009): Bürgervertrauen ist parteiisch. In: WZB-Mitteilungen, H. 124
   (2009), S. 9-12.

WETTIG-DANIELMEIER, Inge/FELDMANN, Hans/WETTIG, Klaus (Hrsg.) (1997): Handbuch
   zur Parteienfinanzierung. 2. Aufl. Marburg.

WEWER, Göttrik (Hrsg.) (1990): Parteienfinanzierung und politischer Wettbewerb.
   Rechtsnormen – Realanalysen – Reformvorschläge. Opladen.

WIESENDAHL, Elmar (1980): Parteien und Demokratie. Eine soziologische Analyse para-
   digmatischer Ansätze der Parteienforschung. Opladen.

WIESENDAHL, Elmar (1984): Wie politisch sind politische Parteien? In: FALTER, Jürgen et
   al. (Hrsg.): Politische Willensbildung und Interessenvermittlung. Opladen, S. 78-88.

WIESENDAHL, Elmar (1992): Volksparteien im Abstieg. Nachruf auf eine zwiespältige
   Erfolgsgeschichte. In: Aus Politik und Zeitgeschichte, Bd. 34/35 (1992), S. 3-14.

WIESENDAHL, Elmar (1993): Parteien in der Krise. Mobilisierungsdefizite, Integrations-
   und Organisationsschwächen der Parteien in Deutschland. In: Sozialwissenschaftliche Informationen, Jg. 22, H. 2 (1993), S. 77-87.

WIESENDAHL, Elmar (1998): Parteien in Perspektive. Theoretische Ansichten der Organisationswirklichkeit politischer Parteien. Opladen.

WIESENDAHL, Elmar (2006a): Mitgliederparteien am Ende? Eine Kritik der Niedergangs-
   diskussion. Wiesbaden.

WIESENDAHL, Elmar (2006b): Parteien. Frankfurt a.M.

WIESENTHAL, Helmut (1993): Akteurkompetenz im Organisationsdilemma. Grundprob-
   leme strategisch ambitionierter Mitgliederverbände und zwei Techniken ihrer Über-
   wachung. In: Berliner Journal für Soziologie, Bd. 3, H. 1 (1993) S. 3-18.

WITTROCK, Philipp/REIßMANN, Ole (2010): Der Milliardär, die FDP und viele offene
   Fragen. In: Der Spiegel vom 18.01.2010.

WOLF, Werner (1990): Wahlkampf und Demokratie. 2. Aufl. Köln.

WOLLER, Hans (1983): Die Wirtschaftliche Aufbau-Vereinigung. In: STÖSS, Richard (Hrsg.): Parteien-Handbuch. Die Parteien der Bundesrepublik Deutschland 1945-1980. Bd. 2. Opladen, S. 2458-2481.

WÜST, Andreas M./ROTH, Dieter (2006): Schröders' Last Campaign. An Analysis of the 2005 Bundestag Election in Context. In: German Politics, Jg. 15, H. 4 (2006), S. 439-459.

ZEUNER, Bodo (1969): Innerparteiliche Demokratie. Berlin.

Nachbemerkungen

Diese vierte Auflage ist gründlich überarbeitet und aktualisiert worden. Es ist schon erstaunlich, wie viel sich in den wenigen Jahren seit der letzten Bearbeitung 2003 im Parteiensystem verändert hat. Der ursprüngliche Text ist als Kurs an der Fernuniversität Hagen entstanden. Schon im Vorwort des Verfassers zur ersten Auflage stand zu lesen, was hier noch einmal zitiert wird:

> „Der Kurs ist ein Ergebnis meiner langjährigen Faszination durch das Phänomen Partei. Ich habe mich seit meinen ersten wackligen Schritten in die Welt der Wissenschaft, also seit über 25 Jahren, immer wieder mit Parteien beschäftigt – seit meinem ersten wissenschaftlichen Aufsatz 1972 über das Parteiengesetz von 1967 und verstärkt wieder in den neunziger Jahren. Gerade das, was ich in den letzten Jahren über die deutschen Parteien geschrieben habe, konnte und wollte ich nicht immer wieder neu erfinden. So sind viele meine Überlegungen und Analysen in diesen Kurs mit eingeflossen. Insbesondere habe ich folgende Publikationen in einzelne Kapitel dieses Kurses eingebaut:
>
> Parteien und Gesellschaft in der Bundesrepublik. Rekrutierung, Konkurrenz und Responsivität. In: MINTZEL, Alf/OBERREUTER, Heinrich (Hrsg.): Parteien in der Bundesrepublik Deutschland. Bonn (Bundeszentrale für politische Bildung) und Opladen (Leske + Budrich) 1992, 2. Auflage.
>
> Parteien und Interessenorganisationen in der pluralistischen Demokratie. In: ALEMANN, Ulrich von/LOSS, Kay/VOWE, Gerhard (Hrsg.): Politik. Eine Einführung. Opladen (Westdeutscher Verlag) 1994.
>
> Parteien. (Reihe: rororo spezial). Reinbek (Rowohlt) 1995.
>
> Parteien und Medien. In: GABRIEL, Oscar W./NIEDERMAYER, Oskar/STÖSS, Richard (Hrsg.): Parteiendemokratie in Deutschland. Bonn (Bundeszentrale für politische Bildung) und Opladen (Westdeutscher Verlag) 1997.
>
> Der Wahlsieg der SPD von 1998. Politische Achsenverschiebung oder glücklicher Ausreißer? In: Niedermayer, Oskar (Hrsg.): Die Parteien nach der Bundestagswahl 1998. Opladen (Leske + Budrich) 1999.“

Die Bearbeitung dieser Auflage ist im Wesentlichen von *Philipp Erbentraut* und *Jens Walther* getragen worden, die beide Mitarbeiter des Instituts für Deutsches und Europäisches Parteienrecht und Parteienforschung (PRuF) der Heinrich-Heine-Universität Düsseldorf sind. Sie haben hervorragende Arbeit geleistet. Meinen ganz herzlichen Dank. Auch manch andere Mitarbeiter von meinem Lehrstuhl und vom Institut haben tatkräftig zum Gelingen der vierten Auflage beigetragen. Ein besonderes Dankeschön gilt *Annika Laux*, die alle Kapitel sorgfältig Korrektur gelesen und mit unermüdlichem Engagement die Mühen der Redaktion auf sich genommen hat. Weiterhin möchte ich mich bei *Heike Merten* und *Sebastian Roßner* für ihren fachlichen Rat zum Thema Parteienfinanzierung bedanken. Schließlich will ich nicht versäumen, *Katrina Frank*, *Sören Lehmann* und *Christian K. Schmidt* Dank und Anerkennung für geleistete Recherchetätigkeiten und die Aktualisierung einiger Grafiken auszusprechen.

Ulrich von Alemann   Düsseldorf, den 15. Mai 2010

Neu im Programm
Politikwissenschaft